ICT 또는 IoT 기술은 우리 생활의 모든 분야에서 사용되고 있으며 심지어 예술 분야와의 융합에 이르기까지 그 활용 범위가 더욱 확대되고 있다. 그러나 ICT 기술의 핵심인 전자 회로나 마이크로컨트롤러는 관련 전공자들만의 영역으로, 이를 활용하기 위해서는 하드웨어 및 소프트웨어에 대한 전문 지식과 많은 사용 경험이 요구된다. 아두이노(마이크로컨트롤러)의 등장 이후 이러한 전문성에 대한 요구가 줄어들게 되어 전 세계의 많은 사람들은 그동안 머릿속으로 상상만 하던 것을 직접 만들어 볼 수 있는 메이커 활동에 열광하고 있으며, 최근에는 초등학교 어린 학생들까지 아두이노를 활용한 창작 활동에 관심을 가지게 되었다.

아두이노의 인기가 높아짐에 따라 많은 학습 자료가 개발되고 다양한 교육이 이루어지고 있지만, 아두이노와 함께 사용하는 전자 부품의 선택 및 연결 방법 등 하드웨어에 대한 충분한 이해보다는 아두이노(마이크로컨트롤러)를 사용하는데 필요한 프로그래밍(소프트웨어 코딩)에 관한 내용이 주를 이루고 있다. 실제로 아두이노를 활용하는 데 있어 프로그래밍이 중요하다는 것은 의심할 여지가 없지만, 아두이노가 하드웨어에 기반하고 있다는 점을 간과해서는 안 된다. 특히, 아두이노 학습을 통해 디지털 기술, IoT 사물인터넷, 인공지능 등 4차 산업혁명 시대에 필요한 첨단 기술에 대한 이해를 높이고, 창의력 향상과 다양한 분야의 융합 역량을 배양하기 위해서는 하드웨어와 소프트웨어에 대한 균형 있는 학습이 필요하다.

이 책은 팅커캐드 환경에서 비전공자나 입문자가 아두이노를 활용하는 데 필요한 전자 회로(하드웨어)와 프로그래밍(소프트웨어)에 대한 이해를 높이고 활용하는 방법을 익히는 것을 목표로 한다. 여러 전자 부품들로 구성되는 전자 회로의 기본 원리 및 동작, 그리고 흥미롭고 다양한 프로젝트 주제를 통해 전자 부품 및 전자 회로가 아두이노와 어떻게 연계되어 활용되는지 체험할 수 있도록 구성되어 있다.

KB212723

- 1장~5장에서는 전기에 대한 기본 개념을 설명하고, 기본적인 전자 부품과 전자 회로에 대한 기초 개념과 동작 원리, 그리고 활용 방법을 다룬다.
- 6장~12장에서는 아두이노를 소개하고, 아두이노 활용에 필요한 기본적인 프로그래밍 방법과 기본 출력 장치인 7세그먼트 디스플레이와 LCD의 사용 방법을 다룬다.
- 13장~15장에서는 다양한 프로젝트 주제를 통해 아두이노와 함께 사용되는 주요 센서 및 출력 장치, 기타 장치들의 활용 방법을 다룬다.

이 책의 특징은 비전공자 또는 입문자가 사전 지식 없이 학습할 수 있도록 기초 원리부터 응용까지 단계별 상세한 학습 내용을 제공하고 있다. 모든 학습 과정에서 가능한 많은 그림과 도표를 제시하며, 아두이노 소스코드(스케치)에 대한 자세한 주석 처리 및 상세한 설명을 통해 학습자가 자기 주도적으로 학습할 수 있도록 하였다. 또한 C언어를 학습한 경험이 없더라도 학습 단계별 수준에 맞춰 필요한 C언어 문법을 제시함으로써 학습 흥미를 잃지 않도록 하였다.

이 책은 아두이노라는 신기하고 새로운 세상을 여행하는 독자에게 친절한 안내자가 될 것이다. 낯선 것에 대한 두려움을 넘어 새로움을 만날 수 있는 아두이노 여행은 인생에서 멋진 기회이며, 팅커캐드는 아두이노 여행에서 자유롭게 상상할 수 있는 기회를 제공할 것이다.

최훈

차례

머리말   003

<1장> 전기의 기본 개념과 팅커캐드

1-1	전기란 무엇인가?	014
1-2	전기의 기본 개념	016
	전압(voltage)	016
	전류(current)	017
	저항(resistance)	018
	전기가 흐르는 전구	018
1-3	전자 회로의 기초	019
	전자 회로와 회로도	019
	닫힌 회로와 열린 회로	020
	직렬 회로와 병렬 회로	021
	부품 기준 지정 문자	022

체험활동 ❶ 팅커캐드를 이용하여 회로 작성하기

1-1	팅커캐드 시작하기	023
	팅커캐드 접속하기	023
	계정 유형 및 계정 생성 방법 선택하기	024
	계정 생성을 위한 기본 정보 작성하기	024
	계정 생성 완료 및 로그인하기	025
1-2	팅커캐드 사용하기	026
	회로 만들기의 시작	027
	회로 화면에서 새 회로 만들기	027
	회로 부품을 선택하여 작업판에 배치하기	028
	회로 부품의 회전 및 대칭하기	030
	회로 부품들을 도선으로 연결하기	031
	도선의 색상 바꾸기	033
	작성한 전자 회로의 동작 확인하기	034

<2장> 전압과 전류의 표현 및 측정

2-1	전압의 표현 방법	038
	두 지점 사이에서 전기 에너지의 상대적인 차이인 전압	038
	크기와 방향을 갖는 전압	039
2-2	전류의 표현 방법	042
	전기 에너지가 높은 곳에서 낮은 곳으로 흐르는 전류	042
	크기와 방향을 갖는 전류	043

체험활동 ❶ 전압과 전류 측정하기

1-1	전압과 전류를 측정하는 멀티미터	045
	팅커캐드의 멀티미터	045
	멀티미터의 측정 모드를 선택하는 방법	046
	전압을 측정하기 위한 멀티미터의 병렬연결	047
	전류를 측정하기 위한 멀티미터의 직렬연결	048
1-2	회로의 전압과 전류 측정하기	049
	전구에 걸리는 전압 측정하기	049
	회로에 흐르는 전류 측정하기	052

<3장> 저항과 옴의 법칙

3-1	저항과 저항기	056
	전류의 흐름을 방해하는 저항	056
	탄소 피막 저항	057
3-2	옴의 법칙	059
3-3	저항의 직렬연결과 병렬연결	060
	저항의 직렬연결	060
	저항의 병렬연결	063

3-4 저항에서 소비되는 전력	066	
전력이란?	066	
공급전력과 소비전력	066	

체험활동 ❶ 옴의 법칙 이해하기

1-1 전원 공급 장치	069	
전기 에너지를 공급하는 전원 공급 장치	069	
전원 공급 장치의 정전압 모드와		
정전류 모드	070	
1-2 전압과 전류의 측정으로		
옴의 법칙 이해하기	072	
간단한 저항회로 구성	072	
전압 및 전류 측정	074	

체험활동 ❷ 직렬 및 병렬 연결된 저항 회로의 이해

2-1 직렬로 연결된 저항 회로	076	
직렬 저항 회로 구성하기	076	
시뮬레이션으로 직렬연결된		
저항의 전압–전류 특성 확인하기	077	
2-2 병렬로 연결된 저항 회로	081	
병렬 저항 회로 구성하기	081	
시뮬레이션으로 병렬 저항 회로에서		
전압–전류 특성 확인하기	082	

<4장> 에너지를 저장하는 커패시터와 인덕터

4-1 커패시터란 어떤 부품인가?	087	
커패시터	087	
전해 커패시터와 세라믹 커패시터	088	
커패시터에서 전기 에너지를		
저장하는 원리	089	
커패시터의 충전과 방전	090	
디바운스 회로	092	

4-2 인덕터란 어떤 부품인가?	094	
인덕터	094	
인덕터의 동작	095	

체험활동 ❶ 커패시터의 동작 이해

1-1 커패시터의 동작 확인을 위한 회로 구성	097	
1-2 커패시터의 충전 동작 확인하기	099	
1-3 커패시터의 방전 동작 확인하기	101	

체험활동 ❷ 인덕터의 동작 이해

2-1 인덕터의 동작 확인을 위한 회로 구성	103	
2-2 인덕터의 동작 확인	105	

<5장> 다이오드와 트랜지스터

5-1 반도체란?	112	
5-2 다이오드란 어떤 부품인가?	114	
다이오드의 바이어스	115	
다이오드의 종류	117	
5-3 트랜지스터란 어떤 부품인가?	121	
트랜지스터	121	
트랜지스터의 기본 동작	122	
트랜지스터를 활용한 스위칭 회로	123	

체험활동 ❶ 다이오드의 기본 동작 이해

1-1 다이오드의 순방향 바이어스	125	
1-2 다이오드의 역방향 바이어스	129	

체험활동 ❷ 다이오드 정류회로의 동작 이해

2-1 원하는 형태의 전압 신호를		
만드는 함수 생성기	131	
2-2 시간에 대한 신호의 변화를 화면에		
출력하는 오실로스코프	133	
2-3 다이오드 정류회로의 동작	135	

다이오드 반파 정류회로의 구성   135
다이오드 반파 정류회로의 동작   137

체험활동 ❸ LED의 동작 이해

3-1 LED의 기본 동작   140
LED 동작 확인을 위한 회로 구성   141
LED의 동작   142

체험활동 ❹ 트랜지스터 스위칭 회로의 동작 이해

4-1 트랜지스터의 스위칭 동작   143
트랜지스터 스위칭 회로의 구성   143
트랜지스터 스위칭 회로의 동작   145

〈6장〉 아두이노 시작하기

6-1 아두이노란?   147
아두이노 보드   147
소프트웨어 개발 환경   149
아두이노 통합개발환경 사용하기   152
6-2 팅커캐드의 아두이노 시뮬레이터   156

체험활동 ❶ 아두이노 시뮬레이터 사용하기

1-1 아두이노 시뮬레이터   159

체험활동 ❷ 브레드보드 사용하기

2-1 브레드보드   163
2-2 브레드보드를 이용한 회로 구성   166

〈7장〉 아날로그 신호와 디지털 신호

7-1 신호란?   172
신호의 기본 개념   172

직류 신호와 교류 신호   173
7-2 아날로그 신호와 디지털 신호   176

〈8장〉 디지털 데이터 입출력

8-1 아두이노의 데이터 입출력   180
디지털 출력 함수의 사용 방법   183
디지털 입력 함수의 사용 방법   184
8-2 디지털 입력을 위한
풀업 저항과 풀다운 저항   186
풀업 저항   186
풀다운 저항   188
내부 풀업 저항   190

체험활동 ❶ Blink 예제 이해하기

1-1 스케치의 기본 구성과 내용   192

체험활동 ❷ 시리얼 모니터 사용하기

2-1 아두이노의 시리얼 모니터   196
2-2 시리얼 모니터의 사용 방법   198
시리얼 통신을 위한 초기화 작업   198
시리얼 모니터를 이용한 데이터 출력   199
시리얼 모니터를 이용한 데이터 입력   201

체험활동 ❸ LED 신호등 만들기

3-1 신호등을 위한 LED와 저항   205
3-2 LED 신호등   208

체험활동 ❹ 푸시 버튼을 이용한
디지털 카운터 만들기

4-1 디지털 데이터 입력을 위한 푸시 버튼   214
4-2 디지털 카운터 만들기   215

\<9장\> 아날로그 데이터 입출력

9-1 아두이노의 아날로그 데이터 입출력　225
9-2 아날로그 입력을 위한
　　　아날로그-디지털 변환기　227
　　　아날로그-디지털 변환기　227
　　　아날로그 입력 함수의 사용 방법　229
　　　아날로그 데이터 입력의 정확도를
　　　높이기 위한 AREF 핀의 사용　230
9-3 아날로그 출력을 위한 펄스 폭 변조　233
　　　펄스 폭 변조　233
　　　아날로그 출력 함수의 사용 방법　236
　　　아날로그 입력 범위와 출력 범위 맞추기　237

체험활동 ❶ LED의 밝기 조절하기

1-1 PWM 출력을 이용한 LED 밝기 조절　240

체험활동 ❷ 가변 저항으로 LED 밝기 조절하기

2-1 가변 저항　244
2-2 가변 저항을 이용한 LED 밝기 조절　246

체험활동 ❸ RGB LED를 이용한
　　　　무지개 조명 만들기

3-1 가산 혼합 원리를 이용하는 RGB LED　251
　　　가산 혼합 원리　251
　　　RGB LED　252
3-2 RGB LED를 이용한 무지개 조명　254

\<10장\> 함수와 라이브러리

10-1 아두이노 함수　259
　　　아두이노의 내장 함수　259
　　　아두이노의 사용자 함수　261
10-2 아두이노 라이브러리　264

체험활동 ❶ 서보 모터 제어하기

1-1 서보 모터　266
　　　서보 모터의 동작 원리　266
　　　서보 모터 라이브러리　269
1-2 서보 모터 제어　272

체험활동 ❷ 키패드 사용하기

2-1 키패드　276
　　　키패드의 동작 원리　276
　　　키패드 라이브러리　277
2-2 키패드를 사용하여 입력 받기　283

\<11장\> 7-세그먼트 디스플레이

11-1 7-세그먼트 디스플레이　287
11-2 7-세그먼트 디코더　290

체험활동 ❶ 7-세그먼트에 0부터 9까지
　　　　숫자 표시하기

1-1 아두이노 출력으로
　　　7-세그먼트 직접 제어하기　294
1-2 CD4511을 사용하여
　　　7-세그먼트 제어하기　299

체험활동 ❷ 7-세그먼트를 이용한
　　　　디지털 카운터 만들기

2-1 7-세그먼트를 이용한 디지털 카운터　303

\<12장\> 텍스트 LCD

12-1 일반 LCD 16X2　310
12-2 I2C 방식의 텍스트 LCD　314
12-3 LCD의 CG-ROM과 CG-RAM　316
12-4 텍스트 LCD 라이브러리와 멤버 함수　319

체험활동 ❶ 텍스트 LCD의 종류별
라이브러리 사용 방법

1-1 일반 LCD 16X2와
LiquidCristal 라이브러리   321
1-2 I2C 방식의 LCD(MCP23008)와
Adafruit_LiquidCrystal 라이브러리   326
1-3 I2C 방식의 LCD(PCF8574)와
LiquidCrystal_I2C 라이브러리   330

체험활동 ❷ 텍스트 LCD의 기본 동작 제어하기

2-1 LCD의 기본 동작 확인을 위한
회로 준비   333
2-2 멤버 함수를 사용한 LCD의
기본 동작 제어   335
   clear() 함수, setCursor() 함수   335
   cursor() / noCursor() 함수, home() 함수   338
   blink() / noBlink() 함수   341
   display() / noDisplay() 함수   344
   scrollDisplayLeft() /
   scrollDisplayRight() 함수   346
   autoscroll() / noAutoscroll 함수   349
   leftToRight() / rightToLeft() 함수   352

체험활동 ❸ 텍스트 LCD에 사용자 정의
문자 출력하기

3-1 사용자 정의 문자 출력   356

〈13장〉 다양한 센서 사용하기

13-1 팅커캐드의 다양한 센서   362

체험활동 ❶ 기울기 센서를 이용한 기울기 감지
시스템 만들기

1-1 기울기 센서   364
1-2 기울기 감지 시스템   368

체험활동 ❷ 토양 수분 센서를 이용한 스마트 화분
만들기

2-1 토양 수분 센서   371
2-2 스마트 화분   374

체험활동 ❸ 포토 레지스터로 스마트 가로등 만들기

3-1 포토 레지스터   378
3-2 스마트 가로등   382

체험활동 ❹ PIR 센서로 침입 감지 시스템 만들기

4-1 PIR 센서   386
4-2 침입 감지 시스템   389

체험활동 ❺ 힘 센서를 이용한
압력 측정 시스템 만들기

5-1 힘 센서   393
5-2 압력 측정 시스템   397

체험활동 ❻ 가스 센서를 이용한
가스 누출 경보기 만들기

6-1 가스 센서   402
6-2 가스 누출 경보기   406

체험활동 ❼ 온도 센서로 디지털 온도계 만들기

7-1 온도 센서   411
7-2 디지털 온도계   418

체험활동 ❽ 휨 센서를 이용한 가위-바위-보
인식 시스템 만들기

8-1 휨 센서   421
8-2 가위-바위-보 인식 시스템   425

체험활동 ❾ 초음파 센서를 이용한
거리 측정 시스템 만들기

9-1 초음파 센서   430
9-2 초음파 거리 측정 시스템   439

<14장> 다양한 출력 장치 사용하기

14-1 팅커캐드의 다양한 출력 장치   444

체험활동 ❶ 네오픽셀 조명 만들기

1-1 네오픽셀   445

1-2 네오픽셀 조명 만들기   451

체험활동 ❷ 진동 모터를 이용한
         카페 진동벨 만들기

2-1 진동 모터   455

2-2 카페 진동벨 만들기   459

체험활동 ❸ DC 모터를 이용하는 RC카 조종하기

3-1 DC 모터와 하비 기어 모터   464

3-2 RC카 조종하기   472

체험활동 ❹ 피에조 버저로 멜로디 연주하기

4-1 피에조 버저   478

4-2 피에조 버저를 이용한 멜로디 연주   481
     음계 정의 부분   481
     멜로디 작성 부분   483
     음표 및 쉼표의 길이를 설정하는 부분   485
     연주하는 부분   488

<15장> 기타 장치 사용하기

15-1 기타 장치들   494

체험활동 ❶ 릴레이 사용하기

1-1 릴레이   495

1-2 릴레이를 이용한 전구 제어   497

체험활동 ❷ 적외선 리모컨 사용하기

2-1 적외선   500

2-2 적외선 리모컨으로 LED 제어하기   507

체험활동 ❸ EEPROM을 활용한
         디지털 도어락 만들기

3-1 EEPROM   511
     EEPROM에 데이터를 저장하고 읽기   512
     키패드로 입력 받은 6자리 비밀번호를
     EEPROM에 저장하기   516

3-2 디지털 도어락 만들기   524

<부록1> 아두이노 프로그래밍

1. 아두이노 프로그래밍을 위한 Tip
2. 아두이노 프로그래밍을 위한 기초 C, C++ 문법

<부록2> 아스키코드 표

• 책 내용을 따라할 수 있는 실습 파일은 길벗 홈페이지를 통해 제공됩니다.

길벗 출판사 홈페이지(www.gilbut.co.kr) 검색 란에 '**팅커캐드**', '**아두이노**'를 검색 → 해당 도 서 자료실의 '**실습예제**' 항목 → **실습에 필요한 예제 소스** 내려받기

주차별(15주) 학습 진도표

주차별	챕터	주제	주차별 내용
1주	1장	강좌 소개, 전기의 기본 개념과 팅커캐드	• 강좌 소개 • 전기의 기본 개념과 전자 회로가 무엇인지 이해한다. • 팅커캐드를 사용하여 전자 회로를 구성하고 동작을 확인할 수 있다.
2주	2장	전압과 전류의 표현 및 측정	• 전압과 전류의 표현 방법을 이해한다. • 전압과 전류를 측정할 수 있는 멀티미터의 사용 방법을 이해한다. • 팅커캐드에서 멀티미터를 사용하여 전압과 전류를 측정할 수 있다.
3주	3장	저항과 옴의 법칙	• 저항에서 전압과 전류의 관계인 옴의 법칙을 이해한다. • 전력의 개념을 이해하고 소비전력을 계산할 수 있다. • 팅커캐드에서 전원 공급 장치를 사용하여 옴의 법칙을 확인한다.
4주	4장	에너지를 저장하는 커패시터와 인덕터	• 커패시터와 인덕터의 동작 특성을 이해한다. • 팅커캐드에서 커패시터와 인덕터로 구성되는 회로의 동작을 확인한다.
5주	5장	다이오드와 트랜지스터	• 반도체의 기본적인 내용을 이해한다. • 다이오드와 트랜지스터의 기본 동작을 이해한다. • 팅커캐드에서 함수 발생기 및 오실로스코프를 사용하여 다이오드와 트랜지스터의 특성을 활용한 응용 회로의 동작을 이해한다.
6주	6장	아두이노 시작하기	• 아두이노가 무엇인지 이해하고, 아두이노 통합개발환경을 사용할 수 있다. • 팅커캐드의 아두이노 시뮬레이터를 사용할 수 있다. • 브레드보드를 사용 방법을 이해하고, 브레드보드에서 회로를 구성할 수 있다.
7주	7장, 8장	아날로그 신호와 디지털 신호, 디지털 데이터 입출력	• 신호의 기본적인 내용과 아날로그 신호와 디지털 신호의 차이를 이해한다. • 아두이노의 데이터 입출력에 대한 기본적인 개념을 이해한다. • 디지털 데이터의 입출력을 위한 기본 함수를 사용할 수 있다. • 팅커캐드에서 풀업/풀다운 저항을 적용한 입력 회로를 사용하여 디지털 데이터의 입출력을 확인한다.
8주			중간고사

주차별	챕터	주제	주차별 내용
9주	9장	아날로그 데이터 입출력	• 아두이노의 아날로그 데이터 입출력에 대한 기본적인 내용을 이해한다. • 아날로그 데이터 입출력을 위한 기본 함수를 사용할 수 있다. • 아날로그 데이터 출력을 위한 펄스 폭 변조(PWM)에 대한 개념을 이해하고 팅커캐드에서 아날로그 입력과 출력(PWM)을 확인한다.
10주	10장, 11장	함수와 라이브러리, 7세그먼트 디스플레이	• 아두이노의 함수와 라이브러리의 기본 개념을 이해하고 사용할 수 있다. • 7-세그먼트 디스플레이의 구조와 동작 원리를 이해할 수 있다. • 7-세그먼트 디코더(CD4511)의 구조와 동작 원리를 이해할 수 있다. • 팅커캐드에서 7-세그먼트 디코더를 사용하여 7-세그먼트 디스플레이를 제어할 수 있다.
11주	12장	텍스트 LCD	• 텍스트 LCD의 종류와 기본 원리를 이해한다. • LCD 라이브러리와 다양한 멤버 함수의 사용 방법을 이해한다. • 팅커캐드에서 텍스트 LCD를 사용하여 원하는 메시지를 출력할 수 있다.
12주	13장	다양한 센서 사용하기1	• 다양한 센서의 종류와 동작 원리를 이해한다. • 다양한 센서의 기본 동작을 위한 소스코드를 작성할 수 있다.
13주	13장	다양한 센서 사용하기2	• 팅커캐드에서 센서를 활용하는 간단한 응용 시스템을 만들 수 있다. ※ 9종의 센서 중 난이도에 따라 선택하여 강의합니다.
14주	14장, 15장	다양한 출력 장치 사용하기, 기타 장치 사용하기	• 다양한 외부 출력 장치 및 기타 장치의 종류와 동작 원리를 이해한다. • 다양한 외부 출력 장치 및 기타 장치의 기본적인 동작을 위한 소스코드를 작성할 수 있다. • 팅커캐드에서 외부 출력 장치 및 기타 장치를 활용하는 간단한 응용 시스템을 만들 수 있다. ※ 4종의 출력 장치와 3종의 기타 장치 중 난이도에 따라 선택하여 강의합니다.
15주		기말고사	

<1장>

전기의 기본 개념과 팅커캐드

--- 학습 목표 ---

● 전기의 기본 개념을 이해한다.

● 전자 회로와 회로도가 무엇인지 이해한다.

● 전자 회로를 구성할 때 사용하는 직렬연결 및 병렬연결 방법에 대해 이해한다.

● 팅커캐드를 사용하여 전자 회로를 구성하고 회로 동작을 확인할 수 있다.

1 〉 전기란 무엇인가?

일상생활에서 자주 사용하는 TV, 냉장고, 스탠드 조명과 같은 가전제품이 동작하기 위해서는 전기(electricity)가 필요하다. 전기란 무엇일까? 이러한 질문은 전문적인 교육을 받은 사람들조차도 당황스럽고 답변하기가 쉽지 않다. 건조한 겨울철에 털모자를 벗거나 스웨터를 벗을 때 머리카락이 모자나 스웨터에 달라붙는 경험을 한 적이 있을 것이다. 이러한 현상은 서로 다른 물체를 문지르면 물체에 전기가 발생하기 때문에 나타나는 것이다. 전기는 크게 흐르는 전기와 흐르지 않는 전기로 나눌 수 있는데 흐르는 전기를 '동전기', 흐르지 않는 전기를 '정전기'라 부른다. 물체를 마찰했을 때 생기는 전기가 정전기의 한 종류인 마찰 전기이다. 반면 건전지나 가정의 콘센트에 흐르는 전기가 동전기이다. 모든 전기는 양(+) 또는 음(−)으로 구분되는 두 종류의 성질을 가진다. 눈으로 볼 수 없는 아주 작은 전자라는 입자가 이동하게 되면 발생하는 에너지의 한 종류로, 빛을 만들기도 하고 열을 낼 수 있으며 심지어 끌어당기거나 밀어내는 힘을 만들 수도 있다.

전기가 무엇인지 조금 더 알기 위해서는 먼저 모든 물질을 이루는 원자(atom)에 대해 알아야 한다. 그림 1-1과 같이 모든 원자는 원자핵(nucleus)과 전자(electron)로 이루어져 있으며, 원자핵은 양성자(proton), 중성자(neutron)로 구성되어 있다. 원자의 종류에 따라 전자의 수가 다르며, 전자의 수와 양성자의 수는 같지만 중성자의 수는 양성자(또는 전자)의 수와 같거나 다를 수도 있다. 전자는 태양 주위의 행성들이 공전하듯이 원자핵 주위를 공전한다. 전자가 원자핵 주위를 공전하는 이유는 양성자와 전자가 가지는 전기적 성질로 설명할 수 있다. 양성자는 양(+)의 전기적 성질을 가지고 있고, 전자는 음(−)의 전기적 성질을 가지므로 자석의 N극과 S극이 서로를 끌어당기듯이 양(+)의 전기적 성질을 띠는 양성자와 음(−)의 전기적 성질을 띠는 전자가 서로 끌어당기기 때문이다.

반면 중성자는 전기적 성질이 없기 때문에 전자가 공전하는 데 아무런 영향을 미치지 않는다.

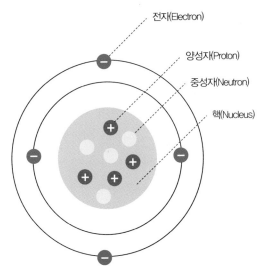

그림 1-1. 원자의 구조

양성자와 전자가 가지고 있는 전기적 성질을 전하(electric charge)라고 하며, 양성자의 전기적 성질을 양전하, 전자의 전기적 성질을 음전하라고 한다. 같은 수의 양성자와 전자가 갖는 전하의 양은 같으며, 기본적으로 모든 원자는 같은 수의 양성자와 전자로 구성되어 있으므로 전기적으로 중성이다. 만약 원자에 에너지를 가하면 원자핵 주위를 공전하던 전자가 공전 궤도를 벗어나 자유롭게 이동할 수 있게 되어 원자를 구성하는 양성자와 전자의 수가 달라져 전기적으로 양(+) 또는 음(−)의 성질을 갖게 된다. 이처럼 자유롭게 움직일 수 있는 전자의 이동에 의해 생기는 현상이 전기이다. 즉, 전기란 전자의 이동으로 생기는 에너지를 말한다.

2 〉 전기의 기본 개념

전구에 배터리를 연결하면 왜 불이 켜질까? 이를 알기 위해서는 전압(voltage), 전류(current), 저항(resistance)이라는 전기의 기본 개념을 알아야 한다. 전구를 자세히 살펴보면 유리 내부에 가느다란 금속 재질의 도선인 필라멘트를 볼 수 있는데, 이 필라멘트의 양쪽 끝은 전구 몸체의 서로 다른 곳에 연결되어 있다.

필라멘트

그림 1-2. 전구의 구조

2.1 │ 전압(voltage)

전구에 배터리를 연결하면 내부 필라멘트에 전압이 가해진다. 전압은 두 지점 사이의 전기 에너지의 차이를 말하며, 볼트([V])라는 단위로 측정된다. 도선의 양쪽 끝에 전압이 걸리면 전자가 밀려 도선을 통해 이동하게 되며, 높은 전압이 걸릴수록 더 많은 전자가 이동하게 된다. 그림 1-3과 같이 구슬로 가득 찬 튜브 (관)를 생각해 보자. 튜브의 한쪽 끝에서 구슬을 밀어 넣으면 다른 끝에서 즉시 구슬이 나오게 된다. 한쪽 끝에서 더 많은 구슬을 밀어 넣을수록 다른 쪽에서 더 많이 튀어나오게 된다. 밀어 넣는 힘을 전압, 구슬을 전자라고 한다면 구슬이 이동하는 동작을 전압이 걸린 도선 내부에서 전자의 움직임이라 할 수 있다. 이러한 전자의 움직임은 회로에 전압이 걸렸을 때 전압의 음(-)극 단자로부터 회로에 주입되는 전자에 의해 도선 내부의 전자가 밀려 이동하는 것이다.

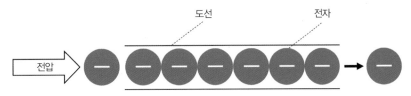

그림 1-3. 전압이 가해진 도선(필라멘트)에서 전자의 이동

2.2 전류(current)

전류는 도선을 통해 흐르는 전자의 양을 말하며, 암페어([A])라는 단위로 측정된다. 일반적으로 전류는 물의 흐름으로 생각할 수 있는데 많은 양의 물이 흐른다는 것은 도선을 통해 흐르는 전자가 많다는 것을 의미한다. 중력에 의해 물이 아래로 흐르듯이 전류는 전기적 에너지가 높은 곳에서 낮은 곳으로 흐른다. 배터리에서 양(+)극은 전기 에너지가 높고 음(-)극은 낮으므로 전류는 배터리의 양극에서 도선을 따라 음극으로 흐른다. 하지만 실제 전자는 배터리의 음극에서 양극으로 전류 방향과 반대로 이동한다.

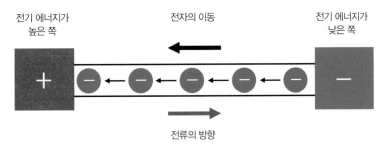

그림 1-4. 전류의 방향과 전자의 이동 방향

2.3 | 저항(resistance)

전압은 전자를 밀어내 전류가 흐르도록 하지만 저항은 전류가 흐르는 것을 방해한다. 수도꼭지에 연결된 호스의 중간 부분을 누르면 물의 흐름을 방해하여 물이 덜 흐르게 된다. 이처럼 전류가 흐르는 것(전자의 이동)을 방해하는 정도를 저항이라고 하며, 옴([Ω])이라는 단위로 측정한다.

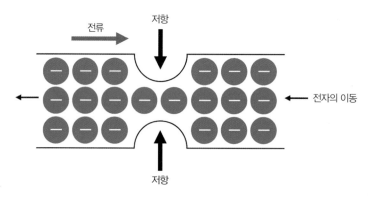

그림 1-5. 전류의 흐름을 방해하는 저항

2.4 | 전기가 흐르는 전구

배터리의 전압은 전구 내부의 필라멘트를 포함한 회로에서 전자를 밀어내는 압력이다. 필라멘트는 저항을 가지고 있으므로 회로에 전류가 흐르는 것을 방해한다. 전자가 필라멘트를 통과하기 위해 애쓰면 필라멘트는 뜨거워지기 시작하고 빛을 방출하게 된다. 즉, 전구는 전기 에너지를 열과 빛으로 바꾸는 동작을 한다.

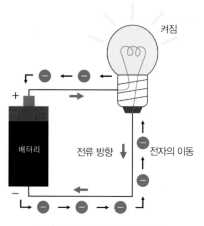

그림 1-6. 전기가 흐르는 전구

3 〉 전자 회로의 기초

3.1 | 전자 회로와 회로도

전자 회로(electronic circuit)란 전류가 흐를 수 있도록 전기 에너지를 공급하는 배터리와 같은 전원과 저항, 스위치 등의 전자 부품을 도선(전기가 잘 흐르는 선)으로 연결해 놓은 것을 말하며, 간단하게 회로(circuit)라고도 한다. 이러한 회로를 쉽게 이해할 수 있도록 그림으로 나타낸 것이 회로도(electronic circuit diagram)이다. 회로에는 다양한 전자 부품이 사용되며, 이들 부품은 회로도에서 표 1-1의 기호를 사용하여 나타낸다. 그림 1-7은 배터리, 스위치, 전구로 구성된 회로와 이를 회로도로 나타낸 예시이다.

표 1-1. 회로도에서 사용되는 전자 부품의 다양한 기호들

부품 이름	회로도 기호	부품 이름	회로도 기호
직류 전압원		전구	
교류 전압원		저항	
배터리(전지)		커패시터(콘덴서)	
접지		인덕터(코일)	
스위치		다이오드	
전동기(모터)		LED	

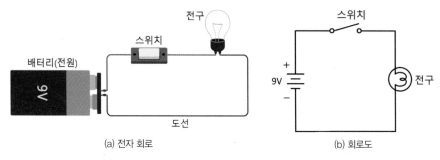

(a) 전자 회로 (b) 회로도

그림 1-7. 전자 회로와 회로도

회로도를 사용하는 이유는?

전자 회로를 표현할 때 실제 이미지를 사용하여 표현하는 그림을 픽토리얼 다이어그램(pictorial diagram)이라 한다. 픽토리얼 다이어그램은 실제 전자 부품의 이미지를 사용하여 회로를 표현하기 때문에 간단한 회로의 연결 모습을 쉽게 이해할 수 있는 장점이 있지만, 복잡한 전자 회로를 표현하거나 이해하는 데 어려움이 있다. 따라서 회로의 구성 모습을 실제 이미지로 표현하는 대신 간략한 기호로 쉽고 간단하게 표현하기 위해 회로도를 사용한다. 회로도는 회로를 구성하는 전자 부품들을 간략한 기호로 표시하고 이들을 서로 선(도선)으로 연결하여 완성한다. 현재 회로도에 사용되는 기호는 국제적으로 표준화(공식적인 약속)되어 있다. 전자 회로를 처음 접하는 입문자의 경우 회로도에 사용되는 전자 부품을 구분하거나 부품들이 서로 어떻게 연결되어 있는지 알기가 어렵지만, 회로도에 익숙해지면 픽토리얼 다이어그램보다 회로의 구성을 이해하는 데 편리하다는 것을 알게 될 것이다. 회로도를 이해하려면 먼저 부품의 기호가 무엇인지 알아야 하며, 회로에서 부품들이 서로 어떻게 연결되는지 알아야 한다.

3.2 | 닫힌 회로와 열린 회로

전자 회로는 기본적으로 동작하는 데 필요한 전기 에너지를 공급 받기 위해 배터리나 전기 콘센트와 같은 전원에 연결되어 있어야 한다. 또한 회로를 구성하는 모든 전자 부품에 전류가 흐르도록 도선으로 연결되어야 하는데 이처럼 연결된 회로를 닫힌 회로 또는 폐 회로(closed circuits)라고 한다. 반면, 회로에 끊김이 있어 전기가 흐르지 않는 회로를 열린 회로(open circuits)라고 하며 열린 회로로 구성된 전자 회로는 정상적으로 동작하지 않는다.

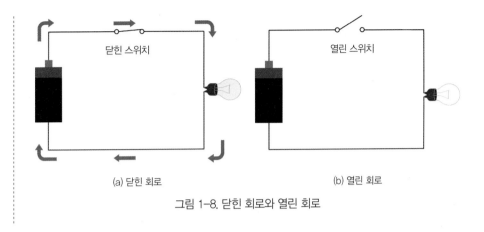

(a) 닫힌 회로   (b) 열린 회로

그림 1-8. 닫힌 회로와 열린 회로

3.3 ▎ 직렬 회로와 병렬 회로

전자 회로는 연결 방법에 따라 직렬 회로(series circuits)와 병렬 회로(parallel circuits)로 나뉘는데 직렬 회로는 전류가 흐르는 길이 한 개, 병렬 회로는 전류가 흐를 수 있는 길이 여러 개라고 생각할 수 있다.

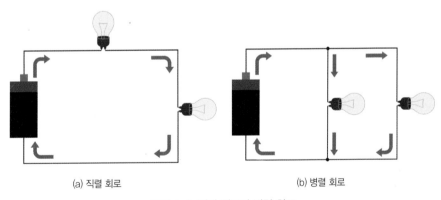

(a) 직렬 회로   (b) 병렬 회로

그림 1-9. 직렬 회로와 병렬 회로

일반적으로 전자 회로를 구성할 때는 직렬연결과 병렬연결이 모두 사용된다.

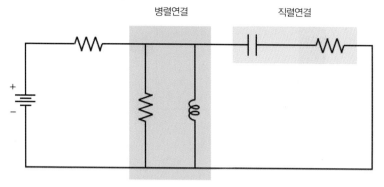

그림 1-10. 직렬연결과 병렬연결이 모두 사용된 회로

3.4 | 부품 기준 지정 문자

전자 회로에 사용되는 전자 부품을 구별하기 위해 부품 종류에 따라 기호를 정해 사용하고 있으며, 이를 '부품 기준 지정 문자' 또는 '식별 문자'라고 부른다. 부품 기준 지정 문자는 회로도를 그릴 때 부품 기호 옆에 이름으로 사용된다. 표 1-2는 자주 사용되는 부품 기준 지정 문자들이다.

표 1-2. 여러 부품 기준 지정 문자들

부품 이름	식별 문자	부품 이름	식별 문자
저항	R	다이오드	D
커패시터(콘덴서)	C	가변 저항	VR
인덕터(코일)	L	스위치	SW

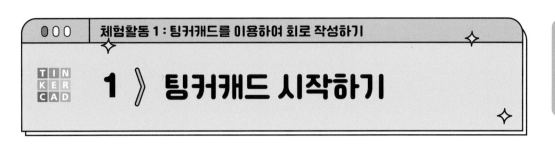

1 ⟩ 팅커캐드 시작하기

지금까지 전기의 기본 개념과 전자 회로 및 회로도가 무엇인지 알아보았다. 여기에서는 팅커캐드의 기본적인 사용 방법을 알아보고 간단한 전자 회로를 구성해 보자.

팅커캐드는 인터넷이 가능한 컴퓨터, 스마트폰, 태블릿 등에서 웹 브라우저를 통해 접속하여 사용할 수 있다. 이 책은 개인용 컴퓨터(PC) 환경에서 다양한 웹 브라우저 중 크롬 브라우저를 기본으로 설명한다.

1.1 │ 팅커캐드 접속하기

크롬 브라우저를 사용하여 팅커캐드 홈페이지(www.tinkercad.com)에 접속한 다음 오른쪽 상단의 '등록' 또는 '팅커링 시작'을 클릭하면 계정 생성 화면으로 이동한다.

그림 1-11. 팅커캐드 홈페이지의 시작 화면

1.2 | 계정 유형 및 계정 생성 방법 선택하기 □

팅커캐드의 계정 유형은 '학교'와 '사용자 개인'으로 구분되는데 여기서는 '개인 계정 생성' → '이메일로 등록'을 클릭하여 이메일을 이용한 개인 계정을 만든다. 만약 Google이나 Apple의 이메일 계정이 있다면 간단히 팅커캐드의 계정을 만들 수 있다.

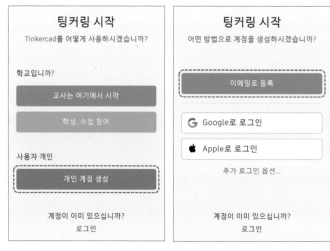

그림 1-12. 계정 유형과 계정 생성 방법 선택

1.3 | 계정 생성을 위한 기본 정보 작성하기 □

계정 생성을 위한 기본 정보를 작성하는 창이 나타나면 국가와 생년월일을 입력한 후 '다음'을 클릭한다. 이메일과 암호를 입력한 다음 'Autodesk 이용 약관' 동의에 체크 표시하고 '계정 작성'을 클릭한다.

그림 1-13. 계정 등록을 위한 기본 정보 작성

1.4 | 계정 생성 완료 및 로그인하기

계정 생성이 정상적으로 이루어졌다면 계정이 작성되었다는 내용이 표시된다. '완료'를 클릭하면 자동으로 로그인된다.

그림 1-14. 계정 생성 완료 화면

2 〉 팅커캐드 사용하기

팅커캐드에 로그인했다면 화면 왼쪽에 '수업', '디자인', '튜토리얼'과 같이 3개의 기본 메뉴가 보이며, 오른쪽엔 선택된 기본 메뉴의 하위 메뉴와 최근 작업한 결과물을 볼 수 있는 대시보드(dashboard)가 나타난다. 기본 메뉴에서 '수업'을 선택하면 교사가 학생 계정을 생성해서 단체 수업을 할 수 있으며, '튜토리얼'을 선택하면 팅커캐드에서 제공하는 학습 결과를 확인할 수 있다. 튜토리얼의 학습 내용은 상단 '리소스' 메뉴의 '학습센터'에서 제공된다. 기본 메뉴의 '디자인'을 선택하면 팅커캐드 오른쪽 대시보드에 '3D 디자인', '회로', '코드 블록'과 같이 3개의 하위 메뉴와 최근 작업했던 결과물을 확인할 수 있다. '3D 디자인' 메뉴를 선택하면 3D 프린터로 출력할 수 있는 3차원 모델링 작업을 할 수 있다. '회로' 메뉴는 저항, 커패시터, LED 등과 같은 전자 부품과 아두이노를 사용하여 전자 회로를 만들고 작성한 회로를 가상으로 동작시킬 수 있는 시뮬레이션을 할 수 있다. 마지막으로 '코드 블록' 메뉴는 3차원 형태의 상자, 원통, 구 등 다양한 기본 블록을 사용하여 3차원 모델을 만들 수 있다.

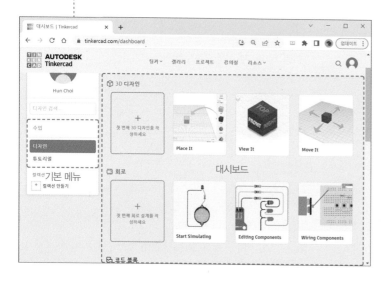

여기에서는 전자 회로와 아두이노 응용 시스템의 회로 작성(설계) 및 프로그래밍을 하고, 작성한 결과물의 동작을 확인할 수 있는 시뮬레이션 기능의 학습을 할 수 있는 '회로' 메뉴의 사용 방법에 대해 알아본다.

그림 1-15. 팅커캐드의 기본 화면

2.1 | 회로 만들기의 시작

팅커캐드의 '3D 디자인', '회로', '코드 블록' 설계 메뉴를 사용한 적이 없다면 첫
번째 설계를 할 수 있는 (+) 아이콘과 초보자를 위해 팅커캐드에서 제공하는 기
본 예제가 나타난다. 반면 설계 메뉴를 사용한 적이 있는 학습자의 경우 (+) 아
이콘 없이 기존에 작업한 목록이 나타난다. 새로운 설계를 하려면 대시 보드의
오른쪽 위에 있는 '+ 새로 만들기' 버튼을 클릭하고 하위 메뉴를 선택하면 된다.

전자 회로를 작성하는 방법을 학습하기 위해 팅커캐드의 기본 화면에서 '+ 새로
만들기' 버튼을 클릭하고 '회로'를 선택해 보자.

그림 1-16. 새 회로를 설계하기 위해 '+ 새로 만들기' 버튼 클릭 후 회로 선택

2.2 | 회로 화면에서 새 회로 만들기

'+ 새로 만들기' 버튼을 클릭하고 '회로'를 선택하면 새로운 회로를 만들 수 있는
작업판과 전자 회로를 구성하는 여러 부품을 선택할 수 있는 구성요소 모음을

확인할 수 있다. 팅커캐드 로고(📟)의 오른쪽 부분을 클릭하면 만들고자 하는 회로 이름으로 수정할 수 있으며 수정된 회로 이름이나 작업판의 내용은 자동으로 저장된다. 팅커캐드의 기본 화면으로 가고자 한다면 팅커캐드 로고(📟)를 클릭하면 된다.

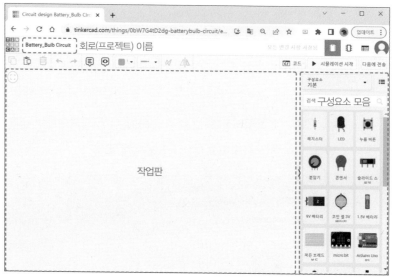

그림 1-17. '새 회로 작성' 클릭 후 작업 화면

2.3 | 회로 부품을 선택하여 작업판에 배치하기

마우스 커서를 사용하여 구성요소 모음에 있는 '9V 배터리'와 '전구'를 작업판에 끌어다 놓는다. 이때 원하는 회로 부품을 찾을 수 없다면 구성요소 모음에서 '구성요소(기본)' → '구성요소(모두)'로 변경하면 많은 회로 부품들을 선택할 수 있다. 회로 부품은 마우스의 휠을 사용하여 찾을 수 있고 부품의 이름을 알고 있다면 검색 기능을 사용해도 된다. 전구는 구성요소의 '기본'에서 찾을 수 없으며 '모두'로 변경해야 표시된다. 9V 배터리와 전구를 작업판에 그림 1-19와 같이 배치하자.

(a) 구성요소 '기본' 선택

(b) 구성요소 '모두' 선택

그림 1-18. 구성요소를 '기본'에서 '모두'로 변경

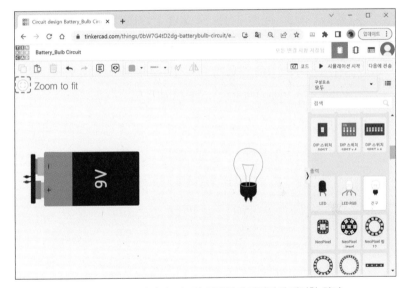

그림 1-19. 9V 배터리, 전구를 선택하여 작업판에 배치한 화면

회로 부품을 배치할 때 유용한 기능

• **화면 확대/축소** : 작업판과 구성요소 모음은 마우스의 휠을 사용하여 화면을 확대 또는 축소할
수 있다.
• **작업판 화면의 이동** : 작업판의 빈 공간에 마우스 커서를 놓고 클릭한 상태에서 마우스 커서를
이동하면 작업판 전체가 이동한다.

만약 작업판에 회로 부품을 끌어다 놓을 때 공간이 좁다면 작업판을 축소하거나 작업판을 이동한 다음 부품을 배치하면 된다. 적절히 배치되었다면 작업판의 왼쪽 상단에 있는 'Zoom to Fit' 아이콘(⊙) 클릭하여 배치한 부품들이 작업판 중앙에 놓이도록 작업판의 위치를 자동으로 조절한다. 이때 작업판 화면의 비율은 축소가 필요할 수도 있다.

2.4 │ 회로 부품의 회전 및 대칭하기

작업판에 배치한 회로 부품들을 도선을 사용하여 서로 연결할 때 회로 부품의 회전이나 대칭(좌우 반전)이 필요할 수 있다. 팅커캐드에서는 회로 부품을 시계 방향으로 30°씩 회전시킬 수 있다. 작업판 위쪽의 구성요소 제어 아이콘 모음에서 '회전' 아이콘(↻) 또는 키보드의 R을 누르면 된다. 회로 부품의 대칭은 배터리, LED 등 일부 부품에 대해서만 가능하다. 대칭이 필요할 때는 '대칭' 아이콘(◁▷) 또는 키보드의 M을 누르면 된다.

9V 배터리를 시계 방향으로 180° 만큼 회전해 보자. 마우스 커서를 사용하여 '9V 배터리'를 클릭 → '회전' 아이콘(↻)을 6번 클릭한다. 같은 방법으로 전구도 시계 방향으로 90° 만큼 회전시킨다.

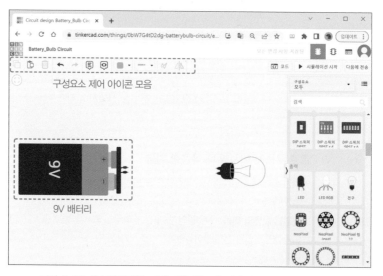

그림 1-20. 9V 배터리를 180°, 전구를 90° 시계 방향으로 회전한 결과

2.5 회로 부품들을 도선으로 연결하기

회로 부품의 배치를 완료했다면 부품들을 도선으로 연결하는 것이 필요하다. 부품들을 서로 연결하는 것을 '배선'이라고 한다. 배선을 위해서는 부품들의 단자를 도선으로 연결하면 된다. 부품들의 단자(터미널)에 마우스 커서를 가져가면 단자에 빨간색 사각형 점이 표시되며 단자의 이름 또는 속성이 나타난다. 빨간색 사각형 점(시작점)을 마우스 커서로 클릭하면 초록색 도선이 만들어지며, 연결하고자 하는 다른 부품의 단자(끝점)를 클릭하면 연결이 완료된다. 만약 연결이 잘못되었다면 지우고자 하는 도선을 클릭한 다음 키보드의 Delete 를 누르거나 구성요소 제어 아이콘 모음의 '삭제' 아이콘(🗑)을 클릭한다.

9V 배터리와 전구를 도선으로 연결해 보자. 배터리의 빨간색 단자에 마우스 커서를 가져가면 높은 전기 에너지를 갖는다는 의미의 '양(+)' 속성이 표시되며 빨간색 사각형 점이 표시된다. 이 점을 클릭하면 초록색 도선이 만들어지고 전구의 위쪽 단자(터미널 1)를 클릭하면 초록색 도선으로 두 전자 부품이 연결된다.

(a) 배터리의 양(+)극 단자 클릭

(b) 전구의 터미널 1까지 마우스 커서로 이동

(c) 전구 터미널 1을 클릭해서 도선 연결

그림 1-21. 초록색 도선으로 9V 배터리의 양극(+) 단자와 전구의 터미널 1을 연결

체험활동 1 : 팅커캐드를 이용하여 회로 작성하기 **031**

도선을 다양한 형태로 연결하기

도선의 연결은 기본적으로 직선이지만 다양한 형태로 연결할 수도 있다. 만약 많은 수의 부품 단자를 연결할 때 직선만으로 연결한다면 도선끼리 겹치는 부분이 생기게 되어 회로가 어떻게 연결되어 있는지 이해하기 어려울 수 있다. 따라서 회로를 쉽게 이해할 수 있도록 배선하기 위해 다양한 형태의 연결이 필요하다.

도선을 다양한 형태로 연결하려면 단자의 빨간색 사각형 점을 클릭한 다음 다른 부품의 단자를 바로 클릭하지 않고 작업판의 빈 공간을 클릭하고 다른 부품의 단자(터미널)를 클릭하면 된다. 이때 빈 공간을 클릭한 곳에 도선의 관절점이 만들어지는데 도선 연결을 완료한 다음 이 관절점을 클릭하여 원하는 위치로 이동할 수도 있다.

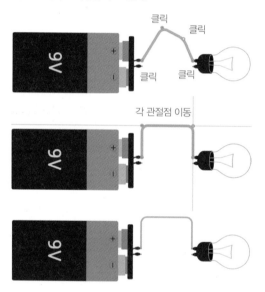

그림 1-22. 관절점을 이용한 다양한 형태의 도선 연결

많은 수의 부품들로 구성되는 복잡한 회로를 연결할 때 이미 연결이 완료된 도선에 관절점을 추가할 수도 있다. 마우스 커서를 사용하여 연결된 도선 위의 원하는 지점을 더블클릭하면 해당 위치에 관절점이 추가된다. 배터리와 전구의 모든 단자를 연결하여 완성한 회로는 그림 1-23과 같다.

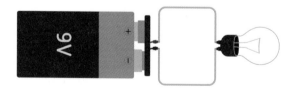

그림 1-23. 다양한 형태의 도선 연결이 완성된 회로

2.6 | 도선의 색상 바꾸기

전자 부품들을 연결할 때 도선의 색상을 다양하게 표현하는 것은 회로의 연결 상태를 이해하는 데 도움을 준다. 일반적으로 전원의 양(+)극 단자는 빨간색, 음(−)극 단자 또는 접지는 검은색을 사용하며, 그 외 다른 색상은 전자 부품들 사이에 정보(데이터)를 주고받는 신호선을 구분하는 데 사용한다. 도선의 색상을 바꾸기 위해서는 도선을 클릭한 다음 구성요소 제어 아이콘 모음에서 '도선 색상' 아이콘(■ ▾) 클릭하여 원하는 색상(12가지 색상 선택 가능)을 선택하면 된다.

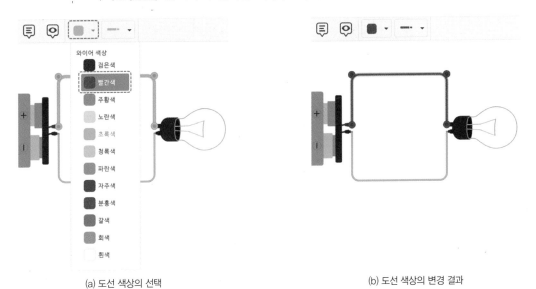

(a) 도선 색상의 선택   (b) 도선 색상의 변경 결과

그림 1-24. 도선의 색상 바꾸기

단축키로 도선의 색상 바꾸기

단축키를 사용하여 도선의 색상을 쉽게 바꿀 수 있다. 도선을 선택하고 0부터 9까지의 숫자 키를 누르면 해당 색상으로 바뀐다. 이때 회색과 흰색은 단축키를 사용하여 변경할 수는 없다.

표 1-3. 도선 색상 변경을 위한 단축키

단축키	1	2	3	4	5	6	7	8	9	0
색상	검은색	빨간색	주황색	노란색	초록색	청록색	파란색	자주색	분홍색	갈색

연결이 완성된 회로에서 도선의 색상을 변경해 보자. 9V 배터리의 양(+)극 단자와 전구의 터미널 1을 연결한 도선의 색상은 빨간색, 배터리의 음(−)극 단자와 전구의 터미널 2를 연결한 도선은 검은색으로 변경한다. 그림 1−25는 도선의 색상 변경까지 완료한 회로이다.

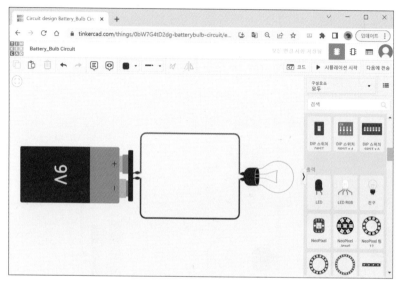

그림 1−25. 도선의 색상 변경을 완료한 회로

2.7 ┃ 작성한 전자 회로의 동작 확인하기

팅커캐드에서는 시뮬레이션 기능을 사용하여 작성한 전자 회로의 동작을 확인할 수 있다. 시뮬레이션이란 컴퓨터로 실제 회로의 모형을 만들어 가상으로 동작시키는 것을 말한다. 이러한 시뮬레이션은 실제 회로를 만드는 데 필요한 비용과 시간을 줄일 수 있으며, 잘못된 연결로 전자 부품이 망가지거나 안전사고 등의 문제를 미리 확인할 수 있다는 장점이 있다. 앞서 완성한 전자 회로가 어떻게 동작하는지 시뮬레이션을 통해 확인해 보자. 시뮬레이션을 하기 위해서는 작업판 위쪽의 '시뮬레이션 시작' 버튼을 클릭하면 된다.

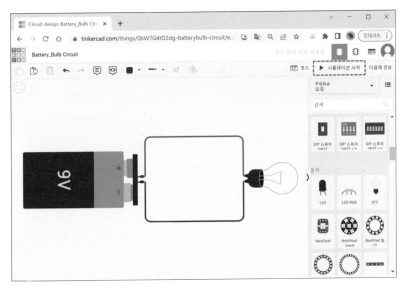

그림 1-26. 시뮬레이션 실행하기

시뮬레이션을 시작하면 전구에 불이 들어오고, 작업판 위쪽의 '시뮬레이터 시간'
을 통해 시뮬레이션이 얼마나 진행되었는지를 확인할 수 있다. 시뮬레이션을 중
지하고 싶으면 '시뮬레이션 중지' 버튼을 클릭하면 된다.

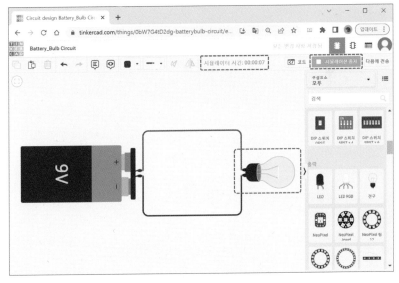

그림 1-27. 시뮬레이션 진행 화면

지금까지 전기의 기본 개념과 전자 회로의 기초 내용에 대해 살펴봤다. 또한 팅커캐드의 회로 시뮬레이터에서 배터리와 전구로 구성되는 간단한 전자 회로의 작성과 시뮬레이션을 실행하는 방법에 대해 알아보았다. 다양한 전자 부품으로 구성되는 전자 회로를 실제 부품을 사용하여 직접 만들어 동작시켜 볼 수 있지만, 팅커캐드에서 회로를 작성하고 시뮬레이션을 통해 작성한 회로가 원하는 동작을 하는지 확인하는 것은 전자 회로를 처음 접하는 입문자에게 매우 유익한 학습 방법이다.

<2장>

전압과 전류의
표현 및 측정

학습 목표

- 전압과 전류의 표현 방법을 이해한다.

- 전압과 전류를 측정할 수 있는 멀티미터의 사용 방법을 이해한다.

- 팅커캐드에서 멀티미터를 사용하여 전압과 전류를 측정할 수 있다.

1 〉 전압의 표현 방법

전압(voltage)은 전자 회로에서 전류를 흐르게 하는 압력(힘)으로 전자 회로의 두 지점 사이의 전기 에너지의 차이를 말한다. 영문자 'V'로 표기하며, 볼트([V]) 단위로 측정된다. 전압의 단위는 기본적으로 볼트([V])를 사용하지만 작은 전압을 표현할 때는 [mV](밀리 볼트, 천분의 1 볼트), [μV](마이크로 볼트, 백만분의 1 볼트), 큰 전압을 표현할 때는 [kV](킬로 볼트, 볼트의 천 배), [MV](메가 볼트, 볼트의 백만 배)와 같이 기본 단위 앞에 m(밀리), μ(마이크로), k(킬로)와 같은 접두어를 사용한다. 이때 메가(M, 백만 배) 이상의 큰 단위는 대문자 접두어를 사용한다.

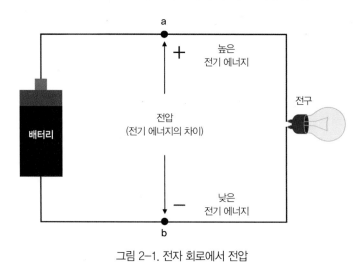

그림 2-1. 전자 회로에서 전압

1.1 〉 두 지점 사이에서 전기 에너지의 상대적인 차이인 전압 ☐

전압을 표현할 때 회로의 두 지점 중 높은 전기 에너지를 갖는 지점을 (+)로 표시하고 낮은 전기 에너지의 지점을 (−)로 표시한다. 이때 두 지점 사이의 전기 에너지의 차이가 전압이다. 즉, 전압은 낮은 전기 에너지의 지점을 기준으로 다른 지점의 전기 에너지가 얼마나 높은지를 나타내는 상대적인 개념이다.

<table>
<tr><td>1.2</td><td>크기와 방향을 갖는 전압</td><td>□</td></tr>
</table>

전압을 표현하기 위해서는 먼저 회로의 두 지점 중 기준 지점에 (−) 기호를 표시하고 기준 지점보다 상대적으로 높은 전기 에너지를 갖는 지점을 (+) 기호로 표시함으로써 기준 방향을 정한다. 그리고 두 지점 사이의 전압을 +5[V], −5[V], $+V_1$[V], $-V_2$[V]와 같이 (전압의 부호) (전압의 크기) [단위]로 표현한다.

전압 = (전압의 부호) (전압의 크기) [단위]

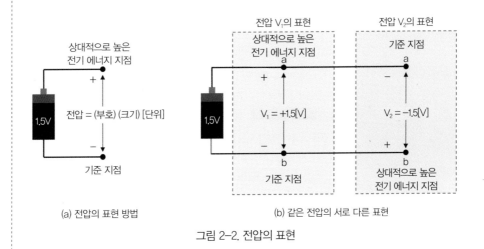

(a) 전압의 표현 방법　　　　　(b) 같은 전압의 서로 다른 표현

그림 2-2. 전압의 표현

그림 2−2에서 회로의 두 지점 a와 b 사이의 전압인 V_1의 표현에 대해 살펴보면, 두 지점 a와 b 중 지점 b에 (−)기호를 표시하고 나머지 지점 a에 (+) 기호를 표시함으로써 표현하려는 전압의 방향을 정했다. 이때 두 지점 a와 b 사이의 전압 $V_1 = +1.5\,[V]$의 표현은 지점 a의 전기 에너지가 기준 지점 b의 전기 에너지보

다 1.5[V] 만큼 높다는 것을 의미한다. 만약 전압 V_2의 표현처럼 지점 a를 기준 지점으로 정하면 전압은 어떻게 표현될까? 지점 a를 기준 지점인 (−) 기호로 표시하고 지점 b를 상대적으로 높은 전기 에너지 지점인 (+) 기호로 표시한다면, V_2의 전압 방향은 V_1의 표현에서 정했던 전압 방향의 반대가 된다. 이때 전압 V_2는 $V_2 = -1.5[V]$와 같이 표현하며 지점 b의 전기 에너지가 기준 지점인 지점 a의 전기 에너지보다 -1.5[V] 만큼 높다는 것을 의미한다. 이처럼 음(−)의 부호를 갖는 전압의 표현은 지점 b의 전기 에너지가 지점 a보다 1.5[V] 만큼 낮다는 것으로 생각할 수 있다. 따라서 전압의 기준 지점을 반대(전압의 방향을 반대로 표시)로 정하고 전압의 부호를 (−)로 표현해도 같은 전압을 나타내는 것이다. 즉, $V_1 = -V_2$이다.

회로의 공통 기준 지점을 정하는 방법

전자 회로의 한 부분을 가장 낮은 전기 에너지를 갖는 공통된 기준 지점이 되도록 연결하는 것을 '접지(GND)'라고 하며 다음과 같이 3가지 방법이 있다.

- **신호 접지(signal ground)** : 회로를 구성하는 모든 전자 부품들을 회로상의 한 점(공통 기준 지점)에 연결하는 것으로 주로 배터리를 사용하는 휴대용 가전제품의 회로에서 사용되는 접지 방법이다.
- **섀시 접지(chassis ground)** : 회로를 구성하는 모든 전자 부품들을 금속 프레임(공통 기준 지점)에 연결하는 것으로 주로 자동차의 전자 장치(회로)에서 사용되는 접지 방법이다.
- **대지 접지(earth ground)** : 회로를 구성하는 모든 전자 부품들을 대지(earth)와 연결하는 것으로 공통 기준 지점이 되는 대지의 전압은 항상 0[V]이다. 주로 가정이나 실험실의 벽면에 있는 콘센트 전원에서 사용되는 접지 방법이다.

(a) 신호 접지   (b) 섀시 접지   (c) 대지 접지

그림 2-3. 여러 가지 접지의 기호

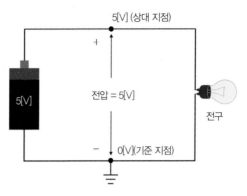

그림 2-4. 대지 접지된 기준 지점과 상대 지점의 전압

전압을 표현할 때 방향의 기준인 기준 지점은 실제 회로에서 가장 낮은 전기 에너지를 갖는 지점(접지)만을 표시하는 것이 아니라 전압의 방향에 대한 '상대적인 기준점'을 표시한 것이다. 기준 지점을 회로에서 가장 낮은 전기 에너지를 갖는 지점, 즉 접지로 정했다면 회로의 모든 지점에서 전압은 양(+)의 크기를 갖게 될 것이고, 반대로 회로에서 가장 높은 전기 에너지를 갖는 지점을 기준 지점으로 정했다면 회로의 모든 지점에서 전압은 음(-)의 크기를 갖게 될 것이다.

전압상승(voltage rise)과 전압강하(voltage drop)

전기 에너지를 소비하는 현상과 공급하는 현상

- **전압상승** : 전압의 크기가 높아지는 현상으로 전기 에너지를 공급하는 것을 말한다. 배터리나 전원 공급 장치에 의해 전압은 상승한다.
- **전압강하** : 전압의 크기가 낮아지는 현상으로 전기 에너지를 소비하는 것을 말한다. 전원 공급 장치를 제외한 모든 전자 부품은 전기 에너지를 소비하므로 전압강하를 가져온다.

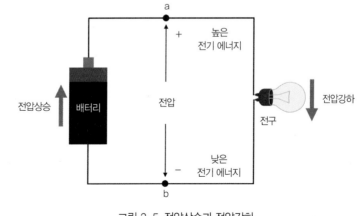

그림 2-5. 전압상승과 전압강하

2 〉 전류의 표현 방법

전류란 간단히 '전기의 흐름'으로 회로를 따라 이동하는 전자의 양을 말한다. 전류는 영문자 'I'로 표현하며, [A](암페어) 단위로 측정된다. 하지만 암페어는 매우 큰 단위로 전자 회로에서는 흔히 1000분의 1 암페어인 [mA](밀리 암페어) 단위를 주로 사용한다. 암페어 단위는 가전제품에서 흔히 볼 수 있으며, 모델에 따라 다르지만 선풍기 0.15[A], 전자레인지 3.5[A], 에어컨 5.5[A] 등의 전류가 사용된다.

2.1 ┃ 전기 에너지가 높은 곳에서 낮은 곳으로 흐르는 전류

전류의 흐름은 물의 흐름으로 설명하는 것이 이해하기 쉽다. 그림 2-6과 같이 2개의 물통이 수로로 연결되어 있으며 물통 A는 높은 곳, 물통 B는 낮은 곳에 놓여 있을 때 물통 A의 물은 수로를 따라 물통 B로 흐른다. 이때 높은 곳은 중력에 의한 위치 에너지가 큰 지점이며 낮은 곳은 위치 에너지가 작은 지점이다. 물의 흐름처럼 전류는 전기 에너지가 높은 지점에서 에너지가 낮은 지점으로 흐른다.

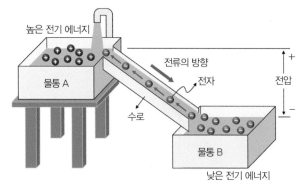

그림 2-6. 전기 에너지와 전류의 흐름

전류도 전압과 마찬가지로 크기와 방향을 갖는다. 따라서 도선에 흐르는 전류를 표현할 때 흐르는 방향에 대한 기준을 먼저 표시해야 한다. 전류 방향의 기준을 정하는 방법은 전류가 흐르는 방향을 화살표로 표시하는 것이다. 그리고 화살표 방향으로 흐르는 전류를 +2[A], −3.5[A], $+I_1$[A], $-I_2$[A]와 같이 (전류의 부호) (전류의 크기) [단위]로 표현한다.

전류 = (전류의 부호) (전류의 크기) [단위]

회로의 전기 에너지가 높은 곳(+)에서 낮은 곳(−)으로 흐르는 전류는 기본적으로 양(+)의 부호를 갖게 된다. 만약 전류의 방향을 전기 에너지가 낮은 곳에서 높은 곳으로 흐른다고 정하면 전류는 음(−)의 부호를 갖게 될 것이다.

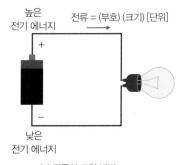

(a) 전류의 표현 방법

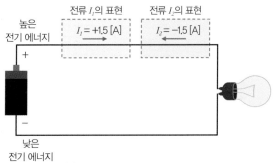

(b) 같은 전류의 서로 다른 표현

그림 2-7. 전류의 방향과 표현 방법

그림 2-7에서 전류 I_1의 표현은 왼쪽에서 오른쪽으로 향하는 화살표($\rightarrow$)를 사용하여 전류의 기준 방향을 정했다. 이때 전류 $I_1 = +1.5[A]$는 왼쪽(배터리)에서 오른쪽(전구)으로 1.5[A] 만큼의 전류가 흐른다는 것을 의미한다. 즉, 전류가 양(+)의 부호를 갖는다면 기준 방향($\rightarrow$)으로 해당 전류의 크기가 실제로 흐르게 된다. 전류 I_2의 표현처럼 전류의 기준 방향을 반대($\leftarrow$)로 정하면 어떻게 될까? 전류의 기준 방향을 반대로 했을 때 흐르는 전류는 $I_2 = -1.5[A]$와 같이 표현되며, 오른쪽(전구)에서 왼쪽(배터리)으로 -1.5[A] 크기의 전류가 흐르는 것을 의미한다. 전류가 음(-)의 부호를 갖는다면 기준 방향의 반대 방향으로 부호를 제외한 해당 크기만큼의 전류가 흐르게 된다. 따라서 전류의 기준 방향을 반대로 표시하고 크기의 부호를 음(-)으로 표현해도 같은 전류를 나타내는 것이다. 즉, $I_1 = -I_2$ 이다.

1 〉 전압과 전류를 측정하는 멀티미터

전압과 전류를 측정하기 위해서는 전용 측정 기기인 전압계(voltmeter)와 전류계(amperemeter)가 필요하다. 멀티미터(multimeter)는 전압계와 전류계의 기능을 모두 가지고 있는 측정 기기로 전압과 전류를 선택적으로 측정할 수 있다.

1.1 │ 팅커캐드의 멀티미터

팅커캐드에서는 전압과 전류를 측정할 수 있도록 멀티미터를 제공하고 있다. 작업판 오른쪽의 구성요소를 '기본'에서 '모두'로 변경하고 마우스의 휠을 사용하여 기기 그룹에서 멀티미터를 찾을 수 있다.

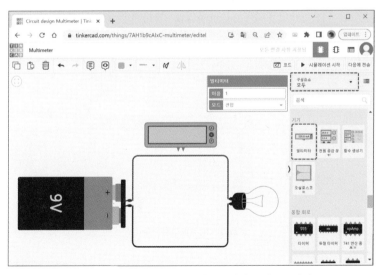

그림 2-8. 배터리-전구 회로에 멀티미터를 배치한 화면

멀티미터는 전압과 전류의 측정을 위해 빨간색(양극, +) 단자와 검은색(음극, −) 단자를 가지고 있다. 그리고 멀티미터 오른쪽에 전류(A), 전압(V), 저항(R) 중 현재 설정된 측정 모드가 반대 음영으로 표시된다.

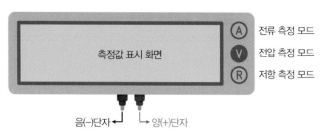

그림 2–9. 멀티미터의 단자와 측정 모드(전류, 전압, 저항)

1.2 ┃ 멀티미터의 측정 모드를 선택하는 방법 ☐

멀티미터를 클릭하면 멀티미터 주위가 파란색으로 바뀌며 이름과 측정 모드를 변경할 수 있는 새로운 창이 나타난다. '모드' 메뉴를 클릭하여 암페어 수, 전압, 저항 중 측정하고자 하는 모드를 선택하면 선택한 측정 모드가 반대 음영으로 바뀐다. 전류를 측정하기 위해서는 '암페어 수'를 선택하면 된다.

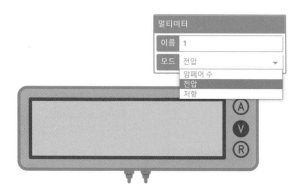

그림 2–10. 멀티미터의 측정 모드를 전압으로 선택한 결과

전구에 가해지는 전압을 측정하기 위해서는 그림 2-11과 같이 전구의 두 단자에 멀티미터의 빨간색 단자와 검은색 단자를 각각 연결하면 된다. 이처럼 연결했을 때 전구와 멀티미터는 병렬로 연결되었다고 한다.

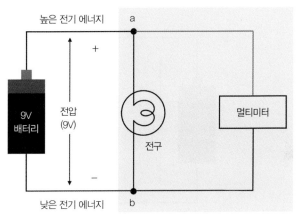

그림 2-11. 전구와 병렬로 연결된 멀티미터

전압은 크기뿐만 아니라 방향을 갖기 때문에 멀티미터를 사용하여 전압을 측정할 때 멀티미터의 빨간색과 검은색 단자를 연결하는 위치에 주의해야 한다. 전압은 서로 다른 두 지점 사이의 전기 에너지의 차이이므로 전압 모드의 멀티미터는 검은색 단자가 연결된 지점을 기준으로 빨간색 단자가 연결된 지점의 전압을 보여 준다. 그림 2-11과 같이 멀티미터를 연결하였다면 지점 b를 기준으로 지점 a의 전압을 측정하는 것으로, 측정된 전압은 양(+)의 값을 갖는다. 즉, 지점 b보다 지점 a의 전기 에너지가 높다는 것을 의미한다. 만약 멀티미터의 검은색 단자와 빨간색 단자를 서로 바꾸어 연결한다면 전압은 음(−)의 값을 갖게 될 것이고 이는 멀티미터의 검은색 단자가 연결된 지점 a의 전기 에너지가 빨간색 단자가 연결된 지점 b보다 높다는 것을 의미한다. 실제로 전압을 측정했을 때 음(−)의 값으로 측정된다면 두 단자를 바꾸어 연결하면 되며, 이때 검은색 단자가 연결된 지점이 전기 에너지가 낮은 지점이다.

전류를 측정하기 위해서는 그림 2-12와 같이 배터리와 전구가 연결된 도선을 끊고 그사이에 멀티미터의 두 단자를 연결하면 된다. 이처럼 도선을 끊고 그사이에 멀티미터를 연결하는 것을 직렬연결이라고 한다.

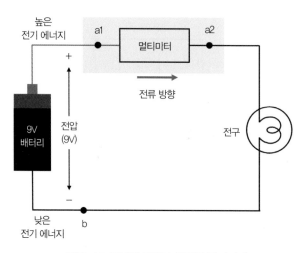

그림 2-12. 전구와 직렬로 연결된 멀티미터

전류도 전압처럼 크기와 방향을 갖기 때문에 멀티미터를 사용하여 전류를 측정할 때 방향에 대한 기준이 필요하다. 멀티미터는 전류 측정 모드일 때 멀티미터의 빨간색 단자에서 검은색 단자 방향으로 흐르는 전류를 측정한다. 그림 2-12와 같이 멀티미터를 연결했을 때 빨간색 단자가 연결된 지점 a1에서 검은색 단자가 연결된 지점 a2로 흐르는 전류를 측정하게 된다. 측정된 전류의 크기가 양(+)의 값을 가지면 실제로 멀티미터의 빨간색 단자로 전류가 흘러 들어간다는 것을 의미한다. 반면, 측정된 전류의 크기가 음(-)의 값을 가지면 빨간색 단자에서 전류가 흘러나온다. 따라서 멀티미터로 측정한 전류가 음의 값을 가지면 멀티미터의 단자를 반대로 연결하거나, 실제 전류가 멀티미터의 검은색 단자로 전류가 흘러 들어가고 빨간색 단자로 흘러나온다고 생각해도 된다.

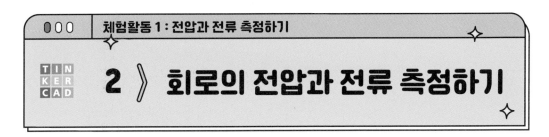

2 〉 회로의 전압과 전류 측정하기

틴커캐드에서 배터리와 전구로 구성된 회로를 만들고, 멀티미터를 사용하여 전구에 걸리는 전압과 회로에 흐르는 전류를 측정해 보자.

2.1 │ 전구에 걸리는 전압 측정하기

전구의 두 단자 사이의 전압을 측정하기 위해 그림 2-8의 회로에서 전구와 멀티미터를 병렬로 연결해 보자. 전구의 단자 근처에 마우스 커서를 가져가면 해당 단자의 속성 또는 이름이 표시된다. 멀티미터의 빨간색 단자를 전구의 터미널 1(빨간색 도선으로 배터리의 양(+)극 단자와 연결된 터미널)에 연결하고, 검은색 단자는 전구의 터미널 2(검은색 도선으로 배터리의 음(−)극 단자와 연결된 터미널)에 연결한다. 멀티미터와 전구를 연결할 때 도선이 겹쳐 연결 상태를 알아보기 어려울 수 있다. 이때 1장에서 소개한 전자 부품의 대칭이나 도선에 관절점을 추가하는 방법을 사용하면 도선의 연결 상태를 쉽게 알아보도록 연결할 수 있다.

또한 전구의 단자와 연결한 멀티미터의 도선 색깔도 변경해 보자. 멀티미터의 빨간색 단자와 연결된 도선은 빨간색, 검은색 단자와 연결된 도선은 검은색으로 변경하면 된다. 회로의 구성이 완성되었다면 '시뮬레이션 시작' 버튼을 클릭하여 회로를 동작시키고 전구의 두 단자 사이의 전압을 측정해 보자.

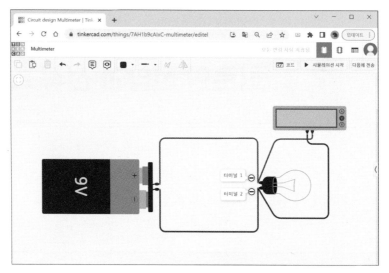

그림 2-13. 전구의 전압 측정을 위해 병렬연결된 멀티미터

'시뮬레이션 시작' 버튼을 클릭하면 멀티미터의 측정값 표시 화면에 전구의 두 단자 사이의 전압인 8.73[V]가 표시되는 것을 확인할 수 있다. 표시된 전압은 +8.73[V]에서 (+) 부호가 생략된 것이다. 이처럼 측정된 전압이 양(+)의 값이라는 것은 전구의 터미널 1이 터미널 2보다 전기 에너지가 높다는 것을 의미하며, 이때 두 단자 사이의 전기 에너지 차이(전압)가 8.73[V]이다.

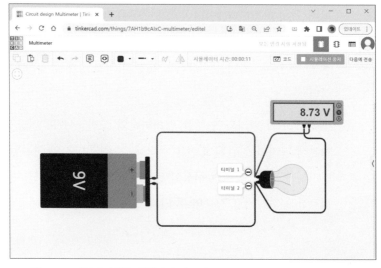

그림 2-14. 시뮬레이션을 실행하여 전구의 두 단자 사이의 전압을 측정한 결과

다음으로 회로와 연결된 멀티미터의 두 단자를 서로 바꾸어 연결하고 시뮬레이션을 해 보자. '시뮬레이션 시작' 버튼을 클릭하면 멀티미터에 −8.73[V]가 표시된다. 이러한 결과는 그림 2-2(b)에서 살펴보았던 서로 다른 방향을 갖는 같은 크기의 전압 표현과 일치한다. 즉, 멀티미터의 검은색 단자를 기준으로 했을 때 빨간색 단자의 전기 에너지가 8.73[V] 만큼 낮으므로 측정된 전압은 −8.73[V]와 같이 음(−)의 부호를 갖는다.

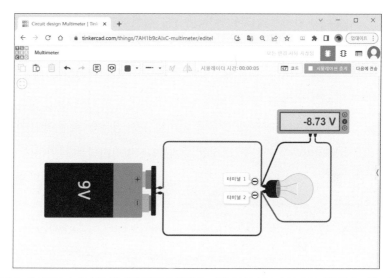

그림 2-15. 멀티미터의 두 단자를 바꾸어 연결하고 전구의 두 단자 사이의 전압을 측정한 결과

전압을 측정할 때 멀티미터의 검은색 단자는 전기 에너지가 낮은 기준 지점에 연결한다는 것을 기억하자. 만약 멀티미터로 측정한 전압이 음(−)의 부호를 갖는다면 전압의 방향이 반대 즉, 멀티미터의 빨간색 단자가 연결된 지점의 전기 에너지가 낮다고 생각하거나 멀티미터의 검은색 단자와 빨간색 단자를 바꾸어 연결하고 측정하면 된다.

도선에 흐르는 전류를 측정하기 위해서는 해당 도선을 끊고 그사이에 멀티미터
를 직렬로 연결하면 된다. 먼저 전압을 측정하기 위해 연결했던 도선을 제거하자.
그림 2-15에서 멀티미터에 연결된 빨간색과 검은색 도선, 그리고 배터리의 양
(+)극 단자와 전구의 터미널 1을 연결한 빨간색 도선을 각각 클릭하여 선택한
다음 키보드의 Delete 를 눌러 선택한 도선들을 제거한다. 도선을 제거하였다면
그림 2-16과 같이 배터리와 전구 사이에 멀티미터를 배치한 다음 배터리의 양
(+)극 단자와 멀티미터의 양(+)극 단자를 빨간색 도선으로 연결하고, 멀티미터
의 음(-)극 단자와 전구의 터미널 1을 검은색 도선으로 연결한다. 마지막으로
멀티미터가 전류를 측정할 수 있도록 멀티미터를 클릭하여 측정 모드를 '암페어
수'로 변경한다.

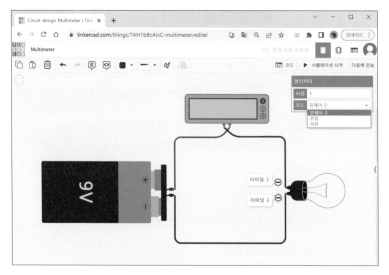

그림 2-16. 전류를 측정하기 위한 준비를 마친 회로

전류를 측정할 준비가 끝났다면 '시뮬레이션 시작' 버튼을 클릭하여 회로를 동작
시키고 배터리와 전구를 연결한 도선에 흐르는 전류를 측정해 보자.

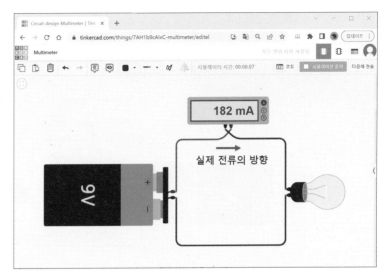

그림 2-17. 도선에 흐르는 전류를 측정한 결과

'시뮬레이션 시작' 버튼을 클릭하면 그림 2-17과 같이 멀티미터의 측정값 표시 화면에 도선을 통해 흐르는 전류 182[mA]가 표시되는 것을 확인할 수 있다. 멀티미터는 전류 측정 모드일 때 빨간색 단자로 흘러 들어가서 검은색 단자로 나가는 전류의 크기를 측정하므로 현재 측정된 전류는 오른쪽 화살표(→) 방향으로 흐르는 전류이다. 전류 측정값이 양(+)의 부호이므로 실제 왼쪽에서 오른쪽으로 182[mA] 크기의 전류가 흐른다는 것을 알 수 있다.

회로와 연결된 멀티미터의 두 단자를 서로 바꾸어 연결하고 시뮬레이션을 해 보자. '시뮬레이션 시작' 버튼을 클릭하면 그림 2-18과 같이 멀티미터에 -182[mA]가 표시된다. 이러한 결과는 그림 2-7(b)에서 살펴보았던 같은 전류의 서로 다른 기준 방향에 대한 표현과 일치한다. 즉, 멀티미터의 빨간색 단자로 흘러 들어가 검은색 단자로 나가는 전류의 크기가 -182[mA]라는 것이다. 실제 전류는 멀티미터의 검은색 단자로 들어가 빨간색 단자로 흘러나오므로 전류의 측정값은 -182[mA]와 같이 음(-)의 부호를 갖는다.

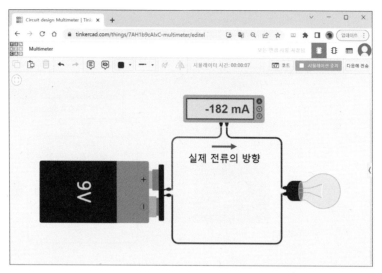

그림 2-18. 멀티미터의 두 단자를 바꾸어 연결하고 도선에 흐르는 전류를 측정한 결과

전류를 측정할 때 멀티미터의 빨간색 단자가 항상 전류가 흘러 들어가는 기준이라는 것을 기억하자. 일반적으로 전류를 표현할 때 전기 에너지가 높은 지점으로부터 낮은 지점으로 흐르는 전류값을 사용한다. 만약 멀티미터로 측정한 전류가음(−)의 부호를 갖는다면 전류는 검은색 단자로부터 빨간색 단자 쪽으로 흐르므로 멀티미터의 검은색 단자와 빨간색 단자를 바꾸어 연결하고 측정하면 된다.

지금까지 전압과 전류의 표현 방법, 멀티미터로 전압과 전류를 측정할 때 연결하는 방법, 그리고 측정 결과가 갖는 의미에 대해 알아보았다. 회로를 구성하는전자 부품에 걸리는 전압과 흐르는 전류를 확인하는 것은 회로를 설계하거나 회로가 정상적으로 동작하는지 확인하는 데 필요하다.

<3장>

저항과 옴의 법칙

── 학습 목표 ──

- 4색 띠 저항의 색상 코드로부터 저항값을 읽을 수 있다.
- 저항에서 전압과 전류의 관계인 옴의 법칙에 대해 이해한다.
- 전력의 개념을 이해하고 소비전력을 계산할 수 있다.
- 팅커캐드에서 전원 공급 장치를 사용할 수 있다.

1 〉 저항과 저항기

1.1 | 전류의 흐름을 방해하는 저항

1장에서 저항(resistance)이 전류의 흐름을 방해한다는 것을 알아보았다. 이러한 저항 성질을 갖는 전자 부품을 저항기(resistor)라고 하며 전자 회로를 구성할 때 가장 많이 사용된다. 저항기의 성질인 저항은 영문자 'R'로 표현하며, 옴([Ω]) 단위를 사용한다. 예를 들어 100옴의 크기를 갖는 저항은 $R = 100[Ω]$과 같이 표현한다.

> **저항은 성질을 말하는 것일까? 전자 부품을 말하는 것일까?**
>
> 일반적으로 '저항'이라는 용어는 전류의 흐름을 방해하는 성질과 이 성질을 갖는 전자 부품을 말할 때 구별하지 않고 사용한다. 정확한 용어를 사용한다면 전류의 흐름을 방해하는 성질은 '저항(resistance)', 저항이라는 성질을 갖는 전자 부품은 '저항기(resistor)'로 구별해서 사용해야 한다. 그러나 특별히 의미 전달에 문제가 없으므로 대부분의 전기, 전자 분야의 전문가들도 저항과 저항기라는 용어를 구별하지 않고 사용하고 있다.

저항의 크기는 도선의 재질, 단면적(굵기), 길이에 따라 달라진다. 예를 들어 나무 또는 고무는 금속보다 저항이 매우 크며, 도선의 굵기가 가늘수록, 그리고 도선의 길이가 길수록 저항은 커진다.

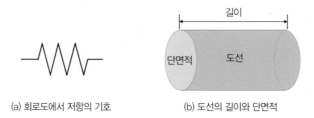

(a) 회로도에서 저항의 기호　　　　(b) 도선의 길이와 단면적

그림 3–1. 저항의 기호와 도선의 길이 및 단면적

금, 은, 구리는 전기가 잘 통한다.

금, 은, 구리는 저항이 매우 작은, 즉 전기가 아주 잘 흐르는 금속으로 꼽히는데 전기가 잘 흐르는 순서로 보면, 은 〉 구리 〉 금의 순이다. 회로에서 각 전자 부품을 연결하는 도선(전선)으로 구리를 많이 사용하는 이유는 구리가 은이나 금과 비교하여 가격이 매우 저렴하기 때문이다. 그러나 은이나 금은 전기가 잘 흐를 뿐만 아니라 구리보다 잘 녹슬지 않는 뛰어난 성질이 있으므로 PC, 휴대전화, 반도체에서 회로 연결을 위한 도선이나 연결 단자의 도금 처리에 사용된다. 특히 금은 늘어나는 성질이 다른 금속에 비해 우수하여 적은 양으로 전자 소자들을 연결하는 데 유리하므로 반도체 내부 회로를 연결할 때 자주 사용된다.

1.2 │ 탄소 피막 저항

탄소 피막 저항은 일반적으로 가장 많이 사용하는 저항으로 4색 띠 저항 또는 막대 저항이라고도 하며, 저항 표면의 4개의 색상 띠를 사용하여 저항값과 오차 범위를 표시한다. 4개의 색상 띠 중 첫 번째와 두 번째 색상 띠는 저항값의 첫 번째와 두 번째 숫자, 세 번째 색상 띠는 승수, 그리고 네 번째 색상 띠는 오차 범위를 나타 낸다. 각 색상 띠가 갖는 의미는 다음과 같다.

표 3-1. 저항의 색상 띠

색	첫 번째 색	두 번째 색	세 번째 색	네 번째 색
검은색	0	0	$\times 10^0$	
갈색	1	1	$\times 10^1$	±1%(F)
빨간색	2	2	$\times 10^2$	±2%(G)
주황색	3	3	$\times 10^3$	
노란색	4	4	$\times 10^4$	
초록색	5	5	$\times 10^5$	±0.5%(D)
파란색	6	6	$\times 10^6$	±0.25%(C)
보라색	7	7	$\times 10^7$	±0.1%(B)
회색	8	8	$\times 10^8$	±0.05%(A)
흰색	9	9	$\times 10^9$	

금색			×0.1	±5%(J)
은색			×0.01	±10%(K)
없음				±20%(M)

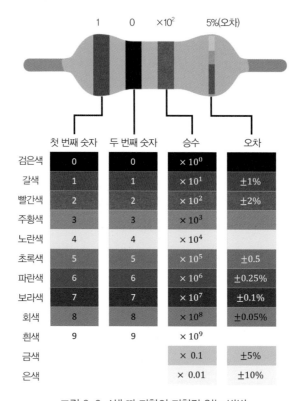

그림 3-2. 4색 띠 저항의 저항값 읽는 방법

정밀한 저항의 경우 4개 색상 띠가 아닌 5개 색상 띠로 저항값과 오차 범위를 나타내며, 이때 첫 번째부터 세 번째 색상 띠는 저항값의 숫자, 네 번째 색상 띠는 승수, 다섯 번째 색상 띠는 오차 범위를 나타낸다.

2 〉 옴의 법칙

옴의 법칙(Ohm's law)은 독일의 물리학자 게오르크 시몬 옴(Georg Simon Ohm)이 발견한 도체에서 전압과 전류 사이의 기본적인 관계를 말한다. 도체의 두 단자 사이에 걸리는 전압(V)은 그 도체를 통해 흐르는 전류(I)에 직접 비례하며, 이때 비례 상수가 저항(R)이라는 법칙이다.

$$\text{옴의 법칙} : V = RI$$

옴의 법칙으로부터 1[Ω]의 저항은 1[V]의 전압이 공급되는 도체에 1[A]의 전류가 흐를 때 그 도체가 갖는 저항임을 알 수 있다(1[Ω] = 1[V]/1[A]).

옴의 법칙은 왜 필요한가?

9V 배터리에 연결된 저항을 생각해 보자. 저항에서 전류가 0.05[A] 흐르게 하고 싶을 때 저항의 크기는 얼마의 값을 가지면 될까? 저항에 걸리는 전압과 흐르는 전류를 알고 있다면 옴의 법칙을 사용하여 저항을 다음과 같이 간단히 구할 수 있다.

$$R = \frac{V}{I}$$
$$= \frac{9}{0.05}$$
$$= 180\,[\Omega]$$

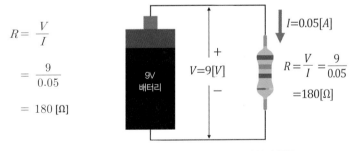

그림 3-3. 옴의 법칙의 활용

따라서 9V 배터리에 연결된 저항에 0.05[A]의 전류가 흐르도록 하려면 180[Ω] 저항을 선택하면 된다. 이처럼 옴의 법칙은 전자 부품에 걸리는 전압, 흐르는 전류, 저항 중 두 가지 값을 알고 있을 때 나머지 하나의 값을 결정하는 문제에서 활용할 수 있다.

3 〉 저항의 직렬연결과 병렬연결

회로에서 필요로 하는 저항의 크기는 다양하지만 모든 크기의 저항이 준비되어 있지는 않다. 따라서 특정한 크기의 저항이 필요하지만 필요한 크기의 저항을 구할 수 없는 경우라면 기존 저항을 연결하여 필요한 크기의 저항을 만들어 사용해야 한다. 이때 저항을 연결하는 방법은 직렬과 병렬로 연결하는 방법이 있다.

3.1 | 저항의 직렬연결

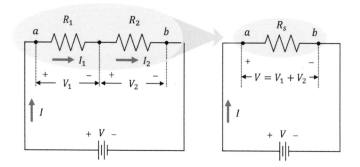

그림 3-4. 직렬로 연결된 저항의 직렬 등가 합성저항

직렬로 연결된 여러 개의 저항과 같은 저항값을 갖는 하나의 저항을 '직렬 등가 합성저항'이라고 하며, 직렬 등가 합성저항은 개별 저항을 합한 것과 같다. 그림 3-4에서 2개의 저항 R_1, R_2가 직렬로 연결되어 있을 때 직렬 등가 합성저항 R_S는 다음과 같이 구할 수 있다.

$$R_S = R_1 + R_2$$

저항을 직렬로 연결하면 전류가 흐를 수 있는 길은 하나뿐이므로 각 저항에 흐르는 전류는 모두 같다.

$$I = I_1 = I_2$$

직렬로 연결된 저항의 직렬 등가 합성저항에 걸리는 전압은 각 저항에 걸리는 전압을 합한 것과 같다.

$$
\begin{aligned}
V &= R_S I && \leftarrow \text{옴의 법칙} \\
&= (R_1 + R_2)I && \leftarrow R_S \text{는 직렬연결된 저항의 직렬 등가 합성저항} \\
&= R_1 I_1 + R_2 I_2 && \leftarrow I = I_1 = I_2 \\
&= V_1 + V_2 && \leftarrow \text{개별 저항에 걸리는 전압의 합}
\end{aligned}
$$

직렬로 연결된 각 저항에 걸리는 전압은 저항의 크기에 비례하여 전체 전압이 나뉘어 걸리게 되는데 이를 '전압 분배 법칙'이라고 한다. 직렬로 연결된 2개의 저항에 전체 전압(V)이 어떻게 분배되는지 알아보자. 앞에서 직렬 등가 합성저항은 $R_S = R_1 + R_2$라는 것을 확인했다. 이때 전체 전류 I는 옴의 법칙으로부터 $I = \dfrac{V}{R_S} = \dfrac{V}{R_1 + R_2}$와 같이 구할 수 있다. 전체 전류 I는 각 저항에 흐르는 전류이므로 옴의 법칙을 사용하여 각각의 저항에 걸리는 전압을 구할 수 있다.

$$V_1 = I \times R_1 = \left(\frac{V}{R_1 + R_2}\right) \times R_1 = \frac{R_1}{R_1 + R_2} V$$

$$V_2 = I \times R_2 = \left(\frac{V}{R_1 + R_2}\right) \times R_2 = \frac{R_2}{R_1 + R_2} V$$

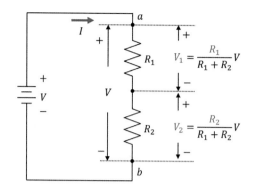

그림 3–5. 직렬로 연결된 저항의 전압 분배

그림 3–5에서 여러 개의 저항이 직렬로 연결되어 있을 때 개별 저항에 걸리는 전압은 해당 저항값이 클수록 큰 전압이 걸리고 저항값이 작을수록 작은 전압이 걸린다는 사실을 알 수 있다.

전압 분배 법칙[1]

N개의 저항($R_1, R_2, \cdots, R_N$)이 직렬로 연결되어 있을 때 각 저항에 걸리는 전압 $V_i (i = 1, 2, \cdots, N)$는 다음과 같다.

$$V_i = \frac{R_i}{R_1 + R_2 + \cdots + R_N} V$$

N개의 저항에 걸리는 각각의 전압 V_i를 합하면 전체 전압과 같다.

$$V_1 + V_2 + \cdots + V_N = \sum_{i=1}^{N} V_i = V$$

 체크 포인트

1 전압 분배 법칙은 직렬연결된 각 저항에 나뉘어 걸리는 전압을 구할 때 사용한다는 것을 기억하자.

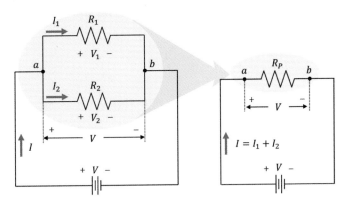

그림 3-6. 병렬로 연결된 저항의 병렬 등가 합성저항

여러 개의 저항을 병렬로 연결했을 때 병렬 등가 합성저항 크기의 역수는 개별 저항 크기의 역수를 합한 것과 같다. 그림 3-6과 같이 2개의 저항 R_1, R_2가 병렬로 연결되어 있을 때 2개의 저항으로 이루어지는 병렬 등가 합성저항 R_P는 다음과 같이 구할 수 있다.

$$\frac{1}{R_P} = \frac{1}{R_1} + \frac{1}{R_2}$$

$$\therefore \ R_P = \frac{1}{\dfrac{1}{R_1} + \dfrac{1}{R_2}}$$

저항을 병렬로 연결하면 전류가 흐를 수 있는 경로(path)가 여러 개이므로 각 저항에 서로 다른 전류가 흐를 수 있다. 그림 3-6에서 2개 저항을 통해 서로 다른 전류 I_1과 I_2가 흐르게 된다. 반면 각 저항에는 같은 전압이 걸린다.

$$V = V_1 = V_2$$

병렬 등가 합성저항에 흐르는 전류는 개별 저항에 흐르는 전류를 합한 것과 같다.

$$I = \frac{V}{R_P} \qquad \leftarrow \text{옴의 법칙}$$

$$= \left(\frac{1}{R_1} + \frac{1}{R_2} \right) V \qquad \leftarrow R_s \text{는 병렬연결된 저항의 병렬 등가 합성저항}$$

$$= \frac{V_1}{R_1} + \frac{V_2}{R_2} \qquad \leftarrow V = V_1 = V_2$$

$$= I_1 + I_2 \qquad \leftarrow \text{개별 저항에 흐르는 전류의 합}$$

병렬로 연결된 각 저항에 흐르는 전류는 저항의 크기에 반비례하여 전체 전류가 나뉘어 흐르게 되는데 이를 '전류 분배 법칙'이라고 한다. 그림 3-7과 같이 병렬로 연결된 2개의 저항에 전체 전류(I)가 어떻게 분배되는지 알아보자. 전류 분배 법칙은 전압 분배 법칙에 비해 조금 복잡하다고 느낄 수 있다. 앞에서 저항이 병렬로 연결되어 있을 때 병렬 등가 합성저항은 $\frac{1}{R_P} = \frac{1}{R_1} + \frac{1}{R_2}$ 이라는 것을 확인했다. 이때 전체 전압은 $V = R_P \times I$이며 각 저항에는 같은 전압($V = V_1 = V_2$)이 걸리므로 옴의 법칙을 사용하여 각 저항에 흐르는 전류를 구할 수 있다.

$$I_1 = \frac{V}{R_1} = \frac{R_P \times I}{R_1} = \frac{\dfrac{1}{R_1}}{\dfrac{1}{R_P}} \times I = \frac{\dfrac{1}{R_1}}{\dfrac{1}{R_1} + \dfrac{1}{R_2}} \times I$$

$$I_2 = \frac{V}{R_2} = \frac{R_P \times I}{R_2} = \frac{\dfrac{1}{R_2}}{\dfrac{1}{R_P}} \times I = \frac{\dfrac{1}{R_2}}{\dfrac{1}{R_1} + \dfrac{1}{R_2}} \times I$$

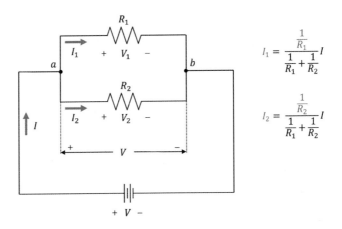

$$I_1 = \frac{\frac{1}{R_1}}{\frac{1}{R_1} + \frac{1}{R_2}} I$$

$$I_2 = \frac{\frac{1}{R_2}}{\frac{1}{R_1} + \frac{1}{R_2}} I$$

그림 3-7. 병렬로 연결된 저항의 전류 분배

그림 3-7에서 여러 개의 저항이 병렬로 연결되어 있을 때 개별 저항에 흐르는 전류는 해당 저항값이 클수록 작은 전류가 흐르고 저항값이 작을수록 큰 전류가 흐른다는 사실을 알 수 있다.

전류 분배 법칙[2]

N개의 저항(R_1, R_2, ⋯, R_N)이 병렬로 연결되어 있을 때 각 저항에 흐르는 전류 $I_i (i = 1, 2, ⋯, N)$는 다음과 같다.

$$I_i = \frac{\frac{1}{R_i}}{\frac{1}{R_1} + \frac{1}{R_2} + \cdots + \frac{1}{R_N}} I$$

N개의 저항에 흐르는 각각의 전류 I_i를 합하면 전체 전류와 같다.

$$I_1 + I_2 + \cdots + I_N = \sum_{i=1}^{N} I_i = I$$

 체크 포인트

2 전류 분배 법칙은 병렬연결된 각 저항에 나뉘어 흐르는 전류을 구할 때 사용한다는 것을 기억하자.

4 〉 저항에서 소비되는 전력

텔레비전, 선풍기, 전자레인지, 냉장고 등 가전제품에서 '정격 : 220V 60Hz 2000W'와 같은 문구가 표시된 라벨을 본 적이 있을 것이다. 이는 가전제품이 정상적으로 동작하기 위해 공급해 주어야 하는 전압과 그때의 소비전력을 나타낸 것이다. 이미 전압과 전류에 대한 개념을 살펴보았으므로 전력이 무엇인지 알아보자.

4.1 │ 전력이란?

전력은 1초 동안 전기 장치에 공급되는 전기 에너지의 양 또는 다른 형태의 에너지로 변환되는 전기 에너지의 양으로, 간단히 1초 동안 전류가 할 수 있는 일의 양을 말한다. 전력은 전기적인 힘(electric power)에서 힘(power)의 첫 글자인 영문자 'P'로 표현하며, 와트([W]) 단위를 사용한다. 1[W]는 1[V]의 전압으로 1[A]의 전류가 흐를 때 전력의 크기로 전력(P)은 전류(I)와 전압(V)의 곱으로 구할 수 있다.

$$P = I \times V$$

4.2 │ 공급전력과 소비전력

전력은 공급전력과 소비전력으로 구분된다. 공급전력은 전기 에너지가 증가하는 방향(− → +)으로 전류가 흐를 때의 전력으로, 주로 배터리나 전원 공급 장치가 회로에 공급하는 전기 에너지의 양을 말한다. 반면 소비전력은 전기 에너지가 감소하는 방향(+ → −)으로 전류가 흐를 때의 전력으로, 저항이나 전구와 같은 전자 부품에서 공급된 전기 에너지가 다른 형태의 에너지로 변환되는 양이다.

공급전력 : $P_{공급} = I_{공급} \times V$

(a) 공급전력

소비전력 : $P_{소비} = I_{소비} \times V$

(b) 소비전력

그림 3-8. 공급전력과 소비전력

배터리나 전원 공급 장치는 전기 에너지가 증가하는 '전압상승(전압 증가)'을 만들고, 저항과 같은 전자 부품에서는 전류가 부품을 통과하여 흐를 때 전기 에너지가 감소하는 '전압강하(전압 감소)'가 발생한다. 즉, 전원 공급 장치는 전압상승을 통해 회로에 전기 에너지를 공급하며, 회로에서는 전압강하가 발생하며 전원 공급 장치로부터 공급 받은 전기 에너지를 소비하게 된다.

공급전력 = 전압상승 방향으로 흐르는 전류 × 전압

소비전력 = 전압강하 방향으로 흐르는 전류 × 전압

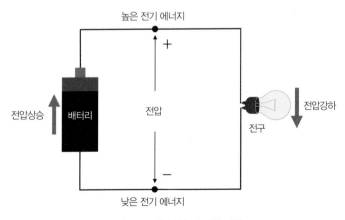

그림 3-9. 전압상승과 전압강하

그림 3-10의 회로에서 배터리와 전구의 소비전력을 계산해 보자. 소비전력은 전기 에너지가 높은 곳으로부터 낮은 곳, 즉 전압강하 방향으로 흐르는 전류와 전압의 곱으로 계산된다.

전구에서 전압강하 방향으로 흐르는 전류가 $I_{소비} = 2[A]$이고 전압이 $1.5[V]$이므로 전구에서의 소비전력은 $P_{소비} = 2[A] \times 1.5[V] = 3[W]$가 된다. 전구의 경우 소비전력을 계산하는 데 어려움이 없지만, 전기 에너지를 공급하는 배터리에서 소비전력을 계산할 때는 주의가 필요하다. 배터리 외부에서는 전기 에너지가 높은 쪽에서 낮은 쪽으로 전류가 흐르지만, 배터리 내부에 흐르는 전류는 전기 에너지가 낮은 쪽에서 높은 쪽으로 흐르므로 전압강하 방향의 전류는 $I_{소비} = -2[A]$와 같이 음(−)의 값을 가지게 된다. 즉, 배터리의 소비전력은 $P_{소비} = (-2)[A] \times 1.5[V] = -3[W]$이다. 이처럼 배터리의 소비전력이 음의 값이라는 것은 배터리가 3[W]의 전력을 공급한다는 것을 의미한다.

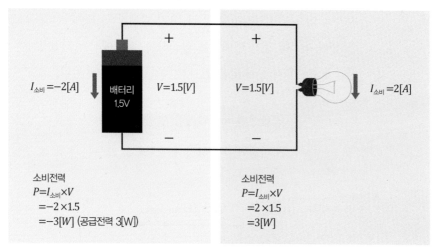

그림 3-10. 배터리와 전구의 소비전력

1 〉 전원 공급 장치

전원 공급 장치와 저항으로 구성된 간단한 회로에서 멀티미터를 사용하여 저항에 걸리는 전압과 전류를 측정해 보고 이를 통해 옴의 법칙을 확인해 보자. 먼저 전원 공급 장치에 대해 알아본다.

1.1 | 전기 에너지를 공급하는 전원 공급 장치

공급할 전압과 전류의 설정은 전원 공급 장치를 클릭했을 때 나타나는 설정 창에서 키보드를 사용하여 원하는 전압과 전류의 크기를 직접 숫자로 설정하면 된다. 시뮬레이션 실행 중에는 전압 또는 전류 조정 다이얼을 직접 돌려 설정할 수도 있다.

전압과 전류의 설정을 마치고 시뮬레이션을 실행하면 전압 공급 장치의 전압 표시 화면에는 설정한 전압이, 전류 표시 화면에는 회로에 흐르는 전체 전류가 표시된다. 회로가 동작할 때 너무 많은 전류가 흐르면 회로가 파손될 수 있으므로 최대로 흐르는 전류를 제한하는 것이 필요할 수도 있지만, 일반적으로 기본값인 5[A](최대 설정값)로 설정하면 된다.

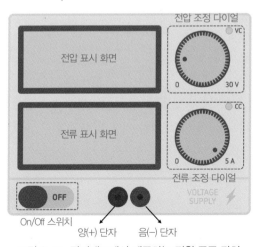

그림 3-11. 팅커캐드에서 제공하는 전원 공급 장치

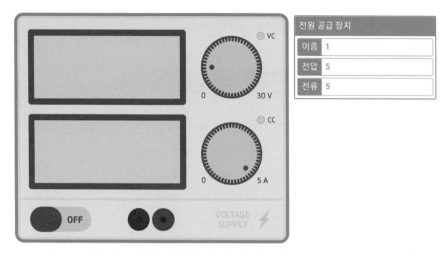

그림 3-12. 전원 공급 장치를 클릭했을 때 활성화되는 전압/전류의 크기를 설정하는 창

1.2 | 전원 공급 장치의 정전압 모드와 정전류 모드

전압 또는 전류 조정 다이얼 주위를 보면 VC(정전압 모드[3])와 CC(정전류 모드[4])라는 표시를 찾을 수 있다. 전압 조정 다이얼의 오른쪽에 있는 VC는 전원 공급 장치의 일반적인 작동 상태로 사용자가 설정한 전압을 일정하게 회로에 공급하고 있음을 나타낸다. 회로 구성을 마치고 시뮬레이션을 실행하면 VC에 녹색불이 들어오는 것을 볼 수 있다. 전류 조정 다이얼의 오른쪽에 있는 CC는 전원 공급 장치에 연결된 회로에 설정한 최대 허용 전류보다 큰 전류가 흐를 때 자동으로 공급 전류를 제한하는 안전 모드 상태를 나타낸다. 시뮬레이션이 실행된 다음 CC에 녹색불이 들어오면 잘못된 회로 구성으로 회로에 매우 큰 전류가 흐르는 상태이거나 전류의 최대 크기를 너무 낮게 설정한 것이므로 회로가 잘못 연결되었는지 또는 공급할 전류값이 너무 작게 설정되었는지 확인해야 한다. 매우 큰 전류가 흐르는 대표적인 경우는 회로에 단락(short) 연결이 있을 때이다.

체크 포인트

3 정전압 모드 : 전원 공급 장치가 회로에 일정한 전압을 공급하는 동작 상태를 의미한다.

4 정전류 모드 : 전원 공급 장치가 회로에 일정한 전류를 공급하는 동작 상태를 의미한다.

단락 회로와 개방 회로

단락 회로(short circuit)는 회로에서 두 지점이 도선(저항이 매우 작은 도체)으로 연결된 회로를 말한다. 두 지점 사이의 전압이 0[V]는 아니지만, 저항이 아주 작으므로 두 지점이 연결된 도선에 흐르는 전류는 옴의 법칙에 의해 아주 큰 전류($I = \dfrac{V}{R} = \dfrac{V}{0^+} = \infty$)가 흐른다. 반면 개방 회로(open circuit)는 전류가 흐르는 통로가 끊어진 상태로 저항이 매우 크므로 전류가 흐르지 않는다.

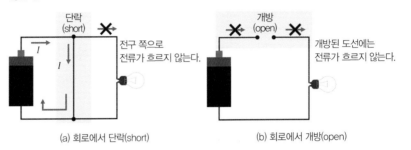

(a) 회로에서 단락(short) (b) 회로에서 개방(open)

그림 3-13. 단락 회로와 개방 회로

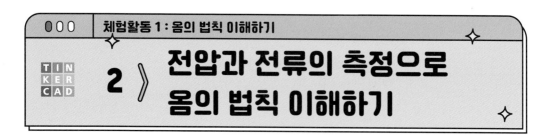

TINKER CAD

2 〉 전압과 전류의 측정으로 옴의 법칙 이해하기

2.1 | 간단한 저항회로 구성

전원 공급 장치와 저항을 작업판에 배치하고 그림 3-14와 같이 회로를 연결해 보자. 각 장치들을 도선으로 연결할 때 단자(터미널)들을 직접 연결하지 않고 1장에서 설명한 다양한 형태의 도선 연결 방법과 색상 변경 방법을 사용하여 회로를 구성한다.

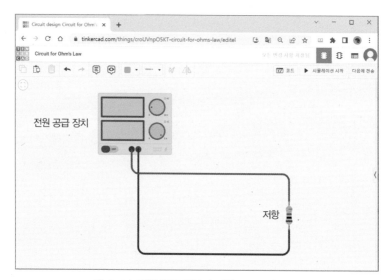

그림 3-14. 전원 공급 장치와 저항으로 구성된 회로

회로를 그림 3-14와 같이 구성했다면, 저항에 걸리는 전압과 회로에 흐르는 전류를 측정하기 위해 멀티미터를 연결하자. 2장에서 알아본 바와 같이 저항에 걸리는 전압을 측정하기 위한 멀티미터는 저항에 병렬로 연결하고, 저항에 흐르는

전류를 측정하기 위한 멀티미터는 저항과 직렬로 연결해야 하는 점을 주의해야 한다. 그림 3-15와 같이 회로에 멀티미터를 모두 연결했다면 멀티미터의 측정 모드를 설정해야 한다. 각각의 멀티미터를 클릭하면 설정 창이 나타나는데 전압을 측정하기 위한 멀티미터 1은 모드 메뉴에서 '전압'으로, 전류를 측정하기 위한 멀티미터 2는 '암페어 수'로 측정 모드를 설정한다.

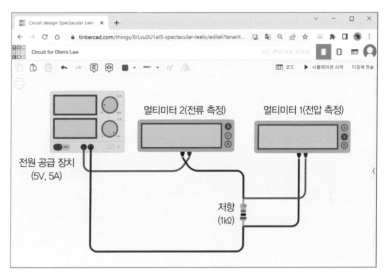

그림 3-15. 전원 공급 장치와 저항으로 구성된 회로에 멀티미터를 연결한 결과

멀티미터의 측정 모드를 목적에 맞게 설정했다면 전원 공급 장치가 회로에 공급하는 전압과 전류를 설정해야 한다. 전원 공급 장치를 클릭하여 '전압'을 5[V]로 설정한다. 이때 '전류'는 기본값인 5[A]로 설정하면 된다. 마찬가지 방법으로 저항을 클릭하여 저항의 이름과 크기를 변경할 수 있다. 저항의 크기는 1[kΩ] (=1000[Ω])으로 설정한다. 아주 크거나 작은 저항값의 크기를 나타내기 위해서는 접두어를 사용할 수 있으며 메가(M) 이상의 큰 단위는 대문자를 사용한다. 접두어의 의미는 표 3-2와 같다.

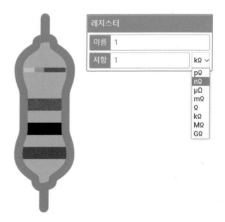

그림 3-16. 저항(레지스터)의 이름 및 크기 변경

표 3-2. 단위를 나타내는 접두어

접두어	기호	배수	접두어	기호	배수
피코(pico)	p	10^{-12}	–	–	10^{0}
나노(nano)	n	10^{-9}	킬로(kilo)	k	10^{3}
마이크로(micro)	μ	10^{-6}	메가(mega)	M	10^{6}
밀리(milli)	m	10^{-3}	기가(giga)	G	10^{9}

2.2 | 전압 및 전류 측정

전원 공급 장치와 1[㏀] 저항으로 구성된 회로가 준비되었다면 시뮬레이션을 실행해 보자. '시뮬레이션 시작' 버튼을 클릭하면 전원 공급 장치의 ON/OFF 스위치가 자동으로 ON으로 변경되며, 설정한 공급전압과 회로에 흐르는 총 전류가 전원 공급 장치의 표시 화면에 표시된다. 이때 멀티미터 1에는 저항에 걸리는 전압 5.00[V], 멀티미터 2에는 저항에 흐르는 전류인 5.00[㎃]가 표시된다. 그림 3-17의 회로는 멀티미터를 제외하면 그림 3-14와 같이 전원 공급 장치를 포함한 모든 부품들이 직렬로 연결된 회로이므로 회로의 모든 곳에 같은 전류가 흐른다. 즉, 멀티미터 2에서 측정된 전류는 저항에 흐르는 전류와 같다.

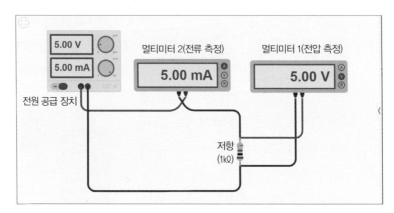

그림 3-17. 시뮬레이션 실행 후 회로에 흐르는 전류와 저항에 걸리는 전압

그림 3-17에서 멀티미터로 측정한 결과를 옴의 법칙으로 확인해 보자. 1[㏀] 저항에 걸리는 전압은 5[V], 저항을 통해 흐르는 전류는 5[㎃]이므로 다음과 같이 옴의 법칙을 만족한다.

$$V = RI$$
$$= (1 \times 10^3)[\Omega] \times (5 \times 10^{-3})[A]$$
$$= 5[V]$$

옴의 법칙으로부터 저항값은 $R = V/I$와 같이 전압과 전류의 비율로 나타낼 수 있다. 전원 공급 장치의 전압을 3[V]와 1.5[V]로 바꾸어 가며 멀티미터로 측정되는 저항의 전압과 전류의 비율을 구하면 일정하게 저항의 값(1[㏀])과 같음을 확인할 수 있다.

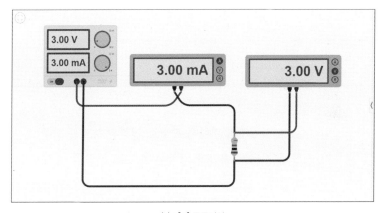

(a) 3[V] 공급전압

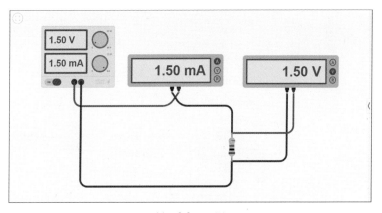

(b) 1.5[V] 공급전압

그림 3-18. 전원 공급 장치의 공급전압에 따른 전압과 전류의 측정 결과

1 〉 직렬로 연결된 저항 회로

저항을 직렬 또는 병렬로 연결한 회로에서 개별 저항에 대한 전압 및 전류의 관계와 전체 저항 (등가 합성저항)에 대한 전압 및 전류의 관계를 확인한다.

1.1 │ 직렬 저항 회로 구성하기

팅커캐드에서 2개의 저항이 직렬로 연결된 회로를 만들고, 멀티미터를 사용하여 각 저항에 걸리는 전압과 저항에 흐르는 전류를 측정해 보자. 저항(레지스터), 전원 공급 장치를 작업판에 배치하고 그림 3-19와 같이 회로를 연결한다. 전압 공급 장치의 전압과 전류를 6[V], 5[A]로 설정하고, 각 저항의 저항값을 $R_1 = 100[\Omega]$, $R_2 = 200[\Omega]$으로 설정한다.

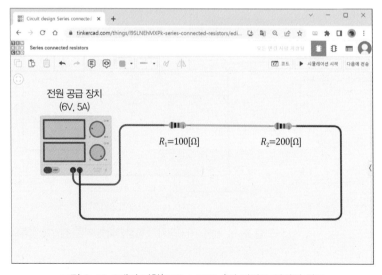

그림 3-19. 2개의 저항(100[Ω], 200[Ω])이 직렬로 연결된 회로

저항에 걸리는 전압을 측정할 수 있도록 멀티미터를 각 저항에 병렬로 연결한다. 다음으로 저항에 흐르는 전류를 측정할 수 있도록 멀티미터를 저항과 직렬로 연결한다. 2개의 저항이 직렬로 연결되어 있으므로 각 저항에는 같은 전류가 흐르며, 이 전류는 회로의 어느 곳에서 측정하더라도 상관없다. 전류를 측정하기 위한 멀티미터를 전원 공급 장치와 R_2 저항 사이에 배치하고 직렬로 연결한다. 멀티미터를 모두 연결하였으면 측정 목적에 맞도록 해당 멀티미터의 측정 모드를 설정한다. 그림 3-20은 그림 3-19의 회로에 3개의 멀티미터를 연결한 결과이다.

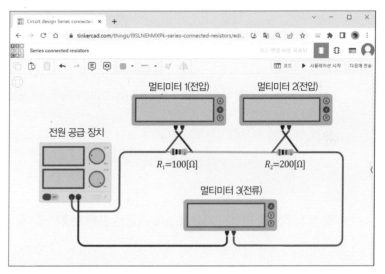

그림 3-20. 2개의 저항이 직렬로 연결된 회로에 멀티미터를 연결한 결과

1.2 │ 시뮬레이션으로 직렬연결된 저항의 전압-전류 특성 확인하기

회로의 구성, 각 저항의 저항값 설정, 그리고 멀티미터의 측정 모드 설정이 완료되었다면 시뮬레이션을 실행하자. '시뮬레이션 시작' 버튼을 클릭하면 그림 3-21과 같이 각 저항에 걸리는 전압과 회로에 흐르는 전류가 멀티미터에 표시된다.

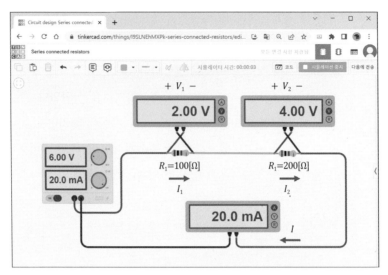

그림 3-21. 직렬로 연결된 저항 회로의 시뮬레이션 실행 결과

그림 3-21의 시뮬레이션 결과로부터 직렬로 연결된 저항 회로의 특징을 살펴보고, 옴의 법칙을 만족하는지 알아보자.

특징 1. 직렬로 연결된 저항 회로에 흐르는 모든 전류는 같다.

그림 3-4에서 살펴본 것처럼 직렬로 연결된 저항 회로에서 각 저항뿐만 아니라 회로 내 도선에 흐르는 전류는 모두 같으므로 $I = I_1 = I_2$이다. 그림 3-21에서 멀티미터로 측정한 각 저항에 걸리는 전압으로부터 옴의 법칙을 사용하여 각 저항에 흐르는 전류를 다음과 같이 구할 수 있다.

$$I_1 = \frac{V_1}{R_1} = \frac{2\,[V]}{100\,[\Omega]} = 20\,[\text{mA}]$$

$$I_2 = \frac{V_2}{R_2} = \frac{4\,[V]}{200\,[\Omega]} = 20\,[\text{mA}]$$

위의 계산 결과는 저항이 직렬로 연결되어 있을 때 각 저항에 흐르는 전류는 같다는 사실과 일치한다. 또한 각 저항에 흐르는 전류는 도선을 따라 흐르게 되므로 멀티미터로 측정한 전류 $I = 20\,[\text{mA}]$와도 같다.

특징 2. 직렬 등가 합성저항(R_S)의 크기는 개별 저항의 크기를 합한 것과 같으며, 직렬 등가 합성저항에 걸리는 전압은 각 저항에 걸리는 전압의 합이다.

직렬로 연결된 저항 회로에서 직렬 등가 합성저항(R_S)의 크기는 각 저항의 크기를 합한 것과 같으므로 $R_S = R_1 + R_2 = 300[\Omega]$이다. 또한 직렬 등가 합성저항에 걸리는 전압은 각 저항에 걸리는 전압의 합이므로 $V_1 + V_2 = 6[V]$ 이다. 따라서 옴의 법칙을 사용하여 직렬 등가 합성저항에 흐르는 전류가 $I = \dfrac{6[V]}{300[\Omega]} = 20[mA]$라는 것을 계산할 수 있으며, 이러한 결과는 특징 1에서 살펴본 $I = I_1 = I_2$라는 사실과 일치한다는 것을 알 수 있다.

특징 3. 저항이 직렬로 연결되어 있을 때 각 저항에 걸리는 전압(V_1, V_2)은 전압 분배 법칙으로 계산할 수 있다.

그림 3-5에서 살펴본 전압 분배 법칙으로부터 각 저항에 걸리는 전압은 다음과 같이 구할 수 있다.

$$V_1 = \frac{100[\Omega]}{100[\Omega] + 200[\Omega]} 6[V] = 2[V]$$

$$V_2 = \frac{200[\Omega]}{100[\Omega] + 200[\Omega]} 6[V] = 4[V]$$

이처럼 전압 분배 법칙으로 계산한 결과는 그림 3-21의 측정 결과뿐만 아니라 각 저항의 크기와 저항에 흐르는 전류에 대해 옴의 법칙을 사용하여 계산한 결과와도 일치한다.

$$V_1 = R_1 I_1 = 100[\Omega] \times 20[mA] = 2[V]$$

$$V_2 = R_2 I_2 = 200[\Omega] \times 20[mA] = 4[V]$$

옴의 법칙은 각 저항에 걸리는 전압과 흐르는 전류로부터 저항의 크기를 계산할 수도 있다.

$$R_1 = \frac{V_1}{I_1} = \frac{2\,[V]}{20 \times 10^{-3}\,[A]} = 100\,[\Omega]$$

$$R_2 = \frac{V_2}{I_2} = \frac{4\,[V]}{20 \times 10^{-3}\,[A]} = 200\,[\Omega]$$

위의 결과들은 저항이 직렬로 연결되어 있을 때 다음과 같은 사실을 알려 준다.

- 직렬로 연결된 모든 저항에는 같은 전류가 흐른다.

- 직렬로 연결된 저항은 저항의 크기가 클수록 걸리는 전압이 크다.

- 직렬로 연결된 저항과 같은 크기를 갖는 직렬 등가 합성저항은 각 저항의 합과 같다.

- 직렬 등가 합성저항에 걸리는 전압은 각 저항에 걸리는 전압의 합과 같다. 즉, 전체 전압은 직렬로 연결된 저항에 나뉘어 걸린다.

- 전압 분배 법칙은 직렬로 연결된 각 저항에 걸리는 전압을 구하는 데 사용된다.

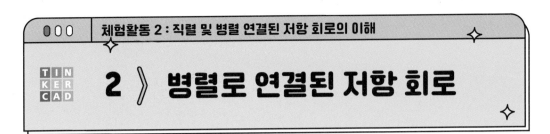

2 〉 병렬로 연결된 저항 회로

2.1 | 병렬 저항 회로 구성하기

2개의 저항이 병렬로 연결된 회로를 만들고, 멀티미터를 사용하여 각 저항에 걸리는 전압과 흐르는 전류를 측정해 보자. 저항(레지스터), 전원 공급 장치를 작업판에 배치하고 그림 3-22와 같이 회로를 연결한다. 전압 공급 장치의 전압과 전류를 6[V], 5[A]로 설정하고, 각 저항의 저항값을 $R_1 = 100[\Omega]$, $R_2 = 200[\Omega]$으로 설정한다.

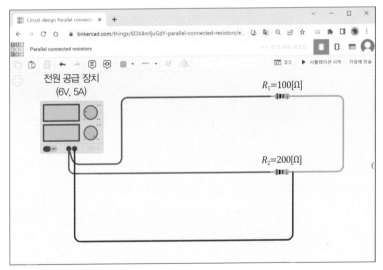

그림 3-22. 2개의 저항($100[\Omega]$, $200[\Omega]$)이 병렬로 연결된 회로

각 저항 및 전체 회로의 전압과 전류를 측정하기 위해 그림 3-23과 같이 멀티미터를 연결해 보자. 멀티미터 1v와 멀티미터 2v는 저항과 병렬로 연결되어 있고, 멀티미터 1a, 멀티미터 2a, 멀티미터 3a는 저항과 직렬로 연결되어 있다. 멀티미터를 모두 연결하였으면 멀티미터 1v와 멀티미터 2v는 전압 측정 모드로 설정하고, 멀티미터 1a~멀티미터 3a는 전류 측정 모드(암페어 수)로 설정한다.

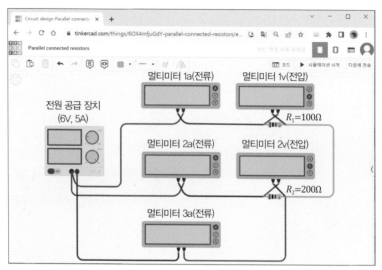

그림 3-23. 2개의 저항이 병렬로 연결된 회로에 멀티미터를 연결한 결과

2.2 | 시뮬레이션으로 병렬 저항 회로에서 전압-전류 특성 확인하기

회로의 구성, 각 저항의 저항값 설정, 그리고 멀티미터의 측정 모드 설정이 완료되었다면 시뮬레이션을 시작하자. '시뮬레이션 시작' 버튼을 클릭하면 그림 3-24와 같이 각 저항에 걸리는 전압과 흐르는 전류가 멀티미터에 표시된다.

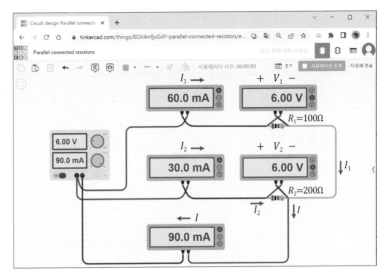

그림 3-24. 병렬로 연결된 저항 회로의 시뮬레이션 실행 결과

그림 3-24의 시뮬레이션 결과로부터 병렬로 연결된 저항 회로의 특징을 살펴보고, 옴의 법칙을 만족하는지 알아본다.

특징 4. 병렬로 연결된 저항 회로에서 각 저항에 걸리는 전압은 모두 같다.

그림 3-6에서 살펴본 것처럼 병렬로 연결된 저항 회로에서 각 저항에 걸리는 전압은 모두 같으므로 $V_1 = V_2$이다. 그림 3-24에서 멀티미터로 측정한 각 저항에 걸리는 전압은 모두 6[V]이며, 전압 공급 장치의 전압과 같다($V = V_1 = V_2$). 이러한 사실은 옴의 법칙에 의해서도 확인할 수 있다. 각 저항에 흐르는 전류와 해당 저항의 크기를 옴의 법칙에 적용하면 각 저항에 걸리는 전압을 다음과 같이 구할 수 있다.

$$V_1 = R_1 I_1 = 100\,[\Omega] \times 60\,[\mathrm{mA}] = 6\,[V]$$

$$V_2 = R_2 I_2 = 200\,[\Omega] \times 30\,[\mathrm{mA}] = 6\,[V]$$

특징 5. 병렬 등가 합성저항 크기(R_P)의 역수는 각 저항 크기의 역수를 합한 것과 같으며, 병렬 등가 합성저항에 흐르는 전류는 각 저항에 흐르는 전류의 합과 같다.

저항이 병렬로 연결되어 있을 때 병렬 등가 합성저항 크기(R_P)의 역수는 각 저항 크기의 역수를 합한 것과 같으므로 R_P를 다음과 같이 계산할 수 있다.

$$\frac{1}{R_P} = \frac{1}{100[\Omega]} + \frac{1}{200[\Omega]} = \frac{3}{200[\Omega]}$$

$$\therefore\ R_P = \frac{200}{3}[\Omega]$$

또한 그림 3-6에서 살펴본 것처럼 병렬연결된 저항의 병렬 등가 합성저항에 흐르는 전류는 각 저항에 흐르는 전류의 합이므로 $I_1 + I_2 = 90[\text{mA}]$이며, 멀티미터 3a로 측정한 전류 $I = I_1 + I_2 = 90[\text{mA}]$와 같다. 따라서 옴의 법칙을 사용하여 병렬 등가 합성저항에 걸리는 전압이 $V = R_P \times I = \frac{200}{3}[\Omega] \times 90[\text{mA}] = 6[V]$라는 것을 계산할 수 있으며 이러한 결과는 특징 4에서 살펴본 $V = V_1 = V_2$라는 사실과 일치한다는 것을 알 수 있다.

특징 6. 저항이 병렬로 연결되어 있을 때 각 저항에 걸리는 전류(I_1, I_2)는 다음과 같이 전류 분배 법칙을 사용하여 계산할 수 있다.

그림 3-7의 전류 분배 법칙으로부터 각 저항에 흐르는 전류(I_1, I_2)를 다음과 같이 구할 수 있다.

$$I_1 = \frac{\dfrac{1}{100[\Omega]}}{\dfrac{1}{100[\Omega]} + \dfrac{1}{200[\Omega]}} 90[\text{mA}] = 60[\text{mA}]$$

$$I_2 = \frac{\dfrac{1}{200[\Omega]}}{\dfrac{1}{100[\Omega]} + \dfrac{1}{200[\Omega]}} 90[\text{mA}] = 30[\text{mA}]$$

이처럼 전류 분배 법칙을 사용하여 계산한 결과는 각 저항의 크기와 저항에 걸리는 전압에 대해 옴의 법칙을 사용하여 계산한 전류의 결과와 일치한다.

$$I_1 = \frac{V_1}{R_1} = \frac{6[V]}{100[\Omega]} = 60[\text{mA}]$$

$$I_2 = \frac{V_2}{R_2} = \frac{6[V]}{200[\Omega]} = 30[\text{mA}]$$

옴의 법칙은 각 저항에 걸리는 전압과 흐르는 전류로부터 저항의 크기를 계산할 수도 있다.

$$R_1 = \frac{V_1}{I_1} = \frac{6[V]}{60 \times 10^{-3}[A]} = 100[\Omega]$$

$$R_2 = \frac{V_2}{V_2} = \frac{6[V]}{30 \times 10^{-3}[A]} = 200[\Omega]$$

위의 결과들은 저항이 병렬로 연결되어 있을 때 다음과 같은 사실을 알려 준다.

- 병렬로 연결된 모든 저항에는 같은 전압이 걸린다.

- 병렬로 연결된 저항은 저항의 크기가 클수록 흐르는 전류가 작다.

- 병렬로 연결된 저항과 같은 크기를 갖는 병렬 등가 합성저항의 역수는 각 저항의 역수의 합과 같다.

- 병렬 등가 합성저항에 흐르는 전류는 각 저항에 흐르는 전류의 합과 같다. 즉, 전체 전류는 병렬로 연결된 저항에 나뉘어 통과한 다음 다시 합해져 흐른다.

- 전류 분배 법칙은 병렬로 연결된 각 저항에 흐르는 전류를 구하는 데 사용된다.

4장

에너지를 저장하는 커패시터와 인덕터

---- 학습 목표 ----

- 커패시터와 인덕터가 어떤 부품인지 알아본다.
- 전기력의 형태로 에너지를 저장하는 커패시터의 동작 특성을 이해한다.
- 자기력의 형태로 에너지를 저장하는 인덕터의 동작 특성을 이해한다.

1 〉 커패시터란 어떤 부품인가?

1.1 │ 커패시터

커패시터(capacitor)는 전자 회로에서 저항만큼이나 많이 사용되는 부품 중 하나로 콘덴서(condenser) 또는 축전기라고도 한다. 커패시터는 서로 마주 본 금속판(도체) 사이에 전기가 흐르지 않는 유전체(절연체)라는 물질이 끼워진 구조로 전기 에너지를 저장할 수 있는 부품이다. 커패시터가 저장하는 전기 에너지량을 정전 용량 또는 커패시턴스(capacitance)라고 한다. 커패시턴스는 금속판의 면적이 클수록, 금속판 간격이 좁을수록 커지며, 커패시턴스가 클수록 저장할 수 있는 에너지의 양이 많아진다. 커패시턴스는 영문자 'C'로 표현하며, 패럿([F]) 단위를 사용한다. 이때 커패시턴스의 단위인 패럿은 그 단위가 너무 커서 피코 패럿([pF]) 또는 마이크로 패럿([μF])의 단위를 주로 사용한다.

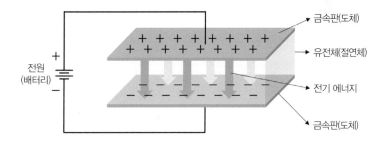

그림 4-1. 커패시터의 구조

커패시터는 양(+)과 음(−)으로 두 단자의 극성 구분이 필요한 유극성 커패시터와 극성 구분이 필요 없는 무극성 커패시터로 나뉘며, 회로도에서 서로 다른 기호로 표시한다. 극성이 있는 대표적인 커패시터로 전해 커패시터가 있고, 극성이 없는 커패시터에는 세라믹 커패시터가 있다.

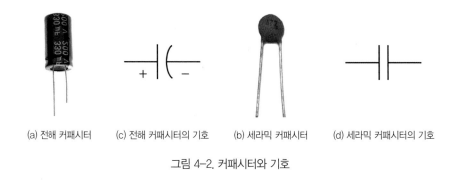

(a) 전해 커패시터   (c) 전해 커패시터의 기호   (b) 세라믹 커패시터   (d) 세라믹 커패시터의 기호

그림 4-2. 커패시터와 기호

1.2 전해 커패시터와 세라믹 커패시터

커패시터는 여러 가지 종류가 있지만, 주위에서 흔히 볼 수 있는 커패시터는 전해 커패시터와 세라믹 커패시터이다.

전해 커패시터

전해 커패시터는 회로에서 양(+)극 단자와 음(−)극 단자를 구별해서 연결해야한다. 다리가 긴 쪽이 양극 단자이고, 다리가 짧은 쪽이 음극 단자이다. 전해 커패시터의 몸체에는 음극 단자를 나타내는 (−) 표시가 있어 극성을 쉽게 구별할수 있다. 또한 커패시터가 저장할 수 있는 전기 에너지량(정전 용량)과 커패시터에 연결할 수 있는 최대 전압(정격 전압)이 몸체에 표시되어 있다. 전해 커패시터는 다른 커패시터에 비해 많은 전기 에너지를 저장할 수 있는 특징을 가지며주로 마이크로 패럿(μF) 단위를 사용한다.

세라믹 커패시터

세라믹 커패시터는 회로에서 연결할 때 양(+)극 단자와 음(−)극 단자를 구별할필요가 없다. 전해 커패시터와 마찬가지로 저장할 수 있는 전기 에너지량(정전 용량)과 연결할 수 있는 최대 전압(정격 전압)이 몸체에 표시되어 있지만, 상대적으로 커패시터 몸체의 크기가 작아 기호로 표시한다. 세라믹 커패시터가 저장할 수 있는 전기 에너지량은 세 자리 숫자 코드로 표시하는데 앞의 두 자리 숫자는 정전 용량 값을 표현하기 위해 필요한 10단위의 숫자, 세 번째 자리의 숫자는 10의 승수를 나타내며, 단위는 피코 패럿(pF)이다. 예를 들어 코드로 표시된 커패시턴스가 102일 때 $C = 10 \times 10^2 = 1000\text{pF}$이다.

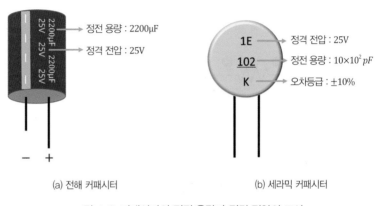

정전 용량 : 2200μF
정격 전압 : 25V

정격 전압 : 25V
정전 용량 : $10 \times 10^2 \, pF$
오차등급 : ±10%

(a) 전해 커패시터   (b) 세라믹 커패시터

그림 4-3. 커패시터의 정전 용량과 정격 전압의 표시

1.3 커패시터에서 전기 에너지를 저장하는 원리

커패시터의 두 단자 사이에 전압이 걸리면 전원의 양(+)극 단자와 연결된 커패시터의 금속판 내 전자가 도선을 통해 전원 쪽으로 이동하여 전기적으로 중성이었던 금속판은 양전하(전기적으로 양의 성질)를 띠게 된다. 반면, 전원의 음(−)극 단자와 연결된 커패시터의 금속판에서는 전원으로부터 이동한 전자가 쌓이게 되어 금속판은 음전하(전기적으로 음의 성질)를 띠게 된다. 즉, 두 금속판의 한쪽에는 양전하가, 다른 한쪽은 음전하가 쌓이게 된다. 이때 두 금속판에 쌓인 양전하와 음전하에 의해 양전하에서 음전하로 향하는 전기적인 힘(전기력)이 유전체 내부에 만들어진다. 유전체 내부에 만들어진 전기력의 세기는 두 금속판의 양전하와 음전하가 증가할수록 점점 강해지며, 금속판 내에 양전하와 음전하가 더 이상

쌓이지 않을 때까지 증가한다. 커패시터에 전기 에너지가 저장(충전)되는 현상은 커패시터 내부에 발생한 전기력이 증가하는 것으로 커패시터의 전압이 외부 전원의 전압과 같아질 때까지 계속된다. 이처럼 커패시터에서 전기 에너지의 저장은 전원이 가해졌을 때 커패시터 내부(유전체)에 전하를 저장하는 것이 아니라 금속판에 양전하와 음전하가 쌓여 전기력의 세기가 강해지는 것이다. 커패시터의 전류는 완전히 충전되기 전까지 커패시터와 연결된 외부 도선에 흐르지만, 커패시터 내부는 유전체(절연체)로 구성되어 있어 전류가 흐르지 않는다. 완전 충전이 되면 연결된 외부 도선에도 더 이상의 전류는 흐르지 않게 된다.

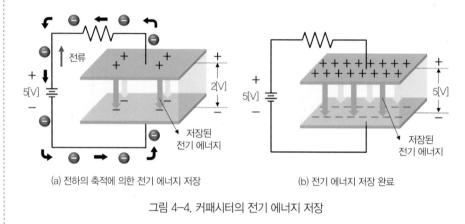

(a) 전하의 축적에 의한 전기 에너지 저장   (b) 전기 에너지 저장 완료

그림 4-4. 커패시터의 전기 에너지 저장

1.4 | 커패시터의 충전과 방전

외부 전원에 의해 커패시터의 두 단자 사이에 전압이 가해졌을 때 전기력 형태의 전기 에너지가 저장되는 것을 '충전'이라 하며, 충전이 진행되는 동안 커패시터 전압은 지수함수적으로 증가한다. 커패시터가 완전히 충전되면 커패시터의 전압은 외부 전원의 전압과 같게 되며, 이후로는 외부 도선에 전류가 흐르지 않는다.

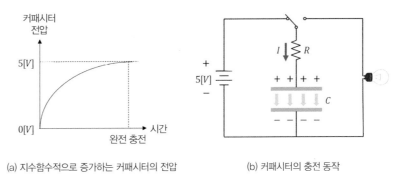

(a) 지수함수적으로 증가하는 커패시터의 전압   (b) 커패시터의 충전 동작

그림 4-5. 커패시터의 충전

커패시터의 두 단자에 가해진 외부 전원이 제거되면 커패시터에 저장된 전기 에너지가 소비되기 시작하며, 이를 '방전'이라 한다. 커패시터의 방전은 저장된 전기 에너지가 모두 소비될 때까지 이루어지며, 방전이 진행되는 동안 외부 도선에는 전류가 흐르게 된다. 방전 시 전류는 양전하가 쌓여 있는 커패시터 단자에서 외부 도선을 통해 음전하가 쌓여 있는 커패시터 단자로 흐른다. 방전이 진행되는 동안 커패시터 전압은 지수함수적으로 감소한다.

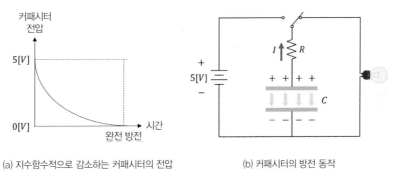

(a) 지수함수적으로 감소하는 커패시터의 전압   (b) 커패시터의 방전 동작

그림 4-6. 커패시터의 방전

완전히 충전된 커패시터는 짧은 시간 동안 배터리와 같은 역할을 할 수 있어 전구가 켜진 상태를 잠시 유지하거나, 모터를 구동하기 시작할 때와 같이 순간적으로 많은 전기 에너지가 필요한 경우에 사용된다. 또한 충전과 방전 과정에서 전압이 서서히 변하는 특징을 가지고 있어 전원이나 신호(전압)의 변동이 큰 경우 변동이 적은 신호를 얻기 위한 회로에서 흔히 사용된다.

스위치는 ON/OFF 동작을 통해 회로의 상태를 열린 회로나 닫힌 회로로 변경하는 데 사용된다. 다양한 스위치 종류 중 푸시 버튼(누름 버튼)은 아두이노에서 디지털 데이터의 입력을 위해 흔히 사용된다. 푸시 버튼을 사용할 때 주의할 점은 푸시 버튼 내부에 스프링이 포함되어 있다는 것이다. 그림 4-7에서 푸시 버튼을 누르면 내부의 접점이 완전히 연결되기 전에 내부 스프링의 진동으로 스위치의 접점이 미세하게 붙고 떨어지기를 아주 짧은 시간(수 밀리초 이내) 동안 반복하게 되고, 이 과정에서 불완전한 ON/OFF 신호가 번갈아 발생하게 된다. 이를 바운스(bounce) 현상 또는 채터링(chattering) 현상이라고 한다. 바운스 현상이 발생하면 버튼을 한 번 눌렀지만 여러 번 누른 것과 같이 원하지 않는 동작을 하게 된다.

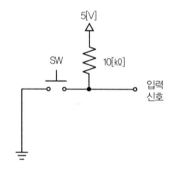

(a) 스위치 입력 회로

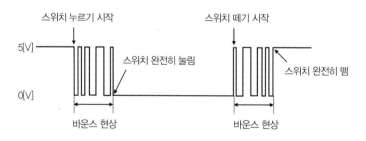

(b) 입력 신호의 바운스 현상

그림 4-7. 스위치 입력 회로에서 바운스 현상

바운스 현상을 없애는 것을 디바운스(de-bounce)라고 하며, 하드웨어적인 방법
이나 소프트웨어적인 방법이 있다. 하드웨어적인 방법으로 바운스 현상을 줄이
기 위해 사용하는 전자 부품이 바로 커패시터이다. 그림 4-8과 같이 스위치 입
력 회로에 커패시터를 추가하면 스위치의 눌림 여부에 따라 커패시터의 충전과
방전이 서서히 이루어지므로 입력 신호의 급격한 변화, 즉 바운스 현상을 줄일
수 있게 된다.

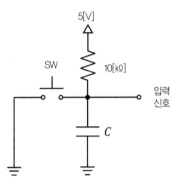

(a) 디바운스 스위치 입력 회로

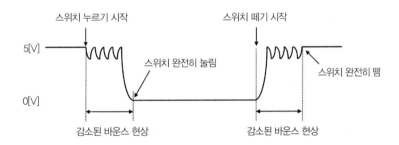

(b) 커패시터에 의한 바운스 현상의 제거

그림 4-8. 디바운스 회로가 적용된 스위치 입력

2 〉 인덕터란 어떤 부품인가?

2.1 | 인덕터

인덕터(inductor)는 커패시터와 매우 비슷하면서도 정반대의 성질을 가진 전자 부품으로 코일(coil)이라고도 한다. 전기가 흐르지 않는 절연성 재료 위에 도선을 나선 모양으로 감아 놓은 구조로 커패시터와 마찬가지로 에너지를 저장할 수 있다. 커패시터가 전기력의 형태로 에너지를 저장하는 데 반해 인덕터는 자석에 의해 작용하는 힘인 자기력의 형태로 에너지를 저장한다. 인덕터에 저장된 자기 에너지는 인덕터에 흐르는 전류의 변화를 방해하는데 이 방해하는 성질의 크기를 인덕턴스(inductance)라고 한다. 인덕턴스는 영문자 'L'로 표현하며, 헨리([H])라는 단위를 사용한다. 이때 헨리([H]) 단위가 너무 커서 밀리 헨리([mH]) 단위를 주로 사용한다.

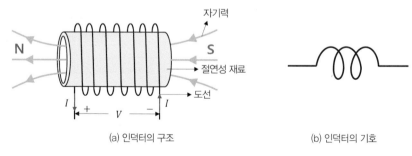

(a) 인덕터의 구조　　　　　　　　　(b) 인덕터의 기호

그림 4-9. 인덕터의 구조와 기호

전기력과 자기력

- **전기력** : 전하를 가지고 있는 물체 사이에 작용하는 힘
- **자기력** : 자석이나 움직이는 전하에 작용하는 힘

전기력과 자기력은 여러 면에서 유사하다. 전기적 성질을 '전하(electric charge)'라고 한다면 자기적 성질을 '자하(magnetic charge)'라고 하며, 같은 종류(부호)의 전하나 자하 사이에서는 서로 밀어내는 힘(척력)이 발생하고 다른 종류일 때는 서로 끌어당기는 힘(인력)이 작용한다. 전기력과 자기력은 상호 변환이 가능하기 때문에 전기력으로부터 자기력을 만들 수 있고(전자석), 반대로 자기력에서 전기력을 만들어 낼 수도 있다(발전기).

전하에 의해 발생하는 전기력과 자기력의 차이는 무엇일까? 전기력은 전하가 정지해 있거나 움직이거나 항상 작용하는 힘이지만, 자기력은 움직이는 전하 사이에만 작용하는 힘이다.

2.2 | 인덕터의 동작

인덕터는 현재 상태가 변화하는 것을 싫어하는 게으른 전자 부품이다. 인덕터에 흐르는 전류가 변하면 인덕터 내부를 관통하는 자기력의 세기가 변화하게 되는데 이러한 자기력 세기의 변화를 방해하는 방향으로 전압이 발생한다. 인덕터 전압은 전류가 증가하면 양(+)의 전압이 발생하며, 전류가 감소하면 음(−)의 전압이 발생한다. 이때 전류가 증가하거나 감소하는 정도가 클수록 발생하는 전압의 절대적인 크기(절댓값)도 증가한다. 인덕터에 걸리는 전압은 전류가 변할 때 발생하므로 크기가 항상 일정한 직류(DC) 전류가 흐를 때는 발생하지 않는다. 즉, 직류 전류가 인덕터를 통해 흐를 때 인덕터의 전압은 0[V]이다. 인덕터는 구조적으로 단지 스프링 모양으로 도선을 감아 놓은 것이므로 인덕터 전압이 0[V]라는 것은 도선의 저항을 0[Ω]으로 가정할 때 인덕터의 두 단자가 서로 연결된 상태인 단락(short)으로 동작한다는 것을 의미한다.

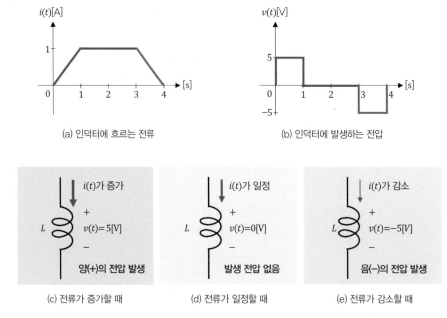

(a) 인덕터에 흐르는 전류

(b) 인덕터에 발생하는 전압

(c) 전류가 증가할 때   (d) 전류가 일정할 때   (e) 전류가 감소할 때

그림 4-10. 인덕터에 흐르는 전류 변화에 의해 발생하는 인덕터 전압

인덕터에 발생한 전압은 인덕터에 흐르는 전류의 변화를 방해하므로 빠르게 변화하는 전류는 인덕터를 통과하지 못한다. 인덕터가 전류의 변화를 방해하는 정도는 인덕턴스가 클수록, 전류의 변화가 빠를수록 증가한다.

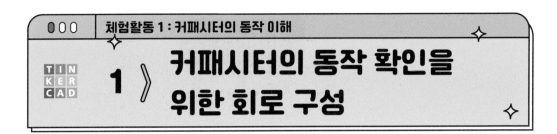

1 〉 커패시터의 동작 확인을 위한 회로 구성

팅커캐드에서 전원 공급 장치, 전해 커패시터(유극 콘덴서), 저항, 전구, 슬라이드 스위치로 구성된 회로를 만들고, 커패시터의 충전 및 방전 동작을 확인해 보자. 그림 4-5의 회로를 참고하여 그림 4-11과 같이 각 부품을 배치하고 연결한다. 그림 4-5의 회로에서 전원으로 사용한 배터리 대신 전원 공급 장치를 사용한다. 전해 커패시터는 단자의 극성이 있으므로 주의하여 연결해야 한다.

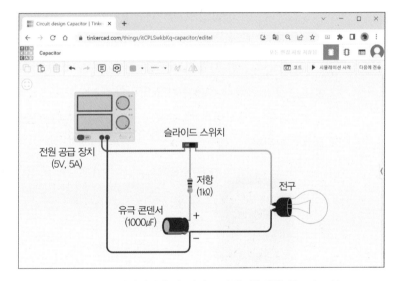

그림 4-11. 커패시터 충전-방전 특성 확인을 위한 회로의 구성

그림 4-11의 회로에서 사용한 슬라이드 스위치는 그림 4-12와 같이 3개의 단자를 가지고 있으며, 스위치가 왼쪽에 있을 때 '일반' 단자와 '터미널 1'이 서로 연결되며, 스위치가 오른쪽에 있을 때 '일반' 단자와 '터미널 2'가 연결된다. 따라서 슬라이드 스위치를 사용할 때 이러한 동작을 이해하고 연결해야 한다.

터미널 1   일반   터미널 2

(a) 슬라이드 스위치의 단자 구성

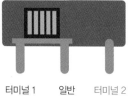

터미널 1   일반   터미널 2

(b) 스위치가 왼쪽에 있을 때

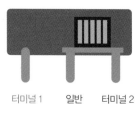

터미널 1   일반   터미널 2

(c) 스위치가 오른쪽에 있을 때

그림 4-12. 슬라이드 스위치의 단자 구성과 동작

회로의 연결을 완료했다면 전원 공급 장치, 저항, 전해 커패시터를 클릭하여 전압 공급 장치의 전압과 전류는 각각 5[V]와 5[A], 저항은 1[㏀]으로 설정한다. 마지막으로 전해 커패시터의 정전 용량은 1000[㎌], 정격 전압은 기본값인 16[V]로 설정하면 된다.

그림 4-13. 전해 커패시터(유극 콘덴서)의 이름, 정전 용량, 정격 전압의 설정

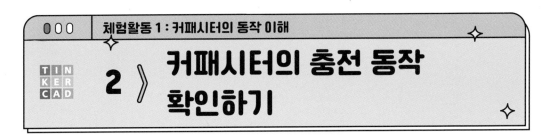

2 〉 커패시터의 충전 동작 확인하기

회로의 연결 및 각 부품의 설정이 완료되었다면 시뮬레이션을 실행해 보자. 그림 4-14에서 슬라이드 스위치의 위치가 왼쪽에 있으므로 회로는 그림 4-5와 같이 커패시터의 충전 동작이 이루어지도록 연결된 상태이며, 이때 전구는 열린 회로 상태이므로 동작하지 않는다. '시뮬레이션 시작' 버튼을 클릭하면 커패시터는 충전되기 시작하며 전원 공급 장치의 표시 화면에 회로로 공급되는 전압과 흐르는 전류가 표시되는데 공급전압은 5[V]로 일정하지만, 회로에 흐르는 전류는 점차 줄어들어 잠시 후 0[A]가 되는 것을 확인할 수 있다. 커패시터가 충전되는 동안 외부 도선에 전류가 흐르며 커패시터가 충전될수록 외부 도선에 흐르는 전류가 점차 줄어들어 완전히 충전되면 더 이상 흐르지 않게 된다. 커패시터의 충전은 전원 공급 장치의 전압과 커패시터 전압이 같아질 때까지 이루어진다. 즉, 커패시터 전압이 5[V]가 될 때까지 충전 동작이 진행된다.

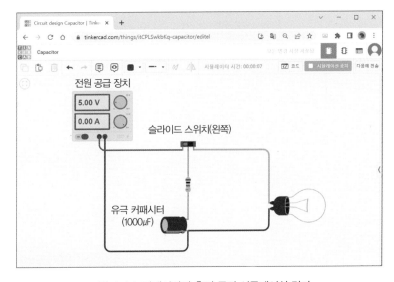

그림 4-14. 커패시터의 충전 동작 시뮬레이션 결과

멀티미터를 사용하여 커패시터 두 단자 사이의 전압을 측정함으로써 커패시터에 충전된 정도를 확인할 수 있다. '시뮬레이션 중지' 버튼을 클릭하고 멀티미터를 추가하여 커패시터 전압을 측정해 보자. 커패시터와 멀티미터를 병렬로 연결하고, 멀티미터의 측정 모드를 '전압'으로 설정한다. '시뮬레이션 시작' 버튼을 클릭하면 멀티미터에 커패시터의 전압이 표시되는데 0[V]를 시작으로 점차 증가하여 잠시 후 5[V]가 된다. 멀티미터에 5[V]가 표시되면 커패시터는 완전히 충전된 것이다.

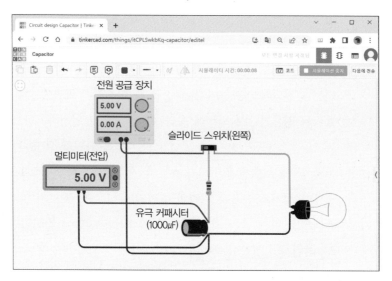

그림 4-15. 멀티미터를 이용하여 커패시터의 충전 전압을 측정한 결과

3 〉 커패시터의 방전 동작 확인하기

시뮬레이션이 진행되는 상황에서 슬라이드 스위치를 클릭하면 그림 4-16과 같이 스위치의 위치가 왼쪽에서 오른쪽으로 이동한다. 스위치가 오른쪽으로 이동하면 전원 공급 장치는 회로에서 분리된 상태(열린 회로)가 되어 커패시터나 회로에 전압을 공급하지 못한다. 이때 커패시터에 저장된 전기 에너지는 방전되기 시작하며, 전구에 불이 켜진다. 전구의 밝기는 처음엔 밝겠지만 시간이 지날수록 어두워지다가 꺼지게 되는데, 이는 커패시터가 방전됨에 따라 저장된 전기 에너지가 줄어들어 전구에 흐르는 전류가 감소하기 때문이다. 이러한 커패시터의 방전 동작은 멀티미터에 표시되는 커패시터의 전압이 지수적으로 감소하는 것을 통해 확인할 수 있다. 커패시터의 방전 동작은 멀티미터에 표시되는 커패시터의 전압이 0[V]가 될 때까지 계속된다.

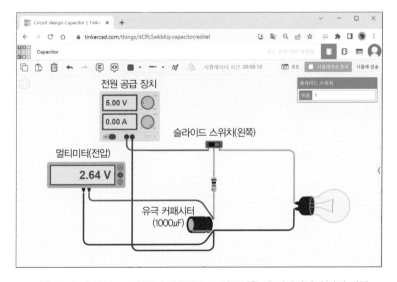

그림 4-16. 슬라이드 스위치가 오른쪽으로 이동했을 때 커패시터의 방전 진행

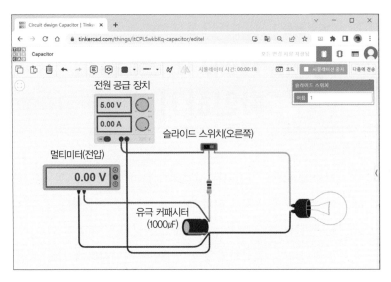

그림 4-17. 커패시터가 완전히 방전된 상태

커패시터의 정전 용량(커패시턴스)은 저장할 수 있는 전기 에너지의 양을 나타낸다.
따라서 정전 용량이 큰 커패시터를 사용하면 긴 충전 시간이 필요하기는 하지만
많은 전기 에너지를 저장할 수 있으므로 조금 더 오래 전구를 켤 수 있다. 커패시
터의 용량을 $100[\mu F]$, $500[\mu F]$으로 변경하면서 커패시터가 충전되는 시간과 전구
가 켜지는 시간 및 밝기를 비교해 보자.

1 〉 인덕터의 동작 확인을 위한 회로 구성

팅커캐드에서 전원 공급 장치, 인덕터, 저항, 전구, 푸시 버튼(누름 버튼)을 사용하여 회로를 구성하고, 인덕터가 에너지를 저장했다가 소비하는 동작을 확인해 보자. 그림 4-18과 같이 전자 부품을 배치하고 연결한다.

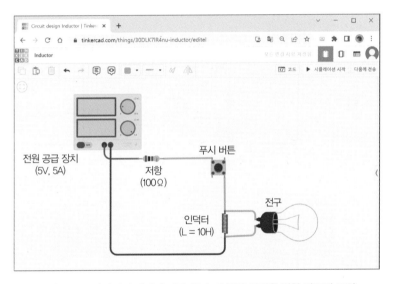

그림 4-18. 인덕터의 에너지 저장 및 소비 동작 확인을 위한 회로의 구성

그림 4-18에서 사용한 푸시 버튼은 4개의 터미널을 가지고 있고 2개씩 서로 연결되어 있으므로 연결에 주의가 필요하다. 그림 4-19에서 알 수 있듯이 터미널 1a와 터미널 1b를 선택하거나 터미널 2a와 터미널 2b를 선택하여 사용하면 푸시 버튼은 항상 연결된 상태가 되므로 스위치 동작을 할 수 없다. 따라서 내부 구조를 모를 때 푸시 버튼의 스위치 동작을 항상 보장하기 위해서는 터미널 1a와 터미널 2b 또는 터미널 1b와 터미널 2a와 같이 대각선 위치하는 두 개의 터미널을 선택하여 사용하면 된다.

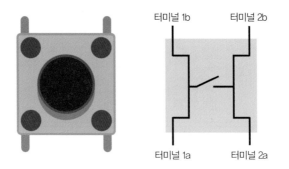

그림 4-19. 푸시 버튼의 터미널 구성

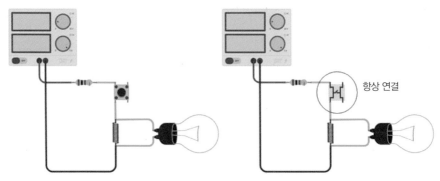

(a) 푸시 버튼의 잘못된 연결(터미널 1b와 터미널 1a 사용)로 스위치 동작 못함

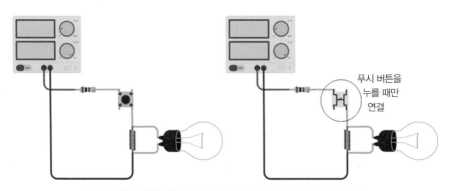

(b) 푸시 버튼의 올바른 연결(터미널 1b와 터미널 2a 사용)로 스위치 동작 보장

그림 4-20. 푸시 버튼의 사용한 회로 구성

회로의 연결이 완료되었다면 전원 공급 장치, 저항, 인덕터를 클릭하여 전압 공급 장치의 전압과 전류는 각각 5[V]와 5[A], 저항은 100[Ω]으로 설정한다. 마지막으로 인덕터의 인덕턴스는 10[H]로 설정한다.

2 〉 인덕터의 동작 확인

회로의 구성과 각 부품의 설정을 완료했다면 시뮬레이션을 실행하자. 인덕터의 동작을 확인하기 위해서는 시뮬레이션이 실행된 상태에서 푸시 버튼의 ON/OFF 동작이 필요하다. 전원 공급 장치가 직류 전원을 공급할 때 푸시 버튼의 ON/OFF 동작에 의해 회로에 흐르는 전류는 급격히 변화하지만, 이러한 전류의 변화는 잠시 나타났다가 사라지며 곧 안정한 상태가 된다. 즉, 푸시 버튼을 누르거나 뗀 순간 회로의 도선과 각 부품에 잠시 급격한 전류의 변화가 나타났다가 버튼이 눌린 상태(ON)를 유지하면 일정한 전류가 흐르게 되고, 버튼이 눌리지 않은 상태(OFF)를 유지하면 전류가 흐르지 않게 된다. '시뮬레이션 시작' 버튼을 클릭하면 그림 4-21과 같이 5[V] 전압과 0[A] 전류가 전원 공급 장치의 표시 화면에 표시된다. 이때 전원 공급 장치가 회로에 연결되어 있더라도 푸시 버튼을 누르지 않았기 때문에 회로는 열린 상태이므로 전류가 흐르지 않으며 전구에 반응이 없다.

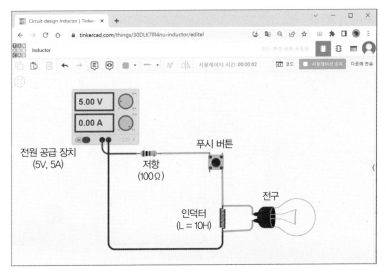

그림 4-21. 시뮬레이션 시작 버튼을 누른 후 회로의 동작 상태

푸시 버튼을 클릭하면, 회로는 닫힌 상태가 되어 인덕터에 전류가 갑자기 흐르기 시작하지만 푸시 버튼을 마우스 포인터로 계속 누르고 있으면 전류는 점차 일정한 크기로 흐르게 된다. 푸시 버튼을 누른 순간 인덕터에는 전류의 변화를 방해하는 전압이 발생하며 이 인덕터 전압에 의해 전구 쪽으로 전류가 흘러 불이 켜진다. 잠시 후 인덕터에 흐르는 전류가 일정해짐에 따라 발생했던 인덕터 전압도 감소하다가 사라지게 된다. 전구에 흐르던 전류는 인덕터 전압이 감소함에 따라 줄어들게 되므로 전구는 점차 어두워지다가 꺼지게 된다.

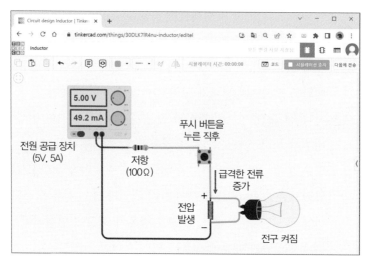

그림 4-22. 푸시 버튼을 누른 직후 인덕터에 발생한 전압으로 전구가 켜진 결과

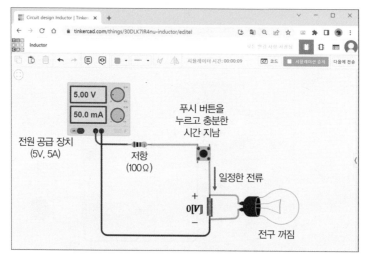

그림 4-23. 푸시 버튼을 누르고 충분한 시간 후 인덕터에 발생한 전압이 사라진 결과

그림 4-24와 같이 누르고 있던 푸시 버튼을 떼면, 인덕터에 일정하게 흐르던 전류는 급격히 감소하기 시작하며 회로는 열린 상태가 되어 전류가 더 이상 흐르지 않게 된다. 이때 푸시 버튼을 누른 직후와 비슷하게 전류의 변화를 방해하는 전압이 인덕터의 두 단자 사이에 잠시 발생했다가 사라지므로 전구가 잠시 켜졌다가 꺼지게 되는데, 푸시 버튼을 누른 직후 인덕터에 발생한 전압의 반대 극성이라는 차이가 있다.

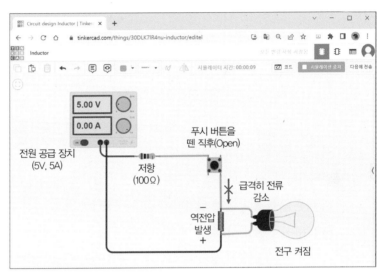

그림 4-24. 푸시 버튼을 뗀 직후 인덕터에 발생한 역전압으로 전구에 불이 켜진 결과

인덕터 동작을 조금 더 자세히 살펴보기 위해 '시뮬레이션 중지' 버튼을 클릭하고 멀티미터를 연결하여 인덕터에 걸리는 전압과 흐르는 전류를 측정해 보자. 그림 4-25와 같이 인덕터에 흐르는 전류를 측정하기 위해서는 푸시 버튼과 인덕터 사이에 멀티미터 1을 직렬로 연결한 다음 멀티미터의 측정 모드를 '암페어 수'로 설정한다. 인덕터에 걸리는 전압을 측정하기 위해서는 인덕터와 멀티미터 2를 병렬로 연결한 다음 측정 모드를 '전압'으로 설정한다. 그림 4-25는 인덕터 회로에 두 개의 멀티미터를 연결한 결과이다.

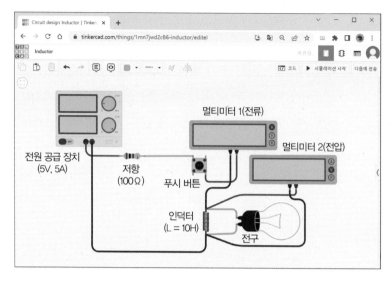

그림 4-25. 인덕터 회로에 멀티미터를 연결한 결과

멀티미터의 연결과 측정 모드의 설정을 마쳤다면 시뮬레이션을 실행한 다음 푸시 버튼을 눌렀다 떼며 인덕터에 걸리는 전압과 흐르는 전류를 멀티미터를 통해 확인한다. 그림 4-26과 같이 푸시 버튼을 누른 직후 인덕터에 전류가 흐르기 시작하며, 이때 전류가 증가하므로 그림 4-10(c)와 같이 인덕터에 양(+)의 전압이 발생하여 전구가 켜진다.

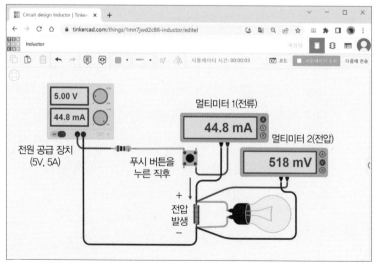

그림 4-26. 푸시 버튼을 누른 직후 인덕터에 흐르는 전류의 변화에 의한 전압 발생

그림 4-27과 같이 푸시 버튼을 계속 누르고 있으면 잠시 후 인덕터에 흐르는 전류는 안정화되어 일정한 전류(50[mA])가 흐르고, 인덕터에 발생했던 전압은 0[V]가 된다(그림 4-10(d)). 즉, 푸시 버튼을 누른 직후 인덕터에 저장된 에너지(발생 전압)는 전류가 안정됨에 따라 빠르게 소비되어 전구는 점점 흐려지다가 꺼지게 된다. 인덕터에 저장된 에너지가 모두 소비되었을 때 전원 공급 장치의 양극 단자로부터 공급되는 전류는 모두 인덕터를 통해 전원 공급 장치의 음극 단자로 흐른다. 이때 전구를 통해 흐르는 전류는 0[A]이다. 전원 공급 장치가 공급하는 모든 전류가 인덕터를 통해 흐르는 이유는 인덕터의 두 단자 사이에 전압이 걸리지 않으므로 인덕터를 저항이 0[Ω]인 도선(인덕터의 두단자가 단락)으로 생각할 수 있기 때문이다.

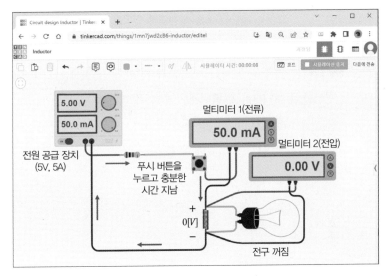

그림 4-27. 푸시 버튼을 누르고 충분한 시간 후 인덕터에 흐르는 전류와 걸리는 전압

그림 4-28과 같이 누르고 있던 푸시 버튼을 떼면 회로는 열린 상태가 되어 전원 공급 장치로부터 회로에 일정하게 공급되던 전류(50[mA])가 더 이상 흐르지 않게 된다. 이때 인덕터에 흐르던 전류가 급격히 감소하므로 그림 4-10(e)와 같이 인덕터에는 음(-) 전압이 발생하여 전구가 켜진다. 잠시 후 인덕터에 저장되었던 에너지는 모두 소비되어 전구는 꺼지게 된다.

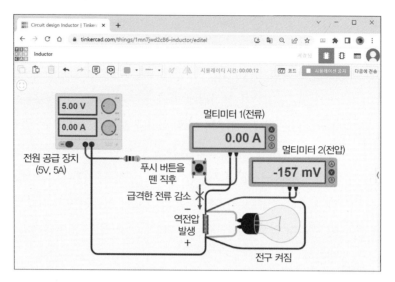

그림 4-28. 푸시 버튼을 뗀 직후 인덕터 전류의 변화에 의해 발생하는 전압

인덕터는 자신을 통과하는 전류가 변할 때 내부에 자기력 형태로 에너지를 잠시 저장할 수 있으며, 인덕턴스가 클수록 많은 에너지를 저장할 수 있다. 인덕턴스를 1[H], 5[H]로 변경하면서 인덕터가 에너지를 저장하는 데 필요한 시간과 전구가 켜지는 시간을 비교해 보자.

<5장>

다이오드와
트랜지스터

─── 학습 목표 ───

● 반도체의 기본적인 내용을 이해한다.

● 다이오드와 트랜지스터가 어떤 부품인지 알고, 기본 동작을
  이해한다.

● 다이오드와 트랜지스터의 특성을 활용한 응용 회로의 동작을
  이해한다.

1 〉 반도체란?

전자 회로에는 저항, 커패시터 그리고 인덕터 외에도 다양한 전자 부품이 사용된다. 아마도 IC(integrated circuit), 반도체 칩(chip)과 같은 말을 들어 본 적이 있을 것이다. 오늘날 반도체(semiconductor)는 우리가 생활 속에서 사용하고 있는 TV, 스마트폰, 컴퓨터 등과 같은 전자 제품뿐만 아니라 자동차의 자율 주행이나 운전자 보조 시스템에 활용되며, 심지어 빛의 세기에 따라 투명도가 달라지는 유리창을 만드는 데도 사용된다. 반도체는 전기가 잘 통하는 도체와 전기가 통하지 않는 절연체의 성질을 모두 갖는 물질로, 게르마늄(Ge)과 실리콘(Si)이 대표적인 반도체이다. 실리콘으로 예를 들어 설명하면, 실리콘 원자는 가장 바깥쪽 궤도에 4개의 전자(1장의 원자의 구조 참고)를 가지고 있으며 다른 실리콘 원자와 가장 바깥쪽의 전자를 공유함으로써 전자의 수가 8개인 안정한 상태를 만든다. 실리콘 원자들이 전자를 공유하여 안정한 상태가 되면 전자들은 자유롭게 움직일 수 없게 되어 전류가 흐르지 않는 절연체의 성질을 갖는다. 이처럼 가장 바깥쪽의 전자를 공유하고 있는 게르마늄이나 실리콘을 순수 반도체 또는 진성 반도체라고 부른다.

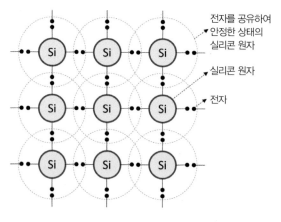

그림 5-1. 전자를 공유하여 안정한 상태의 실리콘 원자

순수 반도체에 특정한 불순물을 첨가하게 되면 전기적으로 매우 유용한 성질을 갖게 된다. 순수 반도체에 불순물을 첨가하는 것을 도핑(doping)이라고 하며, 도핑에 사용되는 불순물은 가장 바깥쪽 전자의 수가 3개인 붕소(B)나 5개인 비소(As) 등이 사용된다.

그림 5-2(a)와 같이 가장 바깥쪽 전자가 5개인 비소를 실리콘에 첨가하면 전자를 공유하여 안정한 상태가 된 후 전자 하나가 남게 된다. 공유 후 남은 전자는 자유롭게 이동할 수 있으므로 '자유전자'라고 한다. 이처럼 여분의 전자를 갖도록 만들어진 반도체는 음(-)전하를 띠고 있으므로 음(-)의 성질을 의미하는 Negative의 첫 글자를 사용하여 'N형 반도체'라고 한다. 반면 그림 5-2(b)와 같이 불순물로 가장 바깥쪽 전자가 3개인 붕소를 첨가하게 되면 공유할 수 있는 전자가 부족하게 되며, 전자의 부족으로 공유하지 못한 빈 공간이 발생하게 된다. 이렇게 전자의 부족으로 생긴 공간은 양(+)전하가 존재하는 것과 같으며 이를 정공(hole)이라 부른다. 정공도 전자와 만나기 위해 자유롭게 이동할 수 있으므로 '자유정공'이라고도 한다. 이렇게 정공이 생기도록 만들어진 반도체는 양(+)의 성질을 의미하는 Positive의 첫 글자를 사용하여 'P형 반도체'라고 한다. 순수 반도체에 불순물이 첨가된 N형 반도체와 P형 반도체를 불순물 반도체라고 한다.

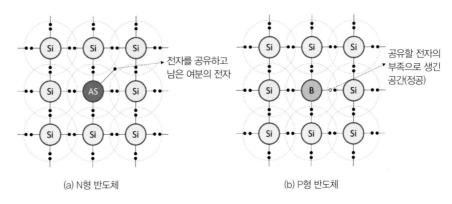

(a) N형 반도체　　　　(b) P형 반도체

그림 5-2. 불순물 반도체

순수 반도체는 전자의 이동이 이루어지지 않지만 순수 반도체에 비소나 붕소와 같은 불순물을 첨가한 N형 반도체와 P형 반도체는 여분의 전자(음전하)나 정공(양전하)으로 인해 전자의 이동이 가능하므로 조건에 따라 도체에 가까운 성질을 가질 수 있게 된다. 즉, 순수 반도체에 불순물을 첨가하면 조건에 따라 자유전자나 자유정공의 이동이 가능하므로 전류가 흐를 수 있게 된다.

2 〉 다이오드란 어떤 부품인가?

다이오드(diode)는 한 방향으로만 전류를 흐르게 하는 전자 부품으로 전류가 흐를 때 다이오드의 저항은 매우 작고, 전류가 흐르지 않을 때는 저항이 매우 커지는 특성을 갖는다. 이러한 특성을 이용하여 교류 신호를 직류 신호로 바꾸고, 빛을 방출할 수 있으며, 일정한 전압을 만들 수도 있다. 다이오드는 P형 반도체와 N형 반도체를 결합(PN 접합)한 구조로, P형 반도체 쪽 단자를 애노드(anode), N형 반도체 쪽 단자를 캐소드(cathode)라고 부른다. 다이오드는 전해 커패시터처럼 두 개의 단자가 극성을 가지며, 애노드는 양(+)의 극성을 갖는 단자, 캐소드는 음(−)의 극성을 갖는 단자이다.

그림 5-3. 다이오드의 구조

다이오드의 외형에서 단자의 극성을 구별하기 위해 밝은 색상의 띠를 한쪽 단자 근처에 표시하며, 띠에서 먼 쪽의 단자가 애노드(양극, +)이다. 다이오드 기호는 전류의 방향을 나타낼 때 사용하는 화살표가 포함되어 있는데 화살표의 시작 부분이 애노드이다.

(a) 다이오드의 외형

(b) 다이오드의 기호

그림 5-4. 다이오드 외형과 기호

다이오드의 두 단자 사이에 걸린 전압의 방향에 따라 다이오드에 전류가 흐르거 나 흐르지 않는다. 다이오드에 전압을 가하는 것을 바이어스(bias)라고 하며, 다 이오드의 바이어스 방법은 순방향 바이어스와 역방향 바이어스가 있다.

순방향 바이어스

다이오드의 P형 반도체 쪽(애노드, + 단자)에 전원의 양(+)극 단자를 연결하고 N형 반도체 쪽(캐소드, − 단자)에 전원의 음(−)극 단자를 연결한 것을 순방향 연결 또는 순방향 바이어스라고 한다. 다이오드에 순방향 전압을 연결하면 P형 에서 N형 쪽으로 전류가 흐르게 된다. 다이오드에서 전류가 흐르는 동작을 살펴 보기 위해 순방향 바이어스 상태에서 자유전자의 움직임에 대해 알아보자.

그림 5−5와 같이 순방향 바이어스 상태에서 다이오드의 N형 반도체(음전하가 많음)에 전원의 음(−)극이 연결되어 있으므로 같은 전기적 성질에 대해 서로 밀 어내는 힘이 작용하여 N형 반도체 내부의 자유전자(음전하)가 PN 접합면을 넘 어 P형 반도체 쪽으로 밀려 이동한다. 이러한 자유전자의 이동에 의해 전류가 P 형 쪽에서 N형 쪽으로 흐르게 된다. 이러한 현상은 1장에서 설명한 전자의 이동 방향과 전류의 방향이 반대라는 사실과 일치한다. 전류는 자유전자의 이동 대신 자유정공의 이동으로도 설명할 수 있다. 그림 5−5에서 다이오드에 순방향 바이 어스가 걸리면 P형 반도체 내부의 자유정공(양전하)은 N형 반도체 쪽으로 이동 하게 된다. 즉, 자유정공의 이동 방향은 자유전자의 이동 방향과 반대가 된다. 이때 전류는 P형에서 N형 쪽으로 흐르게 된다. 이처럼 다이오드에 전류가 흐 르기 위해서는 게르마늄 반도체의 경우 약 0.3[V], 실리콘 반도체의 경우는 약 0.7[V]보다 높은 순방향 전압이 걸려야 하며, 이 전압을 문턱전압 또는 임계전압 (threshold voltage)이라고 부른다.

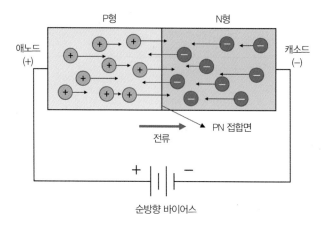

그림 5-5. 다이오드에 순방향 바이어스 연결

역방향 바이어스

다이오드의 P형 반도체 쪽(애노드, + 단자)에 전원의 음(−)극 단자를 연결하고
N형 반도체 쪽(캐소드, − 단자)에 전원의 양(+)극 단자를 연결한 것을 역방향
연결 또는 역방향 바이어스라고 한다. 다이오드에 역방향 전압을 연결하면 전류
가 흐를 수 없게 된다. 그림 5-6과 같이 역방향 바이어스 상태에서 다이오드의
P형 반도체(양전하가 많음)에 전원의 음(−)극 단자, N형 반도체(음전하가 많음)
에 전원의 양(+)극 단자가 연결되어 있으므로 서로 다른 전기적 성질의 끌어당
기는 힘이 작용하여 N형 반도체 내부의 자유전자(음전하)와 P형 반도체 내부의
자유정공은 각각 단자 쪽으로 이동하게 되며, PN 접합면 주위에는 자유전자와
자유정공이 매우 부족한 상태가 되어 자유전자나 자유정공이 PN 접합면을 넘어
이동할 수 없게 된다. 따라서 역방향 바이어스 상태에서는 다이오드에 전류가
흐르지 않게 된다.

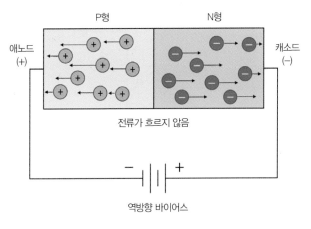

P형   N형

애노드   캐소드
(+)   (−)

전류가 흐르지 않음

역방향 바이어스

그림 5-6. 다이오드에 역방향 바이어스 연결

2.2 | **다이오드의 종류**   □

정류 다이오드

정류 다이오드는 전류를 한 방향으로만 흐르게 하는 다이오드의 기본적인 특성을 이용하는 다이오드로, 교류 전원을 직류 전원으로 변환하는 정류회로에서 사용된다. 교류(ac : alternating current) 전원은 크기와 방향이 주기적으로 변하는 전류 또는 전압을 말하며, 반면 직류(dc : direct current) 전원은 크기와 방향이 항상 일정한 전류 또는 전압을 말한다. 정류회로는 반파 정류회로와 전파 정류회로로 나눌 수 있는데, 전파 정류회로는 2개의 반파 정류회로가 주기적으로 번갈아 동작하는 것이므로 비교적 간단한 동작을 하는 반파 정류회로에 대해서만 알아본다. 그림 5-7은 반파 정류회로와 입출력 신호의 파형을 나타내고 있다. 반파 정류회로는 입력된 교류 전압이 양(+)의 값을 갖는 동안 다이오드에 전류가 흐르지만, 음(−)의 값을 갖는 동안은 다이오드에 전류가 흐르지 않으므로 전류가 흐르는 동안에만 저항에 전압이 걸리게 된다.

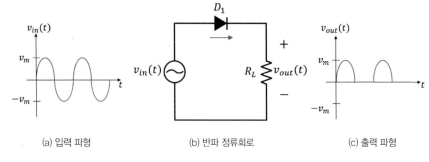

| (a) 입력 파형 | (b) 반파 정류회로 | (c) 출력 파형 |

그림 5-7. 반파 정류회로와 입출력 파형

반파 정류회로의 출력 파형인 그림 5-7(c)는 완전한 직류로 보이지 않으므로 직류에 가깝게 만들기 위해 일반적으로 반파 정류회로는 인덕터나 커패시터를 추가한 평활회로와 함께 사용한다.

발광 다이오드(LED)

정류 다이오드 이외에도 자주 사용하는 다이오드로 발광 다이오드(LED : Light Emitting Diode)가 있다. LED는 순방향으로 전원이 연결되었을 때 빛을 방출하는 다이오드로서 주로 표시 장치로 사용된다. LED도 다이오드이므로 극성이 있는 두 개의 단자를 가지고 있으며, 구부러진 단자가 양(+)극 단자인 애노드이고 구부러지지 않은 단자가 음(-)극 단자인 캐소드이다. LED의 기호는 일반 다이오드 기호와 비슷한데 일반 다이오드 기호에 빛의 방출을 나타내는 화살표가 추가된 차이만 있다.

| (a) LED의 외형 | (b) LED의 기호 |

그림 5-8. LED의 외형과 기호

LED와 전구는 모두 전류가 흐를 때 빛을 방출하는 전기 장치이지만 두 장치 사이에는 차이가 있다. 전구는 전류가 흐를 때 필라멘트에서 전기 에너지를 열에너지로 변환하고 다시 열에너지를 빛으로 변환하는 단계를 거친다. 그러나 LED는 전기 에너지를 직접 빛으로 변환하므로 열 발생으로 인한 손실이 적을 뿐만 아니라 전구에 비해 높은 효율과 긴 수명이 장점이다. 또한 P형 및 N형 반도체에 첨가하는 불순물에 따라 빨간색, 초록색 등 다양한 색의 빛을 낼 수 있다. 이러한 특성으로 LED는 최근 전구를 대신하여 조명 장치로 많이 사용되고 있다. 이외에도 리모컨 등에 사용되는 적외선을 방출하는 적외선 LED나 살균 및 소독용 자외선을 방출하는 자외선 LED도 있다.

제너 다이오드

일반적인 다이오드는 순방향 바이어스에 대한 특성을 이용하는 데 반해 역방향 바이어스에 대한 특성을 활용하는 제너 다이오드(zener diode)라는 다이오드도 있다. 그림 5-9와 같이 제너 다이오드는 일반 다이오드와 비슷하므로 외형으로 구별하기는 쉽지 않지만, 회로도에서 사용하는 기호는 차이가 있다.

<table>
<tr><td>+   −</td><td>+   −</td></tr>
<tr><td>애노드(Anode)   캐소드(Cathode)</td><td>애노드(Anode)   캐소드(Cathode)</td></tr>
<tr><td>(a) 제너 다이오드의 외형</td><td>(b) 제너 다이오드의 기호</td></tr>
</table>

그림 5-9. 제너 다이오드의 외형과 기호

제너 다이오드는 정전압 다이오드라고도 하며 일정한 전압을 얻을 목적으로 사용된다. 제너 다이오드에 순방향 전압을 걸면 일반 다이오드와 같은 특성을 보이지만, 일정 수준 이상의 역방향 전압을 가할 때 역방향 전류가 급격히 증가하는 특성이 있다. 이러한 현상을 항복현상(breakdown)이라 하며, 역방향 전류가 흐르기 시작하는 역방향 전압을 항복전압(breakdown voltage)이라 한다. 일반 다이오드는 항복전압이 수백 볼트 이상으로 큰 역방향 전압에 의해 전류가 흐르게 되면 부품이 파괴된다. 그러나 제너 다이오드는 불순물이 많이 첨가되어 있어 일반 다이오드보다 낮은 항복전압(2~200V)을 가지며 항복현상이 일어나더라도 파괴되지 않는다. 오히려 항복현상이 일어나 역방향 전류가 흐를 때 일정한 전압이 유지되는 특성을 보이므로 전압을 안정화하기 위한 정전압 회로에 사용되거나 높은 전압으로부터 회로를 보호하기 위한 보호 회로에 활용된다. 제너 다이오드를 사용하여 정전압 회로를 구성할 때 역방향 전압에 의한 항복현상을 이용하므로 일반적인 다이오드와 반대 방향으로 연결해야 한다.

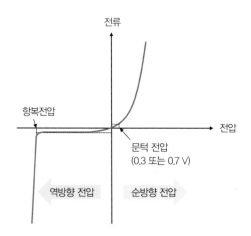

그림 5-10. 제너 다이오드의 전압과 전류 특성

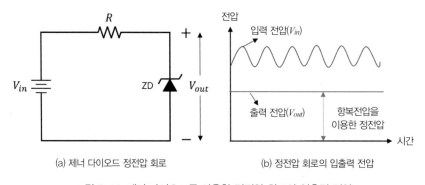

(a) 제너 다이오드 정전압 회로   (b) 정전압 회로의 입출력 전압

그림 5-11. 제너 다이오드를 사용한 정전압 회로와 입출력 전압

3 〉 트랜지스터란 어떤 부품인가?

3.1 │ 트랜지스터

트랜지스터(TR : transister)는 다이오드와 함께 대표적인 반도체 부품으로 전기 신호를 사용하여 회로를 열린 상태나 닫힌 상태로 만들 수 있는 스위치와 같은 동작이 필요할 때 많이 사용된다. 트랜지스터는 P형 반도체와 N형 반도체를 연결한 구조에 따라 NPN형 트랜지스터와 PNP형 트랜지스터로 구분된다. 그림 5-12는 P형 반도체 1개와 N형 반도체 2개를 접합한 일반적인 NPN형 트랜지스터의 구조와 단자 구성이다. 트랜지스터는 다이오드 2개를 연결해 놓은 것처럼 보이지만 컬렉터와 이미터에 비해 베이스가 매우 얇은 구조로 되어 있으며, 베이스(B, base), 이미터(E, emitter), 컬렉터(C, collector)라고 부르는 3개의 단자를 가지고 있다. 일반적인 NPN형 트랜지스터를 기준으로 몸체의 평평한 면을 바라봤을 때 가장 왼쪽 단자가 이미터, 중간 단자가 베이스, 오른쪽 단자가 컬렉터이다. 그러나 모든 트랜지스터가 이와 같지 않으므로 사용하려는 트랜지스터의 사용자 매뉴얼에 해당하는 데이터시트(datasheet)를 통해 단자의 이름을 확인해야 한다.

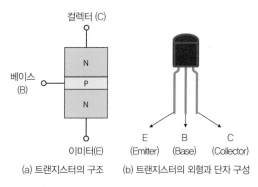

(a) 트랜지스터의 구조   (b) 트랜지스터의 외형과 단자 구성

그림 5-12. NPN형 트랜지스터의 구조와 단자 구성

그림 5-13은 트랜지스터의 기호와 트랜지스터를 활용한 스위칭 회로의 연결 방법이다. 트랜지스터가 스위치처럼 ON/OFF 동작을 할 때 스위치를 제어하는 입력 회로를 베이스(B)와 이미터(E) 단자 사이에 연결하고 컬렉터(C)와 이미터(E) 단자 사이에는 제어하려는 회로를 연결하면 된다. 예를 들어 화재가 발생했을 때 물을 뿌리는 스프링클러(sprinkler) 시스템을 생각해 보면, 화재가 발생한 상황을 감지하는 온도 센서나 불꽃 감지 센서 회로를 베이스와 이미터 사이에 연결하고, 물을 뿌리는 회로를 컬렉터와 이미터 사이에 연결한다.

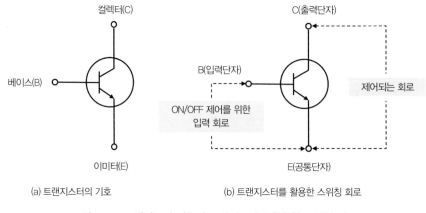

(a) 트랜지스터의 기호   (b) 트랜지스터를 활용한 스위칭 회로

그림 5-13. 트랜지스터 기호와 트랜지스터를 활용한 스위칭 회로

3.2 | 트랜지스터의 기본 동작

트랜지스터의 자세한 동작을 이해하기 위해서는 트랜지스터의 구조에 따른 P형 및 N형 반도체 내부에서 자유전자와 자유정공의 이동에 따른 전류의 흐름 등을 이해하는 것이 필요하다. 그러나 트랜지스터를 사용하여 멋진 회로를 만들기 위해 트랜지스터 동작의 모든 것을 알 필요는 없으며, 트랜지스터의 기본 동작을 통해 어떤 일을 할 수 있는지만 알면 된다. 그림 5-14는 NPN형 트랜지스터가 기본적인 동작을 할 때 각 단자에 흐르는 전류를 나타내고 있다. 트랜지스터의 베이스에서 이미터 쪽으로 약간의 전류가 흐르면 트랜지스터는 스위치의 닫힘(ON) 동작을 하게 되며, 컬렉터에서 이미터 쪽으로 비교적 큰 전류가 흐를

수 있는 통로가 만들어진다. 트랜지스터의 베이스에서 이미터 쪽으로 전류가 흐르기 위해서는 입력 신호 회로에 의해 이미터를 기준으로 베이스에 높은 전압이 입력되어야 한다. 즉, 입력 신호 회로에 의해 베이스와 이미터 사이에 순방향 전압이 걸려야 한다. 또한 컬렉터에서 이미터 쪽으로 전류가 흐르기 위해서는 전원의 양(+)극 단자가 컬렉터에, 음(−)극 단자가 이미터에 연결되어야 한다. 트랜지스터에 이처럼 전압이 걸려 있을 때 베이스에서 이미터 쪽으로 전류가 흐르면 컬렉터와 이미터 사이에 전류가 흐르는 통로가 열리게 되어 컬렉터에서 이미터 쪽으로 비교적 큰 전류가 흐르게 된다.

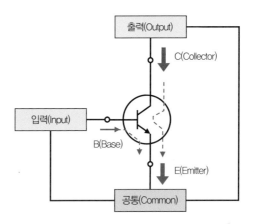

그림 5-14. NPN형 트랜지스터의 각 단자에 흐르는 전류

3.3 | 트랜지스터를 활용한 스위칭 회로

트랜지스터는 2개의 다이오드를 접합한 형태이므로 전류가 흐르기 위한 조건은 기본적으로 다이오드에서 전류가 흐르기 위한 조건과 같다. 즉, 베이스에 전류가 흐르기 위해서는 베이스와 이미터에 해당하는 다이오드에 문턱전압(실리콘 0.7[V], 게르마늄 0.3[V]) 이상의 순방향 바이어스가 걸려야 한다. 또한 베이스에 전류가 흘러 컬렉터와 이미터 사이에 전류가 흐르는 통로가 만들어졌을 때 컬렉터에서 이미터 쪽으로 전류가 흐르도록 하는 전압이 필요하므로 컬렉터 쪽에 전원의 양(+)극 단자, 이미터 쪽에 전원의 음(−)극 단자가 연결되어야 한다.

그림 5-15는 트랜지스터의 각 단자와 전원의 연결을 나타내고 있다. 이때 이미터에 표시된 접지 기호($\perp$)는 2장에서 알아본 회로 전체에서 가장 낮은 전기 에너지를 갖는 공통 기준점을 의미하며, 바이어스를 위한 입력 회로 및 전원의 음(−)극 단자와 트랜지스터의 이미터 단자가 공통으로 연결된 지점이다. 그림 5-15(a)와 같이 베이스−이미터 사이의 전압(V_{in})이 0[V]일 때 베이스에 전류가 흐르지 않으며, 이때 컬렉터 전류와 이미터 전류도 흐르지 않는다. 즉, 트랜지스터는 스위치의 열림(OFF) 동작을 하게 된다. 반면, 그림 5-15(b)와 같이 베이스와 이미터 사이의 전압이 문턱전압(실리콘 다이오드일 때 0.7[V]) 이상이 되면 베이스에 전류가 흐르게 되어 트랜지스터는 닫힘(ON) 동작을 하므로 컬렉터에서 이미터 쪽으로 전류가 흐르게 된다.

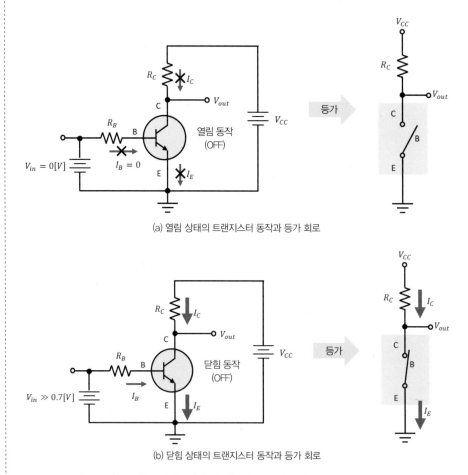

(a) 열림 상태의 트랜지스터 동작과 등가 회로

(b) 닫힘 상태의 트랜지스터 동작과 등가 회로

그림 5-15. NPN형 트랜지스터의 열림(OFF) 및 닫힘(ON) 동작과 해당 등가 회로

다이오드에 전원 공급 장치를 연결하고, 다이오드에 가해지는 전압이 순방향일 때 흐르는 전류를 측정해 보자. 다이오드와 전원 공급 장치를 작업판에 배치하고, 다이오드의 단자인 애노드(+)와 캐소드(−)의 극성에 주의하여 그림 5−16과 같이 각 부품을 연결한다.

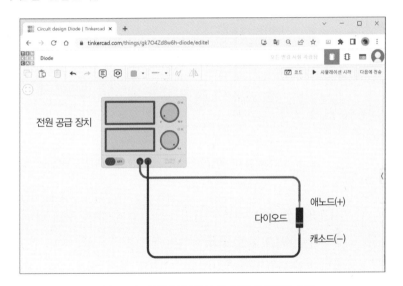

그림 5−16. 순방향 바이어스를 위한 다이오드 회로

그림 5−16에서 다이오드는 전원 공급 장치에 의해 순방향 바이어스가 가해지도록 연결되어 있다. 다이오드는 문턱전압 이상의 순방향 전압이 가해졌을 때 전류가 흐른다. 팅커캐드에서 제공하는 다이오드는 실리콘 다이오드로 문턱전압이 0.7[V]이다. 따라서 전원 공급 장치의 전압이 0.7[V]보다 작을 때는 전류가 흐르지 않으며 0.7[V] 이상일 때 큰 전류가 흐른다. 먼저 전원 공급 장치를 클릭하여 회로에 공급하는 전압과 전류를 0.3[V], 5[A]로 설정하여 다이오드에 문턱

전압보다 작은 순방향 바이어스가 걸리도록 설정한다. 다음으로 다이오드에 흐르는 전류를 확인하기 위해 멀티미터 1을 다이오드와 직렬로 연결하고 측정 모드를 '암페어 수'로 설정한다. 또한 다이오드에 걸리는 전압을 확인하기 위해 멀티미터 2를 다이오드와 병렬로 연결하고 측정 모드를 '전압'으로 설정한다. 그림 5-17은 멀티미터의 연결과 각 장치 및 부품의 설정이 완료된 회로의 모습이다.

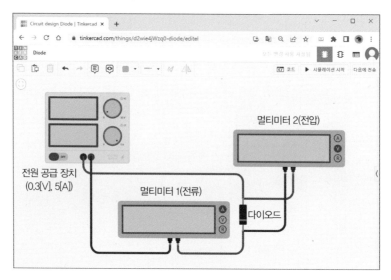

그림 5-17. 순방향 바이어스가 걸리도록 구성한 다이오드 회로에 멀티미터를 연결한 결과

'시뮬레이션 시작' 버튼을 클릭하면 그림 5-18과 같이 다이오드에 공급되는 전압인 300[㎷]가 전원 공급 장치의 표시 화면에 표시되며, 멀티미터 1에 0[A], 멀티미터 2에 300[㎷]가 표시된다. 멀티미터의 측정 결과로부터 문턱전압보다 작은 순방향 바이어스에 대해 다이오드는 전류가 흐르지 않는 차단 상태(다이오드가 회로에서 개방 상태)로 동작한다는 것을 알 수 있다.

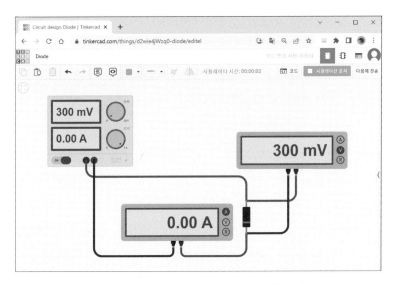

그림 5-18. 문턱전압 이하의 순방향 바이어스(0.3[V])에 대한 다이오드의 차단 동작

전원 공급 장치의 전압을 0.7[V]로 변경하고 다이오드에 흐르는 전류와 전압을 확인해 보자. 그림 5-19와 같이 문턱전압인 0.7[V]의 순방향 바이어스에 대해 다이오드는 도통 상태(다이오드가 회로에서 단락 상태)로 동작하여 전류가 흐르기 시작한다. 이때 다이오드에 걸리는 전압은 700[mV], 흐르는 전류는 604[mA]이다.

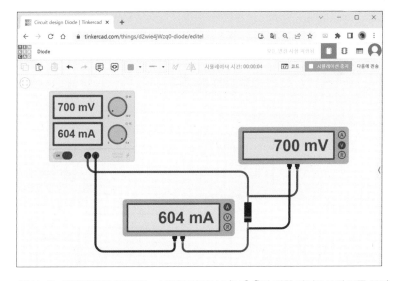

그림 5-19. 문턱전압에 해당하는 순방향 바이어스(0.7[V])에 대한 다이오드의 도통 동작

문턱전압 이상의 순방향 바이어스에 대해 다이오드의 전류와 전압이 어떻게 변하는지 알아보기 위해 전원 공급 장치의 전압을 0.75[V], 1[V]로 변경해가며 다이오드의 전류와 전압을 확인해 보자. 그림 5-20에서 순방향 바이어스가 0.75[V]일 때 다이오드에는 4.08[A]의 전류가 흐르며 0.749[V]의 전압이 걸린다. 순방향 바이어스를 1[V]로 조금 더 증가시키면 그림 5-21과 같이 다이오드에 흐르는 전류는 5[A]로 증가하지만, 전압은 0.754[V]로 거의 변화가 없다. 이러한 결과로부터 다이오드는 문턱전압 이상의 순방향 바이어스가 걸렸을 때 P형 반도체인 애노드(+)에서 N형 반도체인 캐소드(−)로 전류가 흐르게 되며 순방향 바이어스가 증가함에 따라 흐르는 전류가 많이 증가하지만, 다이오드에 걸리는 전압(다이오드에서의 전압강하)은 문턱전압에 해당하는 0.7[V]와 비교하여 거의 변화가 없다는 것을 알 수 있다.

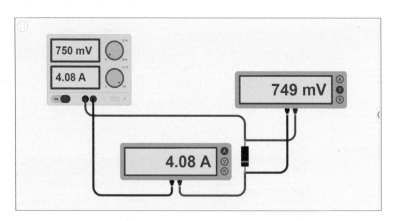

그림 5-20. 순방향 바이어스가 0.75[V]일 때 다이오드의 동작

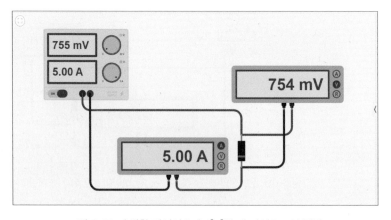

그림 5-21. 순방향 바이어스가 1[V]일 때 다이오드의 동작

2 〉 다이오드의 역방향 바이어스

순방향 바이어스에 대한 다이오드의 동작을 확인했다면 역방향 바이어스에 대한 다이오드의 동작을 확인해 보자. 다이오드에 역방향 바이어스를 공급하기 위해서는 시뮬레이션을 중지하고 그림 5-22와 같이 전원 공급 장치의 극성을 반대로 연결하면 된다. 다이오드의 애노드(+)에 전원의 음(-)극 단자, 캐소드(-)에 전원의 양(+)극 단자가 연결되어 있으므로 다이오드에는 역방향 바이어스가 걸리게 된다. 이때 전원 공급 장치의 도선 색상은 변경하지 않기로 한다.

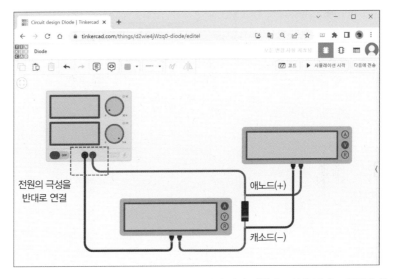

그림 5-22. 다이오드에 역방향 바이어스를 공급하기 위해 전원의 극성을 반대로 연결한 회로

'시뮬레이션 시작' 버튼을 클릭한 다음 전원 공급 장치의 전압을 0~30[V]까지 변경하여 다이오드의 전류와 전압을 확인해 보자.

그림 5-23에서 다이오드에는 전원 공급 장치에 의해 역방향 바이어스가 걸리게 되며 전압 조정 다이얼을 돌려 역방향 바이어스를 아무리 크게 걸어도 다이오드에 전류는 흐르지 않는다. 즉, 다이오드는 역방향 바이어스에 대해 차단 상태(회로에서 다이오드는 개방 상태)로 동작한다.

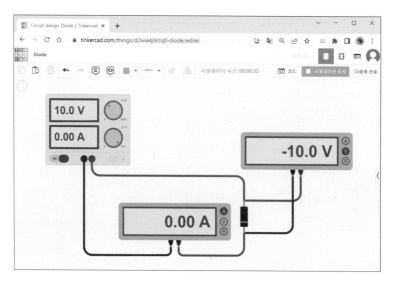

그림 5-23. 역방향 바이어스에 대해 차단 상태로 동작하는 다이오드

TINKER CAD

1 〉 원하는 형태의 전압 신호를 만드는 함수 생성기

교류(AC) 신호를 입력받아 직류(DC) 신호를 출력하는 다이오드 정류회로의 동작에 대해 알아보자. 다이오드 정류회로의 동작을 확인하기 위해서는 회로에 순방향 바이어스와 역방향 바이어스를 번갈아 공급할 수 있는 교류 신호를 입력으로 사용해야 하는데 전원 공급 장치는 항상 일정한 크기를 갖는 직류 전압 신호만을 발생시켜 회로에 공급할 수 있는 장치이다. 따라서 교류 입력 신호를 발생시킬 수 있는 새로운 장치가 필요하며, 이러한 장치가 함수 생성기이다.

함수 생성기(function generator)는 함수 발생기라고도 하며, 설정한 주파수를 갖는 다양한 형태의 전압 신호를 만드는 장치이다. 함수 생성기는 보통 주기적으로 반복되는 교류 신호를 만들 때 사용하며 신호의 형태는 사인파(sine wave), 사각파(square wave), 삼각파(triangular wave) 등이 가장 일반적이다. 함수 생성기를 사용하여 원하는 형태의 전압 신호를 만들기 위해서는 함수(파형)의 종류, 같은 신호의 형태가 1초 동안 반복되는 횟수를 결정하는 주파수, 신호의 최댓값과 최솟값을 결정하는 진폭, 신호의 평균 전압값인 DC 오프셋 등의 파라미터(parameter)를 설정해야 한다. 그림 5-24는 팅커캐드에서 제공하는 함수 생성기의 모습이다. 실제 함수 생성기와 비교했을 때 꼭 필요한 기능만을 설정할 수 있도록 단순화하였으므로 사용하기 쉽다.

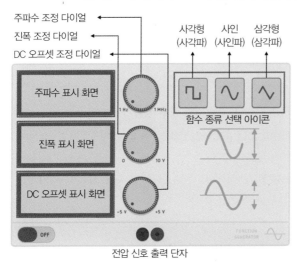

그림 5-24. 팅커캐드에서 제공하는 함수 생성기

팅커캐드에서 함수 생성기를 클릭하면 함수 생성에 필요한 파라미터 설정 창이 나타나며, 여기에서 만들고자 하는 신호의 설정값을 입력하면 된다.

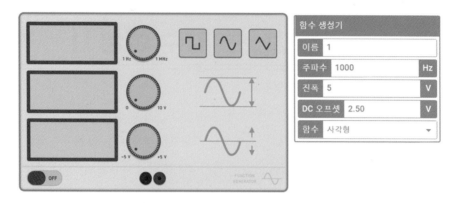

그림 5-25. 함수 생성기의 함수 파라미터 설정 창

함수 생성기를 사용하면 다이오드 정류회로에 입력되는 교류 전압 신호를 쉽게 만들 수 있다. 다이오드 정류회로의 동작을 확인하기 위해서는 정류회로에 입력되는 교류 신호를 만드는 것 뿐만아니라 정류회로의 입력 신호와 출력 신호의 변화를 확인할 필요가 있다. 이전 장들에서 회로의 동작을 확인하기 위해 멀티미터라는 측정 장치를 사용했었다. 멀티미터는 일정한 크기를 갖는 직류 신호를 확인할 수 있는 유용한 측정장치이지만 주기적으로 크기가 변화하는 교류 신호를 확인하는데는 어려움이 있다. 따라서 다이오드 정류회로의 입력 신호와 정류회로의 출력 신호의 시간에 따른 변화를 서로 비교하며 확인할 수 있는 새로운 장치가 필요하다. 다음 절에서 자세히 알아보자.

> **회로에 전기 에너지를 공급하는 전원 공급 장치와 함수 생성기**
>
> • **전원 공급 장치** : 회로가 동작하는데 필요한 직류(AC) 전압 신호를 발생시켜 회로에 공급할 수 있는 장치
>
> • **함수 생성기** : 회로가 동작하는데 필요한 교류(AC) 전압 신호를 발생시켜 회로에 공급할 수 있는 장치

TINKERCAD 2 〉 시간에 대한 신호의 변화를 화면에 출력하는 오실로스코프

오실로스코프(oscilloscope)는 시간에 따른 신호의 변화를 화면에 출력하는 장치로 빠르게 변화하는 전기 신호(전압)의 크기와 방향뿐만 아니라 주기적으로 반복되는 신호의 반복 횟수(주파수) 또는 반복에 필요한 시간(주기) 등을 관측하는데 사용된다. 일반적으로 오실로스코프는 빠르게 변화하는 신호를 눈으로 확인할 수 있도록 신호의 시간과 크기에 대한 관측 범위를 확대하거나 축소할 수 있으며, 이러한 기능에 대한 충분한 이해와 훈련이 필요하다. 하지만 팅커캐드에서 제공하고 있는 오실로스코프는 함수 생성기와 마찬가지로 입문자나 비전공자가 쉽게 사용할 수 있도록 꼭 필요한 기능만을 단순화하여 제공하고 있다. 신호를 화면에 표시할 때 크기에 대해서는 화면에 맞춰 자동 조절되며, 시간에 대해서는

사용자가 화면에 표시되는 시간 범위를 조절할 수 있다.

그림 5-26은 오실로스코프의 표시 화면으로 가로축은 시간의 변화, 세로축은 크기(전압)의 변화를 나타낸다. 화면 아래쪽에 'Time'은 시뮬레이션이 실행되었을 때 관측 시간의 표현 범위이며, 화면 오른쪽의 'Voltage'는 관측 신호의 크기 표현 범위이다.

그림 5-26. 팅커캐드에서 제공하는 오실로스코프 화면

오실로스코프를 클릭하면 시간 범위를 조절할 수 있는 설정 창이 나타나는데 'T/d (time Per Division)'에 시간을 입력하고 단위를 선택하면 된다. 이때 설정한 T/d

값은 화면의 가로축을 10등분 했을 때 한 칸에 해당하는 시간이다. 그림 5-27과 같이 오실로스코프의 설정 창에서 T/d 값을 20ms로 설정하면 표시 화면의 시간 표현 범위는 200ms가 된다. 빠르게 변화하는 신호(높은 주파수의 신호)를 확인하고자 한다면 신호를 확대하는 것이 필요하며, 이때 T/d 값을 작게 설정하면 된다. 반대로 느리게 변화하는 신호(낮은 주파수의 신호)의 전체 변화 모습을 확인할 때는 T/d 값을 크게 설정하여 신호를 축소하면 된다.

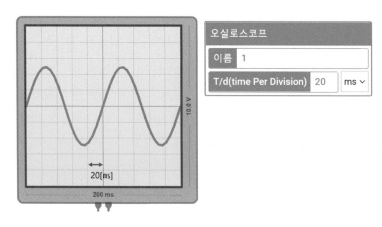

그림 5-27. 오실로스코프의 T/d 값 설정에 따른 신호의 관측 시간 범위

실제 오실로스코프는 신호의 크기에 대한 범위를 조절할 수 있지만, 팅커캐드의 오실로스코프는 측정하는 신호의 크기에 맞춰 세로축이 자동으로 조절된다. 이때 세로축의 한 칸은 표시 화면 오른쪽에 표시되는 전압의 10분의 1에 해당하는 크기이다. 그림 5-28에서 오실로스코프에 표시되는 신호의 크기 표현 범위는 10[V]이므로 세로축 한 칸은 크기 표현 범위의 10분의 1에 해당하는 1[V]이다. 따라서 화면에 표시된 사인파(sine wave) 신호의 최솟값부터 최댓값까지의 크기는 5[V]가 된다.

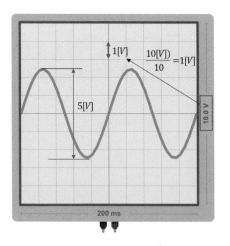

그림 5-28. 오실로스코프 화면에 표시되는
신호의 크기 표현 범위

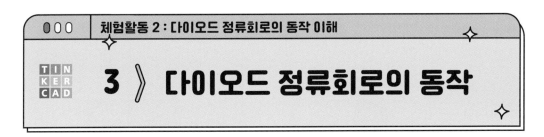

3 〉 다이오드 정류회로의 동작

체험활동 2 : 다이오드 정류회로의 동작 이해

3.1 | 다이오드 반파 정류회로의 구성

그림 5-7에서 알아보았던 반파 정류회로에서 다이오드의 정류 동작을 확인해 보자. 반파 정류회로에 입력되는 교류 전압 $v_{in}(t)$를 만들기 위해 함수 생성기를 사용한다. 다이오드, 저항, 함수 생성기를 작업판에 배치하고 그림 5-29와 같이 연결한다. 다이오드의 정류 동작은 함수 생성기로 만든 교류 입력 전압의 파형과 저항에 걸리는 전압(정류회로의 출력)의 파형을 비교함으로써 확인할 수 있으며, 입력 파형과 출력 파형의 비교를 위해 오실로스코프가 사용된다. 입력 전압의 파형과 저항에 걸리는 전압의 파형을 관측하기 위해 그림 5-30과 같이 오실로스코프를 연결한다.

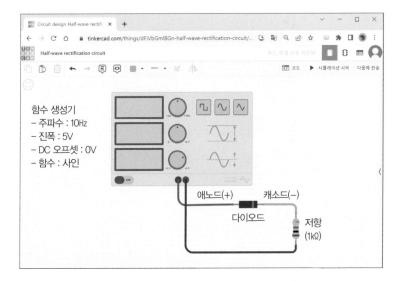

그림 5-29. 다이오드 반파 정류회로의 구성

체험활동 ②

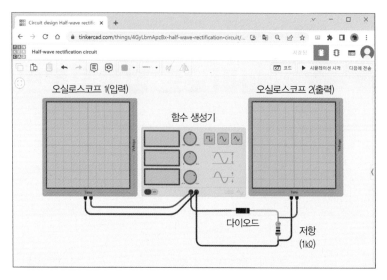

그림 5-30. 입력 파형과 출력 파형을 비교 관찰하기 위한 오실로스코프의 연결

회로의 구성과 오실로스코프의 연결을 마쳤다면 함수 생성기를 클릭하고 설정 창에서 다이오드 반파 정류회로의 입력으로 사용할 전압 신호의 주파수를 10Hz, 진폭을 5[V], DC 오프셋을 0[V], 함수(파형)를 사인으로 설정한다. 또한 오실로스코프를 클릭하고 설정 창에서 T/d(time Per Division)를 20㎳로 설정한다. 마지막으로 저항을 클릭하여 1[㏀]으로 설정한다.

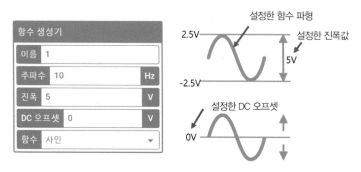

그림 5-31. 함수 생성기의 입력 전압 신호 설정

3.2 | 다이오드 반파 정류회로의 동작 □

'시뮬레이션 시작' 버튼을 클릭하면 그림 5-32와 같이 함수 생성기로 발생시킨 −2.5[V]∼+2.5[V]의 크기를 갖는 사인파 전압 신호가 다이오드 정류회로에 입력으로 공급되며 오실로스코프 1에 입력 전압의 파형, 오실로스코프 2에는 저항에 걸리는 전압의 파형이 표시된다. 입력 전압이 양(+)의 크기를 갖는 동안 다이오드에 순방향 바이어스가 걸리므로 다이오드의 애노드(+)에서 캐소드(−) 쪽으로 전류가 흐른다. 문턱전압(0.7[V]) 이상의 순방향 바이어스가 증가할수록 다이오드에 흐르는 전류의 크기도 함께 증가하며 다이오드의 전류는 모두 저항을 통해 흐르게 되므로 저항에는 입력 전압과 같은 형태의 전압이 나타나게 된다.

반면, 입력 전압이 음(−)의 크기를 갖는 동안 다이오드에 역방향 바이어스가 걸리므로 다이오드는 차단 상태로 동작한다. 이때 다이오드에는 전류가 흐르지 않으므로 저항에 걸리는 전압은 0[V]가 된다. 따라서 다이오드 반파 정류회로는 0.7[V]보다 큰 양(+)의 입력 전압만을 통과시켜 출력으로 내보낸다.

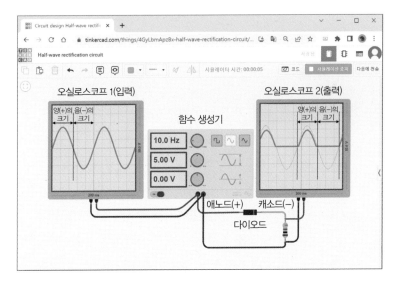

그림 5-32. 다이오드 반파 정류회로의 동작

그림 5-32에서 다이오드 반파 정류회로의 출력 신호(저항에 걸리는 전압)는 직류 신호로 보기에 신호의 형태가 매우 다르다. 일반적으로 정류회로는 교류 신호를 직류 신호로 변환할 때 평활회로와 함께 사용되는데, 가장 간단한 방법은 반파 정류회로에 커패시터나 인덕터를 추가하는 것이다. 그림 5-33과 같이 전해 커패시터를 저항에 병렬로 연결하고, 커패시터의 정전 용량을 20[μF]으로 설정한 다음 시뮬레이션을 다시 실행해 보자. 전해 커패시터는 단자의 극성을 구분하는 유극 커패시터이므로 단자 극성에 주의하여 연결해야 한다.

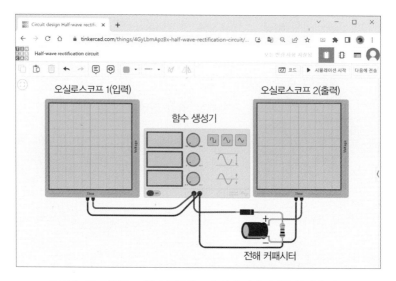

그림 5-33. 다이오드 반파 정류회로에 전해 커패시터를 추가한 회로

'시뮬레이션 시작' 버튼을 클릭하면 잠시 후 다이오드 반파 정류회로의 입력 파형과 출력 파형이 오실로스코프에 표시된다. 그림 5-34에서 오실로스코프 2의 출력 파형은 그림 5-32와 비교했을 때 직류에 가까운 파형임을 알 수 있다. 이러한 결과는 반파 정류회로에 추가된 커패시터의 충전 및 방전 동작에 의한 것으로 교류 입력 신호가 양의 크기를 갖는 동안 커패시터는 충전 동작을 하고, 입력 신호가 최댓값을 지나 감소하기 시작하여 음의 크기를 갖는 동안 방전 동작을 함으로써 출력 파형이 직류에 가깝게 변환되는 것이다.

전해 커패시터의 정전 용량을 100[μF], 500[μF]으로 변경해가며 출력 파형을 비교해 보면 정전 용량이 증가하여 충전 시간과 방전 시간이 길어질수록 출력 파형은 직류에 더욱 가깝게 변환된다는 것을 알 수 있다.

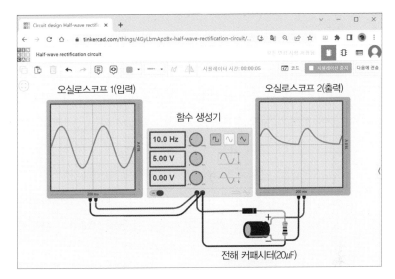

그림 5-34. 20[μF] 전해 커패시터가 추가된 다이오드 반파 정류회로의 동작

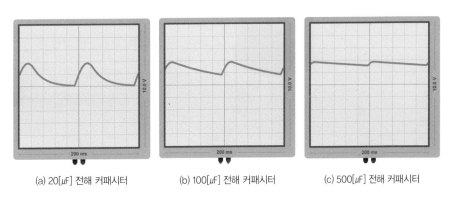

(a) 20[μF] 전해 커패시터　　(b) 100[μF] 전해 커패시터　　(c) 500[μF] 전해 커패시터

그림 5-35. 전해 커패시터의 정전 용량에 따른 반파 정류회로의 출력 파형

1 〉 LED의 기본 동작

다이오드의 한 종류인 LED는 순방향 바이어스가 걸릴 때 빛을 방출하는 특성이 있어 회로의 동작 상태와 같은 정보를 표시하는 장치로 활용된다. 일반적인 LED 는 두 개의 극성이 있는 단자로 구성되어 있으므로 연결할 때 극성에 주의해야 한 다. 팅커캐드에서 제공하는 LED의 두 단자 중 구부러진 단자가 애노드(+)이며, 구부러지지 않은 단자가 캐소드(−)이다. LED를 클릭하면 설정 창에서 초록색, 노란색, 빨간색, 파란색 등 총 6가지 색상을 선택하여 사용할 수 있다.

캐소드(−)　　　애노드(+)

그림 5-36. LED의 단자와 색상 설정 창

LED는 전기적 충격에 약한 부품이므로 많은 전류가 흐를 때 수명이 줄어들거나 쉽게 파괴될 수 있다. 따라서 LED에 저항을 직렬로 연결하여 흐르는 전류의 크 기를 제한해야 한다. 그러나 LED를 보호하기 위해 너무 큰 저항을 사용하면 어 떻게 될까? 전류의 크기를 과하게 제한하면 LED가 켜지지 않거나 밝기가 약해 지므로 적절한 크기의 전류가 흐를 수 있도록 저항값을 선택해야 한다. 일반적 인 LED에 흐르는 전류는 약 20[mA] 정도가 적당하며, 이를 위해 보통 220[Ω] 또 는 330[Ω]의 저항을 사용한다.

그림 5-37은 2개의 LED가 주기적으로 번갈아 가며 깜빡이는 동작을 하는 회로이다. LED의 전류를 제한하기 위한 저항이 사용되었으며, LED를 연결할 때 단자의 극성을 주의해야 한다. 회로에서 함수 생성기는 LED에 순방향 바이어스와 역방향 바이어스를 번갈아가며 가할 수 있는 교류 입력 신호를 만든다.

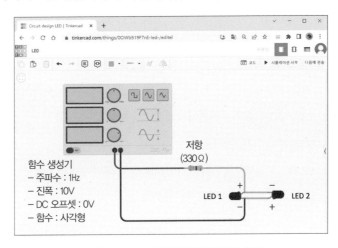

그림 5-37. LED의 동작 확인을 위한 회로

회로의 구성을 마쳤다면 저항을 330[Ω]으로 설정한다. 다음으로 함수 생성기를 클릭하여 그림 5-38과 같이 주파수를 1Hz, 진폭을 10[V], DC 오프셋을 0[V], 함수를 사각형으로 설정하면, 함수 생성기에서 −5[V]~5[V]의 진폭과 주파수가 1Hz(주기 = 1초)인 사각형 펄스 전압이 만들어진다.

(a) 함수 생성기의 설정

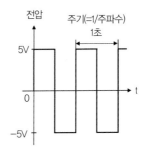

(b) 함수 생성기로 만든 사각형 펄스 전압

그림 5-38. 함수 생성기의 설정에 따라 만들어진 사각형 펄스 전압

체험활동 3 : LED의 동작 이해　**141**

시뮬레이션을 실행하기 전에 그림 5-37의 회로가 어떻게 동작할지 예상해 보자. LED 2개가 서로 반대 방향으로 연결되어 있다. 함수 생성기로부터 만들어진 입력 전압은 0.5초 동안 +5[V], 0.5초 동안 −5[V]인 1Hz 주파수의 사각형 펄스 전압이다. 입력 전압이 양(+)의 값을 갖는 동안 LED 1은 순방향 바이어스가 걸리므로 전류가 흐르며 빛을 방출한다(LED ON). 이때 LED 2는 역방향 바이어스가 걸려 전류가 흐르지 않으며 빛을 방출하지 않는다(LED OFF). 반면, 입력 전압이 음(−)의 값을 갖는 동안 LED 1은 역방향 바이어스가 걸리므로 OFF로 동작, LED 2는 순방향 바이어스가 걸리므로 ON으로 동작한다. 결국, LED 1과 LED 2는 0.5초 간격으로 번갈아 가며 깜빡일 것이다.

시뮬레이션을 실행하여 예상했던 결과와 LED 회로의 동작이 일치하는지 확인해 보자. '시뮬레이션 시작' 버튼을 클릭하면 2개의 LED는 예상했던 대로 0.5초 간격으로 번갈아 가며 깜빡이는 것을 볼 수 있다.

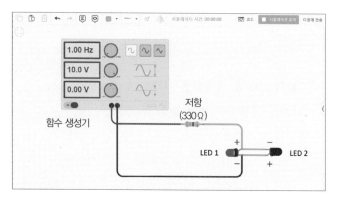

그림 5-39. 사각형 펄스 전압에 의해 2개의 LED가 번갈아 깜빡이는 동작

발광 다이오드라 부르는 LED는 다이오드의 한 종류로 다이오드처럼 한쪽으로만 전류가 흐르며, 전류가 흐를 때 빛을 방출하는 특성이 있다. 시뮬레이션을 통해 이러한 LED의 특성을 확인해 보았다. LED를 사용할 때는 단자 극성에 주의하여 회로에 연결해야 하며 적절한 크기(220[Ω] 또는 330[Ω])의 저항을 직렬로 연결하여 많은 전류가 흘러 LED가 손상되는 것을 방지해야 한다.

1 〉 트랜지스터의 스위칭 동작

1.1 | 트랜지스터 스위칭 회로의 구성

트랜지스터의 스위치 동작을 확인하기 위해 NPN형 트랜지스터, 저항, LED를 사용하여 트랜지스터 스위칭 회로를 만들어 보자. 트랜지스터에 순방향 및 역방향 바이어스를 공급하는 교류 입력 신호를 만들기 위해 함수 생성기를 사용하고, 컬렉터와 이미터 사이의 순방향 바이어스를 공급하기 위해 전원 공급 장치를 사용한다. 그림 5-40과 같은 트랜지스터 스위칭 회로를 구성하자.

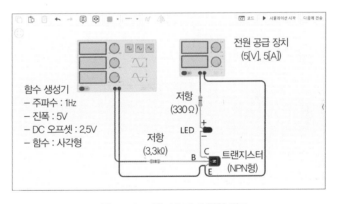

그림 5-40. 트랜지스터 스위칭 회로

그림 5-40과 같이 회로를 구성하였다면, 트랜지스터의 스위칭 동작을 확인하기 위해 베이스(B)와 이미터(E) 사이에 걸리는 입력 전압을 관찰할 수 있는 오실로스코프 1을 연결한다. 그리고 트랜지스터가 스위치의 닫힘(ON) 상태로 동작할 때 컬렉터(C)에서 이미터(E)로 흐르는 전류에 의해 LED와 직렬로 연결된 저항에 전압이 걸리게 된다. 이 전압을 관찰하기 위해 오실로스코프 2를 연결한다. 그림 5-41은 2개의 오실로스코프 연결이 완료된 회로이다.

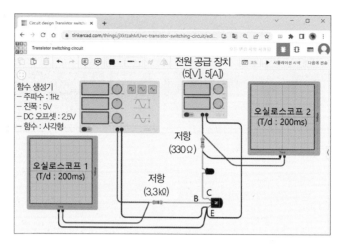

그림 5-41. 오실로스코프가 연결된 트랜지스터 스위칭 회로

트랜지스터 스위칭 회로의 구성과 오실로스코프의 연결이 완료되었다면 시뮬레이션을 위해 함수 생성기, 전원 공급 장치, 오실로스코프, 저항값을 설정해야 한다. 먼저 트랜지스터는 그림 5-15와 같은 스위치로 생각할 수 있다. 이때 베이스 (B)에 입력되는 전압이 0[V]일 때 트랜지스터는 스위치의 열림 동작(OFF)을, 베이스에 입력되는 전압이 0.7[V] 이상일 때 닫힘 동작(ON)을 한다. 따라서 트랜지스터가 스위칭 동작을 하도록 베이스에 입력되는 전압을 0[V]와 5[V]를 반복하는 교류 전압으로 만들어야 한다. 함수 생성기를 클릭하고 설정 창에서 그림 5-42(a)와 같이 주파수를 1Hz, 진폭을 5[V], DC 오프셋을 2.5[V], 함수를 사각형으로 설정한다. 이처럼 함수 생성기를 설정했을 때 그림 5-42(b)와 같은 사각형 펄스 전압이 만들어진다. 다음으로 전원 공급 장치의 전압을 5[V], 오실로스코프 1과 오실로스코프 2의 T/d(time Per Division)를 모두 200ms, 베이스에 연결된 저항을 3.3[kΩ], 컬렉터에 연결된 저항을 330[Ω]으로 설정한다.

(a) 함수 생성기의 설정

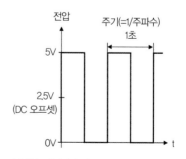

(b) 함수 생성기에 의해 만들어진 사각형 펄스 전압

그림 5-42. 함수 생성기의 설정에 따라 생성된 베이스의 입력 전압

모든 준비를 마쳤다면 시뮬레이션을 실행해 보자. '시뮬레이션 시작' 버튼을 클릭하면 그림 5–43과 같이 함수 생성기에서 사각형 펄스 전압이 만들어져 베이스(B)에 입력되며 이 입력 신호의 파형이 오실로스코프 1에 표시된다.

베이스(B)에 5[V]가 입력되면 베이스에 전류가 흐르므로 트랜지스터는 스위치의 닫힘(ON) 동작을 하게 된다. 이때 베이스 전류에 의해 컬렉터(C)와 이미터(E) 사이의 전류가 흐를 수 있는 통로가 만들어지며 전원 공급 장치가 공급하는 전압에 의해 컬렉터(C)에서 이미터 쪽으로 전류가 흐르게 되어 LED가 켜진다. 이때 컬렉터에 흐르는 전류에 의해 330[Ω] 저항에 걸리게 되는 전압을 오실로스코프 2에서 확인할 수 있다. 반면 베이스(B)에 0[V]가 입력되면 베이스(B)에 전류가 흐르지 않으므로 트랜지스터는 스위치의 열림(OFF) 동작을 하게 되어 LED는 꺼지게 된다.

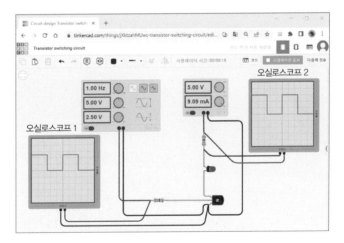

그림 5–43. 트랜지스터의 스위칭 동작

트랜지스터는 내부 동작이 복잡할 수는 있지만, 기본적으로 베이스(B)에 입력되는 전압의 크기를 조절하여 컬렉터(C)와 이미터(E) 사이에 연결된 회로를 제어한다. 즉, 트랜지스터는 사람에 의해 동작하는 푸시 버튼이나 슬라이드 스위치와 달리 전기 신호로 동작하는 스위치로 활용할 수 있다.

<6장>

아두이노 시작하기

학습 목표

- 아두이노가 무엇인지 이해한다.
- 아두이노의 통합개발환경을 사용할 수 있다.
- 팅커캐드의 아두이노 시뮬레이터를 사용할 수 있다.

1 〉아두이노란?

TINKER CAD

아두이노(arduino)란 오픈 소스 기반의 하드웨어인 마이크로컨트롤러 보드와 이와 관련된 소프트웨어인 개발 도구 및 환경을 포함하는 마이크로컨트롤러 플랫폼이다. 마이크로컨트롤러는 하나의 칩 형태로 만들어진 낮은 성능의 컴퓨터로 주로 간단한 제어 장치를 만드는 데 사용된다. 기존의 마이크로컨트롤러를 사용하기 위해서는 하드웨어 및 소프트웨어 지식과 사용 경험이 필요하므로 비전공자가 다루기 쉽지 않았다. 아두이노는 이러한 어려움을 해결하기 위해 탄생하였다. 이탈리아 이브레아(ivrea)의 IDII(Interaction Design Institute Ivrea) 교수로 있던 마시모 반지(Massimo Banzi)는 '예술가와 디자이너가 쉽고 간단하게 주변 환경과 상호 작용할 수 있는 전자 장치를 만들 수 있도록 하자'는 취지로 개발을 시작하여 '아두이노 우노 보드'를 2005년에 공개하였다. 이렇게 개발된 아두이노는 저렴한 가격에 비전공자들도 쉽게 사용할 수 있는 오픈 소스 기반의 마이크로컨트롤러 플랫폼으로 메이커 문화의 확산과 함께 보급되기 시작하였고, 최근 4차 산업 혁명과 인공 지능에 이르기까지 폭넓은 적용이 가능한 플랫폼으로 발전하고 있다.

1.1 | 아두이노 보드

아두이노 보드는 작은 기판 위에 여러 가지 전자 부품들이 연결된 초소형 컴퓨터로, 처음 공개된 이후 몇 차례의 수정과 보완이 이루어졌다. 아두이노는 기반이 되는 마이크로컨트롤러에 따라 다양한 종류가 있다. ATmega328 기반의 아두이노 우노(Uno)와 아두이노 나노(Nano), ATmega2560 기반의 아두이노 메가2560(Mega2560), ATmega32u4 기반의 아두이노 레오나르도(Leonardo),

SAMD21 기반의 아두이노 제로(Zero) 등 다양한 아두이노 보드가 존재한다. 이들 중 가장 많이 사용되는 대표적인 보드가 아두이노 우노이며 여러 번의 개선이 이루어져 현재 판매되는 공식 버전은 R3 버전이다.

그림 6-1. 아두이노 우노 보드(R3)

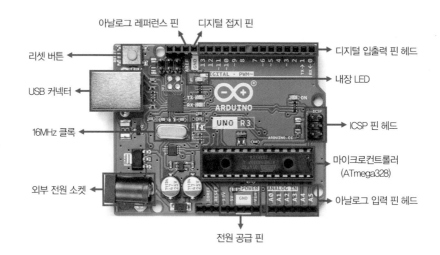

그림 6-2. 아두이노 우노 보드(R3)의 기본 구성

아두이노 우노 보드의 기본 구성을 살펴보면 아두이노 우노의 핵심인 ATmega328 마이크로컨트롤러 이외에도 많은 부품이 배치되어 있다. 아두이노 보드에는 기본적으로 동작에 필요한 전원 공급 핀, 외부 전원 소켓, 안정적인 동작을 위한 16MHz 클록, 컴퓨터의 재부팅 역할을 하는 리셋 버튼, 동작 테스트를 위한 LED 등이 있다. 또한 센서, 모터 등과 같은 주변 장치와의 연결을 위한 디지털 입출력 핀 헤드와 아날로그 입력 핀 헤드, 프로그램 개발 과정에서 컴퓨터와 연결을 위한 USB 커넥터 등 다양한 연결 장치를 가지고 있다.

아두이노 보드는 일반적인 마이크로컨트롤러 보드와 달리 표준화된 핀 배열을 가지고 있다. 즉, 모든 아두이노 보드는 다른 장치들과 연결하는 핀의 위치와 배치 순서가 모두 같다. 이처럼 표준화된 핀 배열을 사용하기 때문에 아두이노 보드에 추가로 장착하는 쉴드(shield)를 사용할 수 있다. 아두이노 홈페이지를 접속하면 이더넷 쉴드, 릴레이 쉴드 등 여러 종류의 쉴드가 소개되어 있는 것을 볼 수 있으며, 아두이노 보드의 설계 방법은 오픈 소스로 공개되어 있으므로 누구나 자유롭게 아두이노에서 사용할 수 있는 쉴드를 개발할 수도 있다.

1.2 | 소프트웨어 개발 환경 □

아두이노를 활용하여 원하는 무엇인가를 만들기 위해서는 하드웨어 부분과 소프트웨어 부분의 작업 과정이 필요하다. 하드웨어 과정은 아두이노 보드에 센서, 쉴드, 여러 전자 부품 등을 연결하는 것을 말한다. 소프트웨어 과정은 무엇일까? 소프트웨어 과정은 아두이노 보드에 있는 마이크로컨트롤러를 원하는 대로 동작하도록 하는 프로그램(소스코드)을 아두이노에 넣는 것을 말한다. 아두이노에 있는 마이크로컨트롤러가 두뇌라고 한다면 프로그램은 지식에 해당한다. 프로그램은 마이크로프로세서가 해야 할 일의 순서를 마이크로프로세서가 이해할 수 있도록 정해진 문법과 규칙에 맞추어 작성된 명령문들의 모음이다. 이러한 프로그램을 작성하는 것을 프로그래밍(programming)이라고 한다. 아두이노 보드에 프로그램을 넣어서 동작시키기 위해서는 어떤 과정이 필요할까?

먼저 컴퓨터에서 아두이노 보드에 넣을 프로그램을 작성해야 한다. 컴퓨터에서 아두이노 통합개발환경(IDE: Integrated Development Environment)이라 불리는 개발 프로그램을 사용하여 정해진 규칙에 맞도록 프로그램을 만들고, 이 프로그램을 아두이노 보드에 넣을 수 있도록 컴파일이라는 과정을 거쳐야 한다. 컴파일은 프로그램이 문법에 맞게 작성되었는지 검사하고 아두이노에 넣을 수 있는 기계어 형태로 프로그램을 바꾸는 과정을 말한다. 컴파일에 문제가 없다면 아두이노의 마이크로컨트롤러에 프로그램을 넣고 실행하게 된다.

아두이노를 동작시키기 위해서는 프로그램 작성부터 업로드(PC에서 아두이노로 컴파일된 프로그램을 전송) 과정들이 반복적으로 이루어지게 되므로 프로그램 개발, 업로드, 동작 확인까지 쉽게 할 수 있는 아두이노 전용 통합개발환경(IDE)을 제공하고 있다. 아두이노 통합개발환경을 설치하기 위해서는 먼저 아두이노 홈페이지에서 Arduino IDE를 내려받아야 한다. 아두이노 홈페이지(www.arduino.cc)에 접속하여 'SOFTWARE' 메뉴를 클릭하면 사용하는 컴퓨터의 OS에 적합한 최신 버전의 Arduino IDE를 내려받을 수 있다. 사용하는 컴퓨터의 OS가 Windows 7 이상이라면 'Windows Win7 and newer'를 선택하여 직접 설치하면 되고, Window 10 이상이라면 'Windows app' 버전을 설치해도 된다. 아두이노 IDE 프로그램을 내려받아 설치할 때 Default 옵션(Windows app 버전은 자동 설치)을 선택하면 되므로 간단하게 설치할 수 있다.

그림 6-3. 아두이노 홈페이지의 통합개발환경(IDE) 다운로드 페이지

Arduino IDE를 실행시켜 보자. 로고 화면이 잠시 나타났다가 사라지고 그림 6-4의 프로그램을 작성할 수 있는 Arduino IDE가 나타난다. 여기에서 아두이노 보드를 동작시키기 위한 프로그램을 작성할 수 있다. 그림 6-5와 같이 Arduino IDE의 사용자 메뉴에서 '파일'을 클릭하면 작성한 프로그램을 저장, 새로운 프로그램 작성, 기존에 작성한 파일을 불러오기 등의 기능을 확인할 수 있다.

'편집' 메뉴를 클릭하면 프로그램 작성에 필요한 기능과 단축키를 확인할 수 있다. '스케치' 메뉴에는 작성한 프로그램을 컴파일하고 업로드하는 기능, 필요한 라이브러리를 추가할 수 있는 기능 등이 있다. '툴' 메뉴에서 사용하고자 하는 아두이노 보드를 선택하고, 컴퓨터와 아두이노 보드 사이의 시리얼 통신을 위한 포트 설정 등을 할 수 있다.

그림 6-4. 아두이노 IDE

(a) 아두이노 IDE의 파일 메뉴   (b) 아두이노 IDE의 편집 메뉴

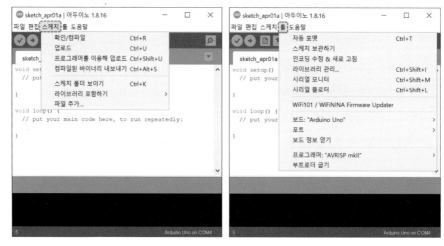

(c) 아두이노 IDE의 스케치 메뉴   (d) 아두이노 IDE의 툴 메뉴

그림 6-5. 아두이노 IDE의 메뉴

1.3 아두이노 통합개발환경 사용하기

Arduino IDE의 설치를 마쳤다면 간단한 예제를 통해 Arduino IDE의 사용 방법에 대해 알아보자. 먼저 USB 연결선을 사용하여 아두이노 보드와 컴퓨터를 연결한다. USB 연결만으로도 아두이노 보드에 전원이 공급되며 기본적인 사용이 가능하다. 컴퓨터 OS가 Windows일 경우 아두이노 보드와 컴퓨터를 연결하는 USB 드라이버가 자동으로 설치되며, 아두이노 보드는 컴퓨터에서 인식되어 장치 관리자의 포트(COM&LPT)에 USB 직렬 장치(COM4)로 표시된다. 설치 파일을 내려받아 설치하였다면 장치 관리자의 포트(COM&LPT)에 Arduino Uno(COM4)가 표시될 것이다. 이때 COM 포트 번호는 사용자 컴퓨터 환경에 따라 달라질 수 있다. 'Windows 시작' 아이콘(▦)에 마우스 커서를 가져가 마우스 오른쪽 버튼을 클릭하여 '장치 관리자'를 실행한 다음 아두이노 보드의 포트 번호를 확인해 보자.

그림 6-6. 장치 관리자에서 아두이노 우노를 인식한 결과

Arduino IDE를 실행하면 그림 6-7과 같은 아두이노 프로그램의 기본 템플릿을 확인할 수 있다. 이처럼 아두이노 보드에 업로드되는 프로그램을 '스케치'라고 한다. 스케치는 기본적으로 'setup( )'과 'loop( )'라는 2개의 함수로 구성된다. setup( ) 함수는 프로그램이 시작될 때 한 번만 실행되는 함수로 주로 아두이노 보드나 프로그램에 필요한 초기 설정을 담당하며, loop( ) 함수는 아두이노 보드에서 반복적으로 실행되는 동작을 나타내기 위해 사용되는 함수이다. 이 두 함수는 모든 스케치가 공통적으로 가지는 기본 함수이다.

Arduino IDE의 사용자 메뉴 아래에는 그림 6-8과 같이 자주 사용하는 단축 아이콘이 있다. 단축 아이콘에 마우스 커서를 가져가면 해당 단축 아이콘의 이름이 표시되며 각 단축 아이콘의 용도는 표 6-1과 같다.

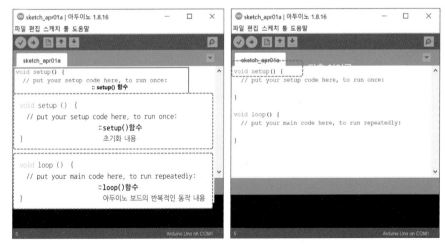

그림 6-7. 스케치의 기본 템플릿과 기본 함수   그림 6-8. 스케치에서 자주 사용하는 단축 아이콘

표 6-1. 스케치의 단축 아이콘과 용도

단축 아이콘		용도
✔	확인	컴파일 과정을 통해 코드의 이상 유무를 확인한다.
→	업로드	컴파일 후 이상이 없으면 아두이노 보드에 프로그램을 업로드한다.
📄	새 파일	새 스케치 파일을 연다.
↑	열기	다른 예제나 기존에 작성한 다른 스케치 파일을 연다.
↓	저장	작성한 스케치를 저장한다.
🔎	시리얼 모니터	컴퓨터와 아두이노 보드를 시리얼 통신으로 연결하며, 아두이노 보드의 상태를 확인할 수 있는 모니터 창이 표시된다.

아두이노 보드를 동작시키는 간단한 예제를 통해 Arduino IDE의 기본적인 사용 방법에 대해 알아보자. 사용자 메뉴의 파일 → 예제 → 01.Basics → Blink를 선택하면, 그림 6-9와 같은 아두이노 보드에 내장된 LED를 2초 간격으로 깜빡이게 하는 Blink 스케치를 볼 수 있다. Blink 스케치는 프로그램의 내용을 소개하는 주석문(설명문) 부문, setup( ) 함수 부분, loop( ) 함수 부분으로 구성되어 있다. 여기에서는 먼저 컴파일하고 아두이노 보드에 업로드한 다음 아두이노 보드를 동작시키는 방법에 대해 알아보자.

:: 주석문 부분
Blink 스케치의 내용을 소개하는 주석문

:: setup() 함수 부분
초기화 부분

:: loop() 함수 부분
아두이노 보드의 반복적인 동작 내용

그림 6-9. Blink 스케치

스케치를 컴파일하고 아두이노 보드에 업로드하기 전에 확인할 사항이 있다. 사용자 메뉴의 '툴'에서 사용하는 아두이노 보드의 종류를 선택하고, 포트는 컴퓨터와 아두이노 보드가 연결된 환경에 맞게 설정해야 한다. 아두이노 보드로 우노(Uno)를 준비하고 있다면 그림 6-10처럼 보드에서 'Arduino Uno'를 선택하고, 포트를 장치 관리자에서 확인한 'COM4(Arduino Uno)'로 설정한다. 보드 선택과 포트 설정을 완료한 다음 '업로드' 아이콘()을 클릭하면 컴파일이 진행되며, 컴파일에 이상이 없으면 아두이노 보드에 스케치가 업로드되고 자동으로 실행된다. 업로드된 스케치가 실행되면 그림 6-2의 아두이노 보드에서 디지털 접지 핀 아래의 내장 LED가 2초마다 깜빡이는 것을 볼 수 있다.

그림 6-10. 아두이노 보드 선택과 포트 설정 화면

2 > 팅커캐드의 아두이노 시뮬레이터

아두이노는 비전공자나 초보자가 상상하는 것을 실제로 만드는 데 아주 쉽고 효율적인 도구라는 것은 의심할 필요가 없다. 그러나 실제 아두이노 보드에 전원을 공급하고 저항과 커패시터, 온도 센서 등 다양한 전자 부품과 주변 장치를 사용하여 회로를 구성할 때 잘못 연결하거나 연결 장치의 문제로 아두이노 보드나 연결한 장치 등의 하드웨어가 제대로 동작하지 않거나 파손될 수 있다. 이때 그 원인이 연결을 잘못해서 발생한 것인지 아니면 작성한 아두이노 프로그램(스케치)의 오류 때문인지를 비전공자나 입문자가 알아내기는 쉽지 않다. 팅커캐드의 아두이노 시뮬레이터는 이러한 어려움을 해결할 수 있는 쉽고 편리한 도구이다. 아두이노 시뮬레이터는 컴퓨터 내 가상 환경에서 동작하기 때문에 잘못 연결하더라도 하드웨어 고장이 발생하지 않으며 아두이노 보드에 연결하는 다양한 부품들의 불량 여부를 걱정할 필요가 없다. 오히려 잘못 연결하여 하드웨어가 고장 날 수 있는 상황을 오류 메시지로 알려 주기 때문에 학습에 도움이 되며 사고를 사전에 방비할 수 있는 장점이 있다. 팅커캐드의 아두이노 시뮬레이터는 실제 아두이노 보드가 없더라도 팅커캐드의 '회로(circuit)'에서 제공하는 여러 종류의 전자 부품을 연결하고 직접 아두이노 프로그램을 작성한 다음 아두이노 보드를 동작시키는 전체 과정을 체험할 수 있는 가상 환경이다.

그림 6-11과 같이 시뮬레이터에서 제공하는 아두이노 보드는 실제 아두이노 보드를 단순화하여 보여 주지만 같은 모양과 기능을 가지고 있다. 컴퓨터와 USB로 연결하고 외부 전원을 공급할 수 있는 소켓, 리셋 스위치, 아날로그와 디지털 입출력 핀의 사용법과 전원 공급 방법도 차이가 없다.

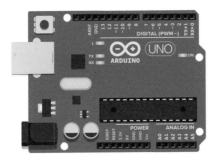

(a) 팅커캐드의 아두이노 보드

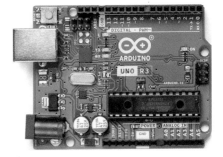

(b) 실제 아두이노 보드

그림 6-11. 아두이노 보드 비교

아두이노 시뮬레이터의 또 다른 장점으로 아두이노 보드를 동작시키기 위한 프로그램을 작성할 때 C언어 기반의 스케치뿐만 아니라 코딩 블록을 사용할 수 있다. 프로그래밍을 처음 접하는 입문자는 코딩 블록을 이용하여 프로그램의 기본 개념을 다지고 이후 스케치(문자) 기반의 프로그래밍으로 넘어가는 것도 나쁘지 않다.

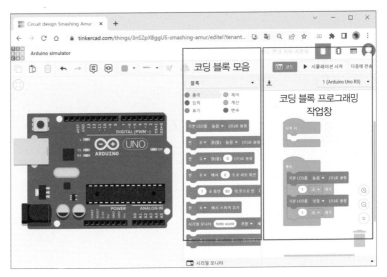

그림 6-12. 아두이노 시뮬레이터의 코딩 블록 기반 프로그래밍 작업 창

그림 6-13. 아두이노 시뮬레이터의 스케치 기반 프로그래밍 작업 창

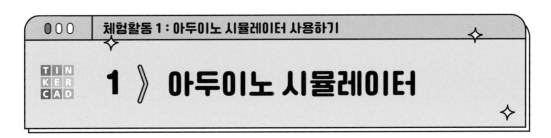

1 〉 아두이노 시뮬레이터

팅커캐드의 회로(cuircuit)에서 아두이노 보드를 사용하는 방법은 간단하다. 먼저 팅커캐드 회로의 구성요소 모음에서 마우스 커서를 사용하여 Arduino Uno R3를 작업판에 끌어다 놓는다. 다음으로 아두이노 보드와 연결할 전자 부품들이 있다면 작업판에 배치하고 아두이노 보드와 연결하면 된다. 아두이노 보드와 전자 부품들의 배치 및 연결을 마쳤다면 작업판 위에 있는 '코드' 버튼을 클릭했을 때 표시되는 편집 모드에서 아두이노 프로그램의 작성 유형으로 '블록', '블록+문자', '문자' 중 하나를 선택한다. 다음으로 프로그램 입력 창에서 아두이노 보드를 동작시킬 프로그램을 작성한 다음 시뮬레이션을 실행하면 된다.

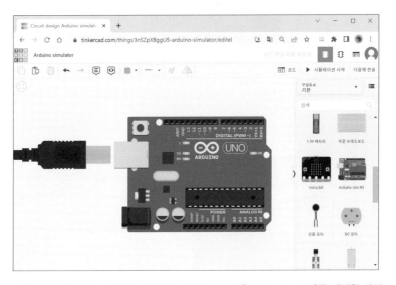

그림 6-14. 팅커캐드 회로의 작업판에 아두이노 보드(Arduino Uno R3)를 배치한 화면

먼저 아두이노 보드 외부에 추가적인 회로를 구성하지 않고 아두이노 보드에 내장된 LED를 이용하여 아두이노 시뮬레이터를 사용하는 방법에 대해 알아보자.

그림 6-14와 같이 작업판에 아두이노 보드를 배치하고 작업판 상단의 '코드' 버튼을 클릭한 다음 편집 모드에서 '문자'를 선택하면, 블록 편집기의 내용이 초기화되며 C언어로 소스코드(스케치)를 작성할지 묻는 안내 문구가 표시된다. '계속'을 선택하면 그림 6-17과 같이 C언어로 작성된 Blink 예제의 소스코드(스케치)를 볼 수 있다. Blink 스케치는 아두이노 보드에 내장된 LED를 2초 간격으로 깜빡이도록 하는 소스코드로, C언어의 'Hello World' 소스코드와 비슷하게 아두이노를 처음 사용할 때 배우는 예제이다.

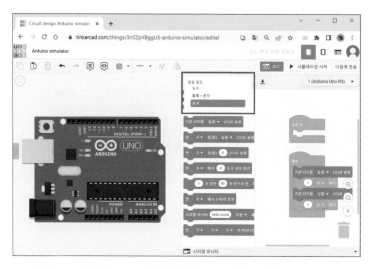

그림 6-15. 아두이노 프로그래밍의 유형으로 문자(스케치)를 선택하는 화면

그림 6-16. 아두이노 프로그래밍의 유형으로 문자(스케치)를 선택 후 안내 문구

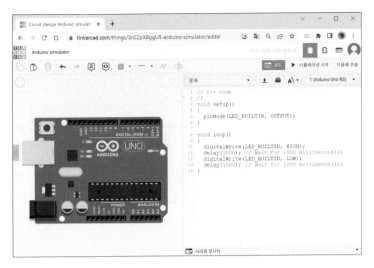

그림 6-17. Blink 예제의 소스코드

아두이노 시뮬레이터를 사용하는 기본적인 방법에 대해서 알아보자. 구성한 회로에 대해 작성한 소스코드의 동작을 확인하기 위해 '시뮬레이션 시작' 버튼을 클릭하여 시뮬레이션을 실행해 보자. 시뮬레이션이 시작되면 작업판의 아두이노 보드에 USB 케이블이 연결된다. 동시에 작성된 프로그램의 컴파일과 아두이노 보드로 프로그램의 업로드가 자동으로 이루어지며 아두이노 보드는 동작한다. 이때 첫 시뮬레이션을 시도한 것이라면 그림 6-18과 같이 디버거(소스코드의 오류 검출 및 수정에 사용) 사용 방법에 대한 안내 창이 나타나는데 확인한 다음 닫으면 된다. 만약 작성한 아두이노 프로그램에 오류가 있다면 컴파일 과정에서 중지되며 메시지 창에 오류 정보를 보여 준다. '시뮬레이션 중지' 버튼을 클릭하고 소스코드 8줄의 'void loop()'에서 ')'를 제거해 보자.

시뮬레이션을 다시 실행하면 그림 6-19와 같이 오류가 발생하는 것을 볼 수 있다. 오류가 발생한 것을 확인했다면 8줄의 'void loop('를 원래의 'void loop()'로 수정하자. 시뮬레이션을 다시 실행하면 아두이노 보드에 내장된 LED가 2초 간격으로 깜빡이는 것을 확인할 수 있다. 정상적으로 컴파일 및 다운로드 과정이 진행되고 아두이노 보드가 동작할 때 아두이노 프로그램을 수정하려면 '시뮬레이션 중지' 버튼을 클릭한 다음 수정해야 한다.

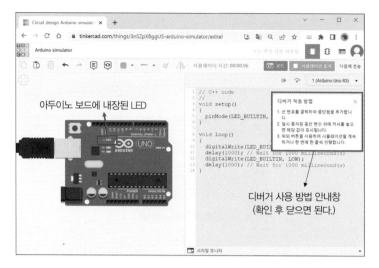

아두이노 보드에 내장된 LED

디버거 사용 방법 안내창
(확인 후 닫으면 된다.)

그림 6-18. 시뮬레이션 실행 화면

오류가 발생한 것으로
예상되는 부분(8줄의 loop( ) 오류)

오류 메시지 창

그림 6-19. 시뮬레이션 실행 중 컴파일 오류가 발생한 화면

1 〉 브레드보드

아두이노를 사용할 때 아두이노 보드와 여러 부품이 연결된 회로를 자주 구성하게 된다. 그동안 회로를 구성할 때 팅커캐드의 작업판에서 전자 부품을 배치하고 각 부품의 단자를 도선으로 직접 연결하는 방식을 사용하였다. 이러한 방식은 입문자가 회로를 구성하기에 직관적이고 편할 것이다. 그러나 부품의 수가 증가하여 연결해야 할 단자의 수가 많거나 아두이노 보드와 여러 부품들을 연결할 때는 브레드보드를 사용하는 것이 편리하다.

브레드보드(breadboard)는 전자 회로를 개발하는 과정에서 임시로 납땜 없이 회로를 구성하는 데 사용하는 판을 말한다. 브레드보드라는 이름은 빵을 자르는 판 위에서 전자 부품들을 연결했었던 것으로부터 유래되었다. 브레드보드는 한 번 사용한 다음 버려지지 않고 재활용할 수 있으므로 전자 회로를 학습하거나 개발할 때 많이 사용된다. 브레드보드는 많은 구멍으로 구성되어 있으며, 각 구멍은 내부적으로 서로 연결되어 있다. 이 구멍에 부품의 단자를 끼워 넣고 도선으로 연결하여 회로를 구성한다.

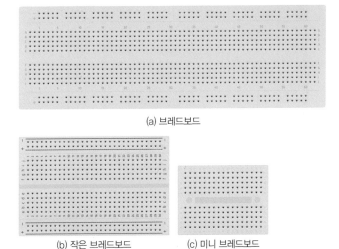

(a) 브레드보드

(b) 작은 브레드보드   (c) 미니 브레드보드

그림 6–20. 팅커캐드에서 제공하는 브레드보드 종류

그림 6-21(a)는 브레드보드의 전원 연결 블록과 회로 연결 블록을 나타내고 있다. 전원 연결 블록은 전원의 양(+)극 단자와 음(−)극 단자, 아두이노 보드의 전원 핀 헤드(5[V], 3.3[V], GND)를 연결하는 데 사용하는 블록이다. 회로 연결 블록은 전자 부품을 배치하고 전원 연결 블록에 연결된 양(+)/음(−)극 전원과 각 부품의 단자 등을 연결하는 데 사용하는 블록이다. 각 연결 블록은 해당 블록의 목적에 맞게 사용하는 것이 좋다. 그림 6-21(b)는 브레드보드의 내부 연결 구조를 나타내고 있다. 전원 연결 블록의 '+'와 '−'로 구분되는 세로 구멍들은 서로 연결되어 있으며, 회로 연결 블록에서 a~e의 5개 가로 구멍들은 서로 연결되어 있고, f~j의 5개 가로 구멍들도 마찬가지로 연결되어 있다. 그러나 a~e 구멍들과 f~j 구멍들은 서로 분리되어 있다.

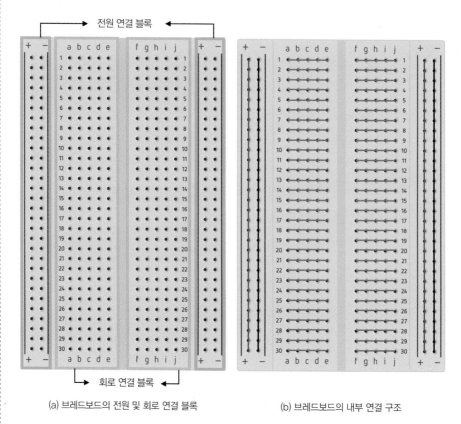

(a) 브레드보드의 전원 및 회로 연결 블록   (b) 브레드보드의 내부 연결 구조

그림 6-21. 브레드보드의 연결 블록과 내부 연결 구조

그림 6-22는 브레드보드에서 부품의 잘못된 연결과 바른 연결을 나타내고 있다.

먼저 A 영역에 배치된 부품들은 잘못된 연결의 예시이다. 그림 6−21에서 살펴본 것처럼 전원 연결 블록의 구멍들은 세로 방향으로, 회로 연결 블록의 구멍들은 가로 방향으로 서로 연결되어 있다. A 영역에서 배터리의 두 단자는 전원 연결 블록의 같은 세로 방향 줄에 해당하는 구멍에 연결되어 있으므로 배터리의 양(+)극 단자와 음(−)극 단자는 서로 연결된 단락(short) 상태이다. A 영역의 회로 연결 블록에 배치된 저항, 세라믹 커패시터, LED, 슬라이드 스위치, 커패시터에서 각 부품의 모든 단자는 같은 가로 방향 줄에 해당하는 구멍에 연결되어 있으므로 배터리와 마찬가지로 단락 상태이다.

이처럼 브레드보드에서 부품의 단자가 서로 연결(단락 상태)되도록 배치하는 것은 잘못된 연결이다. 반면, B 영역에 부품들은 바른 연결의 예시이다. B 영역 배터리의 두 단자는 전원 연결 블록의 서로 다른 세로 방향 줄에 해당하는 구멍에 연결되어 있으므로 분리된 상태이다. B 영역의 회로 연결 블록에 배치된 부품에서 각 단자도 서로 다른 가로 방향의 줄에 있는 구멍에 연결되어 있으므로 분리된 상태이다. 또한 서로 다른 회로 연결 블록 사이에 배치된 저항도 두 개의 회로 연결 블록이 서로 분리되어 있으므로 B 영역의 다른 부품과 마찬가지로 저항의 두 단자는 분리된 상태이다. 이처럼 브레드보드에 부품을 바르게 배치하기 위해서는 부품의 단자가 서로 단락되지 않고 분리되도록 배치하는 것이 필요하다.

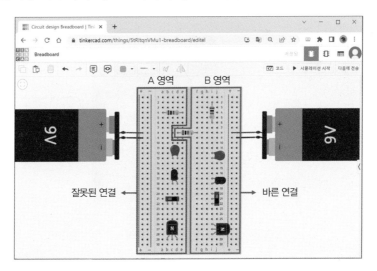

그림 6−22. 브레드보드에서 부품의 잘못된 연결과 바른 연결

체험활동 2 : 브레드보드 사용하기

2 〉 브레드보드를 이용한 회로 구성

앞서 알아본 브레드보드의 내부 연결구조에 주의하여 그림 6-23의 회로를 브레드보드에서 다시 구성해 보자. 먼저 팅커캐드 작업판에 아두이노 보드(Uno), 작은 브레드보드를 끌어다 놓고 LED와 저항을 작은 브레드보드 위에 배치한다. 이때 LED와 저항은 각 부품의 두 단자가 서로 단락되지 않도록 해야 한다. 도선을 이용하여 아두이노 보드와 부품들을 연결할 때 LED는 두 단자의 극성에 주의하자. 그림 6-23의 회로에서 LED의 애노드(+)는 330[Ω] 저항의 한쪽 단자에 연결되어 있으며 저항의 다른 단자는 아두이노 보드의 디지털 입출력 핀 헤드의 13번과 연결되어 있다. 그리고 LED의 캐소드(−)는 아두이노 보드의 GND(접지)에 연결되어 있다.

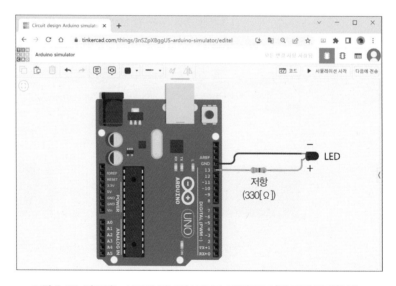

그림 6-23. 아두이노 보드와 외부의 LED 및 저항(330Ω)을 직접 연결한 회로

그림 6-24는 작은 브레드보드를 이용하여 구성한 회로이다. 이 회로를 Blink 예제의 소스코드를 사용하여 시뮬레이션하면 그림 6-25와 같이 아두이노 보드에 내장된 LED와 외부에 연결한 LED가 동시에 깜빡이는 것을 확인할 수 있다.

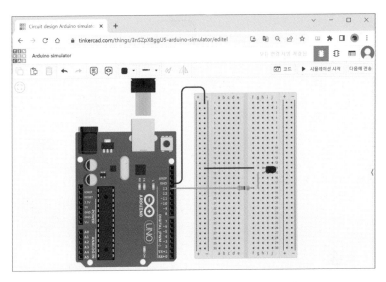

그림 6-24. 브레드보드에 구성한 LED와 저항(330Ω) 회로

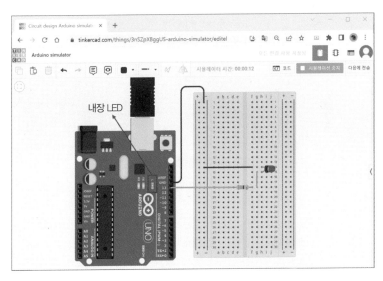

그림 6-25. 브레드보드에 구성한 회로의 동작

시뮬레이션 실행 시 경고문

그림 6-24의 회로에서 330[Ω] 저항을 제거하고 직접 도선으로 연결한 다음 시뮬레이션을
실행해 보자.

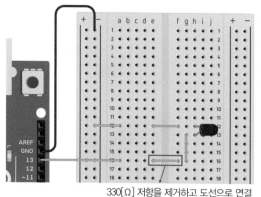

330[Ω] 저항을 제거하고 도선으로 연결

그림 6-26. 330[Ω] 저항을 제거한 회로

시뮬레이션이 실행되고 LED에 불이 켜질 때 회로에 문제가 있을 수 있다는 표시로 ①가
표시된다. LED에 불이 켜질 때 마우스 커서를 LED에 가져가면 회로의 부적절한 사용에 대한
경고문을 볼 수 있다.

그림 6-27. 시뮬레이션 실행 시 경고문

경고문의 내용은 LED에 흐르는 전류의 권장하는 최댓값이 20[㎃]인데 현재 구성된 회로에서
LED에 흐르는 전류가 52.3[㎃](회로 구성에 따라 차이가 있을 수 있음)이므로 LED의 수명이
감소할 수 있다는 것이다. 앞서 LED에 많은 전류가 흐르게 되면 LED의 수명이 감소하거나
파손될 수 있으므로 220[Ω] 또는 330[Ω] 저항을 LED와 직렬로 연결하여 사용해야 한다는 것을
알아보았다. 이처럼 아두이노 시뮬레이터의 경고문은 실제 회로를 구성할 때 발생할 수 있는
문제를 미리 알려주므로 경고문을 잘 활용하면 회로를 구성할 때 오류를 줄일 수 있다.

조금 더 복잡한 회로를 브레드보드에서 연결해 보자. 그림 6-28은 5장에서 살펴보았던 트랜지스터 스위칭 회로의 회로도이다. 5장에서는 입력 전압(V_{in})을 위해 함수 생성기를 사용했었지만, 여기서는 아두이노 보드를 사용한다. 아두이노로 2Hz 주파수, 0~5[V] 진폭을 갖는 사각형 펄스 전압을 만들어 스위칭 회로의 입력으로 사용한다. 아두이노 보드로부터 만들어지는 입력 전압(V_{in})은 앞서 살펴보았던 Blink 예제 소스코드를 그대로 사용하면 된다. 입력 전압을 회로에 공급하기 위해 트랜지스터의 베이스(B)와 연결된 저항의 단자를 아두이노 보드의 디지털 입출력 헤드 핀의 13번과 연결하고, 아두이노 보드의 GND를 트랜지스터의 이미터(E)와 연결한다.

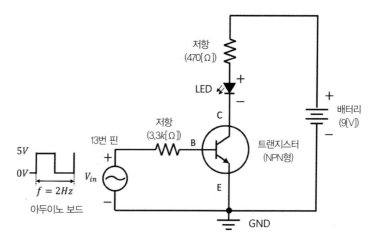

그림 6-28. 아두이노 보드를 이용한 트랜지스터 스위칭 회로

그림 6-29는 브레드보드에서 아두이노를 이용한 트랜지스터 스위칭 회로의 연결 모습이다. 브레드보드에서 각 부품을 바르게 배치하고 연결했다면 시뮬레이션을 실행하였을 때 내장 LED와 아두이노 보드 외부에 연결한 LED가 2초 간격으로 동시에 깜빡이는 동작을 반복한다.

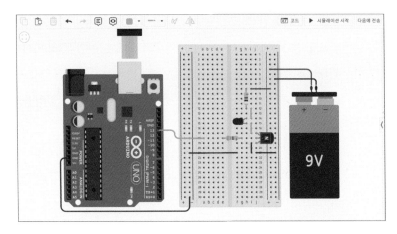

그림 6-29. 브레드보드에 구성한 아두이노를 이용한 트랜지스터 스위칭 회로

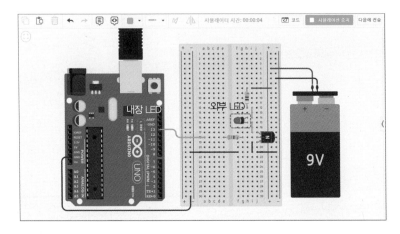

그림 6-30. 아두이노를 이용한 트랜지스터 스위칭 회로의 동작

이번 장에서는 아두이노가 무엇이며, 아두이노 통합개발환경(IDE)과 팅커캐드의 아두이노 시뮬레이터에 대해 알아보았다. 아두이노는 원하는 동작을 하는 전자 시스템을 만들고자 할 때 누구나 쉽게 이용할 수 있는 개발 플랫폼이며, 팅커캐드의 아두이노 시뮬레이터는 실제 아두이노 보드를 가지고 있지 않아도 이러한 시스템 개발을 할 수 있는 무료 온라인 학습 도구이다. 아두이노 시뮬레이터를 통해 개발한 회로와 소스코드는 실제 아두이노로 구성한 회로에서도 그대로 사용할 수 있다. 마지막으로 브레드보드는 아두이노를 이용한 개발에서 회로를 구성할 때 자주 사용하므로 사용 방법에 대해 충분히 연습해야 한다.

<7장>

아날로그 신호와
디지털 신호

───── 학습 목표 ─────

● 신호의 기본 개념, 직류 및 교류 신호, 신호의 표현 방법을 이해한다.

● 아날로그 신호와 디지털 신호의 차이를 이해한다.

1 〉 신호란?

1.1 │ 신호의 기본 개념

'신호(signal)는 일정한 부호, 표지, 소리, 몸짓 따위로 특정한 내용 또는 정보(데이터)를 전달할 수 있는 매체, 또는 그렇게 하는 데 쓰이는 행동 또는 부호 등이다.'라고 정의[1]하고 있다. 간단히 말하면 신호란 정보를 담고 있는 물리량의 변화를 전달할 수 있는 형태로 변환한 것이다. 신호는 전압, 전류와 같이 전기적 특성 변화(전기 신호)뿐만 아니라 빛의 밝기 변화(광 신호), 공간상에서 빛의 밝기, 색상 등의 변화(이미지 신호), 공기의 진동 변화(소리 신호) 등과 같이 다양한 형태가 있다. 이러한 신호들을 전기 신호로 다루게 되면 물리적 변화를 전압이나 전류로 간단하게 표현할 수 있으며, 전자 회로나 컴퓨터 등을 통해 빠르고 쉽게 다양한 처리가 가능하다. 이러한 이유로 대부분의 신호는 전압이나 전류와 같은 전기 신호로 변환하여 사용한다.

> ### 데이터와 신호는 같은 것일까 다른 것일까?
>
> 데이터는 인간 또는 컴퓨터 등에 의해 정보를 해석 및 처리하기에 적합한 형태로 표현된 것이고, 신호는 데이터를 한 장치에서 다른 장치로 전달할 수 있는 상태로 변환시켜 놓은 것을 말한다. 즉, 데이터는 '의미를 담고 있는 정보 또는 정보의 집합'으로 주로 측정을 통해 수집된다. 신호는 이러한 데이터를 한 장치에서 다른 장치로 전달할 수 있도록 전자기(전기 및 자기)의 변화로 변환한 것이다. 그러나 실제 사용할 때 신호와 데이터를 엄격히 구분하지는 않는다.

 체크 포인트

1 위키 백과, 정보 이론 관점에서의 정의

직류(DC : Direct Current)는 크기와 방향이 시간에 따라 변화하지 않고 항상 일정한 전류를 말한다. 반면, 교류(AC : Alternating Current)는 시간에 따라 주기적으로 크기와 방향이 변하는 전류를 의미한다. 직류와 교류라는 용어 자체는 전류로 정의하고 있지만, 일반적으로 시간에 대한 크기와 방향의 변화를 나타낼 때 사용하므로 직류 전압, 교류 전압과 같이 전압에 대해서도 사용한다.

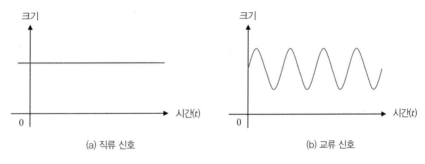

(a) 직류 신호   (b) 교류 신호

그림 7-1. 직류 신호와 교류 신호

일반적으로 신호는 시간에 따라 변화하는 모습(정보)을 수학적 함수를 사용하여 표현한다. 전압과 전류는 모두 신호로 시간 t와 크기 y가 f라는 관계(규칙)에 의해 1:1로 짝을 이룰 때 다음과 같이 함수로 표현할 수 있다.

$$y = f(t)$$

그림 7-2는 5[V] 배터리와 100[Ω] 저항이 직렬로 연결된 회로이다. 이 회로에서 배터리가 회로에 공급하는 전압은 5[V]이며, 저항을 통해 흐르는 전류는 0.05[A]라는 것은 쉽게 알 수 있다.

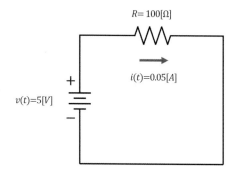

7-2. 배터리-저항회로에서 직류 전압 및 직류 전류

이때 회로에 공급하는 전압 $v(t)$나 저항에 흐르는 전류 $i(t)$는 시간이 지나도 크기가 변하지 않는 직류 신호, 즉 모든 시간 t에 대해 크기가 항상 일정한 값을 갖는 신호로, 다음과 같이 상수 함수로 표현할 수 있다.

$$v(t) = 5\,[V]$$
$$i(t) = 0.05\,[A]$$

반면, 교류 신호는 시간에 대해 크기가 변하는 함수로 표현한다. 가장 일반적인 교류 신호가 사인파(sine wave) 또는 코사인파(cosine wave) 신호로 일정한 시간 간격으로 반복되는 주기 신호이다. 교류 신호는 직류 신호에 비해 다소 이해하기 어렵지만, 간단하게 길이가 1인 막대의 한쪽 끝을 고정하고 반대쪽 끝이 반시계 방향으로 1초 동안 1회전 할 때 시간에 대한 반대쪽 끝의 높이 변화는 다음과 같이 그려질 것이다.

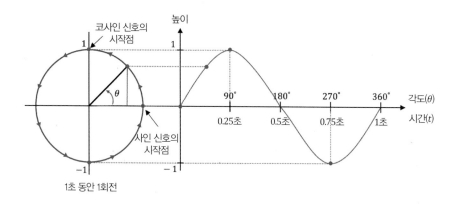

그림 7-3. 교류 신호

그림 7-3과 같은 신호를 교류 신호라고 한다. 사인 신호의 시작점부터 그려진 교류 신호는 사인파 신호, 코사인 신호의 시작점부터 그려진 교류 신호를 코사인파 신호라고 한다. 사인파 신호와 코사인파 신호는 시간이 지남에 따라 크기가 주기적으로 변하는 교류 신호로, 다음과 같이 수학적 함수로 표현할 수 있다.

$$i(t) = A_m \sin(\theta) = A_m \sin(2\pi f t + \phi) \ [A] \quad \leftarrow 사인파 \ 전류 \ 신호$$

$$v(t) = A_m \cos(\theta) = A_m \cos(2\pi f t + \phi) \ [V] \quad \leftarrow 코사인파 \ 전압 \ 신호$$

교류 신호를 전문적으로 다룰 때는 함수의 표현 방법과 의미를 정확히 이해하는 것이 필요하지만, 이 책의 내용을 학습하는 데 있어 교류 신호의 특징을 결정하는 다음의 내용만 이해해도 된다. 교류 신호의 함수 표현에서 A_m은 사인파나 코사인파 신호가 갖는 크기의 최댓값 또는 최솟값을 결정짓는 진폭(amplitude)이고, f는 1초 동안 신호의 변화가 반복되는 횟수를 의미하는 주파수(frequency)로 헤르츠(Hz)를 단위로 사용한다. 주파수(f)의 역수를 주기($T = 1/f$)라고 하는데, 주기(T)는 신호의 변화가 1회 반복하는 데 걸리는 시간을 의미하며 초(sec)를 단위로 사용한다. 파이(phi)라고 읽는 ϕ는 초기 위상(initial phase)으로 사인파 또는 코사인파의 해당 시작점에서 초기에 반시계 방향으로 이동한 각을 의미하며, '도(°)' 또는 '라디안(rad)'을 단위로 사용한다. 그림 7-4는 $-5[V] \sim 5[V]$ 범위의 크기 변화가 1초 동안 2번 반복되는 사인파 교류 전압 신호로, 함수 표현으로는 $v(t) = 5 \sin(\theta) = 5 \sin(4\pi t) \ [V]$와 같이 쓸 수 있다. 이 교류 전압의 진폭은 $A_m = 5[V]$, 주파수는 $f = 2\text{Hz}$(주기 $T = 0.5 \text{ sec}$), 초기 위상은 사인파의 시작점에서 시작되었으므로 $\phi = 0°$이다.

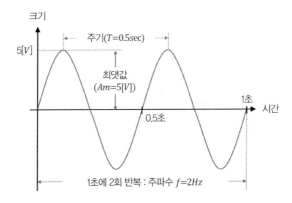

그림 7-4. 최댓값이 5[V], 주파수가 2Hz의 특성을 갖는 사인파 교류 신호

2 〉 아날로그 신호와 디지털 신호

신호를 구분하는 방법은 분류 기준에 따라 달라지지만, 시간적 흐름과 그때의 변화가 연속적 또는 이산적(연속성이 전혀 없는 분리된 상태)이냐에 따라 아날로그 신호(analog signal)와 디지털 신호(digital signal)로 구분할 수 있다.

표 7-1. 신호의 시간 및 크기 변화의 연속성에 따른 구분

신호의 종류	시간(독립 변수)	크기 변화(종속 변수)
아날로그 신호	시간이 연속적	크기 변화가 연속적
디지털 신호	시간이 이산적	크기 변화가 이산적

그림 7-5(a)는 아날로그 신호의 예시로, 모든 시간에서 신호의 크기 변화가 0~5[V] 사이의 모든 값을 가질 수 있다. 즉, 아날로그 신호는 시간과 크기 변화가 모두 연속적이므로 시간 $0 \le t \le 3 \sec$에 대해 셀 수 없이 많은 시각(시간의 어느 한 시점) t가 존재하며, 크기인 0~5[V] 범위에서 셀 수 없이 많은 가짓수의 전압값이 존재한다. 예를 들어 0~1초 동안 0~5[V] 사이에서 변화하는 아날로그 데이터를 생각해 보자. 먼저 아날로그 데이터가 존재하는 각각의 시각을 생각해 보면, 0초를 시작으로 그보다 조금 이후인 0.1초, 0.11초, 0.111초, …, 와 같이 평생을 세더라도 0.2초까지도 셀 수 없을 것이다. 심지어 0.1초와 0.11초 사이에서도 마찬가지이다. 시간뿐만 아니라 데이터의 크기도 0~5[V] 범위에 셀 수 없이 많은 가짓수의 데이터값이 존재한다.

반면, 디지털 신호는 유한한 가짓수의 시각에 대한 유한한 가짓수의 신호의 크기 값을 갖는다. 즉, 시간과 크기 변화가 모두 이산적이다. 그림 7-5(b)는 디지털 신호의 예시로, 아날로그 신호로부터 0.1초의 시간 간격으로 신호의 크기 값

을 가져오고, 신호가 변화하는 전체 범위(0~5[V])를 8($=2^3$)단계로 나누었을 때 가져온 크기 값에 가장 가까운 단계에 해당하는 2진 코드(0과 1로 이루어지는 코드)로 표현한 것이다. 이때 아날로그 신호를 가져오는 시간 간격을 샘플링 주기(1초 동안 데이터를 가져온 횟수는 샘플링 주파수)라고 한다. 또한 신호가 변화하는 전체 범위를 2^m개의 단계로 나누는데 사용하는 승수 m은 디지털 데이터를 표현하는 코드의 길이에 해당하며 이를 양자화 비트 수라고 한다. 그림 7-5(b)에서 시간 t = 3.2sec에서 가져온 아날로그 신호의 크기 값은 8단계 중 5단계와 가장 가깝기 때문에 5단계에 해당하는 3비트 디지털 코드인 '101'로 표현된다. 아날로그 신호를 이처럼 2진 코드값으로 표현한 신호를 디지털 신호라고 한다.

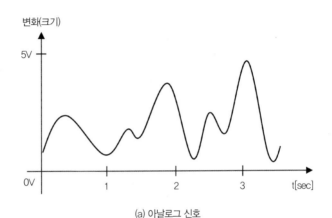

(a) 아날로그 신호

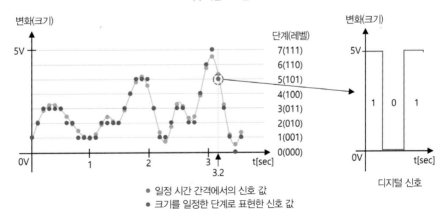

● 일정 시간 간격에서의 신호 값
● 크기를 일정한 단계로 표현한 신호 값

(b) 디지털 신호

그림 7-5. 아날로그 신호와 디지털 신호

아날로그 신호를 디지털 신호로 변환하는 장치를 아날로그-디지털 변환기 또는 A/D 컨버터(ADC : Analog-to-Digital Converter)라고 한다. 반면, 디지털 신호를 아날로그 신호로 변환하는 장치를 디지털-아날로그 변환기 또는 D/A 컨버터(DAC : Digital-to-Analog Converter)라고 한다. 아날로그-디지털 변환기(ADC)의 출력인 디지털 신호는 0과 1로 구성되는 신호로, 0은 0[V], 1은 5[V](ADC에 따라 출력 전압은 3.3[V], 5[V] 등으로 달라질 수 있음)를 의미한다. 디지털 신호는 이처럼 0(LOW)과 1(HIGH)에 해당하는 두 가지 상태만 표현할 수 있다.

표 7-2. 아날로그 신호와 디지털 신호

구분	아날로그 신호	디지털 신호
정의	모든 시간에 대해 크기가 연속적으로 변하는 신호	이산적인 시간에 대해 크기가 이산적(불연속적)으로 변하는 신호
그래프	 정보의 변화를 연속적으로 변하는 물리량으로 표현	 정보의 변화를 0과 1만을 이용하여 불연속적인 물리량으로 표현
장점	발생한 모든 정보를 나타낼 수 있음 정보를 직접 인식할 수 있음 신호의 생성과 전달 과정이 단순함	정보의 저장 및 전달이 쉽고 효율적임 정보 처리의 정확성과 정밀도가 높음 정보의 손상없이 보존 가능
단점	정보의 가공이 어려움 정보의 전송 및 저장 시 왜곡 발생 가능	발생한 모든 정보를 나타낼 수 없음 신호를 변환해야 정보 인식이 가능 원래 정보의 손실이 발생

<8장>

디지털 데이터 입출력

─── 학습 목표 ───

● 아두이노의 데이터 입출력에 대한 기본적인 개념을 이해한다.

● 디지털 데이터의 입출력을 위한 기본 함수를 사용할 수 있다.

● 풀업 저항과 풀다운 저항을 이해한다.

1 〉 아두이노의 데이터 입출력

아두이노의 기본적인 역할은 데이터를 원하는 목적에 맞게 처리(가공)하는 것이다. 이때 처리 대상인 데이터는 센서 등 외부 장치로부터 수집되어 아두이노에 입력된다. 입력된 데이터는 아두이노 내부의 연산 장치(ALU: Arithmetic Logic Unit)에서 처리된 다음 외부로 출력된다. 아두이노에서 디지털 데이터와 아날로그 데이터를 모두 입력으로 사용할 수 있지만, 연산 장치는 디지털 데이터만 처리할 수 있다. 따라서 아날로그 데이터가 입력되면 먼저 아두이노에 내장된 아날로그-디지털 변환기(ADC : Analog-to-Digital Converter)에 의해 디지털 데이터로 변환된 다음 연산 장치에서 처리된다. 연산 장치에서 처리된 결과가 외부로 출력될 때 데이터의 형태는 기본적으로 디지털 데이터이다. 만약 아날로그 데이터를 출력하고자 한다면 디지털-아날로그 변환기(DAC : Digital-to-Analog Converter)가 필요하다. 그러나 아두이노는 디지털-아날로그 변환기를 가지고 있지 않으며 대신 아두이노 내부의 파형 생성기(5장에서 사용한 함수 생성기와 다름)를 통해 아날로그 데이터와 유사한 효과를 낼 수 있는 PWM(Pulse Width Modulation) 신호를 만들어 출력한다.

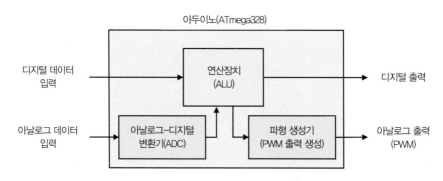

그림 8-1. 아두이노 우노의 데이터 입출력

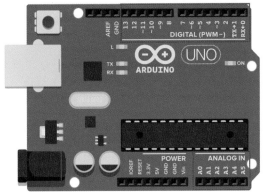

디지털 입출력(PWM 출력 포함) 핀

아날로그 입력 핀

그림 8-2. 아두이노 보드의 디지털 및 아날로그 입출력 핀

표 8-1. 아두이노(Uno)의 데이터 입출력 핀

구분	핀 번호	디지털 데이터 입출력	아날로그 데이터 입력	아날로그 데이터 출력(PWM)	비고
디지털 핀	0	○	×	×	UART(RX)
	1	○	×	×	UART(TX)
	2	○	×	×	
	~3	○	×	○	
	4	○	×	×	
	~5	○	×	○	
	~6	○	×	○	
	7	○	×	×	
	8	○	×	×	
	~9	○	×	○	
	~10	○	×	○	
	~11	○	×	○	SPI(MOSI)
	12	○	×	×	SPI(MISO)
	13	○	×	×	SPI(SCK)
아날로그 핀	A0	○	○	×	
	A1	○	○	×	
	A2	○	○	×	
	A3	○	○	×	
	A4	○	○	×	I2C(SDA)
	A5	○	○	×	I2C(SCL)

아두이노에서는 디지털 및 아날로그 데이터를 입력 받고 출력하기 위해 pinMode( ), digitalRead( ), digitalWrite( ), analogRead( ), analogWrite( )라는 5개의 기본 함수를 사용한다.

표 8-2. 아두이노의 입출력을 위한 기본 함수

데이터 유형	입력	출력
디지털	pinMode(3, INPUT); int value = digitalRead(3);	pinMode(13, OUTPUT); digitalWrite(13, HIGH);
아날로그	int voltage = analogRead(A0);	analogWrite(5, 128);

디지털 데이터는 0(LOW) 또는 1(HIGH)의 두 가지 상태를 표현한다. 예를 들어 전기가 흐르지 않으면 0(LOW), 흐르면 1(HIGH)로 상태를 표현하며, 이러한 디지털 데이터는 아두이노의 디지털 핀을 통해 입력되거나 출력된다. 아두이노 우노(Uno) 보드에는 14개의 범용 디지털 입출력 핀이 있으며, 사용하기 전에 출력 또는 입력으로 사용하는지 pinMode( ) 함수로 사용 목적을 설정해야 한다.

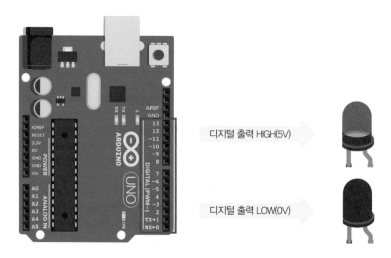

그림 8-3. 아두이노 보드의 디지털 데이터 출력을 통한 LED 제어

아두이노 보드의 디지털 입출력 핀을 출력 모드로 설정하여 그림 8-3과 같이
LED를 제어할 수 있다. 먼저 pinMode( ) 함수를 사용하여 LED와 연결된 디지
털 핀을 출력 모드로 설정한다. pinMode( ) 함수는 일반적으로 setup( ) 함수 내
에서 사용하며 사용 형식은 다음과 같다.

---

pinMode(매개변수) 함수

용도
범용 디지털 핀의 용도를 출력 또는 입력으로 설정하는 함수

함수 형식
pinMode(핀 번호, 사용 목적);

매개변수
핀 번호 : 사용하고자 하는 디지털 핀의 번호
사용 목적 : 사용 목적이 출력인 경우 'OUTPUT', 입력인 경우 'INPUT'

함수의 반환 값
없음

사용 예
```
void setup() {
    pinMode(10, OUTPUT);                   // 10번 디지털 핀을 출력 모드로 설정
    pinMode(9, INPUT);                     // 9번 디지털 핀을 입력 모드로 설정
}
```

---

pinMode( ) 함수로 사용하고자 하는 디지털 핀을 출력 모드로 설정했다면
digitalWrite( ) 함수를 사용하여 해당 핀으로 출력할 디지털 데이터를 내보내
야 한다. digitalWrite( ) 함수를 사용하기 전에 반드시 pinMode( ) 함수를 사용
하여 해당 핀의 사용 목적을 설정해야 한다. digitalWrite( ) 함수는 일반적으로
loop( ) 함수 내에서 사용하며 사용 형식은 다음과 같다.

digitalWrite(매개변수) 함수

용도

pinMode() 함수를 사용하여 출력 모드로 지정한 디지털 핀으로 HIGH(5[V]) 또는 LOW(0[V])의 디지털 데이터(전압)를 출력하는 함수

함수 형식

digitalWrite(핀 번호, 신호 크기);

매개변수

핀 번호 : pinMode() 함수를 사용하여 사전에 출력 모드로 지정한 디지털 핀의 번호

신호 크기(전압) : 디지털 출력 신호의 크기로 0[V]를 출력할 때 'LOW', 5[V]를 출력할 때 'HIGH'를 사용

함수의 반환 값

없음

사용 예

```
void setup() {
    pinMode(13, OUTPUT);        // 13번 디지털 핀을 출력 모드로 설정
    pinMode(10, OUTPUT);        // 10번 디지털 핀을 출력 모드로 설정
}

void loop() {
    digitalWrite(13, LOW);      // 13번 디지털 핀으로 0[V]를 출력
    digitalWrite(10, HIGH);     // 10번 디지털 핀으로 5[V]를 출력
}
```

1.2 | 디지털 입력 함수의 사용 방법

아두이노 보드의 디지털 입출력 핀을 입력 모드로 설정하면 디지털 데이터를 입력 받을 수 있다. 그림 8-4는 디지털 데이터를 입력 받기 위해 푸시 버튼을 사용한 예시이다.

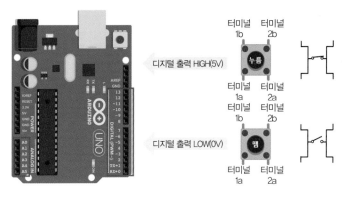

그림 8-4. 푸시 버튼을 이용한 아두이노 보드의 디지털 데이터 입력

아두이노 우노(Uno)의 경우 기본적으로 14개 디지털 핀을 사용하여 디지털 데이터를 입력 받을 수 있지만, 필요에 따라 6개의 아날로그 입력 핀으로도 디지털 데이터를 입력 받을 수 있으므로 총 20개의 디지털 입력 핀을 사용할 수 있다. 디지털 데이터를 입력 받기 위해서는 디지털 데이터를 출력할 때와 마찬가지로 pinMode() 함수를 이용하여 사용하려는 디지털 핀을 입력 모드로 설정하는 것이 필요하다. 디지털 핀을 입력 모드로 설정했다면 digitalRead() 함수를 사용하여 해당 디지털 핀으로 디지털 데이터를 읽으면 된다. digitalRead() 함수의 사용 형식은 다음과 같다.

---

digitalRead(매개변수) 함수

용도
　pinMode() 함수에 의해 지정한 디지털 핀으로 디지털 데이터(전압 상태)를 읽어 오는(입력 받는) 함수

함수 형식
　digitalRead(핀 번호);

매개변수
　핀 번호 : pinMode() 함수를 이용하여 사전에 입력으로 지정한 디지털 핀의 번호

함수의 반환 값(전압)
　입력으로 지정된 디지털 핀의 전압이 0[V]이면 0(LOW), 5[V]이면 1(HIGH)를 반환

사용 예
```
void setup() {
  pinMode(10, INPUT);        // 10번 디지털 핀을 입력 모드로 설정
}

void loop() {
  int a = digitalRead(10);   // 10번 핀으로 디지털 데이터를 읽어, 정수형 변수 a에 저장
}
```

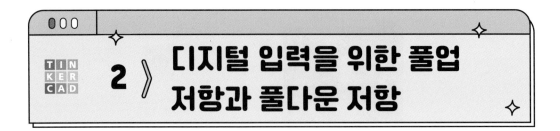

2 〉 디지털 입력을 위한 풀업 저항과 풀다운 저항

푸시 버튼은 아두이노에 디지털 데이터(HIGH, LOW)를 입력할 수 있는 가장 기본적인 장치이다. 일반적으로 푸시 버튼을 이용한 입력 회로에서 원치 않는 데이터 값이 입력되는 것을 방지하기 위해 풀업 저항이나 풀다운 저항을 사용한다.

2.1 | 풀업 저항

그림 8-5는 아두이노의 디지털 7번 핀으로 디지털 데이터를 입력 받을 때 사용하는 풀업(pull-up) 저항이 적용된 디지털 입력 회로이다.

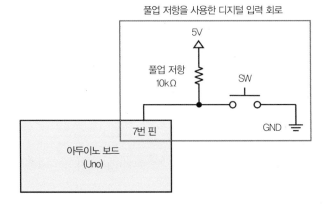

그림 8-5. 풀업 저항을 사용한 디지털 입력 회로

그림 8-6에서 디지털 데이터를 입력 받는 7번 핀은 푸시 버튼이 눌리지 않았을 때 HIGH(5[V]) 값을 읽게 된다. 아두이노 입력 핀의 내부 임피던스(저항 성분)가 매우 크므로 3장의 전압 분배 법칙을 생각해 보면 푸시 버튼이 눌리지 않았을 때 5[V] 전압의 대부분은 7번 핀에 걸리게 된다.

$$V_{7\text{번 핀}} = \frac{100\,[\text{M}\Omega]}{100\,[\text{M}\Omega] + 10\,[\text{k}\Omega]}\, 5\,[V]$$

$$\approx 5\,[V]$$

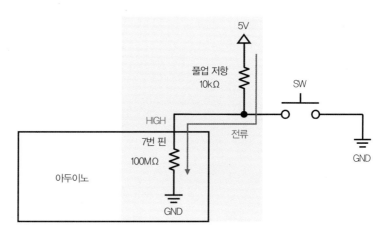

그림 8-6. 푸시 버튼이 눌리지 않았을 때 풀업 저항이 연결된 디지털 핀(7번)의 HIGH 입력

반면, 그림 8-7과 같이 푸시 버튼을 누르면 아두이노 입력 핀(7번 핀)의 높은 입력 임피던스에 의해 전류 대부분은 접지 쪽으로 흐르게 된다. 이때 7번 핀은 접지(GND)와 연결되어 있으므로 LOW(0[V])가 입력된다. 일반적으로 푸시 버튼을 누를 때 HIGH, 누르지 않을 때 LOW가 입력된다고 생각할 수 있겠지만 풀업 저항이 적용된 푸시 버튼을 사용할 때는 푸시 버튼을 누를 때 LOW, 누르지 않을 때 HIGH가 입력되는 것에 주의해야 한다.

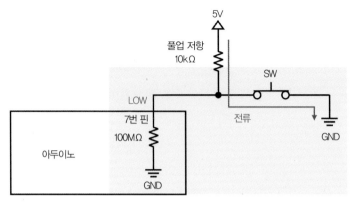

그림 8-7. 푸시 버튼이 눌렸을 때 풀업 저항이 연결된 디지털 핀(7번)의 LOW 입력

2.2 | 풀다운 저항

풀다운(pull-down) 저항을 사용한 입력 회로가 풀업 저항을 사용한 회로와 다른 점은 푸시 버튼에 연결된 전원과 접지가 서로 바뀐다는 것이다. 앞의 풀업 저항에서 푸시 버튼에 연결된 저항이 전원에 연결되었다면 풀다운 저항에서는 접지(GND)와 연결된다. 푸시 버튼이 눌렸을 때와 눌리지 않았을 때의 동작도 다르다. 풀업 저항을 사용할 때 푸시 버튼을 누르지 않으면 HIGH, 누르면 LOW가 입력되지만 풀다운 저항을 사용할 때는 누르지 않으면 LOW, 누르면 HIGH가 입력된다. 그림 8-8은 풀다운 저항으로 구성된 입력 회로이다.

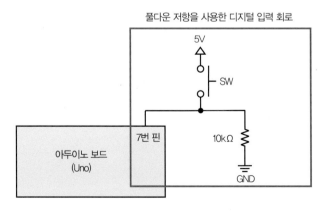

그림 8-8. 풀다운 저항을 사용한 디지털 입력 회로

그림 8-9에서 푸시 버튼이 눌리지 않았을 때 아주 작은 전류가 아두이노의 7번 핀으로부터 풀다운 저항을 거쳐 접지로 흐르며, 7번 핀은 풀다운 저항과 연결된 접지와 비슷한 전압을 갖게 되어 LOW가 입력된다. 반면, 그림 8-10과 같이 푸시 버튼이 눌리면 전원 전압(5[V])에 의한 전류 대부분은 풀다운 저항을 거쳐 접지로 흐르게 되며, 7번 핀의 전압은 전원 전압(5[V])이 그대로 걸리게 되어 HIGH가 입력된다.

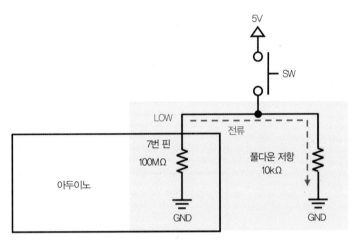

그림 8-9. 푸시 버튼이 눌리지 않았을 때 풀다운 저항이 연결된 디지털 핀(7번)의 LOW 입력

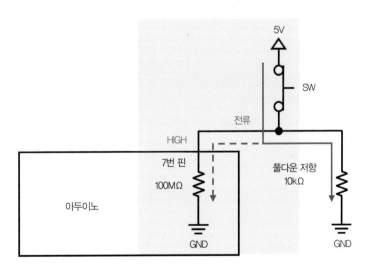

그림 8-10. 푸시 버튼이 눌렸을 때 풀다운 저항이 연결된 디지털 핀(7번)의 HIGH 입력

만약 풀업 저항이나 풀다운 저항이 없다면 어떻게 될까? 풀업 저항이나 풀다운 저항이 없을 때 푸시 버튼이 눌리지 않았다면 아두이노의 디지털 입력 핀은 아무런 장치가 연결되지 않은 개방(open) 회로의 상태가 된다. 이때 디지털 입력 핀에는 정전기나 주변 회로에 가해지는 전압과 같은 외부 요인에 의해 예측할 수 없는 값이 입력될 수 있으며 이를 플로팅(floating) 현상이라고 한다. 따라서 푸시 버튼을 사용할 때는 반드시 풀업 저항이나 풀다운 저항을 사용하여 예상치 못한 입력이 가해지는 것을 피해야 한다.

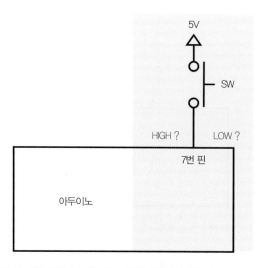

그림 8-11. 풀업 저항 또는 풀다운 저항을 사용하지 않을 때 디지털 핀의 입력

2.3 | 내부 풀업 저항

아두이노 보드에는 20[㏀] 크기의 풀업 저항을 내장하고 있으며 pinMode() 함수의 설정을 통해 내장된 풀업 저항을 사용할 수 있다. 여러 개의 푸시 버튼을 사용할 때 내부 풀업 저항은 회로의 구성을 간단히 할 수 있으며 사용하는 부품의 수도 줄일 수 있다. 내부 풀업 저항의 사용 방법은 그림 8-5의 회로에서 풀업 저항(10[㏀])을 제거하고 소스코드에서 표 8-3과 같이 pinMode() 함수의 매개변수를 수정하면 된다.

표 8-3. 내부 풀업 저항의 사용 여부에 따른 pinMode( ) 함수의 매개변수 표현 방법

내부 풀업 저항을 사용하지 않을 때	내부 풀업 저항을 사용할 때
pinMode(13, INPUT);	pinMode(13, INPUT_PULLUP);

외부 풀업 저항을 사용할 때와 마찬가지로 내장된 풀업 저항을 사용할 때도 푸시 버튼이 눌리지 않으면 HIGH가 입력되고, 눌리면 LOW가 입력된다.

1 〉 스케치의 기본 구성과 내용

아두이노 보드의 디지털 입출력을 사용하기 위해서는 먼저 아두이노의 문자 기반 프로그램(스케치)의 기본 구성과 내용에 대해 알아야 한다.

문자 기반의 아두이노 프로그램인 스케치에 대해 알아보기 위해 아두이노 보드에 내장된 LED가 디지털 데이터 출력에 의해 깜빡이는 Blink 예제를 살펴보자. 모든 스케치는 기본적으로 setup() 함수 부분과 loop() 함수 부분으로 구성되며 setup() 함수 부분은 초기화에 필요한 내용, loop() 함수 부분은 아두이노 보드의 동작을 위한 내용으로 작성된다.

```cpp
1  // C++ code
2  //
3  void setup()
4  {
5    pinMode(LED_BUILTIN, OUTPUT);
6  }
7
8  void loop()
9  {
10   digitalWrite(LED_BUILTIN, HIGH);
11   delay(1000); // Wait for 1000 millisecond(s)
12   digitalWrite(LED_BUILTIN, LOW);
13   delay(1000); // Wait for 1000 millisecond(s)
14 }
```

Setup() 함수 부분 (lines 3–6)

Loop() 함수 부분 (lines 8–14)

그림 8-12. 스케치의 기본 구성(Blink 예제)

```
void setup()
{
    초기화 내용1;
    초기화 내용2;
    ...
}
```

```
void loop()
{
    아두이노 보드 동작을 위한 명령문1;
    아두이노 보드 동작을 위한 명령문2;
    ...
}
```

(a) setup() 함수

(b) loop() 함수

그림 8-13. setup() 함수와 loop() 함수의 내용

그림 8-12의 스케치에서 setup() 함수 부분에 작성된 내용은 아두이노 보드에 전원이 들어오면 가장 먼저 한 번만 실행된다. 반면 loop() 함수 부분에 작성된 내용은 반복해서 실행된다.

setup() 함수 부분

먼저 setup() 함수 부분에 대해 알아보자. setup() 함수 부분은 프로그램의 초기화를 위한 내용으로 그림 8-12의 5줄과 같이 pinMode() 함수를 사용하여 디지털 또는 아날로그 입출력 핀의 사용 목적을 설정하는 내용이 작성된다. 이때 아두이노 프로그램의 작성에 사용하는 C/C++ 언어는 대소문자를 구분하므로 pinMode() 함수 이름의 'M'은 반드시 대문자를 사용해야 한다. 5줄의 pinMode(LED_BUILTIN, OUTPUT)에서 첫 번째 매개변수인 'LED_BUILTIN'은 입출력으로 사용할 핀 번호를 나타내는 것으로 숫자로 된 핀 번호 대신 사전에 설정된 예약어를 사용한 표현이다. 즉, LED_BUILTIN은 'int LED_BUILTIN = 13;'으로 사전에 설정되어 있다.

pinMode() 함수의 두 번째 매개변수인 'OUTPUT'은 첫 번째 매개변수로 지정한 핀을 입력 또는 출력 모드 중 출력 모드로 사용하겠다는 것이다. 따라서 pinMode(LED_BUILTIN, OUTPUT)는 아두이노의 디지털 13번 핀을 출력 모드로 사용하겠다는 의미이다. 이때 입출력 모드를 나타내는 두 번째 매개변수는 입력 모드일 때 'INPUT', 출력 모드일 때 'OUTPUT'을 사용하며 모두 대문자를 사용해야 한다는 것에 주의해야 한다.

loop() 함수 부분

다음으로 loop() 함수 부분에 대해 알아보자. 그림 8-12의 10~13줄에 작성된 명령문은 위에서부터 순차적으로 실행되며, 13줄의 명령문까지 실행을 마치면 10줄의 명령문부터 다시 실행하는 것을 반복한다. 10줄과 12줄에서 사용된 digitalWrite() 함수는 출력 모드로 지정된 디지털 핀으로 내보낼 출력 전압을 결정한다. pinMode() 함수처럼 2개의 매개변수를 사용하며, 첫 번째 매개변수는 출력을 위해 사용하는 핀 번호, 두 번째 매개변수는 출력되는 전압의 크기이다.

이때 두 번째 매개변수인 출력 전압은 디지털 출력이므로 디지털 값 '1'에 해당하는 'HIGH' 또는 '0'에 해당하는 'LOW'를 사용하는데, 아두이노 보드는 기본적으로 5[V]로 동작하므로 HIGH일 때는 5[V], LOW일 때는 0[V]가 출력된다. pinMode() 함수에서 사용한 매개변수처럼 digitalWrite() 함수에서 출력 전압을 나타내는 두 번째 매개변수도 'HIGH', 'LOW'와 같이 모두 대문자를 사용해야 하는 것에 주의해야 한다. 11줄과 13줄에서 사용한 delay() 함수는 시간을 지연시키기 위해 사용하며, 매개변수는 1개로 밀리초(millisecond, ms) 단위의 지연 시간이다. 11줄의 delay(1000)은 다음 명령문을 실행하기 전에 1000밀리초, 즉 1초 동안 시간을 지연시켜 10줄의 명령문을 1초 동안 유지하는 효과를 가져온다.

---

delay(매개변수) 함수

용도
매개변수로 주어진 시간만큼 프로그램 실행을 지연(직전 명령어의 실행을 유지)하는 함수

함수 형식
delay(value);

매개변수
value(시간) : 지연시킬 시간으로 단위는 밀리초(ms = 1000분의 1초)

함수의 반환 값
없음

사용 예
delay(1000);   // 1000밀리초(= 1초)동안 지연

지금까지 설명한 LED Blink 예제의 전체 소스코드는 코드 8-1과 같다. 코드 8-1에서 2개의 슬래시(//)로 시작하는 1~2줄은 주석문(comment)이다. 주석문은 소스코드에 대한 설명이나 프로그램을 이해하는 데 필요한 정보를 작성해 놓은 것으로 컴파일에 영향을 주지 않는다. '//'는 해당 줄의 내용만을 주석으로 처리하며, 여러 줄의 내용을 주석으로 처리하려면 '/* 주석 내용 */'와 같이 주석으로 처리할 내용의 처음과 끝에 '/*' 와 '*/'를 사용하면 된다.

코드 8-1

LED Blink 예제

```
1     // C++ code                          // 소스 코드 설명(주석문)
2     //
3     void setup()                         // 초기화를 위한 setup() 함수
4     {
5         pinMode(LED_BUILTIN, OUTPUT);     // 내장 LED와 연결된 핀을 출력 모드로 설정
6     }
7
8     void loop()                          // 순차적으로 반복 실행되는 loop() 함수
9     {
10        digitalWrite(LED_BUILTIN, HIGH);  // 내장 LED 핀으로 HIGH(5V)를 출력
11        delay(1000);                      // 1000ms(1sec)동안 지연
12        digitalWrite(LED_BUILTIN, LOW);   // 내장 LED 핀으로 LOW(0V)를 출력
13        delay(1000);                      // 1000ms(1sec)동안 지연
14    }
```

아두이노 프로그램에서 중괄호({ })와 세미콜론(;)

• **중괄호({ })** : setup() 함수와 loop() 함수 부분에서 사용한 {와 }는 함수나 제어문(if 문, for 문, switch 문 등)에 포함할 명령문들의 묶음을 표시할 때 사용한다. {는 묶음의 시작을 의미하고 }는 끝을 의미한다.

```
void loop()
{
    명령문 1;      // 명령문 1과 명령문 2는 모두 loop() 함수에
    명령문 2;      // 포함되는 명령문들로 {와 }로 묶었음
}
```

• **세미콜론(;)** : 세미콜론은 C언어에서 명령문의 끝을 의미한다. 만약 세미콜론을 생략한다면 컴파일러는 문장이 끝나지 않은 것으로 간주하여 다음문장과 이어서 해석하게 되어 컴파일 오류(문법 오류)가 발생하게 된다.

```
void loop()
{
    명령문 1      // 마지막에 세미콜론이 없으므로 명령문 1과 명령문 2는
    명령문 2;     // 하나의 명령문으로 해석되어 문법 오류 발생
}
```

체험활동 ①

1 〉 아두이노의 시리얼 모니터

컴퓨터에서 작성한 소스코드를 실제 아두이노 보드에 업로드하기 위해서는 기본적으로 아두이노 보드가 컴퓨터와 연결되어 있어야 한다. USB를 사용하여 아누이노 보드와 컴퓨터를 연결했을 때 그림 8-14의 장치 관리자 포트 항목에서 'Arduino Uno(COM4)'와 같이 통신 포트[1]로 연결된 것을 확인할 수 있다. 아두이노는 이 통신 포트를 사용하여 컴퓨터와 데이터를 주고받을 수 있는데 통신을 위해 사용하는 방법이 UART라고 불리는 시리얼 통신(직렬 통신) 방식이다. 팅커캐드의 아두이노 시뮬레이터에서도 실제 아두이노 보드에서처럼 시리얼 통신을 제공하고 있다. 그러나 아두이노 시뮬레이터는 실제 아두이노 보드와 달리 컴퓨터와 물리적으로 연결되어 있지는 않고 이러한 물리적 연결이 가상으로 이루어져 있다.

그림 8-14. 아두이노 우노와 컴퓨터가 연결된 시리얼 포트(COM4)

 체크 포인트

1 포트(Port)의 사전적 의미는 항구로 배가 들어오고 나가는 출입구이므로 통신 포트는 데이터가 들어오고 나가는 통신을 위한 출입구라고 생각할 수 있다.

그림 8-15. Arduino IDE의 시리얼 모니터

아두이노 통합개발환경(Arduino IDE)과 아두이노 시뮬레이터에는 UART 통신을 사용하는 시리얼 모니터가 있으며, 시리얼 모니터를 통해 컴퓨터에서 아두이노로 데이터를 보내거나 아두이노가 컴퓨터로 보낸 데이터를 확인할 수 있다. USB를 사용하여 실제 아두이노 보드와 컴퓨터를 연결한 다음 Arduino IDE의 오른쪽 상단에 '시리얼 모니터' 아이콘(🔎)을 클릭하면 현재 연결된 포트(COM4)에 해당하는 시리얼 모니터 창이 활성화된다.

팅커캐드의 아두이노 시뮬레이터에서는 소스코드 편집 창 아래에 '시리얼 모니터'를 클릭하면 시리얼 모니터 창이 나타난다.

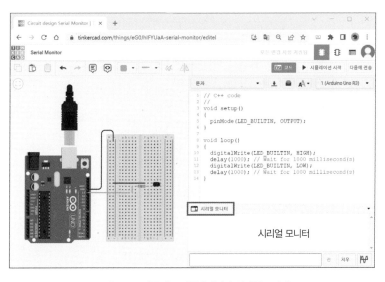

그림 8-16. 아두이노 시뮬레이터의 시리얼 모니터

체험활동 2 : 시리얼 모니터 사용하기   **197**

2 〉 시리얼 모니터의 사용 방법

2.1 │ 시리얼 통신을 위한 초기화 작업

Arduino IDE와 아두이노 시뮬레이터에서 시리얼 모니터를 사용하는 방법은 비슷하므로 아두이노 시뮬레이터의 시리얼 모니터를 기준으로 아두이노 보드의 동작 상태를 확인하는 방법에 대해 알아본다. 시리얼 모니터를 사용하기 위해서는 먼저 소스코드의 setup() 함수 부분에서 Serial.begin() 함수를 사용하여 시리얼 통신을 위한 초기화 작업을 수행해야 한다. Serial의 S는 대문자를 사용해야 한다는 것을 주의해야 한다.

Serial.begin(매개변수) 함수

용도
시리얼 통신을 하기 위해 통신 속도를 설정하는 함수

함수 형식
Serial.begin(speed, config);

매개변수
speed : 시리얼 통신을 위한 통신 속도, 단위는 보레이트(baud rate)로, 일반적으로 9600을 많이
　　　　사용하며 2400, 4800, 9600, 14400, 19200, 28800 등을 사용할 수 있음
config(선택) : UART 통신을 위한 규격으로 data 비트, parity 비트, stop 비트를 설정함
　　　　　　　생략하면 기본값이 사용되며 일반적으로 기본값(8-N-1; 8비트 데이터, no parity
　　　　　　　비트, stop 비트로 1비트)을 사용하면 됨

함수의 반환 값
없음

사용 예
```
void setup() {
    Serial.begin(9600);              // 통신 속도를 9600 보레이트로 시리얼 모니터를 초기화
}
```

시리얼 모니터를 이용하여 아두이노의 입출력 데이터와 내부 변수(메모리)에 저장되는 데이터의 값을 확인할 수 있다. 이를 위해 Serial.print( ) 함수와 Serial.println( ) 함수가 사용된다.

Serial.print(매개변수) / Serial.println(매개변수) 함수

용도
시리얼 통신 포트로 다양한 형식의 데이터를 출력할 때 사용하는 함수

함수 형식
```
Serial.print(value, format);        // 데이터 값(value)을 데이터 형식(format)에 맞게 출력
Serial.println(value, format);      // 데이터 값을 형식에 맞게 출력 후 줄 바꿈 함
```

매개변수
value : 출력을 위해 전송할 값 또는 문자열
format(선택) : 출력할 데이터 형식으로 데이터값이 정수일 때 BIN(2진수), OCT(8진수), DEC(10
　　　　　　 진수), HEX(16진수) 등의 진법 지정, 실수일 때 소수점 아래 자릿수를 지정

함수의 반환 값
출력한 데이터의 byte 수

사용 예
```
void loop() {
  Serial.print('A');            // 시리얼 모니터에 문자 'A'를 출력
  Serial.print("DATA : ");      // 시리얼 모니터에 문자열 'DATA : '를 출력
  Serial.print(56);             // 시리얼 모니터에 정수 56을 출력
  Serial.print(56, BIN);        // 시리얼 모니터에 정수 56의 2진수인 111000 출력
  Serial.print(56.634, 0);      // 실수 56.634의 정수 부분 출력(소수점 이하 반올림) → 57 출력
  Serial.print(56.634, 4);      // 실수 56.634를 소수 이하 4자리까지 출력 → 56.6340 출력
}

void loop() {
  Serial.print("A = ");         // 시리얼 모니터에 'A = '를 출력하고 줄 바꿈 하지 않음
  Serial.println("A = ");       // 시리얼 모니터에 'A = '를 출력하고 줄 바꿈 함
}
```

그림 8-17과 같이 팅커캐드의 작업판에서 아두이노 보드(Uno R3), LED, 330[Ω] 저항을 사용하여 회로를 구성하고, '코드' 버튼을 클릭하여 편집 모드를 '문자'로 선택하면 Blink 예제의 소스코드가 표시된다. 이 소스코드에 코드 8-2와

같이 시리얼 모니터의 초기화와 데이터 출력을 위한 소스코드(6, 12, 15줄)를 추가한다. 소스코드의 수정을 완료한 다음 '시뮬레이션 시작' 버튼을 클릭하면, 그림 8-18과 같이 LED가 켜질 때 'LED: ON', 꺼질 때 'LED: OFF'라는 문자열이 시리얼 모니터에 출력된다.

코드 8-2

시리얼 통신을 이용한 데이터 출력

```
1    // LED Blink                       // 소스 코드 설명(주석문)
2    //
3    void setup()                        // 초기화를 위한 setup() 함수
4    {
5      pinMode(LED_BUILTIN, OUTPUT);     // 내장 LED와 연결된 핀을 출력 모드로 설정
6      Serial.begin(9600);               // 시리얼 모니터 초기화
7    }
8
9    void loop()                         // 순차적으로 반복 실행되는 loop() 함수
10   {
11     digitalWrite(LED_BUILTIN, HIGH);  // 내장 LED 핀으로 HIGH(5V)를 출력하도록 함
12     Serial.println("LED: ON");        // 시리얼 모니터에 ‘ LED: ON’ 출력
13     delay(1000);                      // 1000ms(1sec) 동안 지연
14     digitalWrite(LED_BUILTIN, LOW);   // 내장 LED 핀으로 LOW(0V)를 출력하도록 함
15     Serial.println("LED: OFF");       // 시리얼 모니터에 ‘ LED: OFF ’ 출력
16     delay(1000);                      // 1000ms(1sec) 동안 지연
17   }
```

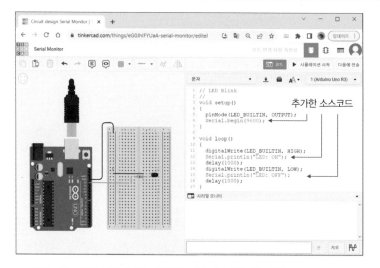

그림 8-17. 시리얼 모니터의 초기화 및 문자열 데이터 출력을 위한 소스코드의 추가

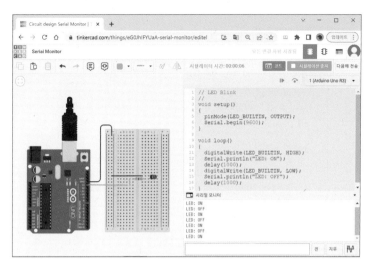

그림 8-18. 시리얼 모니터에 문자열 데이터가 출력된 결과

2.3 ▎ 시리얼 모니터를 이용한 데이터 입력 ☐

시리얼 모니터는 시리얼 포트를 사용하여 아두이노 내부의 데이터값을 외부로 전송하여 출력할 수 있을 뿐만 아니라 외부로부터 데이터를 수신 받아 입력으로 사용할 수도 있다. 시리얼 포트를 사용하여 외부로부터 수신 받은 데이터는 아두이노의 버퍼(일시적으로 데이터를 저장하는 공간)에 저장되며, 이 버퍼에 수신 받은 데이터가 있는지 확인할 때 Serial.available() 함수를 사용한다. 아두이노의 수신 버퍼의 크기는 64바이트(byte)이며, 수신 버퍼의 크기를 넘어 전송된 데이터(65바이트 이상의 데이터)는 모두 잃어버리게 된다.

Serial.available() 함수

용도
시리얼 통신 포트로부터 수신 받은 데이터가 있는지 확인할 때 사용하는 함수

함수 형식
Serial.available();

매개변수
없음

    읽어 들일 수 있는 데이터의 byte 수
    수신 받은 데이터가 없으면 0을 반환

사용 예
```
void setup() {
  Serial.begin(9600);                    // 시리얼 모니터 초기화
}

void loop() {
  if (Serial.available() > 0){           // 수신 버퍼에 수신 받은 데이터가 있는지 확인
    Serial.println(Serial.available());  // 시리얼 모니터에 수신 받은 데이터의 바이트 수 출력
    delay(1000);                         // 1000밀리초(1초) 동안 지연
  }
}
```

아두이노의 수신 버퍼에 임시 저장된 데이터를 읽어 들일 때는 Serial.read() 함수를 사용한다. Serial.read() 함수는 수신 버퍼에 저장된 데이터를 1바이트 (byte) 단위로 읽어 들이고, 수신 버퍼에서 읽은 데이터(1바이트)를 지운다.

Serial.read() 함수

용도
    수신 버퍼에 저장된 데이터를 읽어 들일 때 사용하는 함수

함수 형식
    Serial.read();

매개변수
    없음

함수의 반환 값
    수신 버퍼에서 1byte에 해당하는 데이터값을 반환
    데이터가 없으면 -1을 반환

사용 예
```
void setup() {
  Serial.begin(9600);                    // 시리얼 모니터 초기화
}

void loop() {
  if (Serial.available() > 0){           // 수신 버퍼에 수신 받은 데이터가 있는지 확인
    int inData = Serial.read();          // 수신 버퍼에 저장된 데이터의 1byte를 읽어 들임
  }
  Serial.print("Received data : ");      // 시리얼 모니터에 'Received data : '를 출력
  Serial.println(inData);                // 변수 inData에 저장된 데이터를 시리얼 모니터에 출력
}
```

시리얼 모니터를 이용한 데이터 입력 방법을 확인하기 위해 Blink 예제의 소스코드를 코드 8-3과 같이 수정한다. 시리얼 모니터의 초기화와 데이터 입력을 위한 소스코드(6~7줄, 12~15줄, 17줄, 19~20줄, 22줄, 24~30줄)를 추가한 다음 '시뮬레이션 시작' 버튼을 클릭하면 그림 8-19와 같이 'Input 0(LED OFF) or 1(LED ON)'이라는 문자열이 시리얼 모니터에 출력된다. 시리얼 모니터의 입력 부분에 '0'을 입력하고 키보드의 Enter 를 눌러 전송하면 'LED: OFF'라는 문자열이 시리얼 모니터에 출력되며 LED는 불이 꺼진 상태(OFF)가 된다. 반면 '1'을 전송하면 'LED: ON'이라는 출력과 함께 LED는 불이 켜진 상태(ON)가 된다. 0과 1이 아닌 다른 값을 전송하면 'Invalid data!'라는 문자열이 출력된 다음 줄 바꿈하여 'Input 0(LED OFF) or 1(LED ON)'이라는 문자열이 출력되고 시리얼 모니터를 통한 입력 대기 상태를 유지한다.

코드 8-3

시리얼 통신을 통한 데이터 입력

```
1     // LED Blink                              // 소스 코드 설명(주석문)
2
3     void setup()                              // 초기화를 위한 setup() 함수
4     {
5       pinMode(LED_BUILTIN, OUTPUT);           // 내장 LED와 연결된 핀을 출력 모드로 설정
6       Serial.begin(9600);                     // 시리얼 모니터 초기화
7       Serial.println("Input 0(LED OFF) or 1(LED ON)");
8     }
9
10    void loop()                               // 순차적으로 반복 실행되는 loop() 함수
11    {
12      if (Serial.available() > 0){            // 수신 버퍼에 수신 받은 데이터가 있는지 확인
13        int inData = Serial.read();           // 수신 버퍼에 저장된 데이터의 1byte를 읽어 들임
14
15        if (inData == '1'){
16          digitalWrite(LED_BUILTIN, HIGH);    // 내장 LED 핀으로 HIGH(5V)를 출력
17          Serial.println("LED: ON");          // 시리얼 모니터에 ' LED: ON ' 출력
18          delay(1000);                        // 1000ms(1sec) 동안 지연
19        }
20        else if (inData == '0'){
21          digitalWrite(LED_BUILTIN, LOW);     // 내장 LED 핀으로 LOW(0V)를 출력
22          Serial.println("LED: OFF");         // 시리얼 모니터에 ' LED: OFF ' 출력
23          delay(1000);                        // 1000ms(1sec) 동안 지연
24        }
```

```
25          else {
26            Serial.println("Invalid data!");  // 시리얼 모니터에 "Invalid data!" 출력
27            Serial.println("Input 0(LED OFF) or 1(LED ON)");
28            delay(1000);                        // 1000ms(1sec) 동안 지연
29          }
30        }
31      }
```

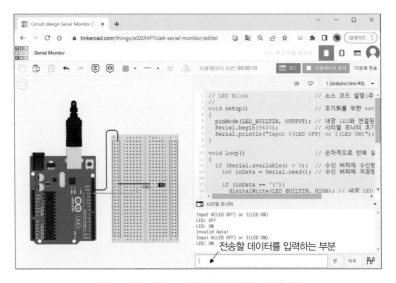

그림 8-19. 시리얼 모니터를 이용한 데이터 전송 결과

TINKER CAD　1 〉 신호등을 위한 LED와 저항

아두이노 보드(Arduino Uno R3), LED, 저항을 사용하여 신호등을 만들어 보자. 아두이노 보드의 디지털 출력을 사용하여 LED의 ON/OFF를 제어함으로써 신호등과 같은 동작을 하도록 한다. 이전 장에서 아두이노 보드, LED, 그리고 저항에 대한 기본적인 내용을 살펴보았지만, 신호등을 만드는 데 사용할 LED와 저항에 대해 조금 더 알아보도록 한다.

신호등에서 사용할 LED는 초록색, 노란색, 빨간색 LED이다. LED는 기본적으로 극성이 있는 2개의 단자가 있으며, 실제 LED는 다리가 긴 쪽이 양극 단자(애노드, +), 짧은 쪽이 음극 단자(캐소드, −)이다. 팅커캐드에서 제공되는 LED는 두 단자의 다리 길이가 같아 단자의 길이로 극성을 구분할 수 없지만 구부러진 다리가 양극 단자이다. 외형으로 극성을 구분하지 못하더라도 마우스 커서를 단자 근처에 가져가면 '양극' 또는 '음극'과 같이 단자의 극성을 나타내므로 연결할 때 확인하면 된다.

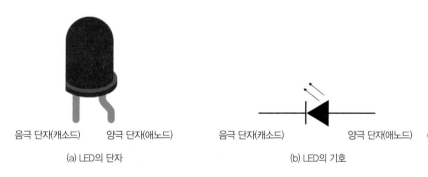

음극 단자(캐소드)　　　양극 단자(애노드)　　　　　음극 단자(캐소드)　　　　　　　양극 단자(애노드)

(a) LED의 단자　　　　　　　　　　　　　　(b) LED의 기호

그림 8-20. 팅커캐드에서 제공하는 LED

아두이노 보드와 LED의 연결 방법은 LED의 양극 단자를 아두이노 보드의 디지털 출력이 나오는 핀(0~13번 핀)에 연결하고 음극 단자는 GND(접지)에 연결하면 된다. LED는 순방향 전압이 걸려 전류가 흐를 때만 빛을 방출(ON 동작)하므로 LED를 깜빡이게 하기 위해서는 LED에 전류가 흐르게 하고 흐르지 않게 하는 것을 반복하면 된다. 즉, 아두이노의 디지털 핀으로 HIGH(5V)와 LOW(0V)를 번갈아 출력하도록 소스코드를 작성하면 된다. 그림 8-21은 LED의 양극 단자를 아두이노의 7번 핀, 음극 단자를 GND에 연결한 모습이다.

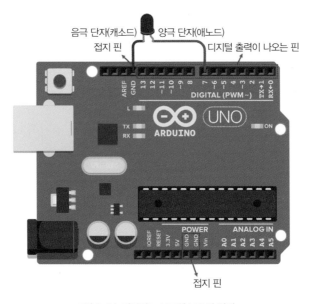

그림 8-21. 아두이노 보드와 LED의 연결

LED에 많은 전류가 흐르게 되면 수명이 줄어들거나 파괴될 수 있으므로 저항을 사용하여 흐르는 전류를 제한해야 한다. LED에 전류가 너무 적게 흐르면 방출되는 빛이 약하거나 아예 빛이 방출되지 않으므로 적절한 저항값을 갖는 저항을 사용해야 한다. LED에 흐르는 전류를 20[mA] 이하로 제한하기 위해 일반적으로 220[Ω] 또는 330[Ω] 저항을 사용한다는 것을 5장에서 알아보았다. 이러한 저항값을 사용하는 이유는 옴의 법칙을 통해 확인할 수 있다. 팅커캐드에서 제공하는 LED의 허용 가능한 전압(정격 전압) 및 전류(정격 전류)에 대한 정보가 제공되지 않기 때문에 정확히 알 수는 없지만, 일반적으로 사용하는 LED의 정격 전압/

정격 전류는 빨간색 1.8[V]/20[mA], 노란색 2.0[V]/20[mA], 초록색 3.0[V]/20[mA]
이다. 정격 전압이 LED의 색상별로 다르지만, 가장 낮은 빨간색을 기준으로 저
항값을 계산하면 나머지 색상에 대해서 문제가 되지 않으므로 다음과 같이 계산
할 수 있다.

$$R = (공급전압 - 정격전압)/정격전류$$
$$= (5 - 1.8)[V]/20[mA]$$
$$= 160[\Omega]$$

따라서 160[Ω] 이상의 저항을 사용하면 LED가 안정적으로 동작할 수 있다. 일
반적으로 공급전압이 5[V]일 때 LED에 흐르는 전류를 제한하기 위한 저항값은
220[Ω] 또는 330[Ω]을 사용하며, LED에 직렬로 연결한다. 이때 저항은 LED의
두 단자 중 어느 단자든 한쪽에 연결하면 된다.

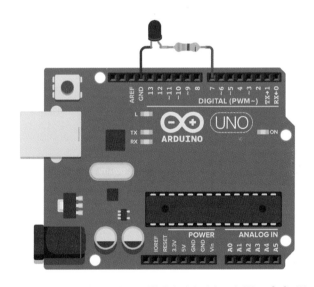

그림 8-22. LED에 흐르는 전류를 제한하기 위해 직렬로 연결한 330[Ω] 저항

2 〉 LED 신호등

팅커캐드의 작업판에서 아두이노 보드, 작은 브레드보드, LED, 저항을 배치하고 그림 8-23의 신호등 회로를 구성해 보자. LED의 색상은 초록색, 노란색, 빨간색, 그리고 저항은 330[Ω]으로 설정한다. LED의 양극 단자는 저항을 통해 아두이노 보드의 디지털 핀과 연결되어 있는데 초록색 LED는 13번 핀, 노란색 LED는 8번 핀, 빨간색 LED는 7번 핀에 연결하고 각 LED의 음극 단자는 모두 아두이노 보드의 GND에 연결한다.

표 8-4. 아두이노 보드와 사용한 부품의 연결

구분		단자 이름	아두이노 핀	기타
LED	초록색	양극	330[Ω] 저항을 통해 13번	디지털 출력
	노란색	양극	330[Ω] 저항을 통해 8번	
	빨간색	양극	330[Ω] 저항을 통해 7번	
	모든 색상	음극	GND	3개 색상 모두 접지에 연결

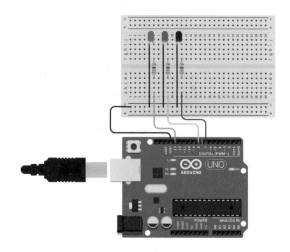

그림 8-23. 팅커캐드의 아두이노 보드로 구성한 신호등 회로

회로의 구성을 마쳤다면, 아두이노 보드를 선택하고 신호등 동작을 위한 소스코드를 작성해 보자. 신호등은 다음 순서로 동작하도록 한다.

- 초록색 등이 4초 동안 ON
- 노란색 등이 2초 동안 ON
- 노란색 등이 4초 동안 깜빡임(0.5초 동안 ON, 0.5초 동안 OFF 동작을 4회 반복)
- 빨간색 등이 4초 동안 ON

코드 8-4

LED 신호등

```
1     // LED 신호등              // 소스 코드 설명(주석문)
2
3     int LED_G = 13;           // int형 LED_G(초록색)라는 변수에 핀 번호인 13을 저장
4     int LED_Y = 8;            // int형 LED_Y(노란색)라는 변수에 핀 번호인 8을 저장
5     int LED_R = 7;            // int형 LED_R(빨간색)이라는 변수에 핀 번호인 7을 저장
6
7     void setup()
8     {
9       pinMode(LED_G, OUTPUT);       // 13번 핀을 출력 모드로 설정
10      pinMode(LED_Y, OUTPUT);       // 9번 핀을 출력 모드로 설정
11      pinMode(LED_R, OUTPUT);       // 7번 핀을 출력 모드로 설정
12    }
13
14    void loop()
15    {
16      // 초록색 LED 4초간 ON
17      digitalWrite(LED_G, HIGH);    // 13번 핀으로 HIGH(5[V])를 출력
18      digitalWrite(LED_Y, LOW);     // 9번 핀으로 LOW(0[V])를 출력
19      digitalWrite(LED_R, LOW);     // 7번 핀으로 LOW(0[V])를 출력
20      delay(4000);                  // 4초 동안 지연
21
22      // 노란색 LED 2초간 ON
23      digitalWrite(LED_G, LOW);     // 13번 핀으로 LOW(0[V])를 출력
24      digitalWrite(LED_Y, HIGH);    // 9번 핀으로 HIGH(5[V])를 출력
25      delay(2000);                  // 2초 동안 지연
26
27      // 노란색 LED 4초간 깜빡임
28      for (int i = 0; i <= 3; i++) {   // 4초 동안 아래 동작을 차례로 반복 실행
29        digitalWrite(LED_Y, LOW);   // 9번 핀으로 LOW(0[V])를 출력
30        delay(500);                 // 0.5초 동안 지연
31        digitalWrite(LED_Y, HIGH);  // 9번 핀으로 HIGH(5[V])를 출력
32        delay(500);                 // 0.5초 동안 지연
```

체험활동 ③

```
33          }
34
35          // 빨간색 LED 4초간 ON
36          digitalWrite(LED_Y, LOW);               // 9번 핀으로 LOW(0[V])를 출력
37          digitalWrite(LED_R, HIGH);              // 7번 핀으로 HIGH(5[V])를 출력
38          delay(4000);                            // 4초 동안 지연
39      }
```

1줄 : 소스코드에 대한 기본적인 설명을 하기 위해 //로 시작하는 주석문이다.

3~5줄 : int LED_G, int LED_Y, int LED_R은 각 색상별 LED의 양극 단자가 연결된 아두이노의 디지털 핀 번호를 저장하는 메모리에 이름을 붙인 것으로 이를 변수라고 한다. 변수 LED_G, LED_Y, LED_R은 소스코드 전체에서 각 색상별 LED의 양극 단자와 연결된 아두이노 보드의 핀 번호를 대신하여 사용할 수 있다. 변수 이름 앞의 int는 해당 변수에 저장되는 데이터가 정수형 값이라는 것을 나타낸다. int 자료형을 선언하는 형식은 다음과 같으며, '변수 이름 = 값'에서 '='은 수학에서 '같다'라는 의미와 달리 C 언어에서는 저장(할당 또는 대입)한다는 의미이다.

---

int 자료형

용도
int 자료형은 데이터가 정수형이라는 것을 알려 주는 선언으로 변수나 상수에 저장하는 값이 정수일 때 사용됨

사용 형식
int 변수명(또는 상수명);   // 변수명(또는 상수명)에 저장하는 데이터가 정수일 때 선언
int 변수명(또는 상수명) = 초깃값;   // 정수형 데이터임을 선언하는 동시에 초깃값을 설정

사용 예
int i;   // 변수 i를 int형으로 선언
int LED_G = 13;   // 상수 LED_G를 int형으로 선언 후 초깃값으로 13을 설정(저장)

7~12줄 : 아두이노 보드에서 전원이 켜지거나 리셋 버튼이 눌려질 때 처음 한 번만 실행되는 내용으로, 변수의 초기화, 사용할 핀의 모드(INPUT 또는 OUTPUT) 설정 등의 작업을 한다. 예를 들어 'pinMode(LED_G, OUTPUT);'는 LED_G(13번) 핀을 출력 모드로 설정하는 것이다.

14줄 : void loop()는 '{'와 '}' 사이의 명령문을 반복하는 함수이다. 16~38줄 사이의 명령문을 순차적으로 실행하며, 38줄의 명령문까지 실행을 마치면 16줄의 명령문부터 다시 실행하는 것을 반복한다.

17~19줄 : digitalWrite(pin, value) 함수를 사용하여 지정한 pin(핀 번호)으로 value에 해당하는 디지털 데이터를 출력하는 것으로, digitalWrite() 함수를 사용하기 전에 pinMode() 함수에 의해 해당 핀 모드가 출력(OUTPUT)으로 설정되어 있어야 한다. 17줄의 'digitalWrite(LED_G, HIGH);'는 LED_G(13번) 핀으로 HIGH(5V)를 출력하는 명령문이다.

20줄 : 'delay(4000);'는 4000밀리초, 즉 4초 동안 시간을 지연함으로써 이전 상태를 지속하라는 명령문이다. 17~20줄의 명령문에 의해 초록색 LED는 ON 상태, 노란색과 빨간색은 OFF 상태가 되며 이 상태가 4초 동안 지속된다.

23~25줄 : 초록색 LED는 OFF 상태, 노란색 LED는 ON 상태가 되고 이러한 상태가 2초 동안 지속된다. 이때 빨간색 LED는 19줄의 명령문에 의한 OFF 상태를 유지한다.

28~33줄 : for 문에 의해 조건을 만족하는 동안 '{'와 '}' 사이의 처리 내용을 반복적으로 실행한다. int형 변수 i의 초깃값은 0이며, i ≤ 3의 조건을 만족하는 동안 '{'와 '}' 사이의 명령문(29~32줄)을 순차적으로 실행하게 되는데 32줄의 명령문까지 실행이 완료되면 i가 1만큼 증가(i++)한다. 29~32줄의 명령문에 의해 LED_Y 핀은 i = 3이 될 때까지 1초 간격으로 깜빡이는 동작(0.5초 동안 ON 상태, 이후 0.5초 동안 OFF 상태)을 반복하는 전압을 출력한다.

---

for 문

용도
초깃값을 변경(증가 또는 감소)하면서 주어진 조건을 만족하는 동안 { 와 } 사이의 처리 내용을 반복 실행하는 명령문

사용 형식
```
for (초깃값; 조건; 값 변경) {
    처리 내용1;
    처리 내용2;
      …
  }
```

사용 예

```
// i의 초깃값은 0, i < 10을 만족할 때까지 i 값을 1씩 증가시키며 다음 명령문을 반복 실행
for (int i = 0; i < 10; i++) {
  digitalWrite(10, LOW);      // 10번 핀으로 LOW(0V)를 출력
  delay(500);                 // 500밀리(0.5)초 동안 지연
  digitalWrite(10, HIGH);     // 10번 핀으로 HIGH(5V)를 출력
  delay(500);                 // 500밀리(0.5)초 동안 지연
}
// i의 초깃값은 10, i > 0을 만족할 때까지 i 값을 1씩 감소시키며 아래 명령문을 반복 실행
for (int i = 10; i > 0; i--) {
  digitalWrite(10, LOW);      // 10번 핀으로 LOW(0V)를 출력
  delay(500);                 // 500밀리(0.5)초 동안 지연
  digitalWrite(10, HIGH);     // 10번 핀으로 HIGH(5V)를 출력
  delay(500);                 // 500밀리(0.5)초 동안 지연
}
```

36~38줄: 노란색 LED는 OFF 상태, 빨간색 LED는 ON 상태가 되고 이 상태가 4초 동안 지속된다.

자료형(데이터형)

변수를 선언할 때 함께 사용되는 자료형 지정은 값(데이터)을 저장하는 기억 공간(메모리)의 특징을 말하며, 해당 자료형으로 사용 가능한 값, 데이터의 의미, 종류 등을 나타낸다. 자료형의 선언을 통해 컴퓨터와 프로그래머에게 어떤 종류의 데이터를 다루고 있는지 알려 주며, 그 데이터가 어떤 값을 가질 수 있는지 또는 어떤 연산을 할 수 있는지를 제한한다. 자료형에 따라 값의 범위가 달라지므로 기억 공간의 크기는 다르다. 아두이노 프로그래밍에서 사용되는 주요 자료형은 다음과 같다.

표 8-5. 아두이노 프로그래밍에서 사용되는 주요 자료형

자료형	기억 공간의 크기		형태	범위
	bit	byte		
byte	8	1	부호 없는 정수	0~255
int	16	2	정수	−32,768~32,767
word	16	2	부호 없는 정수	0~65,535
long	32	4	정수	−2,147,483,648~2,147,483,647
short	16	2	정수	−32,768~32,767
float	32	4	단정도 실수	−3.4028235E38~3.4028235E38
double	64	8	배정도 실수	1.7×10^{-307} ~ 1.7×10^{308}
char	8	1	문자	−128~127
boolean	8	1	논리	true 또는 false

소스코드의 작성과 동작에 대한 해석을 마쳤다면 시뮬레이션을 실행해 보자. '시뮬레이션 시작' 버튼을 클릭하면 초록색 LED가 4초 동안 ON → 노란색 LED가 2초 동안 ON → 노란색 LED가 4초 동안 깜빡임(0.5초 동안 ON, 0.5초 동안 OFF 동작을 4회 반복) → 빨간색 LED가 4초 동안 ON의 순서로 신호등 동작을 한다.

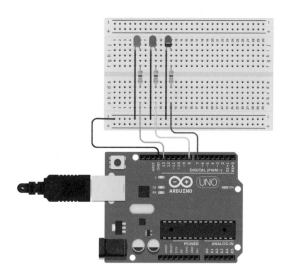

그림 8-24. 아두이노 시뮬레이터에서 신호등 회로의 동작 결과

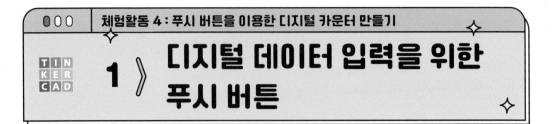

푸시 버튼(누름 버튼)은 아두이노 보드의 디지털 핀에 디지털 데이터를 입력하는 기본 장치로 자주 사용된다. 푸시 버튼이 눌린 횟수(디지털 입력)를 카운트하는 디지털 카운터를 만들어 보자.

푸시 버튼의 4개 단자는 그림 8-25(a)와 같이 2개씩 서로 연결되어 있으므로 스위치 동작을 항상 보장하기 위해 대각선 위치의 단자들을 선택하여 사용하는 것이 좋다. 또한 푸시 버튼을 사용하여 아두이노 보드에 디지털 데이터를 입력할 때는 안정적인 동작을 위해 풀업 또는 풀다운 저항을 사용한다. 여기서는 풀업 저항이 연결된 입력 회로를 사용한다.

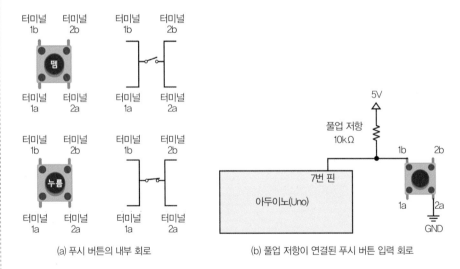

(a) 푸시 버튼의 내부 회로   (b) 풀업 저항이 연결된 푸시 버튼 입력 회로

그림 8-25. 푸시 버튼을 이용한 디지털 입력 회로

2 〉 디지털 카운터 만들기

풀업 저항이 연결된 푸시 버튼이 눌릴 때마다 카운트 값의 증가와 함께 LED에 불이 켜지고, 현재 카운트 값을 시리얼 모니터에 표시하는 디지털 카운터를 만들기 위해 그림 8-26의 회로를 구성한다. LED에 흐르는 전류를 제한하기 위해 사용한 저항은 330[Ω]이며 풀업 저항은 10[㏀]이다. LED의 양극 단자는 330[Ω] 저항을 통해 아두이노 보드의 13번 핀에 연결하고 음극 단자는 GND에 직접 연결한다. 풀업 저항의 한쪽 단자는 아두이노 보드의 5[V]에 연결하고 다른 쪽 단자는 푸시 버튼의 터미널 1a와 아두이노 보드의 7번 핀에 함께 연결한다. 그리고 푸시 버튼의 터미널 2b는 GND에 연결한다. LED의 음극 단자와 푸시 버튼의 터미널 2b는 모두 GND에 연결되어 있다.

표 8-6. 아두이노 보드와 사용한 부품의 연결

구분	단자 이름	아두이노 핀	기타
LED	양극	330[Ω] 저항을 통해 13번	디지털 출력
	음극	GND	접지
푸시 버튼	터미널 1a	10[㏀] 풀업 저항을 통해 5[V]와 아두이노 보드의 7번에 연결	전원 및 디지털 입력
	터미널 2b	GND	접지

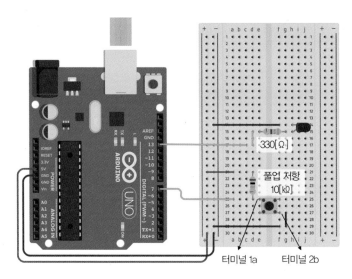

터미널 1a   터미널 2b

그림 8-26. 푸시 버튼을 이용한 디지털 카운터 회로

디지털 카운터가 동작하는 데 필요한 기능을 다음과 같이 3단계로 나누어 단계
별로 기능을 추가하며 소스코드를 작성한다. 풀업 저항이 적용된 푸시 버튼 입
력을 사용하므로 아두이노에 입력되는 디지털 데이터는 푸시 버튼이 눌리지 않
았을 때 HIGH(1), 눌렀을 때 LOW(0)라는 것에 주의하자.

- **1단계** : 푸시 버튼에 의한 디지털 입력이 'HIGH(SW OFF)'일 때 LED가 꺼
  지고, 'LOW(SW ON)'일 때 LED가 켜지도록 하며, 푸시 버튼의 입력 상태
  (SW : ON 또는 SW : OFF)를 시리얼 모니터에 출력하는 기능
- **2단계** : 푸시 버튼에 의한 입력을 카운트하는 기능
- **3단계** : 푸시 버튼을 한 번 눌렀다 뗄 때 카운트 값이 1씩 증가하도록 하는 기능

코드 8-5a는 푸시 버튼을 통해 디지털 입력을 받아 LED의 상태(ON/OFF)를 제
어하고, 입력된 디지털 데이터값을 시리얼 모니터로 확인하는 소스코드이다.

코드 8-5a

디지털 카운터(1단계) – 푸시 버튼 입력에 따른 LED 제어와 시리얼 모니터 출력

```
1    // Digital Counter(1단계)
2
3    int LED = 13;                  // LED를 아두이노의 13번 핀에 연결
4    int SW = 7;                    // 푸시 버튼 입력을 아두이노의 7번 핀에 연결
5
6    void setup(){
7      pinMode(LED, OUTPUT);        // 13번 핀(LED)을 출력으로 설정
8      pinMode(SW, INPUT);          // 7번 핀(SW)을 입력으로 설정
9      Serial.begin(9600);          // 시리얼 통신 초기화
10   }
11
12   void loop(){
13     int state = digitalRead(SW);  /* 7번 핀(SW)으로 디지털 데이터를 입력 받아
14                                      int형 변수 state에 저장 */
15     if (state == HIGH){           // 변수 state에 저장된 값이 HIGH(버튼 뗌)이면
16       digitalWrite(LED, LOW);     // 13번 핀(LED)으로 LOW(0V)를 출력
17       Serial.println("SW : OFF"); // 시리얼 모니터에 “ SW : OFF ” 출력 후 줄 바꿈
18     }
19     else {                        // 변수 state에 저장된 값이 LOW(버튼 누름)이면
20       digitalWrite(LED, HIGH);    // 13번 핀(LED)으로 HIGH(5V)를 출력
21       Serial.println("SW : ON");  // 시리얼 모니터에 “ SW : ON ” 출력 후 줄 바꿈
22     }
23   }
```

3~4줄 : LED 및 푸시 버튼과 연결된 아두이노의 핀 번호인 13과 7을 int형 변수 LED와 SW에 각각 저장한다.

7~8줄 : LED(13번 핀)를 출력 모드, SW(7번 핀)를 입력 모드로 설정한다.

9줄 : 시리얼 모니터의 통신 속도를 9600 보레이트로 초기화한다.

13줄 : SW(7번 핀)로 읽어 들인 디지털 데이터를 int형 변수 state에 저장한다. int형 변수 state는 푸시 버튼에 의해 입력 받은 디지털 입력 데이터를 저장하기 위한 변수로 푸시 버튼을 누르지 않으면 HIGH(1)가 저장되고 푸시 버튼을 누르면 LOW(0)가 저장된다.

15~18줄 : if 문을 사용하여 푸시 버튼의 입력에 따라 LED의 ON/OFF를 제어하고, 시리얼 모니터에 푸시 버튼의 상태를 출력한다. 푸시 버튼이 눌리지 않은 것(state == HIGH)으로 판단되면 digitalWrite( ) 함수에 의해 13번 핀(LED)

으로 LOW(0V)를 출력하므로 LED는 켜지지 않는다. 이때 시리얼 모니터에 'SW : OFF'라는 문자열이 출력된다. 15줄의 '=='는 '같다'라는 의미를 갖는 C 언어의 비교 연산자로 'if (state == HIGH)'는 '변수 state에 저장된 값이 HIGH(1)와 같다면'이라는 의미이다.

19~22줄 : else는 if 문과 함께 사용되며 if (조건)를 만족하지 않을 때, 즉 푸시 버튼이 눌린 것(state == LOW)으로 판단되면 digitalWrite( ) 함수에 의해 13번 핀(LED)으로 HIGH(5V)를 출력하므로 LED는 켜진다. 이때 시리얼 모니터에 'SW : ON'이라는 문자열이 출력된다.

---

if 문

용도
조건이 참인지 거짓인지 판단하고 판단 결과에 해당 명령문을 실행하는 판단문

사용 형식
```
if (조건) {
  True일 때 실행할 명령문 1;
  True일 때 실행할 명령문 2;
  …
}
else  {
    False일 때 실행할 명령문 1;
    False일 때 실행할 명령문 2;
    …
}
```

사용 예
```
void loop() {
  if (num > 0) {              // num이 양수라면
    serial.println(" True ");   // num이 양수일 때 시리얼 모니터에 ' True ' 를 출력
  }
  else {                      // num이 양수가 아니라면(0 또는 음수라면)
    serial.println(" False ");  // num이 양수가 아닐 때 시리얼 모니터에 ' False ' 를 출력
  }
}
```

※ if 문에서 else 부분의 생략이 가능

시뮬레이션을 실행하고 소스코드 편집기의 아래에 있는 '시리얼 모니터'를 클릭하면 시리얼 모니터 창이 나타난다. 마우스 커서를 사용하여 푸시 버튼을 누르거나 누르지 않았을 때 시리얼 모니터에 출력되는 결과는 그림 8-27과 같다.

(a) 푸시 버튼을 눌렀을 때

(b) 푸시 버튼을 누르지 않았을 때

그림 8-27. 푸시 버튼이 눌린 상태에 따른 시리얼 모니터의 출력 결과

앞서 작성한 코드 8-5a에 푸시 버튼이 눌린 횟수를 카운트하는 기능을 추가해
보자. 먼저 푸시 버튼이 눌린 횟수를 저장하는 공간(메모리)으로 int형 변수 num
을 선언하는 코드를 추가한다. 다음으로 푸시 버튼이 눌릴 때마다 변수 num에
저장되는 값이 1씩 증가하는 코드와 변수 num에 저장된 값을 시리얼 모니터에
출력하는 코드를 추가한다. 다음 코드 8-5b에서 5줄, 19~20줄, 23줄, 26~27
줄이 새로 추가된 코드이다.

코드 8-5b

디지털 카운터(2단계) – 푸시 버튼에 의한 입력을 카운트

```
1     // Digital Counter(2단계)          // 소스 코드 설명(주석문)
2
3     int LED = 13;                      // LED를 아두이노의 13번 핀에 연결
4     int SW = 7;                        // 푸시 버튼을 아두이노의 7번 핀에 연결
5     int num;                           /* 푸시 버튼이 눌린 횟수를 저장할 변수로 int형
                                            num을 선언 */
6
7     void setup(){
8       pinMode(LED, OUTPUT);            // 13번 핀(LED)을 출력으로 설정
9       pinMode(SW, INPUT);              // 7번 핀(SW)을 입력으로 설정
10      Serial.begin(9600);              // 시리얼 통신 초기화
```

```
11        }
12
13      void loop(){
14        int state = digitalRead(SW);      /* 7번 핀(SW)으로 디지털 데이터를 입력 받아
15                                              int형 변수 state에 저장 */
16        if (state == HIGH){               // 변수 state에 저장된 값이 HIGH(버튼 뗌)면
17          digitalWrite(LED, LOW);         // 13번 핀(LED)으로 LOW(0V)를 출력
18          Serial.println("SW  : OFF");    // 시리얼 모니터에 "SW : OFF" 출력 후 줄 바꿈
19          Serial.print("num = ");         // 시리얼 모니터에 "num = " 문자열 출력
20          Serial.println(num);            // 시리얼 모니터에 num 값 출력 후 줄 바꿈
21        }
22        else {                            // 변수 state에 저장된 값이 LOW(버튼 누름)이면
23          num = num + 1;                  // 푸시 버튼이 눌리면 num이 1씩 증가
24          digitalWrite(LED, HIGH);        // 13번 핀(LED)으로 HIGH(5V)를 출력
25          Serial.println("SW  : ON");     // 시리얼 모니터에 "SW : ON" 출력 후 줄 바꿈
26          Serial.print("num = ");         // 시리얼 모니터에 "num = " 문자열 출력
27          Serial.println(num);            // 시리얼 모니터에 num에 저장된 값을 출력
28        }
29      }
```

5줄 : 푸시 버튼이 눌린 횟수를 저장할 변수로 int형 num을 선언한다.

19~20줄 : 푸시 버튼이 눌리지 않았을 때 시리얼 모니터에 'num = 누른 횟수 (num에 저장된 값)'라는 문자열을 출력하고 줄 바꿈 한다.

23줄 : 푸시 버튼이 눌리면 num 값이 1만큼 증가한다.

26~27줄 : 푸시 버튼이 눌렸을 때 시리얼 모니터에 'num = 누른 횟수(num에 저장된 값)'라는 문자열을 출력하고 줄 바꿈 한다.

코드 8-5b와 같이 소스코드를 수정했다면 시뮬레이션을 실행해 보자. 푸시 버튼을 누르지 않으면 시리얼 모니터에 푸시 버튼이 눌리지 않은 상태임을 나타내는 'SW : OFF'라는 문자열과 변수 num에 현재 저장된 값을 출력한다. 푸시 버튼을 누르면 푸시 버튼의 상태가 변경되어 'SW : ON'이라는 문자열과 변수 num에 저장된 값을 출력한다.

(a) 푸시 버튼을 누르지 않았을 때

(b) 푸시 버튼을 눌렀을 때

그림 8-28. 소스코드 수정 후 푸시 버튼 상태에 따른 시리얼 모니터의 출력 결과

만약 푸시 버튼을 계속 누르고 있으면 시리얼 모니터에 출력되는 num 값이 빠르게 증가하는 것을 확인할 수 있다. 이러한 결과는 푸시 버튼에 의해 입력되는 디지털 데이터를 아두이노 7번 핀에서 계속해서 빠르게 읽어 들이기 때문이다. 푸시 버튼을 눌렀다 뗄 때는 동작을 한 번의 입력이 되도록 코드 8-5b를 코드 8-5c와 같이 수정하자.

먼저 푸시 버튼이 눌리지 않았거나 눌린 직후의 상태임을 확인하기 위해 boolean형 변수 check를 선언하고 초깃값을 false(0)로 설정하는 코드를 추가한다. 다음으로 푸시 버튼을 누르지 않았을 때 변수 check에 저장된 값이 항상 false를 유지하는 코드를 추가한다. 마지막으로 푸시 버튼이 눌린 상태일 때 변수 check에 저장된 값이 false인지 확인한 다음 저장된 값이 false이면 num 값을 1만큼 증가시키고 변수 check 값을 true(1)로 설정하는 코드를 추가한다. 만약 푸시 버튼이 눌린 상태이더라도 변수 check에 true(1)가 저장되어 있다면 num 값은 증가하지 않는다. 소스코드의 6줄, 22줄, 25~28줄이 새롭게 추가된 코드이다.

디지털 카운터(3단계) – 푸시 버튼을 눌렀다가 뗀 동작에 따라 1씩 증가

```
1    // Digital Counter(3단계)              // 소스 코드 설명(주석문)
2
3    int LED = 13;                          // LED를 아두이노의 13번 핀에 연결
4    int SW = 7;                            // 푸시 버튼 입력을 아두이노의 7번 핀에 연결
5    int num;                               // 눌린 횟수를 저장할 int형 변수 num 선언
6    boolean check = 0;                     /* 변수 check를 boolean형으로 선언하고 초깃값으
7                                              로 false 저장 */
8    void setup(){
9      pinMode(LED, OUTPUT);                // 13번 핀(LED)을 출력으로 설정
10     pinMode(SW, INPUT);                  // 7번 핀(SW)을 입력으로 설정
11     Serial.begin(9600);                  // 시리얼 통신 초기화
12   }
13
14   void loop(){
15     int state = digitalRead(SW);         /* 7번 핀(SW)으로 디지털 데이터를 입력 받아
16                                              int형 변수 state에 저장 */
17     if (state == HIGH){                  // 변수 state에 저장된 값이 HIGH(버튼 뗌)이면
18       digitalWrite(LED, LOW);            // 13번 핀(LED)으로 LOW(0[V])를 출력
19       Serial.println("SW  : OFF");       // 시리얼 모니터에 " SW  : OFF " 출력 후 줄 바꿈
20       Serial.print("num = ");            // 시리얼 모니터에 " num = " 문자열 출력
21       Serial.println(num);               // 시리얼 모니터에 num 값 출력 후 줄 바꿈
22       check = false;                     // 변수 check에 false를 저장
23     }
24     else{                                // 변수 state에 저장된 값이 LOW(버튼 누름)이면
25       if (check == false) {              // 변수 check에 저장된 값이 false이면
26         num = num + 1;                   // num에 저장된 값이 1만큼 증가
27         check = true;                    // 변수 check에 저장된 값을 true로 변경
28       }
29
30       digitalWrite(LED, HIGH);           // 13번 핀(LED)으로 HIGH(5[V])를 출력
31       Serial.println("SW  : ON");        // 시리얼 모니터에 " SW  : ON " 출력 후 줄 바꿈
32       Serial.print("num = ");            // 시리얼 모니터에 " num = " 문자열 출력
33       Serial.println(num);               // 시리얼 모니터에 num에 저장된 값을 출력
34     }
35   }
```

코드 8-5c와 같이 소스코드의 수정이 완료되었다면 시뮬레이션을 실행하고 시리얼 모니터를 사용하여 아두이노 보드의 동작을 확인해 보자. 푸시 버튼을 눌렀을 때 LED는 켜지며, 변수 num에 저장된 값이 1만큼 증가한다. 이때 푸시 버튼을 누르고 있는 동안 LED는 켜진 상태를 유지하고 있지만, 변수 num에 저장된 값은 계속 증가하지 않는 것을 확인할 수 있다.

222 8장 디지털 데이터 입출력

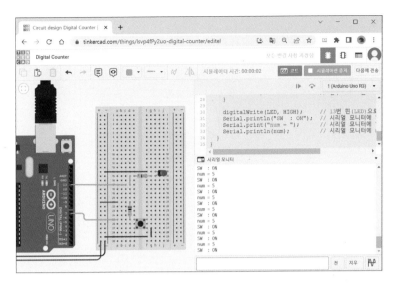

그림 8-29. 푸시 버튼을 눌렀다 뗐을 때 누른 횟수가 한 번만 증가하도록 수정한 결과

소프트웨어적인 디바운스 방법

앞서 만들어 본 디지털 카운터는 시뮬레이터 환경이므로 푸시 버튼을 누를 때 4장에서 설명한 바운스 현상에 의한 문제가 발생하지 않는다. 그러나 실제 푸시 버튼을 사용하여 입력회로를 만들었을 때 푸시 버튼을 누르거나 뗀 직후 일정 시간(수 밀리초~수십 밀리초) 동안 바운스 현상이 발생할 수 있다. 4장에서 바운스 현상을 제거하기 위해 커패시터를 추가하여 고주파 잡음인 바운스 현상을 줄이는 하드웨어적인 디바운스 방법에 대해 알아보았다. 하드웨어적인 디바운스 방법 외에도 소프트웨어적으로 바운스 현상을 제거할 수 있다.

소프트웨어적인 디바운스 방법은 바운스 현상이 발생하는 시간 동안 입력값을 읽어 들이지 않고 일정 시간 지연 후 입력을 받아들이는 것이다. 이때 푸시 버튼의 종류나 사용자 습관에 따라 지연 시간을 달리 선택해야 할 수도 있지만, 일반적으로 지연 시간을 20밀리초 이상으로 설정하면 바운스 현상에 의한 문제를 피할 수 있다.

<9장>

아날로그
데이터 입출력

학습 목표

- 아두이노의 아날로그 데이터 입출력에 대한 기본적인 내용을 이해한다.

- 아날로그 데이터의 입출력을 위한 기본 함수를 사용할 수 있다.

- 아날로그 데이터 출력을 위한 펄스 폭 변조에 대한 개념을 이해하고 사용할 수 있다.

아두이노의 아날로그 데이터 입출력

아두이노를 포함한 마이크로컨트롤러는 디지털 데이터를 입력 받아 처리한 다음 디지털 데이터를 출력하는 것이 기본이다. 그러나 아두이노와 함께 사용하는 많은 센서는 디지털 데이터가 아닌 아날로그 데이터를 출력한다. 따라서 아두이노는 센서로부터 출력되는 아날로그 데이터를 입력 받기 위한 전용 입력 핀과 입력 받은 아날로그 데이터를 디지털 데이터로 변환하는 아날로그−디지털 변환기(ADC)가 준비되어 있다. 아두이노 우노 보드는 6개의 전용 핀으로 아날로그 데이터를 입력 받아 ADC를 통해 디지털 데이터로 변환한 다음 처리한다. 처리된 결과는 디지털 데이터를 출력할 수 있는 핀을 사용하여 그대로 출력하거나, 파형 생성기를 통해 아날로그 신호와 비슷한 효과를 낼 수 있는 PWM(펄스 폭 변조) 방식의 데이터로 변환한 다음 PWM 출력이 가능한 핀으로 출력할 수 있다.

아날로그 데이터(PWM) 출력 핀

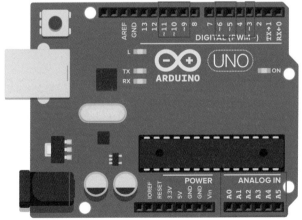

아날로그 입력 핀

그림 9−1. 아두이노 보드(Uno)의 아날로그 입출력 핀

8장에서 디지털 데이터의 입출력을 위해서는 pinMode() 함수를 통해 먼저 사용할 디지털 핀의 용도(입력 또는 출력)를 설정해야 했다. 반면, 아날로그 데이터를 입력 받거나 출력할 때는 핀 자체로 입출력을 구분하기 때문에 pinMode() 함수를 통해 사용 모드를 설정할 필요가 없다.

표 9-1. 아두이노의 아날로그 데이터 입출력을 위한 기본 함수

데이터 유형	입력 함수	출력 함수
아날로그	int voltage = analogRead(핀 번호);	analogWrite(핀 번호, 출력 데이터);

표 9-2. 아두이노(Uno)의 아날로그 데이터 입출력 핀

구분	핀 번호	아날로그 데이터 입력	아날로그 데이터 출력(PWM)	비고
디지털 핀	0	×	×	
	1	×	×	
	2	×	×	
	~3	×	○	8비트 PWM 신호 출력
	4	×	×	
	~5	×	○	8비트 PWM 신호 출력
	~6	×	○	
	7	×	×	
	8	×	×	
	~9	×	○	
	~10	×	○	8비트 PWM 신호 출력
	~11	×	○	
	12	×	×	
	13	×	×	
아날로그 핀	A0	○	×	
	A1	○	×	
	A2	○	×	내부 10비트 ADC를 사용하여 아날로그 데이터 입력
	A3	○	×	
	A4	○	×	
	A5	○	×	

2 〉 아날로그 입력을 위한 아날로그-디지털 변환기

2.1 | 아날로그-디지털 변환기

7장에서 아날로그 데이터는 모든 시간에 대해 값의 변화(정보)가 연속적으로 표현되는 데이터라는 것을 알아보았다. 즉, 아날로그 데이터는 모든 시간에서 존재하며 각각의 시간에서 가질 수 있는 데이터값의 가짓수가 셀 수 없이 많다. 이러한 아날로그 데이터는 직접 입력 받아 처리할 수 없으므로 아두이노에서는 내장하고 있는 아날로그-디지털 변환기(ADC)를 사용하여 디지털 데이터로 변환한 다음 처리하게 된다. ADC는 아날로그 데이터를 시간과 크기에 대해 이산화(유한한 가짓수를 갖도록 하는 것)하는 장치로, 내부적으로 시간에 대해 이산화하는 샘플링(sampling) 과정과 크기에 대해 이산화하는 양자화(quantization) 과정, 그리고 데이터의 값을 0과 1로 표현하는 부호화(coding) 과정을 통해 아날로그 데이터를 디지털 데이터로 변환한다. 이때 샘플링 속도(sampling rate)와 양자화 비트(quantization bit)는 ADC의 처리 능력을 결정하는 중요한 사양이다.

샘플링은 일정한 시간마다 데이터를 가져오는 과정으로 샘플링 속도는 1초 동안 가져오는 데이터의 수를 결정한다. 즉, 시간에 대한 이산화의 해상도를 의미한다. 양자화는 데이터값이 갖는 전체 범위를 $2^{비트 수}$개의 단계로 나누고 샘플링된 각각의 데이터값을 여러 구분 단계 중 가장 가까운 단계의 값으로 나타내는 과정으로, 양자화 비트는 데이터값의 범위를 몇 개의 단계로 나누는지를 결정한다. 즉, 크기에 대한 이산화의 해상도와 관련이 있다. 마지막 부호화 과정에서는 샘플링 및 양자화 처리된 결과를 0과 1로만 이루어진 디지털 데이터로 만든다.

그림 9-2의 아날로그-디지털 변환 과정을 살펴보자. 첫 번째 샘플링 과정에서 샘플링 속도는 10Hz로 아날로그 데이터로부터 1초 동안 0.1초 간격으로 10개의 값을 가져온다. 두 번째 양자화 과정에서 양자화 비트는 3비트로 아날로그 데이터값의 전체 범위인 0~5[V]를 0~7단계($2^3 = 8$단계)로 구분한다. 예를 들어 샘플링된 $t = 3.2$초에 해당하는 아날로그 데이터는 약 3.8[V]로 양자화 과정을 통해 8개의 양자화 단계 중 5단계에 해당하는 데이터인 3.571[V]가 된다. 마지막 단계인 부호화 과정에서는 샘플링 및 양자화 처리된 결과인 3.571[V]가 양자화 5단계에 해당하는 디지털 데이터 '101'로 변환된다. 이때 최종 변환된 디지털 데이터의 길이는 양자화 비트인 3비트가 된다.

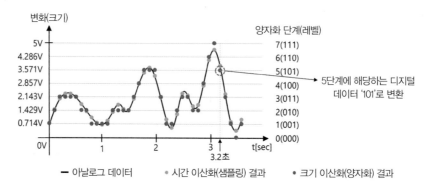

그림 9-2. 아날로그 데이터의 디지털 데이터 변환

아두이노 우노(Uno)는 6개의 서로 다른 아날로그 입력을 처리할 수 있는 6채널 10비트 ADC를 내장하고 있다. 하나의 채널만을 사용할 때 이론적 최대 샘플링 속도[1]는 9600Hz로 1초당 9600번의 샘플링이 가능하며, 10비트 양자화[2]를 통해 아날로그 데이터의 크기를 1024단계($2^{10} = 1024$)로 구분하여 0~1023 범위 중 하나의 값으로 표현할 수 있다. 그러나 6채널이 동시에 아날로그 입력을 디지털 데이터로 변환할 수 없고, 한 번에 하나의 채널만 처리할 수 있다. 또한 사용 환경에 따라 내부적으로 다른 동작과 함께 샘플링이 이루어지므로 추가적인 지연

 체크 포인트

1 아두이노에서 아날로그 데이터로부터 하나의 디지털 데이터를 가져오는데 104μs의 시간이 필요하므로 1초에 9600번 (1/104μs=9600)의 샘플링이 가능하다.
2 10비트 양자화를 통해 아날로그 데이터의 크기를 1024단계(2^{10}=1024)로 구분하여 0~1023 범위에 있는 하나의 값으로 나타낸다.

시간이 필요하다. 따라서 이론적인 최대 샘플링 속도(9600Hz)보다 느린 샘플링 속도를 사용해야 ADC의 성능을 보장할 수 있다.

ADC의 여러 채널을 사용할 때 주의 사항

아두이노 우노 보드의 ADC는 6개의 채널을 통해 아날로그 데이터를 디지털 데이터로 변환할 수 있지만 한 번에 하나의 채널만 사용할 수 있다. 만약 2개의 채널을 사용하여 아날로그 데이터를 읽어 들인다면 analogRead() 함수의 매개변수인 아날로그 입력 핀 번호를 다르게 지정하면 된다.

```
void loop() {
    analogRead(A0);               // A0로 ADC의 채널 전환
    int val0 = analogRead(A0);    // A0 핀으로 아날로그 데이터를 입력 받아 int형 변수 val0에 저장

    analogRead(A1);               // A1으로 ADC의 채널 전환
    int val1 = analogRead(A1);    // A1 핀으로 아날로그 데이터를 입력 받아 int형 변수 val1에 저장
}
```

위 예시처럼 'analogRead(핀 번호);'와 같은 명령문을 사용하면 자동으로 해당 ADC 채널로 변경된다. 그러나 채널을 변경하는 명령이 실행되고 실제 변경된 채널에서 아날로그 데이터를 읽어 들이기 시작할 때까지 준비할 시간이 필요하다. 따라서 여러 개의 채널을 사용할 때 채널 변경 후 약간의 지연 시간을 두어 변경된 채널이 안정화되기를 기다리거나 채널 변경 후 첫 번째 읽은 값은 버리고 두 번째 읽은 값부터 사용하는 것이 안전하다.

2.2 | 아날로그 입력 함수의 사용 방법

아날로그 데이터를 입력 받기 위해서는 analogRead() 함수를 사용한다. analogRead() 함수를 사용(호출)하여 아날로그 데이터를 가져올 때 내부적으로 ADC에 의해 변환된 10비트의 디지털 데이터, 즉 10개의 0 또는 1로 구성되는 디지털 데이터를 한 번에 읽어 들인다. analogRead() 함수로 읽어 들여 변환된 10비트의 디지털 데이터는 0~1023 사이의 정수로 표현되므로 analogRead() 함수의 반환 값은 int형 자료형이다. 따라서 analogRead() 함수로 읽어 들인 데이터를 저장하기 위해서는 int형 변수가 필요하다.

앞서 살펴본 digitalRead() 함수 역시 int형 데이터를 반환하며 반환된 값이 1비트인 0(LOW)과 1(HIGH)만을 가질 수 있지만 analogRead() 함수의 반환 값은 10비트의 데이터(예, 1100001111)라는 차이가 있다. 따라서 digitalRead() 함수를 사용하여 1비트 단위로 디지털 데이터를 한 번 읽어 들이는 시간에 비해 analogRead() 함수로 아날로그 데이터를 한 번 읽어 들이는 시간이 오래 걸린다.

---

analogRead(매개변수) 함수

용도
지정된 아날로그 입력 핀으로 아날로그 데이터를 읽어 오는 함수

함수 형식
analogRead(핀 번호);

매개변수
핀 번호 : 아날로그 데이터를 읽을 때 사용하는 핀의 번호(A0~A5)

함수의 반환 값
0~1023 범위 내의 정수(int형 데이터)

사용 예
```
void loop() {
    int a = analogRead(A0);      // A0 핀으로 아날로그 데이터를 읽어 들여 int형 변수 a에 저장
}
```

디지털 데이터를 입출력하기 위해 digitalRead() 함수나 digitalWrite() 함수를 사용할 때는 pinMode() 함수를 통해 사용할 핀의 입출력 모드(INPUT 또는 OUTPUT)를 설정하는 것이 필요하지만, 아날로그 데이터를 입력 받기 위해 analogRead() 함수를 사용할 때는 입력 모드 설정이 필요 없다는 것을 기억하자.

2.3 | 아날로그 데이터 입력의 정확도를 높이기 위한 AREF 핀의 사용 □

아두이노 우노(Uno)는 기본적으로 5[V]로 동작하는 보드이므로 0~5[V] 범위의 값을 읽을 수 있다. 만약 아날로그 핀에 0[V]의 전압이 걸리면 $0(00\_0000\_0000_{(2)})^3$을, 5[V]가 걸리면 $1023(11\_1111\_1111_{(2)})^4$을 읽어 들이게

되며 그 이상의 전압이 걸리게 되더라도 1023으로 읽어 들인다. 하지만 실제로 아날로그 입력 핀에 5[V]보다 높은 전압을 가하면 아두이노 보드가 파손될 수 있으므로 주의해야 한다. 0~5[V] 범위의 아날로그 데이터는 1024단계로 구분되므로 각 단계는 약 4.9[mV](5 ÷ 1024＝4.88[mV])의 간격을 갖는다. 이때 읽어 들이는 0~1023의 값은 실제 전압의 크기가 아니고 상대적인 크기를 의미한다.

아두이노 보드는 5[V]의 외부 전원으로 동작하지만 이보다 조금 낮은 4.5[V]에서도 동작할 수 있다. 이때 별다른 설정이 없다면 아날로그 입력은 아두이노 보드의 동작전압이 기준이 되기 때문에 아날로그 입력 핀은 0~4.5[V]의 값을 읽게 된다. 따라서 센서로부터 출력되는 0~5[V]의 아날로그 데이터를 읽어 들일 때 4.5[V]의 센서 출력은 아두이노에서 5[V]를 의미하는 1023으로 읽어 들이게 된다. 이러한 문제를 해결하기 위해 아두이노에는 아날로그 데이터를 읽어 들일 때 정확하게 입력 받을 수 있도록 도와 주는 AREF 핀이 있다.

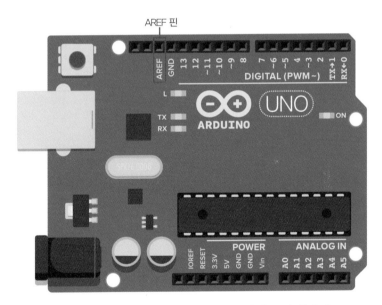

그림 9-3. 아두이노 보드의 아날로그 기준 전압(AREF) 설정 핀

 체크 포인트

3 10비트 2진수 0000000000을 알아보기 쉽게 00_0000_0000(2)로 표현하며 이는 10진수 0에 해당한다.
4 10비트 2진수 1111111111을 알아보기 쉽게 11_1111_1111(2)로 표현하며 이는 10진수 1023에 해당한다.

AREF는 말 그대로 아날로그 기준(analog reference)으로 아두이노 보드에서 아날로그 데이터를 읽어 들일 때 AREF에 공급되는 외부 전압값을 기준으로 설정하도록 도와주는 핀이다. 즉, AREF에 공급되는 전압이 analogRead() 함수가 반환하는 최댓값인 1023에 해당하는 전압이다. AREF 핀에 3.3[V] 전압을 입력하면 아두이노의 아날로그 입력 핀은 0~3.3[V](0~1023) 범위의 아날로그 데이터를 읽어 들이게 된다. AREF 핀을 이용한 기준 전압은 setup() 함수를 이용한 초기화 부분에서 analogReference() 함수를 사용하여 설정할 수 있다.

---

analogReference(매개변수) 함수

용도
아날로그 입력의 정확도를 높이기 위해 아날로그 데이터 입력 범위의 상단에 해당하는 아날로그 기준 전압을 설정하는 함수

함수 형식
analogReference(type);

매개변수
※ 다음 type 중 한 가지를 선택
DEFAULT : 기본적인 아날로그 기준 전압값인 5V(5V 아두이노 보드), 또는 3.3V(3.3V 아날로그 보드)
INTERNAL : 보드의 내부 기준 전압을 사용, Atmega328을 사용하는 Uno 보드의 경우 1.1V
INTERNAL1V1 : 내부 1.1V 기준 전압을 사용, 아두이노 Mega 보드 전용
INTERNAL2V56 : 내부 2.56V 기준 전압을 사용, 아두이노 Mega 보드 전용
EXTERNAL : AREF 핀에 인가되는 기준 전압을 사용, 0~5V 범위에서만 사용 가능

함수의 반환 값
없음

사용 예
```
void setup() {
    analogReference(DEFAULT);  // 기본 설정으로 5V 보드에서는 5V, 3.3V에서는 3.3V로 설정
}
```

3 〉 아날로그 출력을 위한 펄스 폭 변조

아두이노 우노(Uno)는 아날로그-디지털 변환기(ADC)를 내장하고 있어 아날로그 입력을 디지털 데이터로 변환한 다음 내부의 연산장치(ALU)에서 처리하고, 처리 결과인 디지털 데이터를 다른 장치로 전달하거나 직접 출력할 수 있다. 그러나 아날로그 데이터 출력이 필요할 때는 어떻게 할까? 아두이노 우노에서는 연산장 치가 처리한 결과인 디지털 데이터를 아날로그 데이터로 출력할 때 펄스 폭 변 조(PWM : Pulse Width Modulation)라는 방식을 사용한다.

3.1 | 펄스 폭 변조 □

아날로그 데이터는 정보를 연속된 크기의 변화로 표현하는데 이러한 크기의 변 화는 모든 시간에서 나타난다. 반면 디지털 데이터는 크기의 변화(정보)를 일정 한 시간 간격으로 0(LOW)과 1(HIGH) 두 가지의 상태만으로 표현한다. 디지털 데이터를 아날로그 데이터로 표현하기 위해서는 어떻게 해야 할까?

일반적으로 디지털 데이터를 아날로그 데이터로 변환하기 위해서는 디지털-아 날로그 변환기(DAC)라는 장치를 사용하여 디지털 데이터가 없는 시간(데이터가 정의되어 있지 않은 시간) 구간의 데이터를 채워 넣는 복원(reconstruction) 과정 이 필요하다. 하지만 아두이노 우노에는 DAC가 없다. 아두이노 우노에 DAC가 없는데 어떻게 아날로그 데이터를 출력한다고 이야기할까? 방법은 펄스 폭 변조 (PWM) 방식의 디지털 데이터로 아날로그 데이터와 비슷한 효과를 내는 것이다. 펄스 폭 변조는 LOW(0V)와 HIGH(5V) 두 가지 상태를 나타내는 디지털 데이 터로 만들어지는 펄스의 폭을 다르게 함으로써 아날로그 데이터의 크기 변화를 나타내는 것이다. 즉, 펄스의 한 주기에서 HIGH(5V) 값을 갖는 시간의 비율인 듀티 사이클(duty cycle)을 사용하여 아날로그 데이터의 크기를 표현한다. 이때 펄스의 한 주기는 20ms를 사용한다.

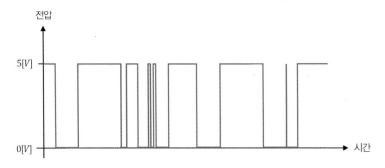

그림 9-4. 펄스 폭 변조(PWM) 방식의 디지털 데이터

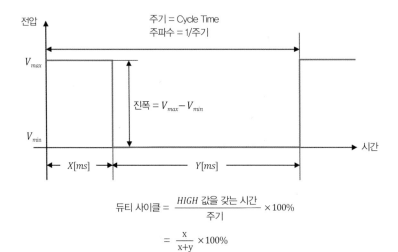

$$듀티 사이클 = \frac{HIGH \text{ 값을 갖는 시간}}{주기} \times 100\%$$

$$= \frac{\text{x}}{\text{x+y}} \times 100\%$$

그림 9-5. 펄스 신호의 듀티 사이클

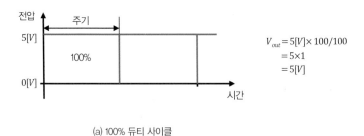

(a) 100% 듀티 사이클

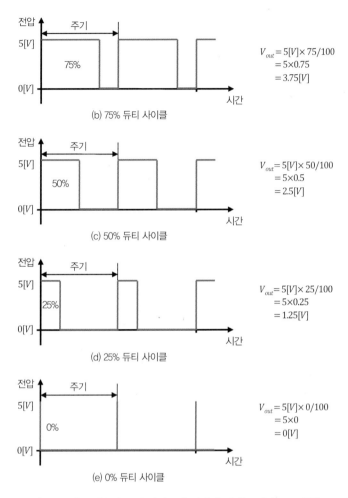

$$V_{out} = 5[V] \times 75/100$$
$$= 5 \times 0.75$$
$$= 3.75[V]$$

(b) 75% 듀티 사이클

$$V_{out} = 5[V] \times 50/100$$
$$= 5 \times 0.5$$
$$= 2.5[V]$$

(c) 50% 듀티 사이클

$$V_{out} = 5[V] \times 25/100$$
$$= 5 \times 0.25$$
$$= 1.25[V]$$

(d) 25% 듀티 사이클

$$V_{out} = 5[V] \times 0/100$$
$$= 5 \times 0$$
$$= 0[V]$$

(e) 0% 듀티 사이클

그림 9-6. 펄스 신호의 듀티 사이클에 따라 출력되는 아날로그 전압(PWM 출력)

그림 9-6과 같이 PWM 방식의 데이터는 디지털 데이터가 갖는 LOW(0V)와 HIGH(5V) 두 가지 상태의 시간 비율을 조절하여 아날로그 데이터와 비슷한 효과를 얻을 수 있으며, LED의 밝기나 모터의 속도를 조절할 수 있다. 이때 아두이노에서 PWM 방식의 데이터로 표현할 수 있는 값은 8비트로 표현할 수 있는 $0(0000\_0000_{(2)}) \sim 255(1111\_1111_{(2)})$ 사이의 값으로 0이 0% 듀티 사이클, 255가 100% 듀티 사이클을 나타낸다. PWM 방식의 데이터를 사용하여 아날로그 데이터와 비슷한 효과를 얻을 수 있지만, 8장의 LED Blink 예제나 신호등 예제를 생각해 보면 다음과 같은 의문이 생길 수도 있을 것이다. LED Blink 예제에서 0.5초

간격으로 LED를 켜고 끄는 동작은 50%의 듀티 사이클을 갖는 PWM 방식의 데이터를 사용하여 LED를 제어하는 것과 같은데 LED Blink 예제에서 LED의 밝기는 왜 변화가 없을까? 이러한 이유는 주파수에 있다.

0.5초 간격으로 LED를 깜박이는 디지털 데이터의 주파수는 1Hz이지만, analogWrite() 함수로 출력하는 PWM 방식의 데이터는 490Hz 또는 980Hz의 매우 높은 주파수를 갖는다. PWM 방식의 데이터가 490Hz의 주파수를 갖는다면 LED는 1초에 490번 켜고 끄기를 반복하게 된다. 이러한 속도는 LED가 개별적인 펄스에 반응하기에는 너무 빠른 속도이므로 LED가 완전히 켜진 것도 아니고 완전히 꺼진 것이 아닌 중간 정도의 밝기를 보이게 된다. 반면, LED Blink 예제에서 1Hz 주파수의 디지털 데이터로 LED를 제어할 때는 디지털 데이터의 HIGH 구간에서는 완전한 ON 동작(5[V] 동작, 최대 밝기), LOW 구간에서는 완전한 OFF 동작(0[V] 동작, LED 꺼짐)을 하게 된다.

3.2 | 아날로그 출력 함수의 사용 방법

아두이노에서 PWM 방식의 데이터는 analogWrite() 함수를 사용하여 디지털 핀 번호 앞에 '~' 표시가 있는 핀으로 출력할 수 있다.

analogWrite(매개변수) 함수

용도
지정된 핀(~ 표시가 있는 디지털 핀)으로 PWM 방식의 데이터를 출력할 때 사용하는 함수

함수 형식
analogWrite(핀 번호, 출력값);

매개변수
핀 번호 : PWM 방식의 데이터를 출력할 때 사용하는 핀의 번호
출력값 : PWM 방식의 데이터에 해당하는 0~255 사이의 값, 0(0V)~255(5V)

함수의 반환 값
없음

사용 예
```
void loop() {
    analogWrite(9, 0);          // 9번 핀으로 0% 듀티 사이클의 PWM 방식의 데이터 출력
```

```
        analogWrite(10, 127);        // 10번 핀으로 50% 듀티 사이클의 PWM 방식의 데이터 출력
        analogWrite(11, 255);        // 11번 핀으로 100% 듀티 사이클의 PWM 방식의 데이터 출력
    }
```

PWM 방식의 데이터를 출력할 수 있는 6개의 디지털 출력 핀(3, 5, 6, 9, 10, 11번 핀)은 pinMode( ) 함수를 이용하여 출력 모드로 설정하지 않아도 된다. 원칙적으로는 analogWrite( ) 함수를 사용하기 전에 pinMode( ) 함수로 사용할 핀을 출력 모드로 설정해야 하지만 analogWrite( ) 함수에는 사용할 핀을 출력으로 설정하는 코드가 포함되어 있으므로 별도의 출력 모드를 지정하지 않아도 된다. 앞서 살펴봤던 analogRead( ) 함수 역시 사용할 핀의 입력 모드 지정이 필요하지 않았다는 것을 기억하자.

3.3 | 아날로그 입력 범위와 출력 범위 맞추기 □

아두이노에서 analogRead( ) 함수로 읽을 수 있는 아날로그 데이터는 10비트 범위인 0~1023 사이의 값이다. 그러나 analogWrite( ) 함수로 출력할 수 있는 PWM 방식의 데이터는 8비트 범위인 0~255 사이의 값이다. 따라서 아날로그 입력을 받아 처리한 다음 아날로그 출력으로 외부에 연결된 전자 부품을 제어하기 위해서는 입력값과 출력값의 범위를 맞춰 줄 필요가 있다. 이를 위해 아두이노에서는 map( ) 함수를 제공하고 있다.

---

map(매개변수) 함수

용도
기준값을 기존의 범위 값에서 다른 범위의 값으로 변환할 때 사용하는 함수

함수 형식
```
map(value, fromLOW, fromHIGH, toLOW, toHIGH);
```

매개변수
value : 범위를 바꾸고자 하는 값
fromLOW : 기존 범위 최솟값
fromHIGH : 기존 범위 최댓값

---

toLOW : 목표 범위 최솟값
toHIGH : 목표 범위 최댓값

함수의 반환 값
목표 범위로 변환된 값

사용 예
```
void loop() {
    // A0번 핀으로 아날로그 데이터를 읽어 디지털 데이터로 변환 후 int형 변수 val0에 저장
    int val0 = analogRead(A0);

    // val0에 저장된 0~1023 범위의 입력값을 0~255 범위의 출력값으로 변환하여 val에 저장
    int val = map(val0, 0, 1023, 0, 255);

    // 9번 핀으로 범위가 조정된 val 값을 PWM 방식의 데이터로 출력
    analogWrite(9, val);
}
```

map( ) 함수는 입력 범위를 축소/확장하여 출력에 매핑, 범위의 축소나 확장 없이 특정 범위의 출력으로 매핑, 입력 데이터 범위를 뒤집어 출력에 매핑, 음수 범위로 매핑 등 입력 데이터에 대해 출력 데이터의 범위를 다양한 방법으로 변환할 수 있다.

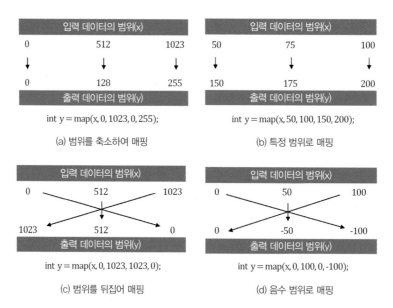

그림 9-7. map( ) 함수에 의한 범위 변환

map( ) 함수를 사용하여 그림 9-7과 같이 입력 데이터를 다양한 범위의 출력 데이터로 변환할 수 있지만, 아두이노에서 아날로그 입출력을 위해 사용할 때는 그림 9-7(a)와 같이 10비트(0~1023 사이의 값)로 표현되는 입력 데이터를 8비트(0~255 사이의 값)로 표현되는 출력 데이터로 변환하는 방법을 주로 사용한다.

PWM 출력을 이용한 LED 밝기 조절

아날로그 출력인 PWM 출력을 사용하여 LED의 밝기를 조절해 보자. 팅커캐드의 작업판에서 아두이노 보드, 작은 브레드보드, LED, 저항을 배치하고 그림 9-8과 같이 회로를 구성한다. 먼저 아두이노 보드의 GND를 브레드보드의 전원 연결 블록에 연결한다. LED의 양(+)극 단자는 330[Ω] 저항을 통해 PWM 출력이 가능한 아두이노 보드의 3번 핀에 연결하고, LED의 음(-)극 단자는 브레드보드의 GND에 연결한다.

표 9-3. 아두이노 보드와 사용한 부품의 연결

구분	단자 이름	아두이노 핀	기타
LED	양극	330[Ω] 저항을 통해 3번	PWM 출력
	음극	GND	접지

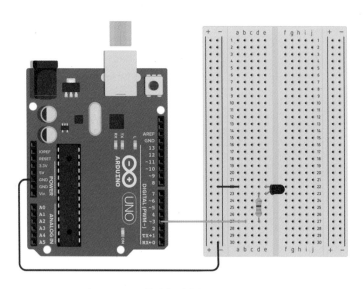

그림 9-8. PWM 출력을 이용한 LED 밝기 조절 회로

PWM 출력 데이터를 이용하여 LED의 밝기가 밝아졌다 어두워지는 동작을 반복하는 소스코드를 작성해 보자.

코드 9-1a

PWM 출력을 이용한 LED 밝기 조절

```
1    // PWM 출력을 이용한 LED 밝기 조절
2
3    int LED = 3;                        // LED를 3번 핀에 연결
4
5    void setup()
6    {
7    }
8
9    void loop()
10   {
11     // 10밀리초 간격으로 점점 밝아짐
12     for (int i = 0; i < 255; i++) {   // 10밀리초 간격으로 i 값이 1씩 증가
13       analogWrite(LED, i);            // 3번 핀으로 PWM 신호 값을 출력
14       delay(10);                      // 10밀리초 동안 지연
15     }
16
17     // 10밀리초 간격으로 점점 어두워짐
18     for (int i = 255; i > 0; i--) {   // 10밀리초 간격으로 i 값이 1씩 감소
19       analogWrite(LED, i);            // 3번 핀으로 PWM 신호 값을 출력
20       delay(10);                      // 10밀리초 동안 지연
21     }
22   }
```

1줄 : 소스코드에 대한 기본적인 설명을 하기 위해 //로 시작하는 주석문이다.

3줄 : LED의 양극 단자가 연결된 아두이노 보드의 핀 번호인 3(3번 핀은 PWM 출력이 가능)을 int형 변수 LED에 저장한다.

5~7줄 : setup( ) 함수에서 초기화 설정은 없다.

12~15줄 : for 문을 사용하여 10밀리초 간격으로 LED가 점점 밝아지게 한다. for 문의 조건식에서 사용할 변수 i를 int형으로 선언하고, i = 0을 시작으로 i < 255의 조건을 만족하는 동안 analogWrite( ) 함수를 사용하여 아두이노의 3번 핀으로 int형 변수 i에 저장된 값을 PWM 출력 형태로 내보낸다. PWM 데이터를 출력한 다음 10밀리초 동안 지연하고 변수 i에 저장된 값을 1만큼 증가시킨다.

18~21줄 : int형 변수 i를 선언하고, i = 255를 시작으로 i 〉 0의 조건을 만족하는 동안 analogWrite( ) 함수를 사용하여 아두이노의 3번 핀으로 변수 i에 저장된 값을 PWM 출력 형태로 내보낸다. PWM 데이터를 출력한 다음 10밀리초 동안 지연하고 변수 i에 저장된 값을 1만큼 감소시킨다.

시뮬레이션을 시작하면 PWM 출력에 의해 LED가 점점 밝아졌다가 어두워지기를 반복한다. LED의 현재 밝기 정도는 analogWrite( ) 함수의 매개변수로 사용된 PWM 출력값(i의 값)으로 확인할 수 있다. 코드 9-1a에 아두이노의 3번 핀으로 출력되는 PWM 출력값을 시리얼 모니터로 확인하기 위한 소스코드를 추가해보자. 추가된 코드는 7줄, 15~16줄, 23~24줄이다.

코드 9-1b

PWM 출력을 이용한 LED 밝기 조절과 시리얼 모니터로 확인

```
1    // PWM 출력을 이용한 LED 밝기 조절
2
3    int LED = 3;                          // LED를 3번 핀에 연결
4
5    void setup()
6    {
7      Serial.begin(9600);                // 시리얼 통신 초기화
8    }
9
10   void loop()
11   {
12     // 10밀리초 간격으로 점점 밝아짐
13     for (int i = 0; i < 255; i++) {    // 10밀리초 간격으로 i 값이 1씩 증가
14       analogWrite(LED, i);             // 3번 핀으로 PWM 신호 값을 출력
15       Serial.print("PWM output : ");   // 시리얼 모니터에 ‘PWM output : ’ 출력
16       Serial.println(i);               // PWM 출력값 i를 출력하고 줄 바꿈
17       delay(10);                       // 10밀리초 동안 지연
18     }
19
20     // 10밀리초 간격으로 점점 어두워짐
21     for (int i = 255; i > 0; i--) {    // 10밀리초 간격으로 i 값이 1씩 감소
22       analogWrite(LED, i);             // 3번 핀으로 PWM 신호 값을 출력
23       Serial.print("PWM output : ");   // 시리얼 모니터에 ‘PWM output : ’ 출력
24       Serial.println(i);               // PWM 출력값 i를 출력하고 줄 바꿈
25       delay(10);                       // 10밀리초 동안 지연
26     }
27   }
```

코드 9-1b와 같이 소스코드를 수정했다면 '시뮬레이션 시작' 버튼을 클릭하여 시뮬레이션을 다시 실행해 보자. 소스코드 편집 창 아래의 '시리얼 모니터'를 클릭하면 그림 9-9와 같이 현재 LED 밝기에 해당하는 PWM 출력값을 확인할 수 있다.

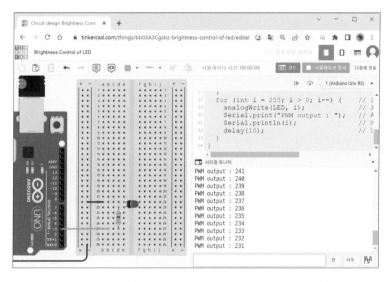

그림 9-9. 시리얼 모니터에 표시되는 LED 밝기에 해당하는 PWM 출력값

1 〉 가변 저항

아두이노의 아날로그 입력 핀으로 읽어 들인 가변 저항값(아날로그 데이터)을 PWM 데이터로 출력하여 LED의 밝기를 조절할 수 있다. 먼저 가변 저항을 사용하는 데 필요한 기본적인 내용에 대해 알아보자.

가변 저항(variable resistor)은 극성이 없는 3개의 단자를 가지고 있으며 저항값을 임의로 바꿀 수 있는 저항기로, 분압기(potentiometer)라고도 한다. 그림 9-10은 가변 저항의 외형과 회로도에서 사용하는 기호이며, 그림 9-11은 가변 저항의 내부 분압 회로를 나타내고 있다.

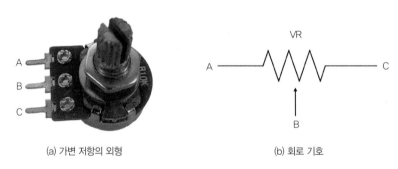

(a) 가변 저항의 외형   (b) 회로 기호

그림 9-10. 가변 저항의 외형과 기호

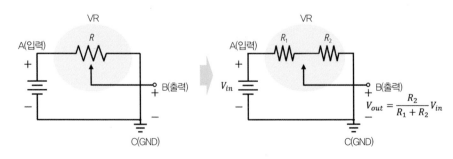

$$V_{out} = \frac{R_2}{R_1 + R_2} V_{in}$$

그림 9-11. 가변 저항의 내부의 분압 회로

그림 9–11에서 가변 저항의 저항값이 $R = 10 [\text{k}\Omega]$일 때, 두 단자 A와 C 사이의 저항값이 전체 저항값($R = R_1 + R_2 = 10 [\text{k}\Omega]$)이고 가변 저항의 다이얼을 돌리면 B의 위치가 달라져 R_1과 R_2는 전체 저항값에서 차지하는 정도가 달라진다. 예를 들어 그림 9–10에서 가변 저항의 다이얼을 시계 방향으로 돌리면 단자 B가 단자 C 쪽으로 움직이게 되어 R_1은 최대 $10 [\text{k}\Omega]$까지 커지고 R_2는 $R_2 = 10 [\text{k}\Omega] - R_1$로 줄어든다. 반면, 반시계 방향으로 돌리면 단자 B가 단자 A 쪽으로 움직이게 되어 R_2의 저항값이 커지고 R_1은 줄어든다. 따라서 단자 A에 가해진 입력 전압 V_{in}이 R_1과 R_2에 대해 전압 분배[5]되어 출력 전압은 $V_{out} = R_2/(R_1 + R_2) \times V_{in}$과 같이 결정된다. 그림 9–12는 실제 가변 저항과 팅커캐드의 가변 저항(분압기)을 나타내고 있다.

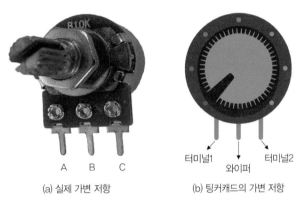

(a) 실제 가변 저항   (b) 팅커캐드의 가변 저항

그림 9–12. 실제 가변 저항과 팅커캐드의 가변 저항(분압기)

체크 포인트

5 3장에서 살펴본 직렬연결된 저항 회로에서의 전압 분배 법칙을 참고

2 〉 가변 저항을 이용한 LED 밝기 조절

팅커캐드의 작업판에서 아두이노 보드, 작은 브레드보드, LED, 330[Ω] 저항, 가변 저항(분압기)을 배치하고 LED 밝기 조절 회로를 구성하기 위해 앞서 작성했던 회로를 복제하여 수정해 보자. 그림 9-13과 같이 팅커캐드의 회로 메뉴에서 이미 작성한 회로에 마우스 커서를 가져가 표시되는 '설정' 아이콘(⚙)을 클릭하고 '복제'를 선택하면 된다.

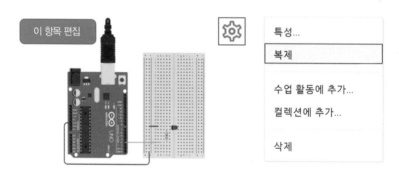

그림 9-13. 이미 작성한 회로를 복제하는 방법

복제가 완료되면 자동으로 회로를 수정할 수 있는 편집 상태가 된다. 회로 구성 요소 모음에서 분압기를 찾아 작업판에 배치하고 그림 9-14와 같이 회로를 구성하자. 분압기 단자 중 터미널 1은 5[V], 와이퍼는 아두이노의 아날로그 입력이 가능한 A0 핀, 터미널 2는 GND에 연결한다.

표 9-4. 복제된 회로에서 분압기의 연결

구분	단자 이름	아두이노 핀	기타
분압기	터미널 1	5[V]	전원
	와이퍼	A0	아날로그 입력
	터미널 2	GND	접지

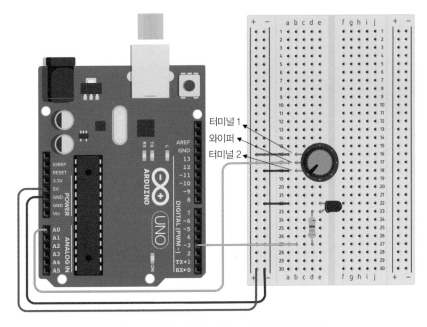

그림 9-14. 분압기를 추가하고 연결을 완성한 회로

가변 저항의 다이얼을 돌림에 따라 변화하는 저항값을 아두이노의 아날로그 입력 핀(A0)으로 읽어 들인 다음 map( ) 함수를 사용하여 0~255 사이의 값으로 변환한다. 디지털 출력 핀(3번)으로 변환된 값에 해당하는 PWM 데이터를 출력하여 LED의 밝기를 조정하고, 읽어 들인 저항값과 PWM 데이터로 출력되는 변환값(LED 밝기값)을 시리얼 모니터에 출력하는 소스코드를 작성해 보자.

코드 9-2

가변 저항을 이용한 LED 밝기 조절

```
1     // 가변 저항을 이용한 LED 밝기 조절
2
3     int in_VR = A0;       // int형 변수 in_VR에 아날로그 입력 핀 번호인 A0를 저장
4     int out_LED = 3;      // int형 변수 out_LED에 PWM 출력이 가능한 핀 번호인 3을 저장
5
6     void setup()
7     {
8       Serial.begin(9600);  // 시리얼 통신 초기화
9     }
10
11    void loop()
```

```
12          {
13              int readValue = analogRead(in_VR);      // 아날로그 핀으로 가변 저항값 읽기
14              int brightValue = map(readValue, 0, 1023, 0, 255); // 데이터 범위 조정
15              analogWrite(out_LED, brightValue);      // 3번 핀으로 PWM 신호를 출력
16              // 시리얼 모니터에 읽어 들인 가변 저항값과 LED 밝기를 결정하는 PWM 데이터를 출력
17              Serial.print(String("VR value : ") + readValue);
18              Serial.println(String("\t\tLED Brightness : ") + brightValue);
19              delay(200);                             // 200밀리초 동안 지연
20          }
```

1줄 : 소스코드에 대한 기본적인 설명을 하기 위해 //로 시작하는 주석문이다.

3줄 : int형 변수 in_VR에 아날로그 데이터(가변 저항값)를 읽어 들이는 핀 번호 A0를 저장한다.

4줄 : int형 변수 out_LED에 PWM 신호(LED 밝기)를 출력할 디지털 핀 번호인 3을 저장한다.

8줄 : 시리얼 모니터를 초기화한다.

13줄 : 아날로그 입력 핀 in_VR(A0)로 가변 저항의 값을 읽어 들여 int형 변수 readValue에 저장한다.

14줄 : 아날로그 데이터 범위(0~1023)로 읽어 들인 가변 저항값은 map() 함수를 이용하여 PWM 출력 범위(0~255)의 값으로 변환하여 int형 변수 bright Value에 저장한다.

15줄 : analogWrite() 함수를 사용하여 디지털 3번 핀(out_LED)으로 bright Value에 해당하는 PWM 데이터를 출력한다.

17줄 : 시리얼 모니터에 "VR_value : readValue(읽어 들인 가변 저항값)"라는 문자열을 출력하고 줄 바꿈 하지 않는다. String()는 String 클래스의 생성자로 문자열을 쉽게 다룰 수 있게 한다. 'String(매개변수)'과 같은 형식으로 사용되며, 매개변수를 문자열로 변환하여 반환한다. Serial.print() 함수 또는 Serial.println() 함수에서 Serial.println(String("문자열") + 변수)와 같이 사용하면 '문자열'과 변수에 저장된 값이 하나의 문자열로 결합되어 출력된다.

String(매개변수) 생성자

용도
문자열을 처리할 때 처리 대상을 문자열로 변환하여 반환하는 객체 초기화 함수

함수 형식
String(value, base, decimalPlace);

매개변수
value : 문자열로 바꾸려는 대상(정수, 변수, 문자, 문자열 등)
base(선택) : 문자열로 바꾸려는 대상의 진법(BIN, OCT, DEC, HEX)
decimalPlace(선택) : 문자열로 바꾸려는 대상의 소수점 자릿수

함수의 반환 값
문자열

사용 예
```
void loop() {

  String str1;                        // String 객체⁶ str1을 생성
  str1 = String("Hello World!");      // str1에 문자열 "Hello World!"를 저장
  str1 = String(45, BIN);             // str1에 45의 2진수인 "101101"을 문자열로 저장
  str1 = String(3.1415, 2);           // str1에 3.1415의 소수 2자리까지인 "3.14"를 문자열
                                      로 저장

}
```

18줄 : 시리얼 모니터에 "\t\tLED Brightness : brightValue(8비트로 범위가 조정된 LED 밝기 값)"라는 문자열을 출력하고 줄을 바꾼다. 이때 '\t'는 키보드의 Tab 을 누른 것을 의미하며, 시리얼 모니터에 출력할 때 Brightness 앞에는 2번의 Tab 을 해당하는 빈칸이 출력된다.

19줄 : 200밀리초 동안 지연한다.

시뮬레이션을 시작하고 가변 저항(분압기)의 다이얼을 돌리면 LED의 밝기가 변하게 되는데 다이얼을 시계 방향으로 돌리면 LED가 점점 어두워지고 반시계 방향으로 돌리면 다시 밝아진다. 또한 시리얼 모니터에서 아두이노로 읽어 들인 0~1023 사이의 가변 저항값과 LED의 양극 단자로 출력되는 0~255 사이의 PWM 출력값을 확인할 수 있다.

체크 포인트

6 아두이노 프로그래밍에서는 문자열을 쉽게 다루기 위해 String 클래스(class)가 있으며 String 클래스형 변수를 'String 객체'라고 한다.

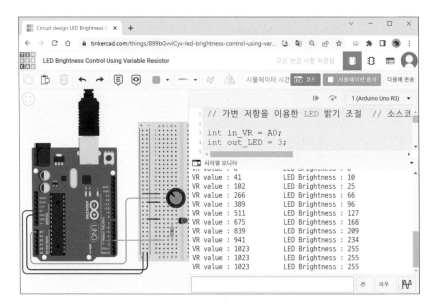

그림 9-15. 아날로그 입력으로 읽어 들인 가변 저항값과 LED의 밝기에 해당하는 PWM 출력값

TINKERCAD

1 〉 가산 혼합 원리를 이용하는 RGB LED

빛의 가산 혼합 원리를 이용하여 무지개 색상의 빛을 내는 RGB LED 조명을 만들어 보자. RGB LED는 빨간색(R), 초록색(G), 파란색(B)의 빛을 내는 3개의 LED를 하나의 LED로 합친 것으로, 3가지 빛을 가산 혼합하여 다양한 색의 빛을 내는 부품이다. 먼저 빛의 합성을 위해 기본적으로 필요한 가산 혼합 원리에 대해 알아보자.

1.1 ┃ 가산 혼합 원리 □

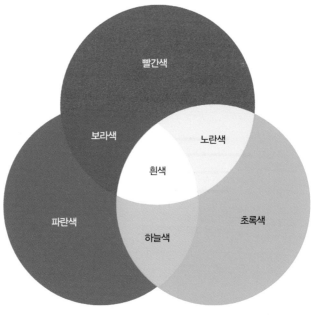

그림 9-16. 빛의 3원색과 가산 혼합

물감은 여러 가지 색상을 혼합할수록 어두워지지만, 빛은 혼합할수록 밝아지는 특성이 있다. 물감의 혼합처럼 혼합한 색이 원래의 색보다 명도가 낮아지는 것을 '감산 혼합'이라고 하며, 빛의 혼합처럼 혼합한 색이 원래의 색보다 명도가 높아지는 것을 '가산 혼합'이라 한다.

컬러 프린터는 감산 혼합 원리를 활용하는 대표적인 예시이며 컬러 모니터는 가산 혼합을 활용하는 예시이다. 가산 혼합에서 빨간색과 초록색 빛을 혼합하면 노란색, 빨간색과 파란색을 혼합하면 보라색, 파란색과 초록색을 혼합하면 하늘색이 된다. 빨간색, 파란색, 초록색을 모두 혼합하면 흰색이 된다. RGB LED는 이러한 빛의 가산 혼합 원리를 이용하여 다양한 색상을 표시할 수 있어 컬러 TV나 컬러 모니터 등에 활용된다.

1.2 | RGB LED

RGB LED는 일반 LED와 비슷하게 생겼지만, 내부에 빨간색, 초록색, 파란색의 빛을 내는 3개의 LED로 구성되어 있다. RGB LED는 4개의 단자를 가지고 있으며 그중 한 단자의 길이가 길다. 일반 LED와 달리 흔히 사용하는 RGB LED는 긴 단자가 음극 단자(캐소드, −)이며 짧은 단자가 각 색상의 양극 단자(애노드, +)이다.

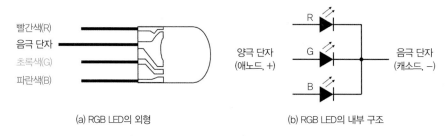

(a) RGB LED의 외형   (b) RGB LED의 내부 구조

그림 9-17. RGB LED의 외형과 내부 구조

팅커캐드에서 제공하는 RGB LED는 단자의 길이가 모두 같으므로 외형으로 음극 단자를 찾는 것은 어렵다. 대신 각 단자에 마우스 커서를 가져가면 해당 단자가 음극 단자 또는 어떤 색상을 제어하기 위한 양극 단자인지 표시해 준다.

빨간색(R)　　음극　　파란색(B)　　초록색(G)

(a) RGB LED의 단자 이름

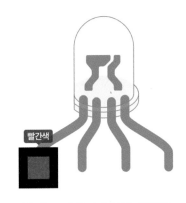

(b) 마우스 커서를 가져가 단자 이름 확인

그림 9-18. 팅커캐드의 RGB LED

RGB LED도 일반 LED처럼 순방향 전압이 걸렸을 때 빛을 방출하며, 동작을 위해 약 2[V]의 전원이 필요하다. RGB LED에 2[V]보다 높은 전압을 가하면 빛이 밝아지지만, 흐르는 전류가 증가하여 각 색상에 해당하는 LED가 파괴되거나 수명이 단축된다. 따라서 RGB LED도 일반 LED와 마찬가지로 LED에 흐르는 전류를 제한하기 위해 저항을 직렬로 연결하여 사용하는 것이 좋다. 일반적으로 각 색상의 양극 단자에 220[Ω] 또는 330[Ω] 저항을 연결하는 것이 안전하게 사용하는 방법이다.

2 RGB LED를 이용한 무지개 조명

RGB LED의 빨간색(R), 초록색(G), 파란색(B) 빛을 내는 3개의 단자에 표 9-5와 같은 PWM 출력을 전달하여 무지개 색상을 표현할 수 있다.

표 9-5. 무지개 색상의 RGB 값

색상	빨간색	주황색	노란색	초록색	파란색	남색	보라색
R	255	249	255	0	0	29	97
G	0	148	255	255	0	31	28
B	0	32	0	0	255	40	161

팅커캐드의 작업판에서 아두이노 보드, 작은 브레드보드, RGB LED, 저항을 배치하고, 그림 9-19의 무지개 조명 회로를 구성해 보자. RGB LED를 연결할 때 단자 이름 및 극성에 주의해야 하며, 각 색상의 양극 단자는 330[Ω] 저항을 통해 아두이노 보드의 PWM 출력이 가능한 디지털 핀과 연결한다. 빨간색(R) 단자는 11번 핀, 초록색(G) 단자는 9번 핀, 파란색(B) 단자는 10번 핀에 연결하고, 음극 단자는 저항 없이 아두이노 보드의 GND핀에 직접 연결하면 된다.

표 9-6. 아두이노 보드와 사용한 부품의 연결

구분	단자 이름	아두이노 핀	기타
RGB LED	빨간색(R)	330[Ω] 저항을 통해 11번	PWM 출력
	파란색(B)	330[Ω] 저항을 통해 10번	
	초록색(G)	330[Ω] 저항을 통해 9번	
	음극	GND	접지

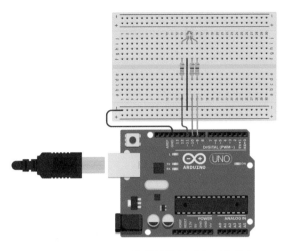

그림 9-19. RGB LED를 활용한 무지개 조명 회로

RGB LED를 활용한 무지개 조명의 동작을 위한 코드 9-3의 소스코드를 작성해 보자. 아날로그 출력(PWM 출력)과 빛의 3원색에 대한 가산 혼합의 원리를 이용하여 RGB LED가 1초 간격으로 무지개 색상을 차례로 표현하도록 한다.

코드 9-3

RGB LED를 사용한 무지개 조명

```
1     // RGB LED 무지개 조명
2
3     int RED = 11;              // 빨간색 LED(RED)를 11번 핀에 연결
4     int GREEN = 9;             // 초록색 LED(GREEN)를 9번 핀에 연결
5     int BLUE = 10;             // 파란색 LED(BLUE)를 10번 핀에 연결
6
7     void setup()
8     {
9     }
10
11    void loop()
12    {
13      // 빨간색
14      analogWrite(RED, 255);    // RED(11번) 핀으로 100% 듀티 사이클의 PWM 신호 출력
15      analogWrite(GREEN, 0);    // GREEN(9번) 핀으로 0% 듀티 사이클의 PWM 신호 출력
16      analogWrite(BLUE, 0);     // BLUE(10번) 핀으로 0% 듀티 사이클의 PWM 신호 출력
17      delay(1000);              // 1초 동안 지연
18
19      // 주황색
20      analogWrite(RED, 249);    // RED 핀으로 98% 듀티 사이클의 PWM 신호 출력
```

```
21        analogWrite(GREEN, 148);        // GREEN 핀으로 58% 듀티 사이클의 PWM 신호 출력
22        analogWrite(BLUE, 32);          // BLUE 핀으로 13% 듀티 사이클의 PWM 신호 출력
23        delay(1000);                    // 1초 동안 지연
24
25        // 노란색
26        analogWrite(RED, 255);          // RED 핀으로 100% 듀티 사이클의 PWM 신호 출력
27        analogWrite(GREEN, 255);        // GREEN 핀으로 100% 듀티 사이클의 PWM 신호 출력
28        analogWrite(BLUE, 0);           // BLUE 핀으로 0% 듀티 사이클의 PWM 신호 출력
29        delay(1000);                    // 1초 동안 지연
30
31        // 초록색
32        analogWrite(RED, 0);            // RED 핀으로 0% 듀티 사이클의 PWM 신호 출력
33        analogWrite(GREEN, 255);        // GREEN 핀으로 100% 듀티 사이클의 PWM 신호 출력
34        analogWrite(BLUE, 0);           // BLUE 핀으로 0% 듀티 사이클의 PWM 신호 출력
35        delay(1000);                    // 1초 동안 지연
36
37        // 파란색
38        analogWrite(RED, 0);            // RED 핀으로 0% 듀티 사이클의 PWM 신호 출력
39        analogWrite(GREEN, 0);          // GREEN 핀으로 0% 듀티 사이클의 PWM 신호 출력
40        analogWrite(BLUE, 255);         // BLUE 핀으로 100% 듀티 사이클의 PWM 신호 출력
41        delay(1000);                    // 1초 동안 지연
42
43        // 남색
44        analogWrite(RED, 29);           // RED 핀으로 11% 듀티 사이클의 PWM 신호 출력
45        analogWrite(GREEN, 31);         // GREEN 핀으로 12% 듀티 사이클의 PWM 신호 출력
46        analogWrite(BLUE, 40);          // BLUE 핀으로 16% 듀티 사이클의 PWM 신호 출력
47        delay(1000);                    // 1초 동안 지연
48
49        // 보라색
50        analogWrite(RED, 97);           // RED 핀으로 38% 듀티 사이클의 PWM 신호 출력
51        analogWrite(GREEN, 28);         // GREEN 핀으로 11% 듀티 사이클의 PWM 신호 출력
52        analogWrite(BLUE, 161);         // BLUE 핀으로 63% 듀티 사이클의 PWM 신호 출력
53        delay(1000);                    // 1초 동안 지연
54    }
```

1줄 : 소스코드에 대한 기본적인 설명을 하기 위해 //로 시작하는 주석문이다.

3~5줄 : RGB LED의 색상별 양극 단자가 연결된 아두이노 보드의 디지털 핀 번호인 11, 9, 10을 int형 변수인 RED, GREEN, BLUE에 각각 저장한다.

7~9줄 : 아날로그 출력을 사용하므로 pinMode( ) 함수로 출력에 사용하는 핀의 모드 설정은 생략한다.

11~54줄 : analogWrite(pin, value) 함수를 사용하여 지정한 출력 핀(11, 9, 10번 핀)으로 0~255 범위의 PWM 출력값을 내보낸다. 'delay(지연 시간);'는 밀리초 단위의 지연 시간 동안 이전 명령문에 의한 RGB LED의 상태를 유지한다.

시뮬레이션을 시작하면 RGB LED는 무지개 색상(빨간색, 주황색, 노란색, ..., 보라색)의 빛을 1초 간격으로 하나씩 출력하는 동작을 반복한다.

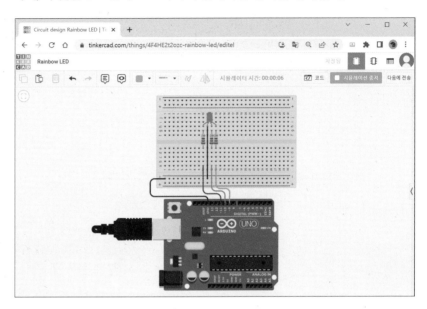

그림 9-20. RGB LED 무지개 조명에서 보라색이 켜진 결과

이번 장에서는 아날로그 데이터의 입출력을 위한 기본 함수의 사용법과 아날로그 출력의 효과를 낼 수 있는 PWM 출력에 대해 알아보았다. 아두이노와 함께 사용하는 다양한 입력 장치와 출력 장치에서 디지털 입출력뿐만 아니라 아날로그 입출력도 많이 사용하므로 반복 학습이 필요하다.

<10장>

함수와 라이브러리

학습 목표

- 아두이노의 함수와 라이브러리의 개념을 이해한다.

- 아두이노의 내장 함수와 사용자 정의 함수를 사용할 수 있다.

- 아두이노 라이브러리를 사용할 수 있다.

1 〉 아두이노 함수

아두이노에서 소스코드(스케치)를 쉽게 작성할 수 있는 것은 다양한 함수와 라이브러리를 사용할 수 있기 때문이다. 함수란 아두이노 보드를 제어하고 데이터를 처리하는 등 특정한 작업을 하기 위한 일종의 명령문 블록이며, 라이브러리는 특정 목적을 위해 사용되는 함수들을 모아 놓은 집합으로 센서, 디스플레이, 모듈 등을 쉽게 사용할 수 있도록 해 준다. 아두이노 통합개발환경(IDE)과 팅커캐드의 아두이노 시뮬레이터에서는 기본적으로 제공하는 내장 함수와 표준 라이브러리를 별도의 작성이나 설치 없이 사용할 수 있다. 그 외 필요에 따라 사용자들이 직접 만들어 사용하는 사용자 함수와 사용자 라이브러리도 있다.

1.1 | 아두이노의 내장 함수

기본적으로 제공되는 내장 함수를 사용하기 위해서는 어떻게 찾고 이용하는지 알아야 한다. 내장 함수는 아두이노 홈페이지(www.arduino.cc)에 접속하여 찾을 수 있다. 'DOCUMENTATION' → 'REFERENCE' 메뉴를 선택하면 'FUNCTIONS' 메뉴에서 디지털 입출력 관련 함수, 아날로그 입출력 관련 함수 등 목적에 따라 정리된 내장 함수들을 확인할 수 있다.

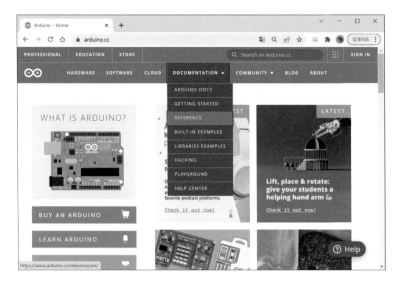

그림 10-1. 아두이노 홈페이지에서 REFERENCE 메뉴 선택

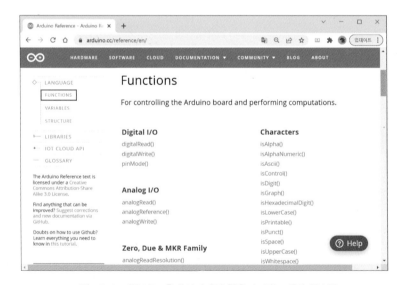

그림 10-2. 아두이노 홈페이지에서 찾을 수 있는 내장 함수들

내장 함수의 이름을 클릭하면 해당 함수의 용도와 사용 방법, 그리고 예제 소스
코드 등 선택한 함수에 대한 자세한 내용을 확인할 수 있다.

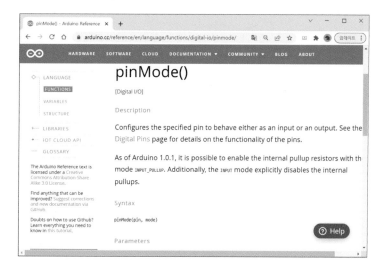

그림 10-3. pinMode( ) 함수의 자세한 내용

1.2 | 아두이노의 사용자 함수

사용자 함수는 기본적으로 제공되는 내장 함수가 아닌 사용자에 의해 정의된 함수를 말한다. 사용자 함수를 정의(작성)하는 방법은 다음과 같다.

사용자 정의 함수

사용자 함수 형식
```
반환자료형 함수명(매개변수 목록){
    처리 내용(명령문)1;
    처리 내용(명령문)2;
    ...
}
```

- 반환자료형 : 함수가 반환하는 값의 자료형(int, float, char 등), 반환 값이 없을 경우 void
- 함수명 : 함수의 이름
- 매개변수 목록 : 함수가 전달 받는 값으로 없을 수도 있고 여러 개가 있을 수도 있음

사용 예
```
// 반환 값이 있는 사용자 정의 함수의 예
int mySum(int a, int b)        /* 매개변수로 int형 데이터 a와 b를 전달 받아 처리하고
                                  int형 데이터를 반환하는 사용자 정의 함수로 함수명은
                                  mySum임 */
{
```

```
        int sum;                    // 함수 내부에서 사용하는 int형 변수 sum 선언
        sum = a + b;                // a와 b를 더한 결과를 변수 sum에 저장(할당)
        return sum;                 // 변수 sum에 저장된 값을 반환함
    }

    // 반환 값이 없는 사용자 정의 함수의 예
    void mySquare(int x)            /* 매개변수로 int형 데이터 x를 전달 받아 처리하고 반환
                                       값이 없는 사용자 정의 함수로 함수명은 mySquare임 */
    {
        int y = x * x;              // int형 데이터 x의 제곱을 계산하여 int형 변수 y에 저장
        Serial.println(y);          // 시리얼 모니터에 처리 결과인 y 값을 출력
    }
```

소스코드에서 사용자 정의 함수는 임의의 위치에 정의(작성)할 수 있으며, 사용자 정의 함수를 호출할 때는 '함수명(매개변수);'과 같은 형식을 사용한다.

코드 10-1

사용자 정의 함수의 작성 위치와 호출 방법

```
1    // 사용자 정의 함수의 작성 위치와 호출 방법
2
3    int SW = 7;                    // 푸시 버튼을 아두이노의 디지털 7번 핀에 연결
4    int cnt = 0;                   // int형 변수 cnt를 선언하고 초깃값을 0으로 설정
5
6    void setup()
7    {
8      Serial.begin(9600);          // 시리얼 모니터 초기화
9      pinMode(SW, INPUT);          // 7번 핀(SW)을 입력으로 설정
10   }
11
12   void loop()
13   {
14     int state = digitalRead(SW); /* 7번 핀(SW)으로 푸시 버튼의 입력값을 읽어 들여
15                                     int형 변수 state에 저장 */
16     if (state == LOW) {          // 변수 state에 저장된 값이 LOW(푸시 버튼 누름)면
17       cnt = cnt + 1;             // 푸시 버튼이 눌리면 변수 cnt 값을 1만큼 증가
18       mySquare(cnt);             // 사용자 정의 함수 mySquare()를 호출(실행)
19     }
20     else {                       // 변수 state에 저장된 값이 HIGH(푸시 버튼 뗌)면
21       cnt = cnt;                 // 푸시 버튼이 눌리지 않으면 변수 cnt 값은 현재 값 유지
22       mySquare(cnt);             // 사용자 정의 함수 mySquare()를 호출(실행)
23     }
24   }
25
```

```
26        // 사용자 정의 함수
27        void mySquare(int x)              // 반환 값이 없는 사용자 정의 함수
28        {
29            int y = x * x;               // int형 데이터 x의 제곱을 계산하여 int형 변수 y에 저장
30            Serial.println(y);           // 시리얼 모니터에 처리 결과인 y 값을 출력
31        }
```

2 〉 아두이노 라이브러리

라이브러리는 다소 복잡한 입출력 제어가 필요한 외부 장치를 간단히 제어할 수 있도록 한다. 푸시 버튼과 LED와 같은 장치는 라이브러리 없이 간단하게 디지털 및 아날로그 데이터값을 읽고 출력할 수 있지만, 키패드와 LCD와 같은 장치들은 전용 라이브러리를 사용하여 제어하는 것이 편리하다. 기본적으로 제공되는 표준 라이브러리는 아두이노 홈페이지의 라이브러리 페이지[1]에서 확인할 수 있다.

그림 10-4. 아두이노 홈페이지의 표준 라이브러리

팅커캐드에서 제공하는 다양한 장치들을 사용하는 데 필요한 라이브러리의 사용 방법에 대해 알아보자. 라이브러리를 사용하기 위해서는 '#include〈라이브러리_이름.h〉'를 소스코드의 가장 첫 줄에 입력하여 라이브러리 헤더 파일(라이브

러리_이름.h)을 소스코드에 포함시킨다. 아두이노 시뮬레이터에서는 #include
〈라이브러리_이름.h〉와 같이 라이브러리를 소스코드에 직접 포함시키는 것 이
외에 다른 방법도 있다. 작업판에 아두이노 보드가 배치되어 있을 때 소스코드
편집 창 위의 '코드' 버튼을 클릭하고 편집 모드에서 문자 입력 방식을 선택하면
'라이브러리' 아이콘(🖴)이 표시된다. 라이브러리 아이콘을 클릭하면 아두이노
시뮬레이터에서 제공하는 다양한 표준 라이브러리가 나타나는데 왼쪽의 '포함'
을 클릭하면 소스코드의 첫 줄에 #include〈Servo.h〉와 같이 선택한 라이브러리
를 소스코드에 포함하는 문장이 추가된다. 라이브러리에는 해당 장치의 제어를
위한 다양한 멤버 함수를 가지고 있으므로 이들 멤버 함수를 사용하여 나머지
소스코드를 간단히 작성할 수 있다.

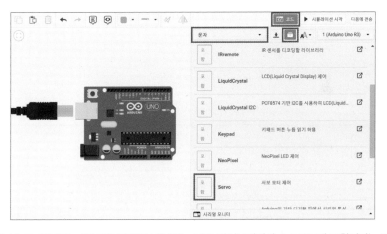

그림 10-5. 아두이노 시뮬레이터에서 제공하는 표준 라이브러리와 소스코드에 포함시키는 방법

그림 10-6. 서보 모터 라이브러리(Servo.h)를 소스코드에 포함시킨 결과

1 〉 서보 모터

서보 모터(servo motor)는 일반 모터와 달리 회전 각도가 정해져 있으므로 정확한 움직임이 필요한 경우에 사용하는 모터이며 라이브러리를 사용하는 장치 중 하나이다. 서보(servo)라는 명칭은 'servant'와 관련이 있어 '주인의 명령에 충실히 따른다'라는 의미가 있다. 즉, 서보 모터는 명령에 따라 정확한 위치와 속도를 맞출 수 있도록 설계된 모터를 말한다. 서보 모터는 이처럼 정확한 제어가 가능하므로 무선 조종 자동차의 방향 제어, 로봇의 관절 제어, 잠금장치 ON/OFF 제어 등에 사용된다.

1.1 | 서보 모터의 동작 원리

(a) 실제 마이크로 서보 모터   (b) 아두이노 시뮬레이터의 마이크로 서보 모터

그림 10-7. 실제 서보 모터와 아두이노 시뮬레이터의 서보 모터

서보 모터는 신호(제어선), 전원(Vcc), 접지(GND)로 구분되는 3개의 단자를 가지고 있으며, 하나의 제어선(신호 단자)을 사용하여 위치 또는 속도를 제어한다. 각 단자의 역할은 연결선의 색으로 구분하며 일반적으로 신호는 노란색(또는

주황색, 흰색), 전원은 붉은색, 접지는 검은색(또는 갈색)을 사용한다.

표 10-1. 서보 모터 연결선의 기능과 색상

연결선	색상
신호(제어선)	노란색, 주황색, 흰색
전원(Vcc)	붉은색
접지(GND)	검은색 또는 갈색

360°를 무한히 회전할 수 있는 연속 회전 서보 모터도 있지만, 일반적으로 많이 사용하는 표준 서보 모터의 회전 범위는 0°~180°로 제한되어 있다. 서보 모터의 회전 각도는 20밀리초의 주기(50Hz 주파수)를 갖는 PWM 신호로 제어되며, 신호(제어선) 단자로 공급되는 PWM 신호가 HIGH(5V)를 유지하는 시간(duty cycle, 1~2밀리초 범위)에 의해 서보 모터의 위치(각도)가 결정된다.

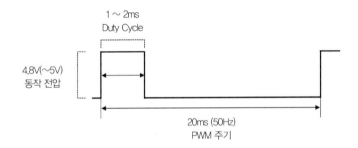

그림 10-8. 서보 모터 제어를 위한 PWM 신호

PWM 신호의 한 주기 동안 HIGH를 유지하는 시간이 1밀리초라면 서보 모터는 0°에 위치하게 되며, 1.5밀리초라면 90°, 2밀리초일 때는 180°에 위치하게 된다.

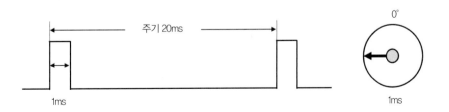

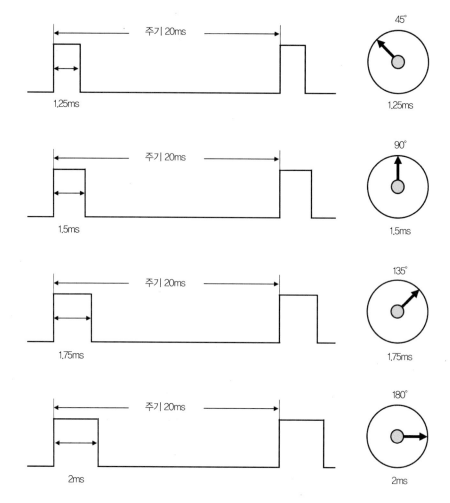

그림 10-9. PWM의 HIGH를 유지하는 시간에 따른 서보 모터의 회전 각도

아두이노를 사용하여 서보 모터를 제어할 때 PWM의 원리를 사용하므로 서보 모터의 신호(제어선)는 PWM 출력이 가능한 핀에 연결해야 한다고 생각할 수 있다. 그러나 서보 모터의 신호 단자는 PWM 출력이 가능한 핀이 아닌 모든 디지털 핀에 연결해도 상관없다. 이는 라이브러리를 사용하여 서보 모터를 제어할 때 멤버 함수를 통해 PWM 신호를 별도로 생성하므로 일반적인 PWM 출력과 차이가 있기 때문이다. 다만 서보 모터 라이브러리를 사용하게 되면 PWM 출력이 가능한 아두이노의 9번 핀과 10번 핀은 PWM 출력을 사용할 수 없게 되므로 서보 모터의 신호 단자를 9번이나 10번 핀에 우선적으로 연결하기도 한다.

1.2 | 서보 모터 라이브러리

서보 모터를 사용하기 위해서는 소스코드에 라이브러리를 포함시키고 서보 모터 라이브러리에 포함된 멤버 함수를 사용하여 서보 모터의 제어를 위한 소스코드를 작성하면 된다. 소스코드 작성에서 필요한 기본적인 과정은 그림 10-10과 같다.

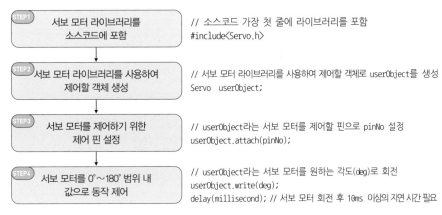

그림 10-10. 서보 모터 제어를 위한 소스코드 작성의 기본 과정

코드 10-2는 1초 간격으로 서보 모터가 0°와 180° 위치로 회전하도록 하는 소스코드이다. 우선 그림 10-10과 같이 서보 모터 라이브러리를 사용하여 소스코드를 작성하는 과정을 살펴본 다음 코드에서 사용한 각 멤버 함수에 대해 알아보자.

코드 10-2

서보 모터 라이브러리를 사용한 소스코드 작성 과정

```
1    #include<Servo.h>      // (Step 1) 서보 모터 라이브러리 포함
2
3    Servo myServo;         // (Step 2) 라이브러리를 사용하여 제어할 서보 모터 객체 생성
4
5    void setup()
6    {
7    myServo.attach(9);  // (Step 3) 객체 myServo를 제어할 핀으로 9번 핀을 설정
8    }
9
```

```
10      void loop()            // (Step 4) 서보 모터 동작 제어
11      {
12        myServo.write(0);    // 서보 모터를 0° 위치로 회전(회전하지 않음)
13        delay(1000);         // 1초 동안 지연, 안정한 동작을 위해 충분한 지연 시간 설정
14        myServo.write(180);  // 서보 모터를 180° 위치로 회전
15        delay(1000);         // 1초 동안 지연, 안정한 동작을 위해 충분한 지연 시간 설정
16      }
```

서보 모터 라이브러리에는 서보 모터 제어를 위한 여러 멤버 함수들이 포함되어 있다. 주요 멤버 함수들에 대해 알아보자.

attach(매개변수) 함수

용도

서보 모터 제어에 사용할 제어핀(신호 단자)을 설정하는 함수

함수 형식

userObject.attach(pinNo, min, max);

※ userObject는 servo 라이브러리를 사용하여 제어할 '객체(object)'로 attach( ) 함수 사용 전에 'Servo userObject'와 같이 라이브러리의 생성자(Servo)를 사용하여 userObject라는 객체의 생성이 필요

매개변수

pinNo : 서보 모터에 연결된 아두이노 출력 핀, 아두이노 우노의 경우 9번이나 10번 핀을 우선적으로 사용

min(선택) : 서보 모터의 최소 각도(0°)에 해당하는 PWM의 HIGH 유지 시간, 설정하지 않으면 기본값인 544마이크로초로 설정됨

max(선택) : 서보 모터의 최대 각도(180°)에 해당하는 PWM의 HIGH 유지 시간, 설정하지 않으면 기본값인 2400마이크로초로 설정됨

함수의 반환 값

없음

사용 예

```
Servo myServo;          // 서보 모터 라이브러리를 사용하여 제어할 객체로 myServo 생성

void setup(){
  myServo.attach(9);    // myServo라는 서보 모터를 제어할 핀으로 9번 핀 설정
}
```

write(매개변수) 함수

용도

서보 모터의 회전 각도를 제어하는 함수

함수 형식

userObject.write(angle);

매개변수

angle : 서보 모터의 회전 각도(표준 서보 모터의 경우 0°~180° 범위 내)

함수의 반환 값

없음

사용 예

```
Servo myServo;              // 서보 모터 라이브러리를 사용하여 제어할 객체로 myServo 생성

void setup(){
  myServo.attach(9);        // myServo라는 서보 모터를 제어할 핀으로 9번 핀 설정
}

void loop(){
  myServo.write(90);        // myServo라는 서보 모터를 90° 위치로 회전
  delay(20);                // 안정한 동작을 위해 20밀리초 동안 지연 시간 필요
}
```

read() 함수

용도

서보 모터의 현재 각도(위치)를 읽는 함수

함수 형식

userObject.read();

매개변수

없음

함수의 반환 값

0°~180° 범위의 int형 데이터(서보 모터의 현재 위치에 해당하는 각도)

사용 예

```
Servo myServo;              // 서보 모터 라이브러리를 사용하여 제어할 객체로 myServo 생성

void setup(){
  myServo.attach(9);        // myServo라는 서보 모터를 제어할 핀으로 9번 핀 설정
}

void loop(){
  myServo.write(90);        // myServo라는 서보 모터를 90° 위치로 회전
  delay(20);                // 20밀리초 동안 지연
  int angle = myServo.read(); // 현재 각도를 읽어 int형 변수 angle에 저장
}
```

2 〉 서보 모터 제어

서보 모터의 기본적인 제어 방법을 알아보기 위해 팅커캐드의 작업판에서 아두이노 보드와 서보 모터를 배치하고 그림 10-11과 같이 회로를 구성해 보자. 회로가 간단하므로 브레드보드는 사용하지 않는다. 아두이노 시뮬레이터에서는 서보 모터의 단자에 마우스 커서를 가져가면 해당 단자의 이름이 표시되므로 연결에 어려움이 없지만, 실제 서보 모터를 연결할 때는 연결선의 색상에 주의하여 연결해야 한다. 서보 모터의 신호, 전원, 접지 단자를 아두이노 보드의 9번 핀, 5[V], GND에 각각 연결한다.

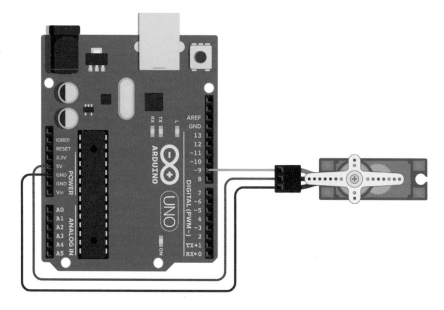

그림 10-11. 서보 모터 제어를 위한 회로 구성

서보 모터 라이브러리를 사용하여 서보 모터를 제어하는 소스코드를 작성해 보자. 서보 모터가 0°와 180° 위치로 왕복 동작을 반복하도록 작성한다.

서보 모터 제어

```
1       // servo motor 제어
2
3       #include<Servo.h>      // (Step 1) 서보 모터 라이브러리 포함
4
5       Servo myServo;         // (Step 2) 라이브러리를 사용하여 제어할 객체 myServo 생성
6
7       void setup()
8       {
9         myServo.attach(9);   // (Step 3) myServo를 제어할 핀으로 9번 핀 설정
10        myServo.write(0);    // 서보 모터를 0° 위치로 초기화(회전하지 않음)
11        delay(20);           // 20밀리초 지연, 안정한 동작을 위한 최소 지연 시간
12      }
13
14      void loop()            // (Step 4) 서보 모터 동작 제어
15      {
16        myServo.write(0);    // 서보 모터를 0° 위치로 회전
17        delay(1000);         // 1000밀리초 지연, 안정한 동작을 위해 충분한 시간 설정
18        myServo.write(90);   // 서보 모터를 90° 위치로 회전(반시계 방향)
19        delay(1000);         // 1000밀리초 지연, 안정한 동작을 위해 충분한 시간 설정
20        myServo.write(180);  // 서보 모터를 180° 위치로 회전(반시계 방향)
21        delay(1000);         // 1000밀리초 지연, 안정한 동작을 위해 충분한 시간 설정
22        myServo.write(90);   // 서보 모터를 90° 위치로 회전(시계 방향)
23        delay(1000);         // 1000밀리초 지연, 안정한 동작을 위해 충분한 시간 설정
24      }
```

1줄 : 소스코드에 대한 기본적인 설명을 하기 위해 //로 시작하는 주석문이다.

3줄 : 서보 모터의 사용을 위해 소스코드에 서보 모터 라이브러리(Servo.h)를 포함시킨다.

5줄 : 서보 모터 라이브러리(Servo.h)를 사용하여 제어할 myServo라는 이름의 객체(object)를 생성한다. 객체 생성을 위해 'Servo 객체이름;'이라는 형식을 사용한다.

9줄 : attach( ) 함수를 사용하여 myServo라는 서보 모터를 제어할 핀으로 9번 핀을 설정한다. attach( ) 함수를 호출할 때 '객체이름.attach(핀 번호)'라는 형식을 사용한다.

10줄 : write( ) 함수를 사용하여 서보 모터의 시작 위치를 0°로 초기화한다.

11줄 : 서보 모터의 안정한 회전 동작을 위한 최소 지연 시간으로 20밀리초 동

안 지연한다.

16~21줄 : 서보 모터가 0° → 90° → 180°와 같이 순차적으로 회전하도록 write() 함수를 사용하여 서보 모터를 제어하는 9번 핀으로 PWM 출력을 내보낸다. write() 함수를 호출할 때 '객체이름.write(회전 각도);'라는 형식을 사용하며, 회전 각도가 증가하는 방향으로 회전할 때는 반시계 방향으로 회전한다.

서보 모터의 안정한 회전 동작을 위해 회전 후 충분한 지연 시간이 필요하다. 한 번의 회전 동작을 할 때는 회전 후 지연 시간을 10~20밀리초 사이에서 설정하지만, 연속적으로 회전하는 것이 필요할 경우 회전 속도를 고려하여 1000밀리초 이상으로 설정하는 것이 좋다.

22~23줄 : 서보 모터가 180°의 위치에서 90°의 위치로 회전하도록 PWM 신호를 보낸다. 회전 각도가 감소하는 방향으로 회전할 때는 시계 방향으로 회전한다.

시뮬레이션을 시작하면 서보 모터가 0° 위치(시작 위치)에서 반시계 방향으로 회전하여 90° → 180°의 위치로 이동한 다음 다시 시계 방향으로 회전하여 90° → 0°의 위치로 회전한다. 이후 이러한 회전 동작을 반복한다. 각각의 회전 각도를 살펴보면 지정한 각도로 정확히 회전하지 않는다는 것을 알 수 있다. 이러한 회전 각도의 오차가 발생하는 이유는 서보 모터의 종류에 따라 오차가 있을 수도 있고 서보 모터의 회전 위치를 나타내는 기본값(default value)에 문제가 있을 수도 있다.

attach() 함수에는 서보 모터의 제어 핀을 지정하는 매개변수 이외에도 최소 각도(0°)와 최대 각도(180°)에 해당하는 듀티 사이클을 설정할 수 있는 선택 매개변수로 min과 max가 있다. min과 max를 특별히 설정하지 않으면 기본값이 사용되는데, 서보 모터의 보호를 위해 최소 회전 각도에 해당하는 min은 544마이크로초, 최대 회전 각도에 해당하는 max는 2400마이크로초로 설정된다. 코드 10-3에서 9줄의 attach() 함수의 선택 매개변수를 min = 500, max = 2500으로 설정하여 다시 시뮬레이션을 실행해 보자.

9줄 : mySevo.attach(9, 500, 2500);   // 매개변수(선택) min과 max 값 설정

위와 같이 매개변수 min과 max를 설정한 다음 시뮬레이션을 실행하면 기본값과 비교했을 때 서보 모터가 정확한 위치로 회전하는 것을 확인할 수 있다.

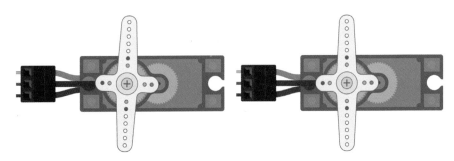

(a) attach() 함수의 매개변수를 기본값 사용   (b) attach() 함수의 매개변수 조정 후

그림 10-12. 선택 매개변수 설정 여부에 따른 서보 모터의 회전 각도(90°) 위치 비교

1 〉 키패드

키패드는 디지털 도어락, 스마트폰, 개인용 컴퓨터 등에서 숫자 또는 문자 등을 입력하는 장치로 사용된다. 아두이노에서도 다양한 키패드를 입력 장치로 사용할 수 있는데 아두이노 시뮬레이터에는 다양한 키패드의 종류 중 4×4 키패드를 제공하고 있다. 키패드도 라이브러리를 사용하는 장치 중 하나로 먼저 키패드에 대한 기본적인 내용에 대해 알아보자.

1.1 키패드의 동작 원리

키패드는 매트릭스(matrix) 형태로 배열된 스위치들로 구성되어 있다. 그림 10-13의 4×4 키패드에서 각 키에 해당하는 스위치의 두 단자는 행(row) 도선과 열(column) 도선에 각각 연결되어 있으며, 행 그룹인 R0~R3에는 같은 행의 스위치들이 서로 연결되어 있고, 열 그룹인 C0~C3에는 같은 열의 스위치들이 서로 연결되어 있다. 만약 1번 키를 누르면 R0와 C0 단자는 단락(short) 상태가 되며, 8번 키를 누르면 R2와 C1 단자가 단락 상태가 된다. 이처럼 키패드에서 어떤 키가 눌렸을 때 키패드 회로의 연결 상태가 변하게 되며, 키 스캔(key scan)이라는 방법을 사용하여 키패드 회로의 변화를 빠르게 확인함으로써 눌린 키를 찾아낼 수 있다.

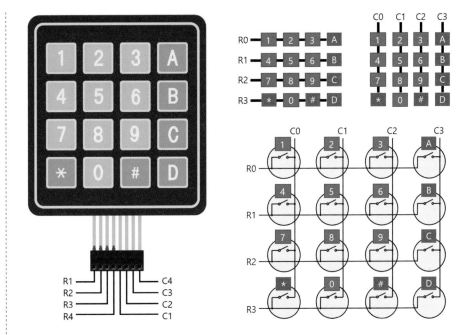

그림 10-13. 아두이노 시뮬레이터에서 제공하는 4×4 키패드

1.2 ▎ 키패드 라이브러리 ☐

키패드 라이브러리(Keypad.h)를 사용하면, 키 스캔에 대한 자세한 동작을 이해하지 못하더라도 간단하게 키패드를 사용할 수 있는데 이를 위해 그림 10-14와 같은 소스코드 작성 과정이 필요하다. 먼저 소스코드에 키패드 라이브러리를 포함시키고 사용할 키패드의 초기화를 위한 매개변수인 키패드의 키값 배열, 키패드의 열 단자와 연결된 아두이노 보드의 데이터 핀, 키패드의 행 단자와 연결된 아두이노 보드의 데이터 핀, 열의 수, 행의 수의 값을 설정한다. 다음으로 키패드 라이브러리를 사용하여 제어할 객체를 만들고, getKey() 함수를 사용하여 눌린 키를 확인한다.

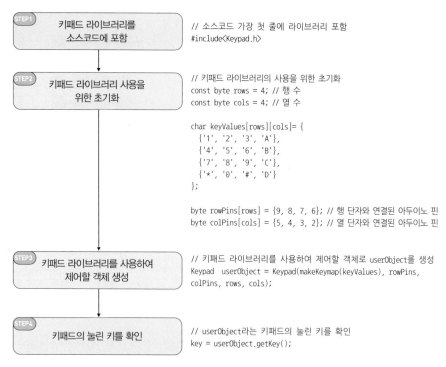

STEP1 키패드 라이브러리를
소스코드에 포함

// 소스코드 가장 첫 줄에 라이브러리 포함
#include<Keypad.h>

STEP2 키패드 라이브러리 사용을
위한 초기화

// 키패드 라이브러리의 사용을 위한 초기화
const byte rows = 4; // 행 수
const byte cols = 4; // 열 수

char keyValues[rows][cols]= {
  {'1', '2', '3', 'A'},
  {'4', '5', '6', 'B'},
  {'7', '8', '9', 'C'},
  {'*', '0', '#', 'D'}
};

byte rowPins[rows] = {9, 8, 7, 6}; // 행 단자와 연결된 아두이노 핀
byte colPins[cols] = {5, 4, 3, 2}; // 열 단자와 연결된 아두이노 핀

STEP3 키패드 라이브러리를 사용하여
제어할 객체 생성

// 키패드 라이브러리를 사용하여 제어할 객체로 userObject를 생성
Keypad userObject = Keypad(makeKeymap(keyValues), rowPins,
colPins, rows, cols);

STEP4 키패드의 눌린 키를 확인

// userObject라는 키패드의 눌린 키를 확인
key = userObject.getKey();

그림 10-14. 4×4 키패드 사용을 위한 소스코드 작성의 기본 과정

코드 10-4는 4×4 키패드를 사용하기 위한 간단한 소스코드의 예시이다. 우선 그림 10-14와 같이 키패드 라이브러리를 사용하여 소스코드를 작성하는 과정을 살펴본 다음, 코드에서 사용한 각 멤버 함수에 대해 알아보자.

코드 10-4

키패드 라이브러리를 사용한 소스코드 작성 과정

```
1     // 4×4 키패드 사용
2
3     #include<Keypad.h>                    // (Step 1) 키패드 라이브러리 포함
4
5     // (Step 2) 사용할 키패드의 매개변수 설정
6     const byte rows = 4;                  // 키패드의 행 수
7     const byte cols = 4;                  // 키패드의 열 수
8
9     char keyValues[rows][cols] = {        // 키패드의 키값 배열
10      {'1', '2', '3', 'A'},
11      {'4', '5', '6', 'B'},
12      {'7', '8', '9', 'C'},
```

```
13              {'*', '0', '#', 'D'}};
14
15      byte rowPins[rows] = {9, 8, 7, 6};  // 행 단자와 연결된 아두이노 데이터 핀
16      byte colPins[cols] = {5, 4, 3, 2};  // 열 단자와 연결된 아두이노 데이터 핀
17
18      // (Step 3) 키패드 라이브러리를 사용하여 제어할 객체로 userKeypad를 생성
19      Keypad userKeypad = Keypad(makeKeymap(keyValues), rowPins, colPins, rows, cols);
20
21      char pressedKey;                    // 눌린 키값을 저장할 char형 변수 선언
22
23      void setup(){
24        Serial.begin(9600);              // 시리얼 모니터 초기화
25      }
26
27      void loop()
28      {
29        pressedKey = userKeypad.getKey(); // (Step 4) 키패드의 눌린 키 확인
30
31        if (pressedKey != NO_KEY) {
32          Serial.print("Pressed Key : "); // 시리얼 모니터에 'Pressed Key : '를 출력
33          Serial.println(pressedKey);      // 시리얼 모니터에 눌린 키값 출력
34        }
35      }
```

키패드 라이브러리에는 키패드를 제어하기 위한 여러 멤버 함수들이 포함되어 있다. 우선 키패드의 형태를 설정하는 데 사용되는 배열의 기본적인 내용을 살펴본 다음, 주요 멤버 함수의 사용 방법에 대해 알아보자.

배열(Array)

용도
배열은 같은 특성(데이터형)을 갖는 여러 데이터들의 집합을 저장하는 일정한 크기의 연속된 저장 공간(메모리)

사용 형식
자료형 배열 이름[세로(행) 크기];   // 1차원 배열
자료형 배열 이름[세로(행) 크기][가로(열) 크기];   // 2차원 배열
자료형 배열 이름[깊이 크기][세로(행) 크기][가로(열) 크기];   // 3차원 배열

※ 자료형은 배열에 저장되는 값의 데이터형으로 선언
　 배열에서 가로, 세로, 깊이의 크기는 양의 정수만 사용 가능

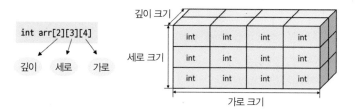

int arr[2][3][4]

깊이   세로   가로

깊이 크기
세로 크기
가로 크기

사용 예

int score[4];   // int형 데이터가 저장되는 score라는 1차원 배열

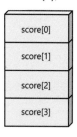

score[0]

score[1]

score[2]

score[3]

float matrix[3][4];   // float형 데이터가 저장되는 matrix라는 2차원 배열

matrix[0][0]	matrix[0][1]	matrix[0][2]	matrix[0][3]
matrix[1][0]	matrix[1][1]	matrix[1][2]	matrix[1][3]
matrix[2][0]	matrix[2][1]	matrix[2][2]	matrix[2][3]

※ 배열에 데이터 쓰기

int score[4] = {10, 20, 30, 40}; // int형 1차원 배열 score에 정수 데이터를 초깃값으로 저장

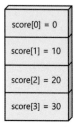

score[0] = 0

score[1] = 10

score[2] = 20

score[3] = 30

```
// 1차원 배열에서 0~3까지의 메모리 번지 각각에 하나씩 데이터를 쓰는 방법
int score[4];                    // int형 1차원 배열 score 선언
for (int i = 0; i < 4; i++){
  score[i] = i*10;
}

float matrix[3][4] = {           // float형 2차원 배열 matrix에 실수 데이터 저장
```

```
      {0.0, 1.0, 2.0, 3.0},
      {4.0, 5.0, 6.0, 7.0},
      {8.0, 9.0, 10.0, 11.0}
};
```

matrix[0][0]=0.0	matrix[0][1]=1.0	matrix[0][2]=2.0	matrix[0][3]=3.0
matrix[1][0]=4.0	matrix[1][1]=5.0	matrix[1][2]=6.0	matrix[1][3]=7.0
matrix[2][0]=8.0	matrix[2][1]=9.0	matrix[2][2]=10.0	matrix[2][3]=11.0

```
// 2차원 배열에서 (0, 0)~(2, 3)까지의 각 메모리 번지에 하나씩 데이터를 쓰는 방법
float matrix[3][4];              // float형 2차원 배열 matrix 선언
float k = 0.0;
for (int i = 0; i < 3; i++){
  for (int j = 0; j < 4; j++){
    matrix[i][j] = k;
    k = k + 1.0;
  }
}
```

Keypad(매개변수) 생성자

용도

Keypad 라이브러리를 사용하여 제어할 객체(userObject)를 생성하고 초기화(설정)하는 함수

함수 형식

Keypad userObject = Keypad(userKeymap, rowPins, colPins, rows, cols);

매개변수

userKeymap : 키패드 키값을 정의한 char형 배열, 보통 makeKeymap( ) 함수의 반환 값을 사용
rowPins : 행 단자와 연결된 아두이노 데이터 핀 배열
colPins : 열 단자와 연결된 아두이노 데이터 핀 배열
rows : 키패드의 행 수
cols : 키패드의 열 수

함수의 반환 값

없음

사용 예

```
const byte rows = 4;            // 키패드의 행 수
const byte cols = 4;            // 키패드의 열 수

char keyValues[rows][cols] = {  // 키패드의 키값 배열
  {'1', '2', '3', 'A'},
  {'4', '5', '6', 'B'},
  {'7', '8', '9', 'C'},
  {'*', '0', '#', 'D'}});
```

```
byte rowPins[rows] = {9, 8, 7, 6};        // 행 단자와 연결된 아두이노 데이터 핀
byte colPins[cols] = {5, 4, 3, 2};        // 열 단자와 연결된 아두이노 데이터 핀

// 키패드 라이브러리를 사용하여 제어할 객체로 userKeypad 생성
Keypad userKeypad = Keypad(makeKeymap(keyValues), rowPins, colPins, rows, cols);
```

makeKeymap(매개변수) 함수

용도
사용자의 키값 배열과 같도록 내부 키맵을 초기화(설정)하는 함수

함수 형식
```
makeKeymap(userKeymap);
```

매개변수
userKeymap : 키패드 키값을 정의한 char형 배열

함수의 반환 값
없음

사용 예
```
char keyValues[rows][cols] = {            // 키패드의 키값 배열
    {'1', '2', '3', 'A'},
    {'4', '5', '6', 'B'},
    {'7', '8', '9', 'C'},
    {'*', '0', '#', 'D'}};

char userKeymap = makeKeymap(keyValues);
```

getKey() 함수

용도
키패드의 상태를 검사하여 눌린 버튼 하나에 대한 키값을 반환하는 함수

함수 형식
```
userObject.getKey();
```

매개변수
없음

함수의 반환 값
char형 데이터로 눌린 버튼 하나의 키값, 눌린 키가 없으면 ' NO_KEY(\0) '를 반환

사용 예
```
char pressedKey = userKeypad.getkey();    // 눌린 키의 값을 char형 변수 pressedKey에 저장
```

2 〉 키패드를 사용하여 입력 받기

팅커캐드의 작업판에서 아두이노 보드, 작은 브레드보드, 4×4 키패드를 배치하고 그림 10-15의 회로를 구성하자. 키패드의 각 단자에 마우스 커서를 가져가면 해당 단자의 이름을 확인할 수 있으므로 표 10-2를 참고하여 아두이노 보드와 연결한다.

표 10-2. 아두이노 보드와 사용한 부품의 연결

구분	단자 이름	아두이노 핀	기타
키패드	열 4(C4)	2	디지털 입력 핀
	열 3(C3)	3	
	열 2(C2)	4	
	열 1(C1)	5	
	행 4(R4)	6	
	행 3(R3)	7	
	행 2(R2)	8	
	행 1(R1)	9	

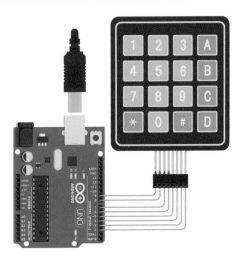

그림 10-15. 4 ×4 키패드 입력 회로

코드 10-5는 4×4 키패드로 입력 받은 키값을 시리얼 모니터로 확인하는 소스 코드이다.

코드 10-5

4 × 4 키패드로 입력받은 키값을 시리얼 모니터로 확인

```
1    // 4×4 키패드
2
3    #include<Keypad.h>                    // 키패드 라이브러리 포함
4
5    // 키패드 사용 설정
6    const byte rows = 4;                 // 키패드의 행 수
7    const byte cols = 4;                 // 키패드의 열 수
8
9    char keyValues[rows][cols] = {       // 키패드의 키값 배열
10     {'1', '2', '3', 'A'},
11     {'4', '5', '6', 'B'},
12     {'7', '8', '9', 'C'},
13     {'*', '0', '#', 'D'}};
14
15   byte rowPins[rows] = {9, 8, 7, 6};   // 행 단자와 연결된 아두이노 데이터 핀
16   byte colPins[cols] = {5, 4, 3, 2};   // 열 단자와 연결된 아두이노 데이터 핀
17
18   // 키패드 라이브러리를 사용하여 제어할 객체로 userKeypad를 생성
19   Keypad userKeypad = Keypad(makeKeymap(keyValues), rowPins, colPins, rows, cols);
20
21   char pressedKey;                     // 눌린 키값을 저장할 char형 변수 선언
22
23   void setup(){
24     Serial.begin(9600);               // 시리얼 모니터 초기화
25   }
26
27   void loop()
28   {
29     pressedKey = userKeypad.getKey(); // 눌린 키값을 가져와 pressedKey 변수에 저장
30
31     if (pressedKey != NO_KEY) {
32       Serial.print("Pressed Key : "); // 시리얼 모니터에 ' Pressed Key : ' 출력
33       Serial.println(pressedKey);     // 입력된 키값을 시리얼 모니터에 출력
34     }
35   }
```

1줄 : 소스코드에 대한 기본적인 설명을 하기 위해 //로 시작하는 주석문이다.

3줄 : 키패드를 사용하기 위해 키패드 라이브러리를 소스코드에 포함시킨다.

6~7줄 : 사용할 4×4 키패드의 행 수인 4와 열 수인 4를 byte형 변수 rows와 cols에 각각 저장하는데, 이들 변수에 저장되는 값은 한 번 결정되면 프로그램이 종료될 때까지 변하지 않으므로 'const'라는 키워드를 사용하여 상수로 선언한다.

9~13줄 : 2차원 배열 keyValues[rows][cols]를 사용하여 사용할 4×4 키패드의 키 배열을 설정한다.

15~16줄 : byte형 배열 rowPins와 colPins에 행 단자 및 열 단자와 연결된 아두이노 데이터 핀을 저장한다.

19줄 : 사용할 4×4 키패드를 위한 객체를 생성하고 초기화 한다.

21줄 : 키패드의 눌린 키의 값을 저장할 char형 변수(저장 공간, 메모리)로 pressedKey를 선언한다.

24줄 : 통신 속도를 9600보레이트로 하여 시리얼 모니터를 초기화 한다.

29줄 : getKey() 함수를 사용하여 키패드의 눌린 키값을 가져와 pressedKey라는 변수에 저장한다.

31줄 : 키패드의 키가 눌렸는지 확인한다. 눌린 키가 없다면 pressedKey에는 NO_KEY(눌린 키가 없음)가 저장된다. '!='는 C 언어에서 사용하는 비교 연산자 중 하나로 'A != B'는 A와 B가 다르다는 의미이다. 반면, 'A == B'는 A와 B가 같다는 의미이다.

32~33줄 : 시리얼 모니터에 입력한 키값을 출력한다.

시뮬레이션을 시작하고 키패드의 키를 차례로 누르면 그림 10-16과 같이 시리얼 모니터에 'Pressed Key : (눌린 키값)'이 표시되는 것을 확인할 수 있다.

그림 10-16. 4 × 4 키패드로 입력 받은 키값을 시리얼 모니터에 출력한 결과

<11장>

7-세그먼트
디스플레이

─── 학습 목표 ───

● 숫자 표현 장치인 7-세그먼트 디스플레이의 구조와 동작
  원리를 이해할 수 있다.

● 7-세그먼트 디코더(CD4511)의 구조와 동작 원리를 이해할
  수 있다.

● 7-세그먼트 디코더를 사용하여 7-세그먼트 디스플레이를
  제어할 수 있다.

7-세그먼트 디스플레이는 숫자를 표현하기 위해 7개의 세그먼트(segment)와 1개의 소수점(DP : Decimal Point)으로 구성된 표시 장치로, 간단히 7-세그먼트 또는 FND(Flexible Numerical Display)라고도 한다. 각각의 세그먼트와 DP는 발광 다이오드(LED)로 이루어져 있으며 숫자 모양으로 배열되어 있다. 7-세그먼트를 구성하는 LED에 순방향 바이어스가 걸리면 LED는 전류가 흐르는 ON 상태가 되어 발광함으로써 숫자를 표현할 수 있다. 각 세그먼트와 소수점을 제어하는 8개 제어 신호의 이름은 A, B, C, D, E, F, G 그리고 DP로 세그먼트를 구성하는 각 LED의 양극 또는 음극 단자와 연결되어 있다.

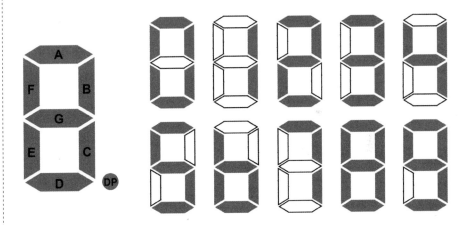

그림 11-1. 7-세그먼트 표시 장치의 세그먼트 이름과 숫자 표현

7-세그먼트는 공통 양극(CA : Common Anode) 방식과 공통 음극(CC : Common Cathod) 방식으로 2가지 종류가 있다. 공통 양극 방식의 7-세그먼트는 각각의 세그먼트를 구성하는 LED의 양극(애노드, +) 쪽이 공통으로 묶여 있으며, 공통 음극 방식은 LED의 음극(캐소드, −) 쪽이 공통으로 묶여 있다.

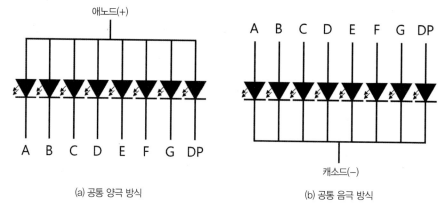

(a) 공통 양극 방식　　　　　　　　　　(b) 공통 음극 방식

그림 11-2. 7-세그먼트의 내부 회로와 제어 신호

1자리 숫자를 표현할 수 있는 7-세그먼트를 제어하기 위해서는 공통 단자(5[V] 또는 GND)를 제외하고 7개의 제어 신호(A~G)와 소수점(DP)을 포함하여 총 8개의 제어 신호가 필요하다. 공통 양극 방식의 7-세그먼트로 숫자 5를 표현하는 것을 생각해 보자. 숫자 5를 표현하기 위해서는 7-세그먼트의 A, C, D, F, G에 해당하는 LED가 ON 상태로 동작하면 된다. 이를 위해 공통으로 묶여 있는 LED의 양극 단자를 5[V]에 연결하고, 8개의 제어 신호 중 A, C, D, F, G에 LOW(0[V])를 입력하면 된다. 나머지 제어 신호는 HIGH(5[V])로 처리한다.

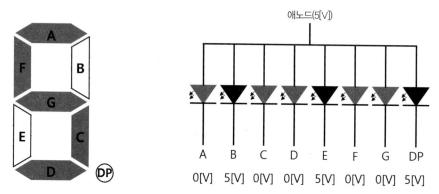

그림 11-3. 공통 양극 방식의 7-세그먼트로 숫자 5를 표현할 때 제어 신호

그림 11-4는 아두이노의 출력 핀을 사용하여 공통 양극 방식의 7-세그먼트를 직접 제어하는 회로이며, 7-세그먼트에 숫자를 표현하기 위해 아두이노로부터

출력되는 제어 신호는 표 11-1과 같다. 표 11-1에서 1은 HIGH(5[V]), 0은 LOW(0[V])를 의미한다. 7-세그먼트가 공통 음극 방식일 경우 공통(일반) 단자를 GND에 연결하고 제어 신호를 반전(0 → 1, 1 → 0)하여 사용하면 된다.

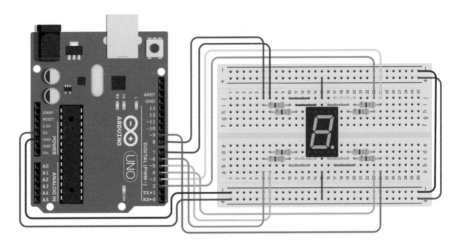

그림 11-4. 공통 양극 방식의 7-세그먼트 단자를 직접 제어하는 회로

표 11-1. 공통 양극 방식의 7-세그먼트 제어 신호

숫자	공통 양극 방식의 7-세그먼트 제어 신호								결과
	A	B	C	D	E	F	G	DP	
0	0	0	0	0	0	0	1	1	
1	1	0	0	1	1	1	1	1	
2	0	0	1	0	0	1	0	1	
3	0	0	0	0	1	1	0	1	
4	1	0	0	1	1	0	0	1	
5	0	1	0	0	1	0	0	1	
6	1	1	0	0	0	0	0	1	
7	0	0	0	1	1	1	1	1	
8	0	0	0	0	0	0	0	1	
9	0	0	0	0	1	0	0	1	

2 〉 7-세그먼트 디코더

7-세그먼트를 제어하는 방법은 아두이노의 디지털 출력 핀을 사용하여 8개의 제어 신호에 해당하는 값을 직접 7-세그먼트의 단자에 입력하는 직접 제어 방법 이외에도 그림 11-5의 7-세그먼트 디코더(decoder)를 사용할 수도 있다. 팅커캐드에서는 부품 번호(part number)가 'CD4511'인 7-세그먼트 디코더를 제공한다. CD4511은 4개의 입력 신호를 사용하여 7-세그먼트를 제어할 수 있으므로 디지털 입출력 핀의 수가 제한적인 아두이노 보드에서 CD4511과 같은 7-세그먼트 디코더를 사용하면 적은 수의 입출력 핀만으로도 7-세그먼트를 제어할 수 있다.

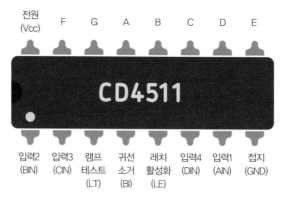

그림 11-5. 7-세그먼트 디코더(CD4511) 핀 구성

CD4511의 단자는 총 16개로 전원(Vcc = 5V) 및 GND 단자와 3개의 테스트 단자(램프 테스트, 귀선 소거, 래치 활성화)와 4개의 입력 단자(입력1, 입력2, 입력3, 입력4), 그리고 7개의 세그먼트 제어 신호 단자(A~G)로 구성되어 있다. 램프 테스트(LT : Lamp Test) 단자는 모든 세그먼트(LED)가 정상적으로 작동하는지 테스트하기 위한 것으로, LOW로 설정하면 7개의 세그먼트가 모두 ON 상태가 되므로 연결이 제대로 되었는지를 검사하거나 LED의 밝기가 적당한지 등을

확인하는 데 사용된다. 테스트를 하려면 LOW(0V)로 설정하고 디코더의 일반적인 동작을 위해서는 HIGH(5V)로 설정한다. 귀선 소거(BI : Blanking Input) 단자는 LOW로 설정하면 모든 세그먼트가 OFF 상태가 되며 펄스 변조를 통해 밝기를 조절하는 데 사용할 수 있다. 디코더의 정상 동작을 위해서는 HIGH로 설정한다. 래치 활성화(LE : Latch Enable) 단자는 현재 상태를 저장하는 데 사용된다. HIGH로 설정되면 입력 단자의 설정과 상관없이 마지막 데이터가 표시된다. 디코더의 일반적인 동작을 위해서는 LOW로 설정한다.

표 11-2는 CD4511의 입력에 따른 출력을 나타낸 것이다. 'X'는 무관항(don't care)으로 '0(LOW)' 또는 '1(HIGH)' 중 어떤 값으로 설정해도 상관없다는 의미다. LE = 1(HIGH)일 때의 출력 '*' 표시는 LE가 0(LOW)에서 1(HIGH)로 전환되는 동안 적용된 입력(이전 상태)에 따라 달라지는 것을 의미한다.

표 11-2. CD4511의 진리표

테스트			입력				출력							결과
LE	$\overline{BI}$	$\overline{LT}$	DIN	CIN	BIN	AIN	A	B	C	D	E	F	G	
X	X	0	X	X	X	X	1	1	1	1	1	1	1	8
X	0	1	X	X	X	X	0	0	0	0	0	0	0	
0	1	1	0	0	0	0	1	1	1	1	1	1	0	0
0	1	1	0	0	0	1	0	1	1	0	0	0	0	1
0	1	1	0	0	1	0	1	1	0	1	1	0	1	2
0	1	1	0	0	1	1	1	1	1	1	0	0	1	3
0	1	1	0	1	0	0	0	1	1	0	0	1	1	4
0	1	1	0	1	0	1	1	0	1	1	0	1	1	5
0	1	1	0	1	1	0	0	0	1	1	1	1	1	6
0	1	1	0	1	1	1	1	1	1	0	0	0	0	7
0	1	1	1	0	0	0	1	1	1	1	1	1	1	8
0	1	1	1	0	0	1	1	1	1	0	0	1	1	9
0	1	1	1	0	1	0	0	0	0	0	0	0	0	
0	1	1	1	0	1	1	0	0	0	0	0	0	0	

0	1	1	1	1	0	0	0	0	0	0	0	0	0	
0	1	1	1	1	0	1	0	0	0	0	0	0	0	
0	1	1	1	1	1	0	0	0	0	0	0	0	0	
0	1	1	1	1	1	1	0	0	0	0	0	0	0	
1	1	1	X	X	X	X	*							*

CD4511을 사용하여 7-세그먼트를 제어할 때는 표 11-2에서 노란색 영역으로 표시된 진리표를 참고하여 표시하고자 하는 숫자에 해당하는 입력 신호(DIN, CIN, BIN, AIN)를 가해 주면 된다. 입력 신호(DIN, CIN, BIN, AIN)는 4자리의 2진수 코드(0000, 0001, … 1001)를 사용하여 10진수 숫자(0, 1, … 9)를 나타내는 것으로 이러한 2진수 코드를 'BCD(Binary Coded Decimal) 코드'라고 한다. BCD 코드는 10진수 숫자를 2진수로 표현할 때 사용하는 일반적인 표현 방식이니 기억해 두자. 표 11-2의 진리표를 살펴보면 7-세그먼트의 소수점(DP)을 위한 제어 신호가 없으므로 소수점 표현이 필요한 경우 7-세그먼트의 DP 단자를 아두이노 보드의 디지털 출력 핀에 연결하여 직접 제어하면 된다.

다음으로 CD4511의 진리표(표 11-2)와 직접 제어 방식의 진리표(표 11-1)를 비교해 보면 CD4511의 진리표는 0과 1이 반전되어 있으므로 표 11-2는 공통 음극 방식의 7-세그먼트 디스플레이를 위한 것임을 알 수 있다. 따라서 CD4511을 사용할 때는 7-세그먼트를 공통 음극 방식으로 선택해야 한다.

BCD(Binary Coded Decimal)란?

수를 표현할 때 사람은 0~9를 사용하는 10진수를 사용하지만 컴퓨터는 0과 1을 사용하는 2진수를 사용한다. BCD 코드는 사람이 사용하는 10진수를 2진수로 표현하는 여러 방법 중 하나로 10진수 숫자의 각 자리수 숫자를 4자리의 2진수로 표현한다.

예를 들어 10진수 109는 BCD 코드로 0001000010010이다.

10 진수	1	0	9
BCD 코드	0001	0000	1001

BCD 코드를 8421코드라고도 하는데 이렇게 부르는 이유는 BCD 코드의 각 자리수마다 8, 4, 2, 1이라는 가중치를 갖기 때문이다.

BCD 코드 0110 = $(0 \times 8) + (1 \times 4) + (1 \times 2) + (0 \times 1) = 6$

그림 11-6은 7-세그먼트 디코더(CD4511)를 사용하여 7-세그먼트 디스플레이를 제어하는 회로이다. 그림 11-4에서 아두이노를 사용하여 7-세그먼트를 직접 제어할 때는 아두이노의 8개 출력 핀을 사용했지만, CD4511을 사용하여 7-세그먼트를 제어할 때는 아두이노의 5개 출력 핀(DP 포함)만으로도 가능하다.

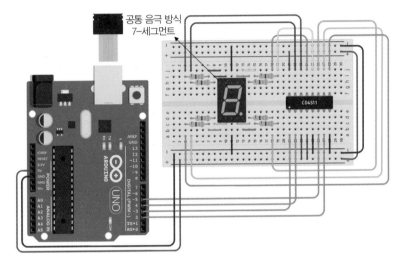

그림 11-6. 7-세그먼트 디코더(CD4511)를 이용한 공통 음극 방식의 7-세그먼트 제어 회로

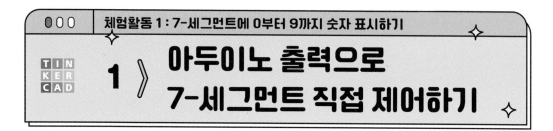
0부터 9까지의 숫자를 1초 간격으로 표시하는 7-세그먼트 회로를 만들어 보자. 팅커캐드의 작업판에서 아두이노 보드, 작은 브레드보드, 7-세그먼트 디스플레이, 저항을 배치한다. 팅커캐드에서 제공하는 7-세그먼트 디스플레이는 공통 양극 방식 또는 공통 음극 방식을 선택해서 사용할 수 있다. 그림 11-7은 팅커캐드에서 제공하는 7-세그먼트의 단자 구성과 공통 양극 방식 또는 공통 음극 방식을 선택할 수 있는 설정 창이다. 7-세그먼트를 공통 양극 방식으로 사용하려면 설정 창의 '일반'에서 '양극'을 선택하면 되고, 공통 음극 방식의 경우 '음극'을 선택하면 된다. 이때 7-세그먼트의 '일반' 단자는 공통 양극 방식일 때는 5[V], 공통 음극 방식일 때는 GND에 연결한다.

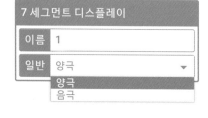

(a) 7-세그먼트의 단자 구성   (b) 7-세그먼트의 설정 창

그림 11-7. 팅커캐드에서 제공하는 7-세그먼트 디스플레이

그림 11-8은 아두이노의 디지털 출력을 사용하여 공통 양극 방식의 7-세그먼트를 직접 제어하는 회로이다. '7-세그먼트'를 클릭하고 '일반'에서 '양극'을 선택한

다음 회로를 구성해 보자. 먼저 아두이노 보드의 5[V]와 GND를 브레드보드의 전원 연결 블록에 연결하고, 7-세그먼트의 각 단자를 아두이노에 연결한다. 7-세그먼트의 단자 위에 마우스 커서를 가져가면 해당 단자의 이름을 확인할 수 있으므로 표 11-3을 참고하여 연결한다. 7-세그먼트를 공통 양극 방식으로 설정했으므로 7-세그먼트의 2개 '일반' 단자는 모두 전원 블록의 5[V]에 연결한다. 7-세그먼트의 8개 제어 신호(A~G, DP)는 각 세그먼트(LED)에 흐르는 전류를 제한하기 위해 330[Ω] 저항을 통해 아두이노의 출력 핀에 연결한다.

표 11-3. 아두이노 보드와 사용한 부품의 연결

구분	단자 이름	아두이노 핀	기타
7-세그먼트	A	330[Ω] 저항을 통해 2번	디지털 출력 핀
	B	330[Ω] 저항을 통해 3번	
	C	330[Ω] 저항을 통해 4번	
	D	330[Ω] 저항을 통해 5번	
	E	330[Ω] 저항을 통해 6번	
	F	330[Ω] 저항을 통해 7번	
	G	330[Ω] 저항을 통해 8번	
	DP	330[Ω] 저항을 통해 9번	
	일반	5[V]	2개 단자 모두 HIGH

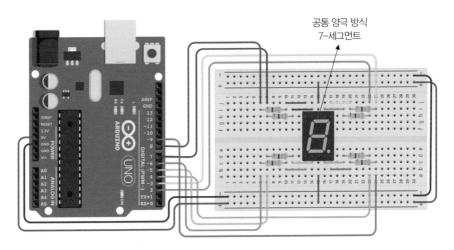

그림 11-8. 공통 양극 방식의 7-세그먼트 단자를 직접 제어하는 회로

그림 11-8의 회로 구성을 마쳤다면 아두이노 시뮬레이터의 '코드' 버튼을 클릭하고 편집 모드에서 '문자'를 선택한 다음 소스코드 입력 창에서 코드 11-1을 작성한다. 코드 11-1은 0부터 9까지의 숫자를 7-세그먼트에 1초 간격으로 표시하는 소스코드이다. 7-세그먼트가 동작할 때 0부터 4까지의 숫자는 소수점(DP)이 켜지지 않고 5부터 9까지는 소수점이 켜진다.

코드 11-1

공통 양극 방식의 7-세그먼트를 아두이노의 디지털 출력으로 직접 제어

```
1    // 공통 양극 방식의 7-세그먼트를 아두이노의 디지털 출력으로 직접 제어
2
3    int dataPin[8] = {2, 3, 4, 5, 6, 7, 8, 9};        // 제어 신호 핀 할당
4    int digitForNum[10][8] = {          // 숫자 표현을 위한 제어 신호 값(배열)
5    // A  B  C  D  E  F  G  DP
6      0, 0, 0, 0, 0, 0, 1, 1,          // 0
7      1, 0, 0, 1, 1, 1, 1, 1,          // 1
8      0, 0, 1, 0, 0, 1, 0, 1,          // 2
9      0, 0, 0, 0, 1, 1, 0, 1,          // 3
10     1, 0, 0, 1, 1, 0, 0, 1,          // 4
11     0, 1, 0, 0, 1, 0, 0, 0,          // 5.
12     1, 1, 0, 0, 0, 0, 0, 0,          // 6.
13     0, 0, 0, 1, 1, 1, 1, 0,          // 7.
14     0, 0, 0, 0, 0, 0, 0, 0,          // 8.
15     0, 0, 0, 0, 1, 0, 0, 0           // 9.
16   };
17
18   void setup() {
19     Serial.begin(9600);              // 시리얼 모니터 초기화
20     for (int i = 0; i < 8; i++){     // for 문으로 제어 신호(A~G, DP) 핀 선택
21       pinMode(dataPin[i], OUTPUT);   // 선택된 제어 신호 핀을 출력으로 선언
22     }
23   }
24
25   void loop() {
26     for (int i = 0; i < 10; i++) {   // 각 제어 신호 값 배열의 세로 위치(숫자) 선택
27       for (int j = 0; j < 8; j++) {  // 각 제어 신호 값 배열의 가로 위치 선택
28         digitalWrite(dataPin[j], digitForNum[i][j]);  // 각 제어 신호 핀에 해당 값 출력
29       }
30       Serial.println(i);             // 시리얼 모니터에 숫자 출력
31       delay(1000);                   // 1초 동안 지연
32     }
33   }
```

1줄 : 소스코드에 대한 기본적인 설명을 하기 위해 //로 시작하는 주석문이다.

3줄 : 8개의 int형 데이터를 저장할 수 있는 1차원 배열인 dataPin[8]을 선언하고 배열의 초깃값으로 7-세그먼트의 제어 신호 단자에 연결된 아두이노의 핀 번호를 저장한다. 배열에 대한 자세한 내용은 10장을 참고한다.

4~16줄 : int형 데이터를 저장할 수 있는 2차원 배열인 digitForNum[10][8]을 선언하고 숫자 표현을 위한 제어 신호의 값을 배열에 저장한다. 0부터 9까지 10개의 숫자에 대한 제어 신호를 저장하므로 배열의 행 크기는 표시할 숫자의 개수인 10이며, 각 숫자는 8개의 7-세그먼트 제어 신호(A~G, DP)의 값(0 또는 1)에 의해 표현되므로 배열의 열 크기는 8이다.

19줄 : 시리얼 모니터를 초기화한다.

20~22줄 : int형 변수 i를 0부터 7까지 1씩 증가시키며 dataPin[i]에 해당하는 제어 신호 핀을 출력 모드로 설정한다.

26~32줄 : 2중 for 문을 사용하여 int형 변수 i가 0부터 9까지 1씩 증가할 때 각각의 i에 대해 int형 변수 j를 0부터 7까지 1씩 증가시킨다. 즉, digitForNum[i][j]에서 [i][j]는 [0][0] → [0][1] → [0][2] → ... → [0][7] → [1][0] → [1][1] → ... → [1][7] → ... → [9][7]과 같이 증가한다. 이렇게 증가하는 i와 j에 대해 배열 dataPin[j]에 해당하는 아두이노의 디지털 핀으로 배열 digitForNum[i][j]에 저장된 값을 출력한다.

30~32줄 : 시리얼 모니터에 현재 i 값(0부터 9까지 증가하는 숫자)을 출력하고 1초 동안 유지한다.

시뮬레이션을 시작하면 7-세그먼트에 0부터 9까지 숫자를 1초 간격으로 1씩 증가하며 출력한다. 이때 0부터 4까지의 숫자는 소수점(DP) 없이 출력되며, 5부터 9까지의 숫자는 소수점이 표시되는 것을 확인할 수 있다.

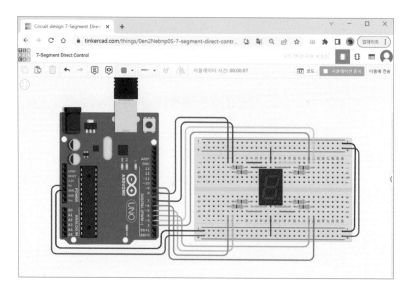

그림 11-9. 공통 양극 방식의 7-세그먼트를 아두이노의 디지털 출력으로 직접 제어한 결과

TINKERCAD

2 〉 CD4511을 사용하여 7-세그먼트 제어하기

아두이노의 출력으로 7-세그먼트를 직접 제어하는 대신 7-세그먼트 디코더 (CD4511)를 사용하여 제어해 보자. 팅커캐드의 작업판에서 아두이노 보드, 작은 브레드보드, 7-세그먼트 디스플레이, CD4511(7-세그먼트 디코더), 저항을 배치한다. 이때 CD4511은 공통 음극 방식의 7-세그먼트만을 제어할 수 있으므로 '7-세그먼트'를 클릭하고 설정 창의 '일반'에서 '음극'을 선택해야 하며, 7-세그먼트의 2개 '일반' 단자는 모두 GND에 연결해야 하는 것에 주의하자. 표 11-4를 참고하여 그림 11-10과 같이 회로의 각 부품을 연결한다.

표 11-4. 아두이노 보드와 사용한 부품의 연결

구분	단자 이름	아두이노 및 부품 핀	기타
7-세그먼트	A	330[Ω] 저항을 통해 디코더 A	디코더(CD4511)와 연결 (7-세그먼트 제어 신호)
	B	330[Ω] 저항을 통해 디코더 B	
	C	330[Ω] 저항을 통해 디코더 C	
	D	330[Ω] 저항을 통해 디코더 D	
	E	330[Ω] 저항을 통해 디코더 E	
	F	330[Ω] 저항을 통해 디코더 F	
	G	330[Ω] 저항을 통해 디코더 G	
	DP	–	연결 안 함
	일반	GND	2개 단자 모두 GND(접지)
CD4511	전원	5[V]	5[V] 공급
	접지	GND	접지
	A	330[Ω] 저항을 통해 세그먼트 A	7-세그먼트에 연결 (7-세그먼트 제어 신호)
	B	330[Ω] 저항을 통해 세그먼트 B	
	C	330[Ω] 저항을 통해 세그먼트 C	
	D	330[Ω] 저항을 통해 세그먼트 D	
	E	330[Ω] 저항을 통해 세그먼트 E	
	F	330[Ω] 저항을 통해 세그먼트 F	
	G	330[Ω] 저항을 통해 세그먼트 G	

CD4511	입력1(AIN)	2	아두이노 디지털 핀에 연결 (디코더 입력 신호 단자)
	입력2(BIN)	3	
	입력3(CIN)	4	
	입력4(CIN)	5	
	램프 테스트	5[V]	HIGH(1), 디코더 정상 동작
	귀선 소거	5[V]	HIGH(1), 디코더 정상 동작
	래치 활성화	GND	LOW(0), 디코더 정상 동작

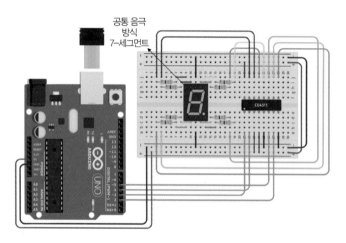

그림 11-10. CD4511을 이용한 공통 음극 방식의 7-세그먼트 제어 회로

그림 11-10과 같이 회로를 연결했다면 코드 11-2를 작성한다. 코드 11-2는 앞서 작성했던 코드 11-1과 같은 동작을 하는 소스코드이지만 CD4511에 소수점(DP) 제어 단자가 없으므로 소수점 표시 없이 0부터 9까지의 숫자만 1초 간격으로 7-세그먼트에 표시된다.

코드 11-2

CD4511을 이용한 공통 음극 방식의 7-세그먼트 제어

```
1    // CD4511을 이용한 공통 음극 방식의 7-세그먼트 제어
2
3    int dataPin[4] = {5, 4, 3, 2};      // 디코더의 입력 단자와 연결된 아두이노 핀 번호
4    int BCD[10][4] = {                  // 숫자 표현을 위한 디코더 입력 신호 값(배열)
5    //DIN CIN BIN AIN
6      0,  0,  0,  0,                    // 0
7      0,  0,  0,  1,                    // 1
8      0,  0,  1,  0,                    // 2
```

```
9          0, 0, 1, 1,              // 3
10         0, 1, 0, 0,              // 4
11         0, 1, 0, 1,              // 5
12         0, 1, 1, 0,              // 6
13         0, 1, 1, 1,              // 7
14         1, 0, 0, 0,              // 8
15         1, 0, 0, 1               // 9
16     };
17
18     void setup() {
19       Serial.begin(9600);            // 시리얼 모니터 초기화
20       for (int i = 0; i < 4; i++){
21         pinMode(dataPin[i], OUTPUT);  // 디코더와 연결된 아두이노 핀을 출력으로 선언
22       }
23     }
24
25     void loop() {
26       for (int i = 0; i < 10; i++) {   // 숫자 표현을 위한 배열의 행 선택
27         for (int j = 0; j < 4; j++) {  // 숫자 표현을 위한 배열의 열 선택
28           digitalWrite(dataPin[j], BCD[i][j]);  // 아두이노 핀으로 입력 신호 값 출력
29         }
30         Serial.println(i);             // 시리얼 모니터에 숫자 출력
31         delay(1000);                   // 1초 동안 지연
32       }
33     }
```

1줄 : 소스코드에 대한 기본적인 설명을 하기 위해 //로 시작하는 주석문이다.

3줄 : 4개의 int형 데이터를 저장할 수 있는 1차원 배열인 dataPin[4]에 CD4511의 입력 신호 단자(입력1, 입력2, 입력3, 입력4)와 연결하는 아두이노 보드의 디지털 핀 번호(2번, 3번, 4번, 5번)를 저장한다.

4~16줄 : int형 데이터를 저장할 수 있는 2차원 배열인 BCD[10][4]를 선언하고 7-세그먼트의 7개의 제어 신호(A~G)를 만들어 내는 CD4511(디코더)의 4자리 입력 신호 값을 저장한다. 0부터 9까지 10개의 숫자에 대한 제어 신호를 저장하므로 배열의 행 크기는 표시할 숫자의 개수인 10이며, 각 숫자는 0 또는 1로 구성되는 4자리의 디코더 입력신호(입력1, 입력2, 입력3, 입력4)의 값(BCD 코드)에 의해 표현되므로 배열의 열 크기는 4이다.

19줄 : 시리얼 모니터를 초기화한다.

20~22줄 : for 문을 사용하여 int형 변수 i를 0부터 3까지 1씩 증가시키며 dataPin[i]에 해당하는 아두이노 디지털 핀을 출력 모드로 설정한다.

26~32줄 : 2중 for 문을 사용하여 int형 변수 i가 0부터 9까지 1씩 증가할 때 각각의 i에 대해 int형 변수 j를 0부터 3까지 1씩 증가시킨다. 즉, BCD[i][j]에서 [i][j]는 [0][0] → [0][1] → ... → [0][3] → [1][0] → [1][1] → ... → [1][3] → ... → [9][3]과 같이 증가한다. 이렇게 증가하는 i와 j에 대해 배열 dataPin[j]에 해당하는 아두이노 디지털 핀으로 배열 BCD[i][j]에 저장된 값을 출력한다.

30~32줄 : 시리얼 모니터에 현재 i 값(0부터 9까지 증가하는 숫자)을 출력하고 1초 동안 유지한다.

시뮬레이션을 시작하면 7-세그먼트에 0부터 9까지 숫자가 1초 간격으로 1씩 증가하며 출력된다. 아두이노의 출력 핀으로 직접 7-세그먼트를 제어할 때와 기본적으로 같은 동작을 하지만 7-세그먼트 디코더(CD4511)는 소수점(DP) 제어 신호가 없으므로 숫자만 표시된다. 소수점을 표현하려면 7-세그먼트의 DP 단자를 아두이노의 출력 핀으로 직접 제어하면 된다.

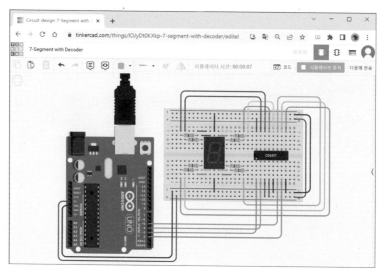

그림 11-11. 공통 음극 방식의 7-세그먼트를 CD4511로 제어한 결과

1 ❯ 7-세그먼트를 이용한 디지털 카운터

푸시 버튼의 눌린 횟수가 1자리 7-세그먼트에 표시되는 디지털 카운터를 만들어 보자. 팅커캐드의 작업판에서 아두이노 보드, 작은 브레드보드, 7-세그먼트 디스플레이, CD4511, 푸시 버튼(누름 버튼), 저항을 배치하고 그림 11-12의 회로를 구성한다. 7-세그먼트와 CD4511의 각 단자에 마우스 커서를 가져가면 해당 단자의 이름이 표시되므로 단자 이름을 확인하며 연결하면 된다. 표 11-5를 참고하여 그림 11-12와 같이 회로의 각 부품을 연결한다. 공통 음극 방식을 사용하므로 7-세그먼트의 '일반' 단자는 모두 GND에 연결하고, 7-세그먼트 설정 창의 '일반'에서 '음극'을 선택한다. 푸시 버튼은 풀업 저항을 사용하여 아두이노의 디지털 8번 핀과 연결되어 있다.

표 11-5. 아두이노 보드와 사용한 부품의 연결

구분	단자 이름	아두이노 및 부품 핀	기타
7-세그먼트	A	330[Ω] 저항을 통해 디코더 A	디코더(CD4511)와 연결 (7-세그먼트 제어 신호)
	B	330[Ω] 저항을 통해 디코더 B	
	C	330[Ω] 저항을 통해 디코더 C	
	D	330[Ω] 저항을 통해 디코더 D	
	E	330[Ω] 저항을 통해 디코더 E	
	F	330[Ω] 저항을 통해 디코더 F	
	G	330[Ω] 저항을 통해 디코더 G	
	DP	–	연결 안 함
	일반	5[V]	2개 단자 모두 GND(접지)
CD4511	전원	5[V]	5[V] 공급
	접지	GND	접지
	A	330[Ω] 저항을 통해 세그먼트 A	7-세그먼트에 연결 (7-세그먼트 제어 신호)
	B	330[Ω] 저항을 통해 세그먼트 B	
	C	330[Ω] 저항을 통해 세그먼트 C	
	D	330[Ω] 저항을 통해 세그먼트 D	

	E	330[Ω] 저항을 통해 세그먼트 E	7-세그먼트에 연결
	F	330[Ω] 저항을 통해 세그먼트 F	(7-세그먼트 제어 신호)
	G	330[Ω] 저항을 통해 세그먼트 G	
CD4511	입력1(AIN)	2	
	입력2(BIN)	3	아두이노 출력 핀에 연결
	입력3(CIN)	4	(디코더를 제어하는 신호)
	입력4(CIN)	5	
	램프 테스트	5[V]	HIGH(1), 디코더 정상 동작
	귀선 소거	5[V]	HIGH(1), 디코더 정상 동작
	래치 활성화	GND	LOW(0), 디코더 정상 동작
푸시 버튼	터미널 1a	8번, 10[kΩ] 저항을 통해 5[V]	풀업 저항
	터미널 2b	GND	접지

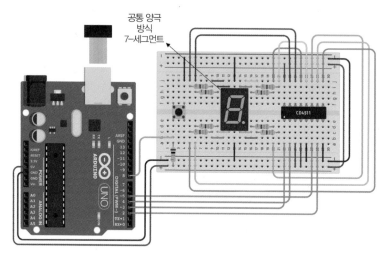

그림 11-12. 푸시 버튼과 7-세그먼트를 이용한 디지털 카운터 회로

그림 11-12와 같이 회로를 연결했다면 코드 11-3을 작성한다. 코드 11-3은 푸시 버튼의 눌린 횟수를 카운트하여 7-세그먼트에 표시하는 디지털 카운터의 소스코드이다.

코드 11-3

	푸시 버튼의 눌린 횟수를 세는 디지털 카운터
1	// 푸시 버튼과 7-세그먼트를 이용한 디지털 카운터
2	

```
3      // 외부 장치와 연결한 아두이노의 핀 번호 저장
4      int SW = 8;                      // 푸시 버튼을 아두이노의 8번 핀에 연결
5      int dataPin[4] = {5, 4, 3, 2};   // 디코더의 입력 단자와 연결된 아두이노 핀 번호
6
7      // 7-세그먼트 제어하는 디코더 입력 신호 값을 저장할 배열 선언 및 초기화
8      int BCD[10][4] = {               // 숫자 표현을 위한 디코더 입력 신호 값(배열)
9      //DIN CIN BIN AIN
10       0,  0,  0,  0,        // 0
11       0,  0,  0,  1,        // 1
12       0,  0,  1,  0,        // 2
13       0,  0,  1,  1,        // 3
14       0,  1,  0,  0,        // 4
15       0,  1,  0,  1,        // 5
16       0,  1,  1,  0,        // 6
17       0,  1,  1,  1,        // 7
18       1,  0,  0,  0,        // 8
19       1,  0,  0,  1         // 9
20     };
21
22     void setup() {
23       Serial.begin(9600);            // 시리얼 모니터 초기화
24
25       for (int i = 0; i < 4; i++){
26         pinMode(dataPin[i], OUTPUT); // 디코더와 연결된 아두이노 핀을 출력으로 설정
27       }
28
29       pinMode(SW, INPUT);            // 푸시 버튼에 할당된 핀을 입력으로 설정
30       pinMode(LED_BUILTIN, OUTPUT);  // 내장 LED에 할당된 13번 핀을 출력으로 설정
31     }
32
33     int num = 0;                     // 카운트 값을 저장할 int형 변수 선언 및 초기화
34     boolean check = false;           // 푸시 버튼의 눌림 상태 확인용 변수 선언 및 초기화
35
36     void loop() {
37       int state = digitalRead(SW);   // 푸시 버튼 입력을 읽어 변수 state에 저장
38
39       if (state == HIGH){            // 푸시 버튼이 눌리지 않았다면
40         check = false;               // 푸시 버튼이 눌린 적이 없는 상태
41         digitalWrite(LED_BUILTIN, LOW);  // 내장 LED가 할당된 핀에 LOW(OFF) 출력
42       }
43       else {                         // 푸시 버튼이 눌렸다면
44         digitalWrite(LED_BUILTIN, HIGH); // 내장 LED가 할당된 핀에 HIGH(ON) 출력
45         if (check == false){         // 푸시 버튼이 눌린 적이 없다면
46           check = true;              // 카운트 값의 연속 증가 방지를 위한 변수
47           if (num < 9){              // 카운트 값이 9보다 작으면
48             num = num + 1;           // 푸시 버튼이 눌렸을 때 카운트 값을 1 증가
49           }
50           else {                     // 카운트 값이 9 이상이면
51             num = 0;                 // 카운트 값을 0으로 초기화
52           }
53         }
```

체험활동 2 : 7-세그먼트를 이용한 디지털 카운터 만들기　**305**

```
54          }
55          Serial.println(num);              // 시리얼 모니터에 카운트 값 출력
56
57          for (int j = 0; j < 4; j++) {    // 숫자 표현을 위한 배열의 열 선택
58            digitalWrite(dataPin[j], BCD[num][j]); // 아두이노 핀으로 디코더 입력 신호 값 출력
59          }
60          delay(100);                       // 100밀리초 동안 지연
61        }
```

1줄 : 소스코드에 대한 기본적인 설명을 하기 위해 //로 시작하는 주석문이다.

4줄 : int형 변수 SW에 푸시 버튼과 연결된 아두이노 보드의 디지털 핀의 번호(8번)를 저장한다.

5줄 : 4개의 int형 데이터를 저장할 수 있는 1차원 배열인 dataPin[4]에 CD4511의 입력 신호 단자와 연결된 아두이노 보드의 디지털 핀 번호(2번(입력1), 3번(입력2), 4번(입력3), 5번(입력4))를 저장한다.

8~20줄 : int형 데이터를 저장할 수 있는 2차원 배열인 BCD[10][4]를 선언하고 7-세그먼트의 7개의 제어 신호(A~G)를 만들어 내는 CD4511(디코더)의 4자리 입력 신호 값을 저장한다. 0부터 9까지 10개의 숫자에 대한 제어 신호를 저장하므로 배열의 행 크기는 표시할 숫자의 개수인 10이며, 각 숫자는 0 또는 1로 구성되는 4자리의 디코더 입력신호(입력1, 입력2, 입력3, 입력4)의 값(BCD 코드)에 의해 표현되므로 배열의 열 크기는 4이다.

23줄 : 시리얼 모니터를 초기화한다.

25~27줄 : for 문을 사용하여 int형 변수 i를 0부터 3까지 1씩 증가시키며 dataPin[i]에 해당하는 아두이노 디지털 핀을 출력 모드로 설정한다.

29줄 : 푸시 버튼에 연결된 아두이노의 핀(8번)을 입력 모드로 설정한다.

30줄 : 내장 LED에 할당된 13번 핀(예약된 핀)을 출력 모드로 설정한다.

33줄 : 카운트 값을 저장할 int형 변수 num을 선언하고 초깃값으로 0을 저장한다.

34줄 : 푸시 버튼이 눌렸을 때 연속적으로 카운트 값이 증가하는 것을 방지하기 위해 사용하는 푸시 버튼의 상태 확인용 boolean형 변수로 check를 선언하고 false(0)로 초기화한다.

37줄 : 푸시 버튼의 입력값(눌림 : LOW, 눌리지 않음 : HIGH)을 읽어 들여 int형

변수 state에 저장한다. 풀업 저항을 사용하였으므로 푸시 버튼이 눌리지 않을 때 state에 HIGH(1), 눌렀을 때 LOW(0)가 저장된다.

39~42줄 : 푸시 버튼이 눌리지 않았다면 푸시 버튼의 상태 확인용 변수 check에 false를 저장하고, 내장 LED가 할당된 13번 핀으로 LOW(OFF)를 출력한다.

43~54줄 : 푸시 버튼이 눌리면 푸시 버튼의 상태 확인용 변수 check를 확인하여 이전에 눌린 적이 없다면(check == false), 변수 check에 눌린 상태를 의미하는 true(1)를 저장한다. 카운트 값이 9보다 작다면 num을 1만큼 증가하고, 카운트 값이 9 이상이면 num을 0으로 초기화한다.

55줄 : 시리얼 모니터에 카운트 값을 출력한다.

57~59줄 : for 문을 사용하여 int형 변수 j를 0부터 3까지 1씩 증가시키며, 디코더의 입력 신호(입력1~입력4)와 연결된 아두이노의 dataPin[j] 핀으로 2차원 배열 BCD[num][j]에 저장된 값을 출력한다. 이때 배열 BCD[num][j]는 배열의 num번째 행의 j번째 열 값을 의미한다. 만약 num = 7, j = 0이면 BCD[num][j] = 0으로 17줄의 숫자 7에 해당하는 BCD 코드(0111) 중 0번째 요소인 0 값을 dataPin[0]에 해당하는 아두이노의 5번 핀으로 출력하게 된다.

60줄 : 100밀리초(0.1초) 동안 지연시킨다.

시뮬레이션을 시작하면 그림 11-13과 같이 7-세그먼트에 숫자 0이 표시되며, 푸시 버튼을 눌렀다가 뗄 때마다 0~9까지 1씩 증가하는 것을 반복한다. 만약 푸시 버튼을 계속 누르고 있으면 내장 LED가 켜지지만, 7-세그먼트와 시리얼 모니터에 표시되는 카운트 값은 증가하지 않는다.

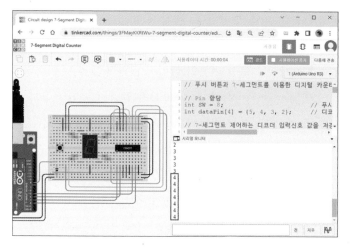

그림 11-13. 푸시 버튼과 7-세그먼트를 이용한 디지털 카운터의 동작 결과

이 장에서는 7-세그먼트 디스플레이라는 장치가 무엇이며, 어떻게 동작하는지 알아보았다. 7-세그먼트를 아두이노로 직접 제어한다면 많은 수의 제어 신호 단자를 사용해야 한다. 그러나 아두이노의 입출력 핀 수는 제한적이므로 7-세그먼트 디코더(CD4511)를 사용하면 적은 수의 입출력 핀으로 7-세그먼트를 제어할 수 있다.

<12장>

텍스트 LCD

학습 목표

- 숫자 또는 문자 출력 장치의 하나인 텍스트 LCD에 대해 이해한다.

- 텍스트 LCD 라이브러리와 다양한 멤버 함수의 사용 방법을 이해한다.

- 사용자 정의 문자의 사용 방법을 이해한다.

- 텍스트 LCD를 사용하여 원하는 메시지를 출력할 수 있다.

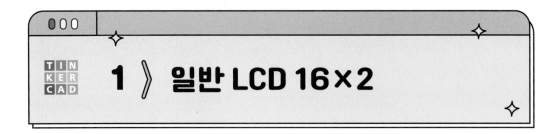

1 〉 일반 LCD 16×2

텍스트 LCD(Liquid Crystal Display)는 VFD(Vacuum Fluorescent Display)라고도 하며, 방출 전자를 형광체에 충돌시켜 자체 발광하는 액정 표시 장치이다. 고정된 위치에 영문자 또는 숫자 등을 문자 단위로 표시할 수 있어 간단한 메시지를 표시하기 위한 출력 장치로 널리 사용된다.

텍스트 LCD는 여러 종류가 있는데 팅커캐드에서는 그림 12-1과 같이 2가지 종류의 텍스트 LCD를 제공하고 있다. LCD 16×2는 16개 인터페이스 단자를 갖는 일반적인 LCD이며, LCD 16×2(I2C)는 I2C라는 직렬 통신 방식을 사용하여 4개의 인터페이스 단자만으로 제어가 가능한 LCD이다. 과거 팅커캐드에서는 I2C 방식의 LCD를 제공하지 않았으나 최근에 추가되었다. I2C 방식의 LCD는 아두이노와의 연결선 수를 줄일 수 있으므로 여러 장치를 함께 사용할 때 유용하다.

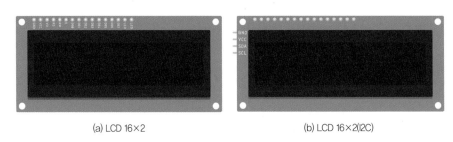

(a) LCD 16×2   (b) LCD 16×2(I2C)

그림 12-1. 팅커캐드에서 제공하는 2가지 종류의 텍스트 LCD 16×2

그림 12-2의 일반적인 LCD 16×2는 16문자씩 2줄을 표시할 수 있는 액정 표시부와 16개의 인터페이스 단자를 가지고 있다. 이 중 GND와 VCC 단자는 LCD에 전원을 공급하기 위해 사용되며, 3개의 제어 신호(RS, R/W, E) 단자는 동작 명령어/데이터를 전송하기 위한 8개의 데이터 신호(DB0~DB7) 단자와 함께 LCD의 다양한 동작을 제어하는 데 사용된다. 그 외 V0 단자는 가변저항과 연결되어

LCD의 콘트라스트(contrast) 조절을 위해, 2개의 LED 단자는 LCD의 백라이트를 켜거나 끄기 위해 사용된다. LED 단자 근처에 마우스 커서를 가져가면 'LED 양극'과 'LED 음극'으로 구분되는 것을 알 수 있다.

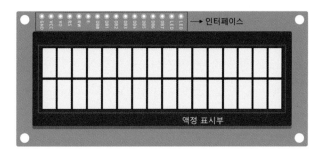

그림 12-2. 일반적인 LCD 16×2 모듈의 외형

표 12-1. 일반 LCD 16 × 2에서 인터페이스 단자의 기능

단자 번호	심볼	기능
1	GND	접지(0V)
2	VCC	전원(5V)
3	V0	가변저항을 통한 0~5V 전압을 입력하여 LCD의 콘트라스트 조절
4	RS	레지스터 선택(0 : 명령 레지스터, 1 : 데이터 레지스터)
5	R/W	읽기/쓰기 선택(0 : 쓰기, 1 : 읽기)
6	E	LCD의 읽기/쓰기를 활성화
7~14	DB0~DB7	데이터/명령어 전송 단자
15	LED(양극)	백라이트 ON을 위한 전원(5V)
16	LED(음극)	백라이트 OFF를 위한 전원(0V)

텍스트 LCD의 액정 표시부에 원하는 문자를 나타내고자 할 때 기본적으로 3개의 제어 신호(RS, R/W, E)와 8개의 데이터 신호(DB0~DB7)를 사용한다.

RS 제어 신호

텍스트 LCD를 제어하기 위해서는 명령과 데이터가 필요하다. 텍스트 LCD에 문자를 나타내라는 것이 명령에 해당한다면, 문자를 표시하는 데 필요한 아스키코드(ASCII code) 값은 데이터에 해당한다. 이러한 명령과 데이터는 일시적으로 정보를 저장하는 LCD의 내부 메모리인 레지스터에 저장되는데, 텍스트 LCD에서 명령은 명령 레지스터에, 데이터는 데이터 레지스터에 각각 저장된다. RS 제어 신호는 명령 레지스터 또는 데이터 레지스터 중 하나를 선택하는 데 사용된다. RS 제어 신호가 0(LOW, 0V)일 때 명령 레지스터가 선택되어 LCD의 설정과 기능 동작에 필요한 명령어를 데이터 핀(DB0~DB7)을 통해 전달할 수 있다. 반면 RS 제어 신호가 1(HIGH, 5V)이면 데이터 레지스터가 선택되어 LCD 액정 표시부에 표시할 문자, 숫자, 특수 문자 등에 해당하는 아스키코드 데이터가 데이터 핀(DB0~DB7)을 통해 LCD에 전달된다.

R/W 제어 신호

R/W 제어 신호는 LCD를 읽기 동작이나 쓰기 동작을 하도록 설정하는 데 사용된다. R/W 제어 신호가 0(LOW)이면 쓰기 동작을 하도록 설정되어 LCD에 문자를 표시할 수 있게 된다. 반면 R/W 제어 신호가 1(HIGH)이면 LCD에서 아두이노로 데이터를 읽어 오는 동작을 한다. LCD를 사용할 때 LCD에 문자를 표시하는 쓰기 동작이 대부분이므로 R/W 핀을 GND에 연결하여 R/W 제어 신호가 0(LOW)이 되도록 설정하는 것이 일반적이다.

E 제어 신호

E 제어 신호는 활성화(enable) 신호로 E 제어 신호가 HIGH에서 LOW로 변경되는 하강 에지(falling edge)에서 명령 레지스터 또는 데이터 레지스터의 내용을 바탕으로 데이터가 처리된다.

아두이노를 사용하여 그림 12-2의 텍스트 LCD 16×2를 제어할 때 일반적으로 3개의 제어 신호 핀(RS, R/W, E) 중 R/W 핀은 항상 쓰기 동작을 하도록 GND에 연결하고 나머지 2개 제어 핀(RS 핀, E 핀)을 기본적으로 사용한다. 또한 명령어나 데이터를 전송하기 위해 데이터 핀(DB0~DB7)을 사용할 수 있는데 8개의 데이터 핀을 모두 사용하는 8비트 모드로 제어하면 아두이노에 남은 핀 수가 부족하게 되므로 다른 장치를 연결하기 어려울 수 있다. 따라서 아두이노에서는 8개의 데이터 핀 중 상위 4개의 데이터 핀(DB4~DB7)만을 사용하는 4비트 모드로 제어하는 것이 일반적이다. 4비트 모드로 동작할 때 8비트로 구성되는 명령어 또는 데이터가 두 번에 나누어 전달되어야 하므로 8비트 모드에 비해 조금 더 많은 시간이 필요하다. LCD를 정상적으로 동작시키기 위해서는 앞서 설명한 제어 신호(RS, R/W, E)와 데이터 신호(DB0~DB7)의 값뿐만 아니라 이들 신호를 타이밍에 맞게 입력하는 것이 필요하지만 이 과정은 간단하지 않다. 그러나 다행히 아두이노의 LCD 라이브러리는 이 모든 과정을 알아서 처리해 주므로 LCD의 동작을 제어하는 것은 관련 함수를 호출하는 것만으로 충분하다.

2 〉 I2C 방식의 텍스트 LCD

일반적인 텍스트 LCD를 4비트 모드로 사용하더라도 최소한 6개의 단자(RS, E, DB4~DB7)를 사용하여 제어하므로 아두이노에 센서나 모터 등의 입출력 장치를 연결하여 사용할 때 입출력 핀이 부족할 수 있다. 이러한 문제를 해결하는 방법은 I2C 방식의 LCD를 사용하는 것이다.

그림 12-3과 같은 I2C 방식의 LCD 모듈은 일반 LCD 16×2에 I2C 통신 모듈을 결합한 것으로 GND(ground), VCC(power), SDA(serial data), SCL(serial clock)로 구성되는 4개의 인터페이스 단자를 갖는다. GND와 VCC 단자는 LCD에 전원을 공급하기 위해 사용하며, SDA와 SCL 단자는 I2C 통신을 위한 직렬 데이터와 클록을 전송하여 LCD를 제어하기 위해 사용된다. I2C 방식의 LCD를 아두이노 우노와 함께 사용할 때 SDA와 SCL 단자는 I2C 통신을 위한 전용 핀(AREF 옆에 있는 두 단자) 또는 아날로그 입력 핀(A4, A5)에 연결해야 한다.

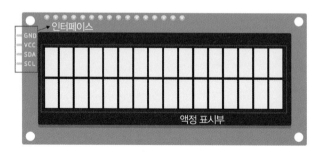

그림 12-3. 텍스트 LCD 16×2(I2C) 모듈 외형

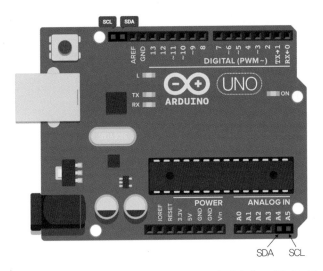

그림 12-4. I2C 방식 LCD의 SDA 및 SCL 단자와 연결하는 아두이노 핀

표 12-2. I2C 방식의 LCD에서 인터페이스 단자의 기능

핀 번호	심볼	기능
1	GND	접지(0V)
2	VCC	전원(5V)
3	SDA	I2C 통신을 위한 직렬 데이터(Serial Data) 단자
4	SCL	I2C 통신을 위한 직렬 클록(Serial Clock) 단자

I2C 방식의 LCD도 일반 LCD와 마찬가지로 내부 제어 신호와 데이터 신호의 처리 과정과 I2C 통신에 대해 자세히 알지 못하더라도 라이브러리의 멤버 함수를 호출하는 것만으로 쉽게 제어할 수 있다.

3 〉 LCD의 CG-ROM과 CG-RAM

텍스트 LCD는 내부 메모리인 CG-ROM에 아스키코드(ASCII code)로 미리 저장해 놓은 192개의 아스키 도형 문자를 출력할 수 있다. 그림 12-5는 CG-ROM에 저장된 아스키 도형 문자이다. CG-ROM은 전원이 차단되어도 저장된 내용이 사라지지 않는 비휘발성 메모리로 LCD 모듈의 제조사에 따라 CG-ROM에 저장된 문자는 달라질 수 있으므로 사용하는 LCD의 사용자 매뉴얼에 해당하는 데이터시트(datasheet)를 참고해야 한다.

텍스트 LCD는 CG-ROM 외에도 내부 메모리인 64바이트(byte) 크기의 CG-RAM[1]이 준비되어 있어 아스키코드로 미리 저장해 놓지 않은 문자를 사용할 수도 있다. 64바이트의 CG-RAM은 8바이트 단위로 사용자가 새롭게 문자를 만들어 저장할 때 사용하는 메모리로 최대 8개의 사용자 정의 문자를 저장할 수 있다. 하나의 사용자 정의 문자는 그림 12-6과 같이 8개의 행 데이터를 사용하여 정의하는데, 각 행 데이터의 8비트(bit) 중 하위 5비트만 문자 패턴을 정의하는 데 사용한다. 따라서 하나의 사용자 정의 문자는 최대 5×8픽셀(pixel)의 비트 패턴 데이터로 저장된다. 이러한 CG-RAM은 전원이 차단되면 저장된 내용이 사라지는 휘발성 메모리이므로 소스코드 내에 사용자 정의 문자의 비트 패턴 데이터가 작성되어 있어야 한다. 그림 12-6은 하트(heart) 문자의 정의를 위한 비트 패턴 데이터의 예시이다.

▤ 체크 포인트

1 CG-RAM(Character Generator RAM) : 사용자가 출력하고 싶은 문자에 대한 문자 패턴을 직접 작성하여 저장할 수 있는 휘발성 메모리

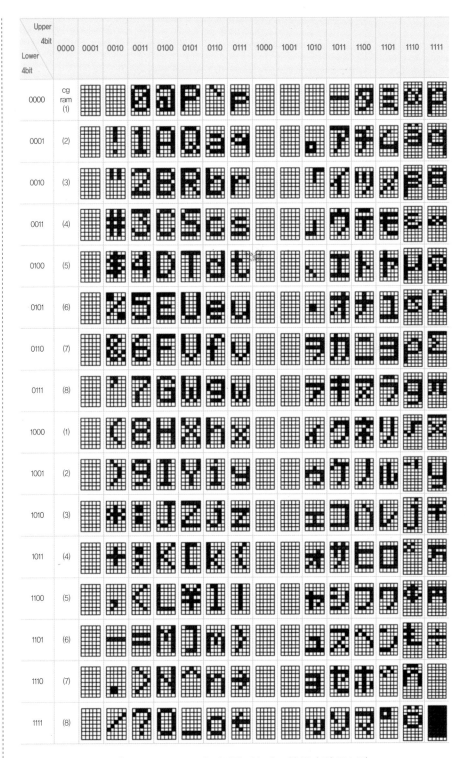

그림 12-5. CG-ROM에 저장된 아스키 도형 문자 및 주소 값

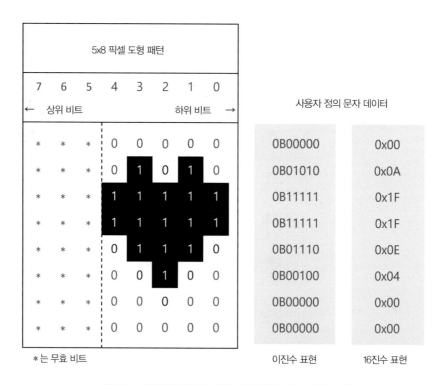

5x8 픽셀 도형 패턴								사용자 정의 문자 데이터	
7 6 5	4	3	2	1	0			이진수 표현	16진수 표현
← 상위 비트				하위 비트 →					
* * *	0	0	0	0	0			0B00000	0x00
* * *	0	1	0	1	0			0B01010	0x0A
* * *	1	1	1	1	1			0B11111	0x1F
* * *	1	1	1	1	1			0B11111	0x1F
* * *	0	1	1	1	0			0B01110	0x0E
* * *	0	0	1	0	0			0B00100	0x04
* * *	0	0	0	0	0			0B00000	0x00
* * *	0	0	0	0	0			0B00000	0x00

*는 무효 비트

그림 12-6. 사용자 정의 문자(하트)를 위한 비트 패턴 데이터

4 ⟩ 텍스트 LCD 라이브러리와 멤버 함수

텍스트 LCD를 간단히 제어하기 위해 라이브러리가 사용된다. 팅커캐드에서는 일반 LCD 16×2를 위한 LiquidCrystal 라이브러리, I2C 방식의 LCD를 위한 Adafruit_LiquidCrystal 라이브러리와 LiquidCrystal_I2C 라이브러리를 제공하고 있다. I2C 방식의 텍스트 LCD는 I2C 통신을 위해 사용하는 입출력 확장기(I/O expander)에 따라 MCP23008 유형과 PCF8574 유형으로 구분되며, 각 유형에 맞는 라이브러리를 사용해야 한다. Adafruit_LiquidCrystal 라이브러리는 MCP23008 유형의 I2C 방식 LCD, LiquidCrystal_I2C 라이브러리는 PCF8574 유형의 I2C 방식 LCD를 제어할 때 사용한다.

표 12–3. 팅커캐드에서 제공하는 텍스트 LCD를 위한 라이브러리

LCD 종류		사용하는 라이브러리
LCD 16×2		LiquidCrystal 라이브러리
LCD 16×2(I2C)	MCP23008 유형	Adafruit_LiquidCrystal 라이브러리
	PCF8574 유형	LiquidCrystal_I2C 라이브러리

표 12–3에서 볼 수 있는 3가지 종류의 라이브러리에는 LCD 제어를 위한 다양한 멤버 함수들이 포함되어 있으며, 이들 멤버 함수의 이름과 사용 방법은 거의 같다.

표 12–4. LCD 제어를 위한 3가지 종류의 라이브러리에서 공통으로 사용하는 멤버 함수

함수	동작
clear()	LCD 화면을 지우고 커서를 첫 줄 가장 왼쪽 위치로 이동
home()	LCD에 표시된 내용은 그대로 두고 커서만 첫 줄 가장 왼쪽 위치로 이동
setCursor()	매개변수로 지정한 위치로 커서를 이동
write()	매개변수에 해당하는 문자 및 문자열을 LCD에 작성함, 매개변수가 문자나 문자열이 아니고 아스키코드일 경우 해당하는 문자 출력

print( )	매개변수에 해당하는 문자 및 문자열을 LCD에 출력
cursor( )	LCD의 현재 문자 출력 위치에 커서를 표시함
noCursor( )	커서를 표시하지 않음
blink( )	LCD의 현재 문자 출력 위치에서 커서를 깜박임, 깜박이는 커서의 모양은 직사각형 형태
noBlink( )	커서가 깜박이는 것을 멈춤
display( )	백라이트는 켜진 상태에서 출력 내용을 표시함
noDisplay( )	백라이트는 켜진 상태에서 출력 내용을 표시하지 않음
scrollDisplayLeft( )	LCD에 표시된 내용을 왼쪽으로 1칸 스크롤
scrollDisplayRight( )	LCD에 표시된 내용을 오른쪽으로 1칸 스크롤
autoscroll( )	LCD에 표시된 내용을 현재 출력 방향의 반대쪽으로 자동 스크롤, 자동 스크롤 기능이 켜지면 항상 동일한 위치에 문자가 출력되는 효과를 가짐
noAutoscroll( )	자동 스크롤 기능 OFF
leftToRight( )	문자 출력 방향을 왼쪽에서 오른쪽으로 설정, 이전 출력된 문자에는 영향을 주지 않음
rightToLeft( )	문자 출력 방향을 오른쪽에서 왼쪽으로 설정, 이전 출력된 문자에는 영향을 주지 않음
createChar( )	사용자 지정 문자를 CG-RAM에 생성(저장)하며 생성할 수 있는 문자의 수는 5×8픽셀의 최대 8개로 저장된 문자는 0 ~ 7까지의 번호로 구분, 사용자 정의 문자를 화면에 표시할 때 해당 숫자를 매개변수로 하여 write() 함수 사용

1 〉 일반 LCD 16×2와 LiquidCristal 라이브러리

TINKER CAD

아두이노와 텍스트 LCD를 연결하는 방법은 사용하는 LCD의 종류에 따라 다르며, 표 12–3과 같이 LCD 종류 및 유형에 맞는 라이브러리를 소스코드의 첫 줄에 포함해야 한다. 또한 라이브러리별 생성자를 사용하여 객체를 생성하는 방법이 다르므로 주의해야 한다. LCD의 종류별 회로 연결과 해당 라이브러리의 기본적인 사용 방법에 대해 알아보자.

팅커캐드의 작업판에서 아두이노 보드, LCD 16×2, 작은 브레드보드, 저항을 배치하고 그림 12–7과 같이 회로를 구성한다. LCD의 VCC와 GND 단자는 전원 공급을 위해 5[V]와 GND에 각각 연결하고, 글자의 진하기를 조절하는 V0 단자는 LCD의 콘트라스트를 최대로 하기 위해 GND에 연결한다. 2개의 제어 신호(RS, E) 단자는 아두이노의 13번 핀과 12번 핀에 연결하고 LCD를 쓰기 동작만 하도록 제어 신호 R/W 단자는 GND에 연결한다. 명령어 및 데이터의 전송을 위한 DB4~DB7 단자는 각각 아두이노의 7번, 6번, 5번, 4번 핀에 연결한다. 마지막으로 LCD의 16개 인터페이스 단자 중 2개의 LED 단자는 LCD 백라이트의 ON/OFF를 제어하는 데 사용하는 단자로, 'LED 양극'과 'LED 음극'으로 구별되는데 각 LED 단자에 마우스 커서를 가져가면 해당 LED 단자의 극성을 확인할 수 있다. LCD 백라이트는 LED가 방출하는 빛으로 동작하므로 과전류에 의해 LED가 손상되는 것을 막는 것이 필요하다. 따라서 LED 양극은 330[Ω] 저항을 통해 5[V]에 연결하고, LED 음극은 GND에 직접 연결한다.

표 12-5. 아두이노 보드와 일반 LCD 16×2의 연결

구분	단자 이름	아두이노 핀	기타
LCD 16×2	GND	GND	접지
	VCC	5[V]	전원
	V0	GND	글자의 진하기 조절
	RS	13번 핀	명령 또는 데이터 레지스터 선택
	RW	GND	LCD의 읽기/쓰기 모드 선택
	E	12번 핀	LCD 활성화 선택
	DB0	NC	4비트 모드 사용 시 연결하지 않음 ※ NC(Non-Connection)
	DB1	NC	
	DB2	NC	
	DB3	NC	
	DB4	7번 핀	명령어/데이터의 전송을 위한 입출력 핀
	DB5	6번 핀	
	DB6	5번 핀	
	DB7	4번 핀	
	LED(양극)	330[Ω] 저항을 통해 5[V]	백라이트 제어
	LED(음극)	GND	

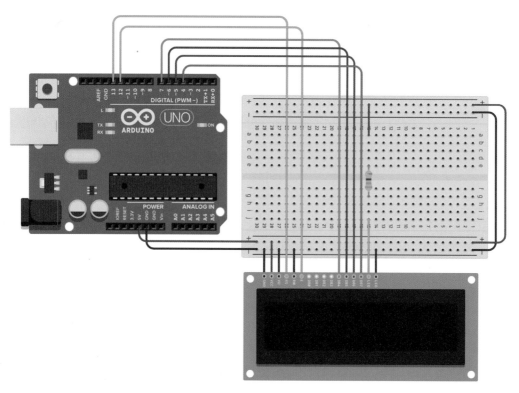

그림 12-7. 일반 LCD 16×2의 회로 구성

LiquidCrystal 라이브러리를 사용하여 일반 텍스트 LCD 16×2의 객체를 생성하고, print() 함수로 LCD에 문자를 출력하는 소스코드를 작성해 보자.

 코드 12-1a

LiquidCrystal 라이브러리의 사용

```
1      // LiquidCrystal 라이브러리의 사용
2
3      #include <LiquidCrystal.h>              // LCD 라이브러리 포함
4
5      // LiquidCrystal userObject(RS 핀 번호, E 핀 번호, DB4 핀 번호, ..., DB7 핀 번호);
6      LiquidCrystal lcd(13, 12, 7, 6, 5, 4);  // LCD 라이브러리를 사용하여 제어할 객체 생성
7
8      void setup() {
9        lcd.begin(16, 2);                     // LCD 초기화(16문자 2행 표시)
10
11       // 간단한 문자열 출력하기, print() 함수
12       lcd.print("LCD 16 x 2");              // LCD에 ‘LCD 16 x 2’라는 문자열 출력
13     }
14
15     void loop() {
16     }
```

3줄 : 일반 LCD 16×2를 위한 라이브러리로 'LiquidCrystal.h'를 소스코드 첫 줄에 포함시킨다.

6줄 : LiquidCrystal 라이브러리의 생성자를 사용하여 lcd라는 이름의 객체를 생성하는 동시에 LCD 제어 신호 RS와 E를 제어할 아두이노의 핀을 각각 13번 핀과 12번 핀으로 지정하고, DB4~DB7을 제어할 아두이노의 핀은 7번 핀(DB4)~4번 핀(DB7)으로 지정한다.

LiquidCrystal(매개변수) 생성자

용도
LiquidCrystal 라이브러리를 사용하여 제어할 일반 LCD 16×2의 객체(userObject)를 생성하는 함수

함수 형식
LiquidCrystal userObject(RS 핀 번호, R/W 핀 번호, E 핀 번호, D4 핀 번호, ..., D7 핀 번호);
LiquidCrystal userObject(RS 핀 번호, E 핀 번호, DB4 핀 번호, ..., DB7 핀 번호); // R/W 핀 GND 연결

매개변수
RS 핀 번호 : unsigned int형, RS 핀 번호

R/W 핀 번호 : unsigned int형, R/W 핀 번호, 생략 시 R/W는 GND에 연결
E 핀 번호 : unsigned int형, E(enable) 핀 번호
D4~D7 핀 번호 : unsigned int형 데이터 핀 번호

함수의 반환 값
생성된 객체(userObject)

사용 예
```
LiquidCrystal myLcd(13, 12, 11, 6, 5, 4, 3);  // 13~11번 핀은 제어 신호, 나머지는 DB4~DB7
LiquidCrystal myLcd(13, 11, 6, 5, 4, 3);      // 13번과 11번 핀은 제어 신호, 나머지는 DB4~DB7
```

9줄 : begin() 함수를 사용하여 생성한 객체(lcd)를 16문자 2행 표시로 초기화한다.

userObject.begin(매개변수) 함수

용도
LCD 라이브러리를 사용하여 제어할 객체(userObject)를 초기화하는 함수
표시할 수 있는 문자의 수와 행(line) 수, 폰트 크기를 설정

함수 형식
```
userObject.begin(cols, rows, charsize);
```

매개변수
cols : unsigned int형, 표시할 문자의 수
rows : unsigned int형, 표시할 행(line)의 수
charsize(옵션) : unsigned int형, 도형 문자의 폰트 크기로 5×10 크기를 위해 LCD_5×10DOTS 또
는 5×8 크기를 위해 LCD_5×8DOTS 사용, 생략하면 기본값인 5×8 크기로 설정

함수의 반환 값
없음

사용 예
```
myLcd.begin(16, 2);               // 생성한 객체 myLcd를 16문자 2행으로 초기화
myLcd.begin(16, 2, LCD_5x10DOTS); // 생성한 객체 myLcd를 16문자 2행, 5x10 폰트 크기로 초기화
```

12줄 : print() 함수를 사용하여 LCD 1행에 'LCD 16×2'라는 문자열을 출력한다.

userObject.print(매개변수) 함수

용도
현재 커서의 위치에 매개변수로 지정한 문자, 문자열, 숫자 등을 출력하는 함수

함수 형식
```
userObject.print(data, format);
```

매개변수

data : char형, char형 배열, 문자열, 정수, 실수 등 출력할 문자 또는 문자열
format : 출력 형식

함수의 반환 값

출력한 결과의 바이트 수

사용 예

```
myLcd.print("Welcome!");        // LCD에 출력한 결과(문자열) : Welcome!
myLcd.print(97, BIN);           // LCD에 출력한 결과(2진수) : 110_0001
myLcd.print(97, DEC);           // LCD에 출력한 결과(10진수) : 97
myLcd.print(97, HEX);           // LCD에 출력한 결과(16진수) : 61
myLcd.print(3.141592, 2);       // LCD에 출력한 결과(소수점 이하 2자리 실수) : 3.14
```

시뮬레이션을 시작하면 LCD 화면의 1행에 'LCD 16 × 2'라는 문자열이 출력된다.

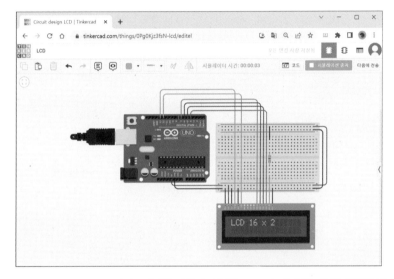

그림 12-8. LiquidCrystal 라이브러리를 사용하여 일반 LCD 16×2에 문자열을 출력한 결과

T I N
K E R
C A D

2 〉 I2C 방식의 LCD(MCP23008)와 Adafruit_LiquidCrystal 라이브러리

팅커캐드의 작업판에서 아두이노 보드, LCD 16×2(I2C)를 배치하고 그림 12-9 와 같이 회로를 구성한다. 그림 12-7에서 일반 LCD 16×2를 사용할 때는 16개 의 인터페이스 단자를 연결했었지만, I2C 방식의 텍스트 LCD를 사용할 때는 입 출력 확장기 유형(MCP23008 또는 PCF8574)과 상관없이 4개의 단자만 연결하 면 된다. 간단한 연결이므로 브레드보드를 사용하지 않았다. I2C 방식의 LCD는 GND, VCC, SDA, SCL과 같이 4개의 단자로 구성되어 있으며 아두이노 우노 보 드를 사용하여 제어할 때 GND 단자와 VCC 단자는 각각 GND와 5[V]에 연결하 고 SDA와 SCL은 그림 12-9와 같이 아날로그 입력 핀인 A4, A5에 각각 연결한다.

표 12-6. 아두이노 보드와 I2C 방식 LCD의 연결

구분	단자 이름	아두이노 핀	기타
I2C 방식의 LCD	Ground(GND)	GND	접지
	Power(VCC)	5[V]	전원
	SDA	A4	Serial Data
	SCL	A5	Serial Clock

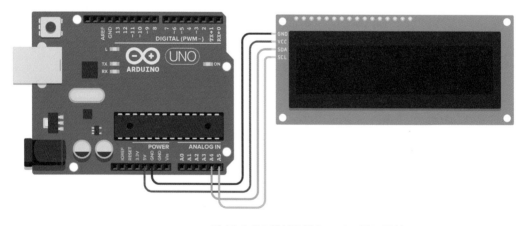

그림 12-9. I2C 방식의 텍스트 LCD 회로 구성

그림 12-9와 같이 I2C 방식의 LCD 회로를 구성했다면 입출력 확장기의 유형과 I2C 통신을 위한 주소를 설정해야 한다. LCD를 클릭하면 그림 12-10과 같이 LCD의 이름, 입출력 확장기 유형(type), 주소(address)를 설정할 수 있는 창이 나타난다. 설정 창의 '유형'에서 'MCP23008 기반'을 선택하고, '주소'에서 '32'를 선택한다. LCD 설정 창에서 I2C 주소는 32~39 사이의 값을 사용할 수 있는데, 설정 창의 주소 값은 10진수 표현으로 소스코드에서 LCD를 초기화할 때 16진수 주소 값으로 변환하여 사용해야 한다. 만약 설정 창에서 I2C 주소를 32로 설정했다면 소스코드에서 16진수 표현인 0x20을 사용하면 된다. 32~39 사이의 10진수 주소에 대한 16진수 주소 표현은 표 12-7과 같다.

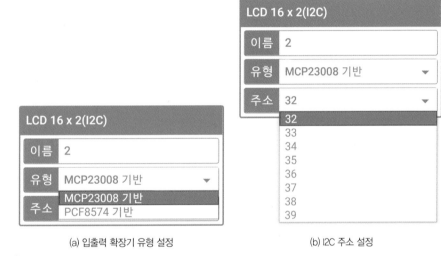

(a) 입출력 확장기 유형 설정   (b) I2C 주소 설정

그림 12-10. I2C 방식 LCD의 입출력 확장기 유형(MCP23008) 및 I2C 주소(32) 설정

표 12-7. LCD 16×2(I2C)의 주소

10진수 주소	32	33	34	35	36	37	38	39
16진수 주소	0x20	0x21	0x22	0x23	0x24	0x25	0x26	0x27

입출력 확장기 유형 및 I2C 통신을 위한 주소의 설정을 마쳤다면 Adafruit_LiquidCrystal 라이브러리를 사용하여 LCD 16×2(I2C)의 객체를 생성하고, 코드 12-1a와 같은 동작을 하도록 print() 함수를 사용하여 I2C 방식의 LCD에 문자를 출력하는 코드 12-1b의 소스코드를 작성해 보자.

코드 12-1b

Adafruit_LiquidCrystal 라이브러리 사용

```
1     // Adafruit_LiquidCrystal 라이브러리 사용
2
3     #include <Adafruit_LiquidCrystal.h>  // LCD 라이브러리 포함
4
5     // Adafruit_LiquidCrystal userObject(i2cAddr);
6     Adafruit_LiquidCrystal lcd(0x20);    // LCD 라이브러리를 사용하여 제어할 객체 생성
7
8     void setup() {
9       lcd.begin(16, 2);                  // LCD 초기화(16문자 2행 표시)
10
11      // 간단한 문자열 출력하기, print() 함수
12      lcd.print("LCD 16 x 2(I2C)");      // ' LCD 16 x 2(I2C) ' 라는 문자열 출력
13    }
14
15    void loop() {
16    }
```

3줄 : I2C 방식의 LCD(MCP23008 유형)를 위한 라이브러리로 'Adafruit_
LiquidCrystal.h'를 소스코드에 포함시킨다.

6줄 : Adafruit_LiquidCrystal 라이브러리의 생성자를 사용하여 lcd라는 이름
의 객체를 생성하고, I2C 통신을 위한 주소를 0x20으로 설정한다. 16진수 주소
0x20 대신 0을 사용해도 된다.

Adafruit_LiquidCrystal(매개변수) 생성자

용도
Adafruit_LiquidCrystal 라이브러리를 사용하여 제어할 I2C 방식 LCD(MCP23008 유형)의 객체(use-
rObject)를 생성하는 함수

함수 형식
Adafruit_LiquidCrystal userObject(i2cAddr);

매개변수
i2cAddr : I2C 주소(16진수)

함수의 반환 값
생성된 객체(userObject)

사용 예
```
Adafruit_LiquidCrystal myLcd(0x20);    // 16진수 I2C 주소 0x20(10진수 32)
Adafruit_LiquidCrystal myLcd(0);       // 16진수 I2C 주소 0x20 대신 0을 사용할 수 있음
```

9줄 : begin( ) 함수를 사용하여 생성한 객체인 lcd를 16문자 2행 표시로 초기화한다.

12줄 : print( ) 함수를 사용하여 LCD 1행에 'LCD 16 x 2(I2C)'라는 문자열을 출력한다.

시뮬레이션을 시작하면 I2C 방식의 LCD 화면 1행에 'LCD 16 x 2(I2C)'가 출력된다.

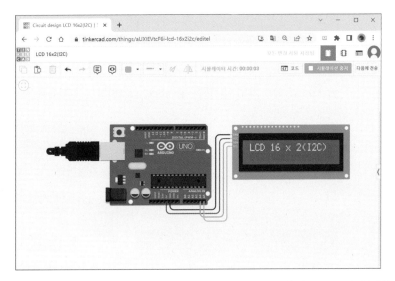

그림 12-11. Adafruit_LiquidCrystal 라이브러리를 사용하여 LCD 16×2(I2C)에 문자열을 출력한 결과

3 〉 I2C 방식의 LCD(PCF8574)와 LiquidCrystal_I2C 라이브러리

I2C 방식의 LCD는 입출력 확장기의 유형과 상관없이 회로의 연결 방법은 같으므로 PCF8574 유형의 LCD를 사용하더라도 그림 12-9의 회로를 그대로 사용할 수 있다. 그림 12-9의 LCD를 클릭하면 나타나는 설정 창에서 그림 12-12와 같이 입출력 확장기의 '유형'을 'PCF8574 기반', I2C 주소를 '32'로 설정한다.

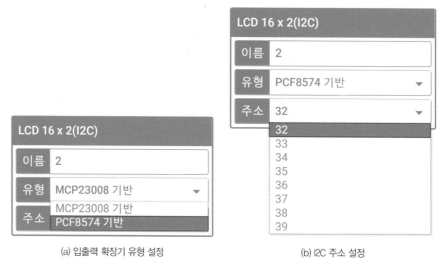

(a) 입출력 확장기 유형 설정　　　　(b) I2C 주소 설정

그림 12-12. I2C 방식 LCD의 입출력 확장기 유형(PCF8574) 및 I2C 주소(32) 설정

입출력 확장기 유형 및 I2C 통신을 위한 주소의 설정을 마쳤다면 LiquidCrystal_I2C 라이브러리를 사용하여 PCF8574 유형 LCD 16×2(I2C)의 객체를 생성하고 앞서 작성했던 코드 12-1a, 12-1b와 같은 동작을 하는 코드 12-1c의 소스코드를 작성해 보자.

코드 12-1c

LiquidCrystal_I2C 라이브러리 사용

```
1    // LiquidCrystal_I2C 라이브러리 사용
2
3    #include <LiquidCrystal_I2C.h>        // LCD 라이브러리 포함
4
5    // LiquidCrystal_I2C userObject(i2cAddr, cols, rows);
6    LiquidCrystal_I2C lcd(0x20, 16, 2);    // LCD 라이브러리를 사용하여 제어할 객체 생성
7
8    void setup() {
9      lcd.init();                         // LCD 초기화
10     lcd.backlight();                    // 백라이트 켜기
11
12     // 간단한 문자열 출력하기, print() 함수
13     lcd.print("LCD2 16 x 2(I2C)");      // LCD에 ‘ LCD2 16 x 2(I2C) ’라는 문자열 출력
14   }
15
16   void loop() {
17   }
```

3줄 : I2C 방식의 LCD(PCF8574 유형)를 위한 라이브러리로 'LiquidCrystal_I2C.h'를 소스코드에 포함시킨다.

6줄 : LiquidCrystal_I2C 라이브러리의 생성자를 사용하여 lcd라는 이름의 객체를 생성하는 동시에 I2C 통신을 위한 주소(0x20)를 설정하고 16문자 2행으로 초기화한다.

LiquidCrystal_I2C(매개변수) 생성자

용도
LiquidCrystal_I2C 라이브러리를 사용하여 제어할 I2C 방식 LCD(PCF8574 유형)의 객체(userObject)를 생성하는 함수

함수 형식
LiquidCrystal_I2C userObject(I2Caddr, cols, rows);

매개변수
I2Caddr : I2C 주소(16진수)
cols : LCD에 표시하는 열 방향 문자 수
rows : LCD에 표시하는 행 방향 줄 수

함수의 반환 값
생성된 객체(userObject)

체험활동 ①

9줄 : 생성한 객체인 lcd를 init( ) 함수를 사용하여 초기화한다. LiquidCrystal_
I2C 라이브러리 생성자를 사용하여 객체를 생성할 때 LCD의 표시 문자 수 및 줄
수를 초기화하므로 begin( ) 함수 대신 매개변수 없이 init( ) 함수를 사용하여 초
기화한다.

10줄 : backlight( ) 함수를 사용하여 LCD의 백라이트를 켠다. LCD를 사용할 때
기본적으로 백라이트를 항상 켜지만 특정 기능을 위해 백라이트를 꺼야 할 때
noBacklight( ) 함수를 사용하면 된다.

13줄 : print( ) 함수를 사용하여 LCD 1행에 'LCD2 16 x 2(I2C)'라는 문자열을
출력한다.

시뮬레이션을 시작하면 I2C 방식의 LCD 화면 1행에 'LCD2 16 x 2(I2C)'가 출력
된다.

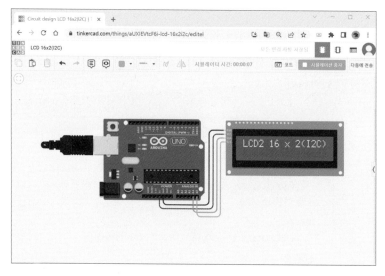

그림 12-13. LiquidCrystal_I2C 라이브러리를 사용하여 LCD 16 × 2(I2C)에 문자열을 출력한 결과

TINKERCAD 1 〉 LCD의 기본 동작 확인을 위한 회로 준비

LCD의 기본 동작을 확인하기 위해 앞서 작성했던 그림 12-9의 회로를 그대로 사용해도 되지만 아두이노 우노 보드의 I2C 통신을 위한 전용 핀을 사용해 보자. 작업판에 아두이노 우노, LCD 16×2(I2C)를 배치하고 LCD의 SDA와 SCL 단자를 아두이노 보드의 아날로그 입력 핀(A4, A5)에 연결하는 대신 AREF 옆에 있는 전용 핀(SDA, SCL)에 연결한다. 전용 핀의 이름은 마우스 커서를 연결하고자 하는 핀에 가져가면 쉽게 확인 가능하며 그림 12-4를 참고해도 된다.

표 12-8. 아두이노 보드와 I2C 방식 LCD의 연결

구분	단자 이름	아두이노 핀	기타
I2C 방식의 LCD	Ground(GND)	GND	접지
	Power(VCC)	5[V]	전원
	SDA	전용 SDA 핀	Serial Data
	SCL	전용 SCL 핀	Serial Clock

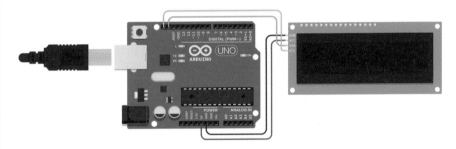

그림 12-14. 주요 멤버 함수의 동작을 확인하기 위해 사용하는 I2C 방식의 LCD 회로

회로를 연결했다면, LCD를 클릭하고 설정 창에서 입출력 확장기 '유형'을 'MCP23008', '주소'를 '32(0x20)'로 설정한다.

텍스트 LCD는 단순히 문자나 숫자를 표시하는 것 말고도 표시된 내용을 지우거

나 커서를 나타낼 수도 있으며 표시된 내용을 이동하는 등 다양한 동작을 할 수 있다. 이러한 동작을 위해서는 기본적으로 해당 동작을 위한 제어 신호(RS, R/W, E)와 데이터 신호(DB4~DB7)를 타이밍에 맞게 입력해 주는 다소 복잡한 과정이 필요하다. 그러나 LCD 라이브러리의 멤버 함수를 사용하면 동작에 필요한 자세한 내용을 모르더라도 쉽게 제어할 수 있다.

표 12-4에서 3가지 종류의 라이브러리에서 공통으로 사용하는 주요 멤버 함수와 용도를 제시하였다. MCP23008 유형의 I2C 방식 LCD를 사용하는 그림 12-14의 LCD 회로를 이용하여 표 12-4의 주요 멤버 함수들의 사용 방법에 대해 다음 절에서 자세히 알아보자.

체험활동 2 : 텍스트 LCD의 기본 동작 제어하기

2 〉 멤버 함수를 사용한 LCD의 기본 동작 제어

I2C 방식의 LCD를 MCP23008 유형으로 설정했으므로 LCD를 제어하기 위해 사용하는 라이브러리는 Adafruit_LiquidCrystal.h이다. 객체 생성과 LCD의 초기화는 코드 12-1b를 참고한다. 표 12-4에서 정리한 멤버 함수를 사용하여 LCD의 기본 동작을 확인해 보자.

2.1 │ clear() 함수, setCursor() 함수

LCD 화면에 표시된 내용을 지우고 커서의 위치를 1행의 첫 번째 칸인 (0, 0)으로 이동하는 clear() 함수와 커서를 지정한 위치로 이동하는 setCursor() 함수에 대해 알아본다.

코드 12-2

clear(), setCursor() 함수

```
1    // clear(), setCursor() 함수의 동작
2
3    #include <Adafruit_LiquidCrystal.h> // LCD 라이브러리 포함
4
5    // Adafruit_LiquidCrystal userObject(i2cAddr);
6    Adafruit_LiquidCrystal lcd(0x20);    // LCD 라이브러리를 사용하여 제어할 객체 생성
7
8    void setup() {
9      lcd.begin(16, 2);                  // LCD 초기화(16문자 2행 표시)
10
11     // 간단한 문자열 출력하기, print() 함수
12     lcd.print("Hello, Arduino!");      // LCD에 'Hello, Arduino!'라는 문자열 출력
13     delay(2000);                       // 2초 동안 지연
14   }
```

```
15
16      void loop() {
17        lcd.clear();                    // 화면 내용을 지우고 커서를 (0, 0)으로 이동
18        lcd.print("Hi! Arduino.");      // LCD에 'Hi! Arduino.'라는 문자열 출력
19        delay(2000);                    // 2초 동안 지연
20        lcd.setCursor(3, 1);            // 커서를 (3, 1)로 이동
21        lcd.print("Hi! Arduino.");      // 2행 4번째 칸부터 'Hi! Arduino.'라는 문자열 출력
22        delay(2000);                    // 2초 동안 지연
23      }
```

3줄 : I2C 방식의 LCD(MCP23008 유형)를 위한 라이브러리로 'Adafruit_LiquidCrystal.h'를 소스코드에 포함시킨다.

6줄 : Adafruit_LiquidCrystal 라이브러리의 생성자를 사용하여 제어할 객체로 lcd를 생성하고, I2C 통신을 위한 주소를 0x20으로 설정한다. I2C 방식의 LCD(MCP23008 유형)의 주소 값인 0x20은 기본값으로 0을 사용해도 된다.

9줄 : begin() 함수를 사용하여 생성한 객체인 lcd를 16문자 2행 표시로 초기화한다.

12줄 : print() 함수를 사용하여 LCD 1행에 'Hello, Arduino!'라는 문자열을 출력한다.

13줄 : 2초 동안 지연한다.

17줄 : clear() 함수를 사용하여 LCD 화면에 표시된 내용을 지우고 커서의 위치를 1행의 첫 번째 칸인 (0, 0)으로 초기화한다.

---

userObject.clear() 함수

용도
LCD에 표시된 내용을 지우고 커서를 1행의 첫 번째 위치인 (0, 0)으로 이동하는 함수

함수 형식
userObject.clear();

매개변수
없음

함수의 반환 값
없음

사용 예
myLcd.clear();

18줄 : print() 함수를 사용하여 LCD 1행의 첫 번째 칸부터 'Hi! Arduino.'라는 문자열을 출력한다.

19줄 : 2초 동안 지연한다.

20줄 : setCursor() 함수를 사용하여 커서의 위치를 2행의 4번째 칸인 (3, 1)로 이동한다.

---

userObject.setCursor(매개변수) 함수

용도
커서를 지정한 위치로 이동하는 함수

함수 형식
userObject.setCursor(col, row);

매개변수
col : 커서가 이동할 열 위치 (0~15 범위의 정수)
row : 커서가 이동할 행 위치 (0 또는 1)

함수의 반환 값
없음

사용 예
myLcd.setCursor(0, 0); // 1행의 첫 번째 위치, myLcd.home();과 같음
myLcd.setCursor(1, 0); // 1행의 두 번째 위치
myLcd.setCursor(0, 1); // 2행의 첫 번째 위치

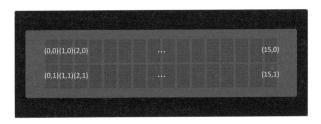

그림 12-15. 텍스트 LCD의 출력 위치

21줄 : print() 함수를 사용하여 LCD 2행 4번째 칸부터 'Hi! Arduino.'라는 문자열을 출력한다.

22줄 : 2초 동안 지연한다.

시뮬레이션을 시작하면 setup() 함수 부분에 의해 LCD 화면의 1행에 'Hello, Arduino!'라는 문자열이 출력되고 2초가 지연된다. loop() 함수 부분에 의해

LCD 화면에 표시된 내용이 지워지고 1행에 "Hi! Arduino."라는 문자열이 출력된다. 2초 후 LCD의 2행 4번째 칸인 (3, 1)부터 "Hi! Arduino."라는 문자열이 출력되고 2초 동안 유지한다. 이후 loop() 함수 부분의 동작을 반복한다.

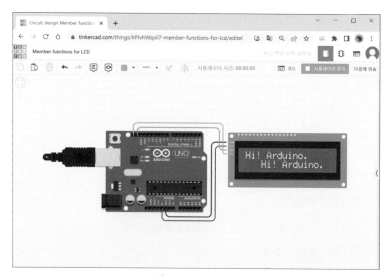

그림 12-16. clear() 함수와 setCursor() 함수의 동작 결과

2.2 │ cursor() / noCursor() 함수, home() 함수

cursor() 함수는 LCD 화면의 현재 문자 출력 위치에 커서를 표시하며, noCursor() 함수는 커서를 표시하지 않는다. clear() 함수가 LCD 화면에 표시된 내용을 지우고 커서를 (0, 0) 위치로 이동하는 데 반해 home() 함수는 표시된 내용을 그대로 두고 커서의 위치만 (0, 0)으로 이동한다.

코드 12-3

cursor() / noCursor() 함수, home() 함수

```
1    // cursor() / noCursor() 함수, home() 함수의 동작
2
3    #include <Adafruit_LiquidCrystal.h>          // LCD 라이브러리 포함
4
5    // Adafruit_LiquidCrystal userObject(i2cAddr);
```

```
6        Adafruit_LiquidCrystal lcd(0x20);    // LCD 라이브러리를 사용하여 제어할 객체 생성
7
8        void setup() {
9          lcd.begin(16, 2);                  // LCD 초기화(16문자 2행 표시)
10
11       // 간단한 문자열 출력하기, print() 함수
12         lcd.print("Hello, Arduino!");      // LCD에 ‘Hello, Arduino!’ 라는 문자열 출력
13         delay(2000);                       // 2초 동안 지연
14       }
15
16       void loop() {
17         lcd.cursor();                      // 현재 문자 출력 위치에 커서 표시
18         delay(2000);                       // 2초 동안 지연
19         lcd.noCursor();                    // 커서를 표시하지 않음
20         delay(2000);                       // 2초 동안 지연
21         lcd.cursor();                      // 현재 문자 출력 위치에 커서 표시
22         lcd.home();                        // 화면 내용을 지우지 않고 커서를 (0, 0)으로 이동
23         delay(2000);                       // 2초 동안 지연
24       }
```

3~9줄 : LCD 제어를 위한 라이브러리를 소스코드에 포함시키고, 객체 생성 및 초기화를 한다.

12~13줄 : print( ) 함수를 사용하여 LCD의 1행에 ‘Hello, Arduino!’라는 문자열을 출력하고 2초 동안 지연한다.

17~18줄 : cursor( ) 함수를 사용하여 ‘Hello, Arduino!’라는 문자열 다음 칸(현재 커서 위치)에 커서를 표시하고 2초 동안 지연한다.

---

userObject.cursor() 함수

용도
LCD의 현재 문자 출력 위치에 커서를 표시하는 함수

함수 형식
userObject.cursor();

매개변수
없음

함수의 반환 값
없음

사용 예
myLcd.cursor();

19~20줄 : noCursor() 함수를 사용하여 커서를 표시하지 않고 2초 동안 지연한다.

---

userObject.noCursor() 함수

용도
LCD 화면에 커서를 표시하지 않는 함수

함수 형식
userObject.noCursor();

매개변수
없음

함수의 반환 값
없음

사용 예
myLcd.noCursor();

21줄 : cursor() 함수를 사용하여 'Hello, Arduino!' 문자열 뒤에 커서를 표시한다.

22~23줄 : home() 함수를 사용하여 LCD에 표시된 내용을 그대로 두고 커서를 (0, 0)으로 이동하고 2초 동안 지연한다.

---

userObject.home() 함수

용도
LCD에 표시된 내용을 지우지 않고 1행의 첫 번째 위치인 (0, 0)으로 커서를 이동하는 함수

함수 형식
userObject.home();

매개변수
없음

함수의 반환 값
없음

사용 예
myLcd.home();

시뮬레이션을 시작하면 setup() 함수 부분에 의해 LCD 화면의 1행에 'Hello, Arduino!'라는 문자열이 출력되고 2초 동안 지연된다. loop() 함수 부분에 의해

LCD 화면에 표시된 문자열 다음 칸에 커서가 2초 간격으로 나타났다가 사라지고 LCD에 표시된 내용은 그대로 두고 커서의 위치만 (0, 0)으로 이동 후 2초 동안 유지된다. 이후 loop() 함수 부분의 동작이 반복된다.

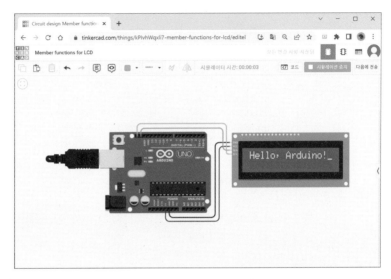

그림 12-17. cursor() 함수에 의해 커서가 표시된 결과

2.3 │ blink() / noBlink() 함수

blink() 함수는 LCD 화면의 현재 문자 출력 위치에서 커서를 깜박인다. 이때 커서의 모양은 직사각형 형태이다. noBlink() 함수는 커서가 깜빡이는 것을 멈추게 한다.

코드 12-4

blink() / noBlink() 함수

```
1    // blink() / noBlink() 함수의 동작
2
3    #include <Adafruit_LiquidCrystal.h>  // LCD 라이브러리 포함
4
5    // Adafruit_LiquidCrystal userObject(i2cAddr);
6    Adafruit_LiquidCrystal lcd(0x20);     // LCD 라이브러리를 사용하여 제어할 객체 생성
```

```
7
8        void setup() {
9          lcd.begin(16, 2);                  // LCD 초기화(16문자 2행 표시)
10
11         // 간단한 문자열 출력하기, print() 함수
12         lcd.print("Hello, Arduino!");      // LCD에 'Hello, Arduino!' 문자열 출력
13         delay(2000);                       // 2초 동안 지연
14       }
15
16       void loop() {
17         lcd.cursor();                      // 현재 문자 출력 위치에 커서 표시
18         lcd.blink();                       // 현재 문자 출력 위치에서 커서가 깜빡임
19         delay(2000);                       // 2초 동안 지연
20         lcd.noBlink();                     // 커서가 깜빡이는 것을 멈춤
21         delay(2000);                       // 2초 동안 지연
22       }
```

3~9줄 : LCD 제어를 위한 라이브러리를 소스코드에 포함시키고, 객체 생성 및 초기화를 한다.

12~13줄 : print() 함수를 사용하여 LCD 1행에 'Hello, Arduino!'라는 문자열을 출력하고 2초 동안 지연한다.

17줄 : cursor() 함수를 사용하여 현재 문자 출력 위치에 커서를 표시한다.

18~19줄 : blink() 함수에 의해 커서가 깜빡이기 시작하고 2초 동안 지연한다.

---

userObject.blink() 함수

용도
LCD의 현재 문자 출력 위치에서 직사각형 형태의 커서를 깜빡이는 함수

함수 형식
userObject.blink();

매개변수
없음

함수의 반환 값
없음

사용 예
myLcd.blink();

20~21줄 : noBlink() 함수에 의해 커서가 깜빡이는 것을 멈추고 2초 동안 지연한다.

userObject.noBlink() 함수

용도
커서가 깜빡이는 것을 멈추는 함수

함수 형식
userObject.noBlink();

매개변수
없음

함수의 반환 값
없음

사용 예
myLcd.noBlink();

시뮬레이션을 시작하면 LCD 화면의 1행에 'Hello, Arduino!'라는 문자열이 출력되고 2초 동안 지연된다. loop() 함수 부분의 cursor() 함수에 의해 커서가 표시된 다음 blink() 함수에 의해 커서가 깜빡인다. 2초 동안 지연 후 noBlink() 함수에 의해 커서가 깜빡이는 것을 2초 동안 멈춘다. 이러한 loop() 함수 부분의 동작은 반복된다.

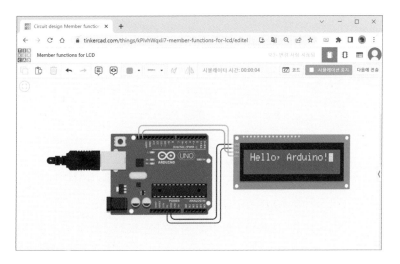

그림 12-18. blink() 함수에 의해 커서가 깜빡이는 동작 결과

display() 함수는 LCD 화면의 백라이트가 켜진 상태로 출력한 문자 내용을 표시한다. 반면, noDisplay() 함수는 백라이트가 켜진 상태에서 출력한 문자 내용을 표시하지 않는다. noDisplay() 함수는 LCD에 표시한 내용을 지우는 것이 아니고 단지 표시하지 않는 동작을 한다.

코드 12-5

display( ) / noDisplay( ) 함수

```
1    // display() / noDisplay() 함수의 동작
2
3    #include <Adafruit_LiquidCrystal.h>   // LCD 라이브러리 포함
4
5    // Adafruit_LiquidCrystal userObject(i2cAddr);
6    Adafruit_LiquidCrystal lcd(0x20);      // LCD 라이브러리를 사용하여 제어할 객체 생성
7
8    void setup() {
9      lcd.begin(16, 2);                    // LCD 초기화(16문자 2행 표시)
10
11     // 간단한 문자열 출력하기, print() 함수
12     lcd.print("Hello, Arduino!");        // LCD에 'Hello, Arduino!'라는 문자열 출력
13     delay(2000);                         // 2초 동안 지연
14   }
15
16   void loop() {
17     lcd.noDisplay();     // 백라이트가 켜진 상태에서 출력 내용을 화면에 표시하지 않음
18     delay(2000);         // 2초 동안 지연
19     lcd.display();       // 백라이트가 켜진 상태에서 출력 내용을 화면에 표시함
20     delay(2000);         // 2초 동안 지연
21   }
```

3~9줄 : LCD 제어를 위한 라이브러리를 소스코드에 포함시키고, 객체 생성 및 초기화를 한다.

12~13줄 : print() 함수를 사용하여 LCD 1행에 'Hello, Arduino!'라는 문자열을 출력하고 2초 동안 지연한다.

17~18줄 : noDisplay( ) 함수에 의해 백라이트가 켜진 상태에서 LCD 화면에 출력 내용을 표시하지 않는다. 이때 출력 내용은 지워지지 않고 단지 표시만 하지 않는다. 이러한 상태를 2초 동안 유지한다.

---

userObject.noDisplay() 함수

용도
LCD 화면의 백라이트가 켜진 상태에서 출력 내용을 표시하지 않는 함수

함수 형식
userObject.noDisplay();

매개변수
없음

함수의 반환 값
없음

사용 예
myLcd.noDisplay();

19~20줄 : display( ) 함수에 의해 백라이트가 켜진 상태에서 LCD 화면에 출력 내용을 표시한다. 이러한 상태를 2초 동안 유지한다.

---

userObject.display() 함수

용도
LCD 화면의 백라이트가 켜진 상태에서 출력 내용을 나타내는 함수

함수 형식
userObject.display();

매개변수
없음

함수의 반환 값
없음

사용 예
myLcd.display();

시뮬레이션을 시작하면 setup( ) 함수 부분에 의해 LCD 화면 1행에 'Hello, Arduino!'라는 문자열이 출력되고 2초 동안 지연된다. loop( ) 함수 부분에 의해

백라이트가 켜진 상태에서 출력 내용을 표시하지 않는다. 2초 후 백라이트가 켜진 상태에서 출력 내용을 표시하며 이 상태는 2초 동안 유지된다. 이러한 loop() 함수 부분의 동작은 반복된다.

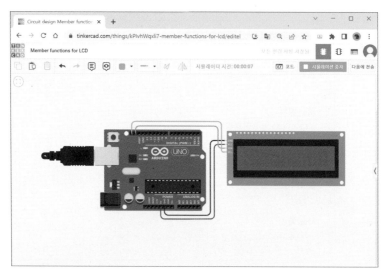

그림 12-19. noDisplay() 함수에 의해 출력 내용을 표시하지 않는 동작 결과

2.5 | scrollDisplayLeft() / scrollDisplayRight() 함수

print() 함수로 긴 길이의 문자열을 출력했을 때 LCD 화면에 16개 문자까지는 표시되지만, 나머지 문자들은 내부 메모리상에 저장되어 있을 뿐 화면에 표시되지 않는다. 이때 보이지 않는 나머지 문자들을 표시할 수 있는 함수가 scrollDisplayLeft() / scrollDisplayRight() 함수이다. scrollDisplayLeft() 함수는 LCD에 표시된 내용 전체를 왼쪽으로 한 칸 움직이는 동작을 한다. 반면 scrollDisplayRight() 함수는 내용 전체를 오른쪽으로 한 칸 움직이는 동작을 한다.

코드 12-6

scrollDisplayLeft() / scrollDisplayRight() 함수

```
1      // scrollDisplayLeft() / scrollDisplayRight() 함수의 동작
2
3      #include <Adafruit_LiquidCrystal.h>      // LCD 라이브러리 포함
4
5      // Adafruit_LiquidCrystal userObject(i2cAddr);
6      Adafruit_LiquidCrystal lcd(0x20);  // LCD 라이브러리를 사용하여 제어할 객체 생성
7
8      void setup() {
9        lcd.begin(16, 2);                        // LCD 초기화(16문자 2행 표시)
10
11       // 문자열 출력하기, print() 함수
12       lcd.print("Welcome to Arduino World!"); // LCD에 25개 문자로 구성된 문자열 출력
13       delay(2000);                             // 2초 동안 지연
14     }
15
16     void loop() {
17       for (int i = 0; i < 9; i++){
18         lcd.scrollDisplayLeft();  // LCD에 표시된 문자열 전체를 왼쪽으로 1칸 이동
19         delay(500);                            // 0.5초 동안 지연
20       }
21       for (int i = 0; i < 9; i++){
22         lcd.scrollDisplayRight();  // LCD에 표시된 문자열 전체를 오른쪽으로 1칸 이동
23         delay(500);                            // 0.5초 동안 지연
24       }
25     }
```

3~9줄 : LCD 제어를 위한 라이브러리를 소스코드에 포함시키고, 객체 생성 및 초기화를 한다.

12~13줄 : print( ) 함수를 사용하여 LCD 1행에 25개 문자로 구성되는 'Welcome to Arduino World!'라는 문자열을 출력하고 2초 동안 지연한다. 이때 LCD 화면에는 1행에 16개 문자(빈칸 포함)까지 표시할 수 있으므로 'Welcome to Ardui'까지만 표시되며 나머지 문자는 LCD의 내부 메모리에 저장되어 있을 뿐 LCD 화면에 표시되지 않는다.

17~20줄 : LCD 화면에 표시되지 않은 나머지 9개 문자를 표시하기 위해 scrollDisplayLeft( ) 함수를 사용하여 문자열 전체를 왼쪽으로 한 칸 이동한다. 이때 9개 문자를 모두 표시하기 위해 scrollDisplayLeft( ) 함수를 9번 반복

체험활동 2 : 텍스트 LCD의 기본 동작 제어하기   **347**

체험활동 ②

하여 호출하는 것을 for 문을 사용하여 간단히 작성한 소스코드이다. 19줄의 delay(500)은 scrollDisplayLeft() 함수에 의해 이동한 문자열을 확인할 수 있는 시간을 제공하기 위해 0.5초 동안 지연한다.

---

userObject.scrollDisplayLeft() 함수

용도
LCD에 표시된 내용 전체를 왼쪽으로 1칸 이동하는 함수

함수 형식
```
userObject.scrollDisplayLeft();
```

매개변수
없음

함수의 반환 값
없음

사용 예
```
myLcd.scrollDisplayLeft();      // LCD에 출력된 문자열 전체를 왼쪽으로 1칸 이동
```

21~24줄 : 문자열의 오른쪽 끝까지 표시하면 문자열 왼쪽의 9개 문자는 화면에 표시되지 않게 된다. 따라서 for 문을 사용하여 scrollDisplayRight() 함수를 9번 반복 호출하면 출력한 내용 전체가 오른쪽으로 9칸 이동하게 되어 왼쪽에 감춰진 문자들이 LCD 화면에 표시된다.

---

userObject.scrollDisplayRight() 함수

용도
LCD에 표시된 내용 전체를 오른쪽으로 1칸 이동하는 함수

함수 형식
```
userObject.scrollDisplayRight();
```

매개변수
없음

함수의 반환 값
없음

사용 예
```
myLcd.scrollDisplayRight();      // LCD에 출력된 문자열 전체를 오른쪽으로 1칸 이동
```

시뮬레이션을 시작하면 setup() 함수 부분에 의해 LCD 화면 1행에 'Welcome to Arduino World!'라는 문자열이 출력되고 2초 동안 지연된다. loop() 함수 부분에 의해 LCD에 표시된 문자열 전체가 0.5초 간격으로 왼쪽으로 한 칸씩 이동하여 오른쪽 끝의 문자까지 화면에 표시된 다음 문자열 전체는 다시 0.5초 간격으로 오른쪽으로 한 칸씩 이동하여 왼쪽 끝의 문자까지 화면에 표시한다. 이후 loop() 함수 부분의 동작은 계속 반복된다.

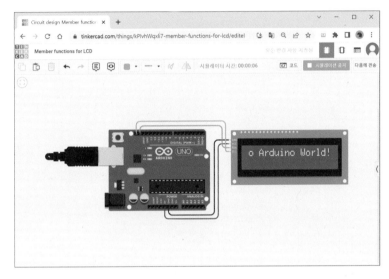

그림 12-20. scrollDisplayLeft() / scrollDisplayRight() 함수의 동작 결과

2.6 | autoscroll() / noAutoscroll 함수 ▢

autoscroll() 함수를 사용하면 LCD에 현재 출력되는 문자가 이전 출력된 문자를 출력 방향의 반대쪽으로 밀어내는 효과가 있다. 만약 문자를 출력하는 방향이 왼쪽에서 오른쪽이면 출력 내용 전체가 왼쪽으로 한 칸씩 자동으로 이동하게 된다. 이는 각각의 새로운 문자를 LCD의 같은 위치에 출력하는 것과 같다.

autoscroll() / noAutoscroll() 함수

```
1     // autoscroll() / noAutoscroll() 함수의 동작
2
3     #include <Adafruit_LiquidCrystal.h>  // LCD 라이브러리 포함
4
5     // Adafruit_LiquidCrystal userObject(i2cAddr);
6     Adafruit_LiquidCrystal lcd(0x20);    // LCD 라이브러리를 사용하여 제어할 객체 생성
7
8     void setup() {
9       lcd.begin(16, 2);                  // LCD 초기화(16문자 2행 표시)
10
11      // 문자열 출력하기, print() 함수
12      lcd.print("Hi, Arduino!");         // LCD에 ‘Hi, Arduino!’라는 문자열 출력
13      delay(2000);                       // 2초 동안 지연
14      lcd.clear();                       // 화면 내용을 지우고 커서를 (0, 0)으로 이동
15    }
16
17    void loop() {
18      lcd.home();                        // 화면 내용을 지우지 않고 커서를 (0, 0)으로 이동
19      lcd.print("autoscroll()");         // LCD에 ‘autoscroll()’이라는 문자열 출력
20      delay(1000);                       // 1초 동안 지연
21      lcd.setCursor(6, 1);               // 커서를 (6, 1)로 이동
22      lcd.autoscroll();                  // 자동 스크롤 기능을 켬
23      for (int i = 0; i < 10; i++){
24        lcd.print(i);                    // LCD에 i 값 출력
25        delay(300);                      // 0.3초 동안 지연
26      }
27
28      lcd.noAutoscroll();                // 자동 스크롤 기능을 끔
29      lcd.clear();                       // 화면 내용을 지우고 커서를 (0, 0)으로 이동
30      lcd.print("noAutoscroll()");       // LCD에 ‘noAutoscroll()’이라는 문자열 출력
31      delay(1000);                       // 1초 동안 지연
32      lcd.setCursor(6, 1);               // 커서를 (6, 1)로 이동
33      for (int i = 0; i < 10; i++){
34        lcd.print(i);                    // LCD에 i 값 출력
35        delay(300);                      // 0.3초 동안 지연
36      }
37    }
```

3~9줄 : LCD 제어를 위한 라이브러리를 소스코드에 포함시키고, 객체 생성 및 초기화한다.

12~14줄 : print( ) 함수를 사용하여 LCD 1행에 ‘Hi, Arduino!’라는 문자열을 출력하고 2초 동안 지연한다. clear( ) 함수에 의해 화면에 표시된 내용을 지우고 커서를 (0, 0)으로 이동한다.

18~20줄 : home( ) 함수에 의해 화면의 내용을 지우지 않고 커서를 (0, 0) 위치로 이동한 다음 print( ) 함수를 사용하여 LCD 1행에 'autoscroll( )'이라는 문자열을 출력하고 1초 동안 지연한다.

21줄 : setCursor( ) 함수를 사용하여 커서의 위치를 (6, 1)로 이동한다.

22줄 : autoscroll( ) 함수를 호출하여 자동 스크롤 기능을 켠다.

---

userObject.autoscroll() 함수

용도
LCD에 현재 출력되는 문자가 이전 출력된 문자를 출력 방향의 반대쪽으로 밀어내도록 하는 자동 스크롤 동작 함수

함수 형식
userObject.autoscroll();

매개변수
없음

함수의 반환 값
없음

사용 예
myLcd.autoscroll();   // 자동 스크롤 기능 켬

23~26줄 : for 문을 사용하여 int형 변수 i의 값을 0부터 9까지 증가하며 0.3초 간격으로 LCD의 지정한 위치에 i의 값을 출력한다. 이때 i의 값은 LCD 화면의 (6, 1)이 아닌 (5, 1) 위치에서 출력되는데, 21줄에서 커서의 위치를 (6, 1)로 이동한 다음 autoscroll( ) 함수에 의해 왼쪽으로 스크롤되었기 때문이다.

28줄 : noAutoscroll( ) 함수를 호출하여 자동 스크롤 기능을 끈다.

---

userObject.noAutoscroll() 함수

용도
LCD에 출력되는 문자의 자동 스크롤 동작을 멈추는 함수

함수 형식
userObject.noAutoscroll();

매개변수
없음

함수의 반환 값
없음

29~31줄 : clear( ) 함수를 사용하여 화면의 내용을 지우고 커서를 (0, 0) 위치로 이동한다. print( ) 함수를 사용하여 LCD 1행에 'noAutoscroll( )'이라는 문자열을 출력하고 1초 동안 지연한다.

32줄 : setCursor( ) 함수를 사용하여 커서의 위치를 (6, 1)로 이동한다.

33~36줄 : for 문을 사용하여 int형 변수 i의 값을 0부터 9까지 증가시키며 0.3 초 간격으로 LCD의 지정한 위치에 i의 값을 출력한다. 이때 자동 스크롤 기능은 OFF 상태이므로 LCD 화면에 출력되는 i의 값은 (6, 1)의 위치를 시작으로 오른쪽 방향으로 출력된다.

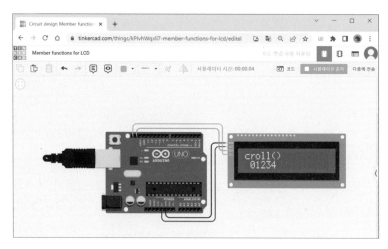

그림 12-21. autoscroll( ) / noAutoscroll( ) 함수의 동작 결과

2.7 │ leftToRight( ) / rightToLeft( ) 함수

leftToRight( ) 함수는 이전에 출력된 문자에는 영향을 주지 않으며 문자 출력 방향만 왼쪽에서 오른쪽으로 설정한다. 반면 rightToLeft( ) 함수는 문자 출력 방향을 오른쪽에서 왼쪽으로 설정한다.

코드 12-8

leftToRight() / rightToLeft() 함수

```
1    // leftToRight() / rightToLeft() 함수의 동작
2
3    #include <Adafruit_LiquidCrystal.h>        // LCD 라이브러리 포함
4
5    // Adafruit_LiquidCrystal userObject(i2cAddr);
6    Adafruit_LiquidCrystal lcd(0x20); // LCD 라이브러리를 사용하여 제어할 객체 생성
7
8    void setup() {
9      lcd.begin(16, 2);                 // LCD 초기화(16문자 2행 표시)
10
11     // 문자열 출력하기, print() 함수
12     lcd.print("Hi, Arduino!");        // LCD에 'Hi, Arduino!'라는 문자열 출력
13     delay(2000);                      // 2초 동안 지연
14     lcd.clear();                      // 화면 내용을 지우고 커서를 (0, 0)으로 이동
15   }
16
17   void loop() {
18     lcd.print("Left <-> Right");      // LCD에 'Left <-> Right'라는 문자열 출력
19     lcd.setCursor(0, 1);              // 커서를 (6, 1)로 이동
20     for(int i = 0; i < 16; i++){
21       if (i == 5){                    // i에 저장된 값이 5이면
22         lcd.rightToLeft();            // 커서 진행 방향을 오른쪽에서 왼쪽으로 변경
23       }
24       if (i == 8){                    // i에 저장된 값이 8이면
25         lcd.leftToRight();            // 커서 진행 방향이 왼쪽에서 오른쪽으로 변경
26       }
27       lcd.print(i);                   // int형 변수 i에 저장된 값을 출력
28       delay(500);                     // 0.5초 동안 지연
29     }
30     lcd.clear();                      // 화면 내용을 지우고 커서를 (0, 0)으로 이동
31   }
```

3~9줄 : LCD 제어를 위한 라이브러리를 소스코드에 포함시키고, 객체 생성 및 초기화를 한다.

12~14줄 : print() 함수를 사용하여 LCD 1행에 'Hi, Arduino!'라는 문자열을 출력하고 2초 동안 지연한다. clear() 함수를 사용하여 화면 내용을 지우고 커서를 (0, 0)으로 이동한다.

18줄 : print() 함수를 사용하여 LCD 1행에 'Left 〈−〉 Right'라는 문자열을 출력한다.

19줄 : setCursor( ) 함수를 사용하여 커서의 위치를 (0, 1)로 이동한다.

20줄 : for 문을 사용하여 int형 변수 i를 0부터 15까지 1씩 증가시키며 21~28
줄의 명령문을 실행한다.

21~23줄 : int형 변수 i에 저장된 값이 5이면 오른쪽으로 진행하던 문자 출력 방
향이 왼쪽으로 변경된다.

---

userObject.rightToLeft() 함수

용도
문자 출력 방향을 오른쪽에서 왼쪽으로 설정하는 함수

함수 형식
userObject.rightToLeft();

매개변수
없음

함수의 반환 값
없음

사용 예
myLcd.rightToLeft();   // 문자 출력 방향을 왼쪽으로 변경

24~26줄 : int형 변수 i에 저장된 값이 8이면 왼쪽으로 진행하던 문자 출력 방향
이 오른쪽으로 변경된다.

---

userObject.leftToRight() 함수

용도
문자 출력 방향을 왼쪽에서 오른쪽으로 설정하는 함수

함수 형식
userObject.leftToRight();

매개변수
없음

함수의 반환 값
없음

사용 예
myLcd.leftToRight();   // 문자 출력 방향을 오른쪽으로 변경

27줄 : print( ) 함수를 사용하여 int형 변수 i에 저장된 값을 LCD에 출력한다.

28줄 : 0.5초 동안 지연한다.

30줄 : for 문에 해당하는 명령문(21~29줄)에 의해 LCD에 0부터 15까지의 숫자를 출력하고 나면 LCD 화면 내용을 지우고, 커서의 위치를 (0, 0)으로 초기화한다.

시뮬레이션을 시작하면 setup( ) 함수 부분에 의해 LCD 화면의 1행에 'Hi, Arduino!'라는 문자열을 출력하고 2초 동안 지연한 다음 LCD에 표시된 내용을 지운다. loop( ) 함수 부분에 의해 LCD 화면의 1행에 'Left 〈−〉 Right'라는 문자열을 출력하고, setCursor( ) 함수를 사용하여 커서의 위치를 2행 첫 번째 칸인 (0, 1)로 이동한다. for 문을 사용하여 2행에 0부터 15까지의 숫자를 차례로 출력하고 0.5초 동안 지연한다. 이때 LCD에 문자를 출력하는 방향(커서 이동 방향)은 0~5까지는 오른쪽, 6~8까지는 왼쪽, 9~15까지는 다시 오른쪽이다. 15까지 출력하면 LCD 화면의 내용을 모두 지우고 커서를 (0, 0)으로 이동한다. loop( ) 함수 부분의 동작은 시뮬레이션을 중지할 때까지 반복된다.

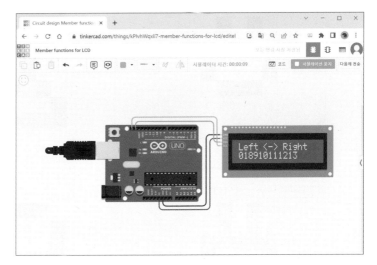

그림 12-22. rightToLeft() / leftToRight() 함수의 동작 결과

1 〉 사용자 정의 문자 출력

사용자 정의 문자를 텍스트 LCD에 출력해 보자. 앞서 설명한 것처럼 사용자 정의 문자는 64바이트 메모리인 CG-RAM에 저장되는데 전원 공급이 중단되면 저장된 내용이 사라지므로 소스코드 내에 사용자가 정의한 문자 패턴에 대한 정보가 포함되어 있어야 한다. 사용자 정의 문자를 5×8픽셀을 사용하여 정의할 때 CG-RAM에 저장할 수 있는 사용자 정의 문자의 수는 총 8개까지 가능하다. 그림 12-23은 5×8픽셀 포맷을 사용하여 정의한 사용자 문자의 예시이다.

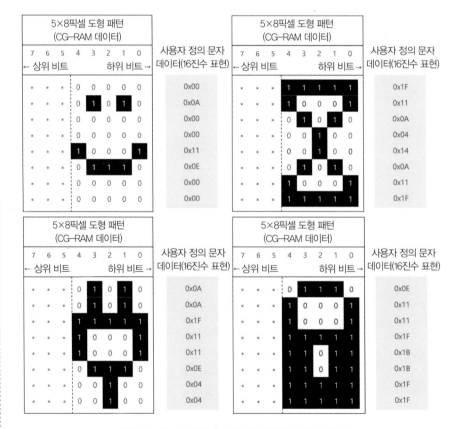

그림 12-23. 5×8픽셀 포맷으로 정의한 사용자 문자

사용자가 정의한 문자를 텍스트 LCD에 출력하는 소스코드를 작성해 보자. 다음 코드 12-9는 그림 12-14의 I2C 방식의 LCD(MCP23008)를 대상으로 Adafruit_LiquidCrystal.h 라이브러리를 사용하여 작성하였다. 다른 종류의 LCD를 사용한다면 라이브러리의 포함, 객체 생성, LCD 초기화 부분을 코드 12-1a 또는 코드 12-1c를 참고하여 수정하면 된다.

코드 12-9

사용자 정의 문자

```
1     // 사용자 정의 문자
2
3     #include <Adafruit_LiquidCrystal.h>    // LCD 라이브러리 포함
4
5     // Adafruit_LiquidCrystal userObject(i2cAddr);
6     Adafruit_LiquidCrystal lcd(0x20);         // LCD 라이브러리를 사용하여 제어할 객체 생성
7
8     // 사용자 정의 문자 데이터 배열(4개 문자)
9     byte customChar[4][8] = {
10       {0x00, 0x0A, 0x00, 0x00, 0x11, 0x0E, 0x00, 0x00},   // 스마일
11       {0x1F, 0x11, 0x0A, 0x04, 0x04, 0x0A, 0x11, 0x1F},   // 모래시계
12       {0x0A, 0x0A, 0x1F, 0x11, 0x11, 0x0E, 0x04, 0x04},   // 플러그
13       {0x0E, 0x11, 0x11, 0x1F, 0x1B, 0x1B, 0x1F, 0x1F}};  // 자물쇠
14
15    void setup(){
16      lcd.begin(16, 2);                       // LCD 초기화(16문자 2행 표시)
17
18      for (int i = 0; i < 4; i++){
19        lcd.createChar(i, customChar[i]);    // 사용자 정의 문자를 생성(저장)
20      }
21
22      // 사용자 정의 문자를 출력
23      lcd.setCursor(0, 0);                    // 커서 위치를 (0, 0)으로 이동
24      lcd.print("Custom Character");          // 1행에 'Custom Character' 출력
25
26      for (int i = 0; i < 4; i++){
27        lcd.setCursor(i*4, 1);               // 사용자 정의 문자를 출력할 위치 설정
28        lcd.write(byte(i));                  // 사용자 정의 문자를 출력, byte(location)
29      }
30    }
31
32    void loop(){
33    }
```

3~6줄 : LCD 제어를 위한 라이브러리를 소스코드에 포함시키고 LCD 객체를 생성한다.

9~13줄 : 4개의 사용자 정의 문자를 저장할 4행 8열 크기의 byte형 배열 변수로 customChar[4][8]를 선언하고, 배열의 각 행에 스마일, 모래시계, 플러그, 자물쇠에 대한 패턴 데이터값(16진수 표현)을 저장한다. 패턴 데이터값은 다음과 같이 2진수 표현을 사용할 수도 있다.

```
8     // 사용자 정의 문자 데이터 배열(2진수 데이터 표현)
9     byte customChar[4][8] = {
10      {B00000, B01010, B00000, B00000, B10001, B01110, B00000, B00000},  // 스마일
11      {B11111, B10001, B01010, B00100, B00100, B01010, B10001, B11111},  // 모래시계
12      {B01010, B01010, B11111, B10001, B10001, B01110, B00100, B00100},  // 플러그
13      {B01110, B10001, B10001, B11111, B11011, B11011, B11111, B11111}}; // 자물쇠
```

16줄 : 생성한 객체인 lcd를 16문자 2행 표시로 초기화한다.

18~20줄 : int형 변수 i를 0부터 3까지 1씩 증가시키며 createChar() 함수를 사용하여 배열 customChar의 i번째 행에 저장된 사용자 정의 문자 데이터(1개의 문자는 8비트 데이터 8개로 구성)를 CG-RAM의 i번째 장소에 저장한다. 사용자 정의 문자가 저장되는 CG-RAM의 장소 번호는 0~7까지의 숫자를 사용한다.

userObject.createChar(매개변수) 함수

용도
매개변수로 전달 받은 장소와 사용자 정의 문자를 사용하여 CG-RAM의 지정 장소에 사용자 정의 문자의 데이터를 저장하는 함수

함수 형식
userObject.createChar(location, charmap[]);

매개변수
location : 사용자 정의 문자가 저장되는 장소의 번호(0~7)
charmap[] : 사용자 정의 문자의 데이터 배열

함수의 반환 값
없음

사용 예
#include <Adafruit_LiquidCrystal.h>

```
Adafruit_LiquidCrystal lcd(0x20);    // LCD 라이브러리를 사용하여 제어할 객체로 lcd 생성

// 사용자 정의 문자 데이터 배열(2개 문자)
byte customChar[2][8] = {
  {0x00, 0x0A, 0x1F, 0x1F, 0x0E, 0x04, 0x00, 0x00},    // 하트
  {0x04, 0x0E, 0x0E, 0x0E, 0x1F, 0x00, 0x04, 0x00}};   // 종

void setup(){
  mylcd.begin(16, 2);                                   // mylcd 초기화

  // 사용자 정의 문자 생성
  for (int i = 0; i < 2; i++){
    myLcd.createChar(i, customChar[i]);
  }

  for (int i = 0; i < 2; i++){
    myLcd.setCursor(i*2, 1);
    myLcd.write(byte(i));                               // 사용자 정의 문자 출력
  }
}
void loop(){
}
```

23줄 : 커서의 위치를 (0, 0)으로 이동한다.

24줄 : print() 함수를 사용하여 LCD 1행에 'Custom Character'라는 문자열을 출력한다.

26~29줄 : for 문을 사용하여 int형 변수 i를 0부터 3까지 1씩 증가시키며 CG-RAM의 i번째 장소에 저장된 사용자 정의 문자를 LED 화면의 지정한 위치에 출력한다. 27줄에서 4개의 사용자 정의 문자가 출력되는 LCD의 커서 위치를 지정하는데 i가 0부터 3까지 1씩 증가하므로 사용자 정의 문자의 출력 위치는 (0, 1), (4, 1), (8, 1), (12, 1)이 된다.

28줄에서 사용자 정의 문자를 출력하기 위해 'lcd.write(byte(location));'와 같은 형식을 사용하며, 사용자 문자가 저장된 장소인 location은 0~7 범위의 숫자로 지정한다. byte(location)는 write() 함수가 byte형 숫자만 사용하기 때문에 location이 그냥 숫자가 아니고 byte 형식의 숫자임을 나타내는 것이다. write() 함수를 사용하여 사용자 정의 문자를 출력할 때 'lcd.write(byte(location));' 대신 'lcd.write((byte)location);' 또는 'lcd.write(location);'와 같은 형식을 사용

할 수도 있다.

시뮬레이션을 시작하면 LCD 화면 1행에 'Custom Character'라는 문자열이 출력되고, 2행의 지정한 위치에 사용자 정의 문자가 출력된다. 따라서 (0, 1) 위치에 스마일, (4, 1) 위치에 모래시계, (8, 1) 위치에 플러그, (12, 1) 위치에 자물쇠가 출력된다.

그림 12-24. 사용자 정의 문자를 출력한 결과

<13장>

다양한 센서 사용하기

─── 학습 목표 ───

- 아두이노와 함께 사용하는 다양한 센서의 종류와 동작 원리를 이해한다.

- 다양한 센서의 기본적인 동작을 위한 소스코드(스케치)를 작성할 수 있다.

- 센서를 활용하는 간단한 응용 시스템을 만들 수 있다.

1 〉 팅커캐드의 다양한 센서

센서(sensor)는 열, 빛, 온도, 압력, 소리 등 다양한 물리량(정보)을 취득하는 전자 부품 또는 전자 부품을 포함한 장치를 말한다. 센서로부터 취득된 정보(아날로그 또는 디지털 데이터)는 아두이노와 같은 마이크로프로세서에 전달되어 목적에 맞게 처리된다. 팅커캐드에서는 여러 종류의 센서를 제공하고 있으며, 이들 센서는 아두이노와 결합하여 디지털 온도계, 침입 감시 시스템, 가스 누출 경보 등 다양한 응용 시스템을 만드는 데 활용할 수 있다. 이 장에서는 여러 가지 센서를 사용하여 다양한 물리량을 측정하고 이를 활용하는 간단한 응용 시스템을 만들어 본다.

표 13-1. 팅커캐드의 주요 센서

센서	센서 출력	기능	기타	
SW 200D 기울기 센서	디지털	기울기를 감지하는 센서	체험활동 1	초급
토양 수분 센서	아날로그	토양이 함유하고 있는 수분량을 감지하는 센서	체험활동 2	초급
포토 레지스터	아날로그	빛의 양에 따라 저항이 변하는 특성을 이용하여 빛의 양을 감지하는 센서	체험활동 3	중급
PIR 센서	디지털	적외선을 이용하여 사람의 움직임을 감지하는 센서. IR 센서가 연속 출력을 내는 데 반해 PIR 센서는 인체가 감지될 때만 출력	체험활동 4	중급

 힘 센서	아날로그	힘(장력과 압축력)을 전기량(전압)으로 변환하는 센서	체험활동 5	중급
 가스 센서	디지털/ 아날로그	일산화탄소, 알코올 또는 메탄과 같은 가스 누출을 감지하는 데 사용하는 센서	체험활동 6	중급
 TMP 온도 센서	아날로그	주변 온도의 변화에 따라 전압을 출력하는 센서	체험활동 7	고급
 휨 센서	아날로그	구부러질 때 저항이 변하는 특성을 이용하여 구부러진 정도를 감지하는 센서	체험활동 8	고급
 초음파 센서	디지털	음파를 감지하여 물체가 얼마나 떨어져 있는지 감지하는 센서	체험활동 9	고급

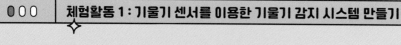

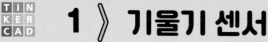

1 〉 기울기 센서

아두이노 보드, 기울기 센서, LED를 사용하여 기울기 감지 시스템을 만들어 본다. 기울기 센서를 사용하여 기울어진 정도를 감지하여 그 결과를 LED에 출력한다. 먼저 기울기 센서에 대해 알아 보자.

기울기 센서(tilt sensor)는 기울기를 감지하여 회로에 전기를 흐르게 하는 전자 부품으로 두 개의 단자를 가지고 있으며, 내부에 스위치 역할을 하는 전도성 구(전기가 흐르는 구슬) 또는 액체 상태의 수은이 존재한다. 기울기 센서를 위로 향하게 했을 때 전도성 구나 수은이 양쪽 단자를 연결하여 내부 스위치가 닫히게 되어 전류가 흐르게 된다. 반면 센서를 기울이면 스위치는 열리게 되어 전류가 흐르지 않게 된다.

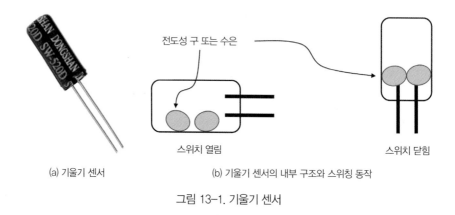

(a) 기울기 센서   (b) 기울기 센서의 내부 구조와 스위칭 동작

그림 13-1. 기울기 센서

기울기 센서는 극성이 없는 2개의 단자를 가지고 있다. 스위치와 같은 동작을 하므로 센서값은 단락 상태를 나타내는 HIGH(1)나 개방 상태를 나타내는 LOW(0)로 디지털 데이터이다. 센서를 사용할 때 그림 13-2처럼 두 단자 중 한쪽은

Vcc(5[V])에 연결하며 다른 쪽 단자는 10[㏀] 정도의 저항을 통해 GND에 연결한다. 기울기 센서는 이 저항에 걸리는 전압을 감지하여 신호(S) 단자를 통해 아두이노에 제공된다. 이러한 형태의 연결은 3장에서 설명한 전압 분배 법칙을 사용하는 것으로 뒤에서 다룰 예정인 온도 센서, 휨 센서의 회로 연결과 비슷하지만, 온도 센서와 휨 센서 회로에서 센서값을 아두이노의 아날로그 입력 핀으로 읽어 들이는 데 반해 기울기 센서 회로는 센서값을 읽어 들이기 위해 아날로그 입력 핀이 아닌 디지털 입력 핀을 사용한다는 것이 다른 점이다.

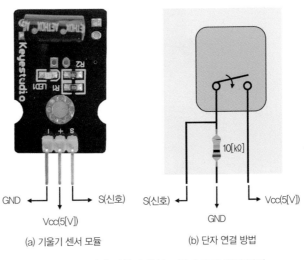

(a) 기울기 센서 모듈

(b) 단자 연결 방법

그림 13-2. 실제 기울기 센서 모듈과 단자 연결 방법

팅커캐드에서 제공하는 기울기 센서의 외형은 실제 기울기 센서와 다르게 보이지만 동작 원리와 단자 구성 및 연결하는 방법은 같다.

(a) 기울기 센서 외형

(b) 단자 연결 방법

그림 13-3. 팅커캐드의 기울기 센서와 단자 연결 방법

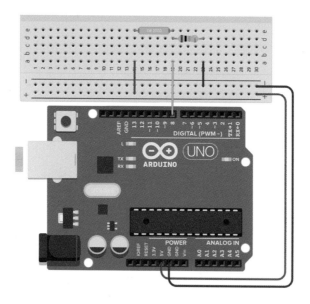

그림 13-4. 기울기 센서와 아두이노 보드의 연결

그림 13-4의 회로에서 기울기 센서의 동작을 확인하기 위한 소스코드를 작성하자. 기울기 센서가 취득한 기울기 데이터는 신호(S) 단자와 연결된 아두이노의 디지털 8번 핀으로 읽어 들여져 시리얼 모니터에 출력된다.

코드 13-1

기울기 센서의 동작 확인

```
1    // 기울기 센서의 동작
2
3    int TILT = 8;                        // 기울기 센서의 신호(S) 단자를 8번 핀에 연결
4
5    void setup( )
6    {
7      Serial.begin(9600);                // 시리얼 모니터 초기화
8      pinMode(TILT, INPUT);              // TILT(8번 핀)를 입력 모드로 설정
9    }
10
11   void loop( )
12   {
13     int tiltVal = digitalRead(TILT);   // 기울기 센서값을 8번 핀으로 읽어 들임
14
15     Serial.print("Readed Value = ");   // 시리얼 모니터에 'Readed Value = '를 출력
16     Serial.println(tiltVal);           // 시리얼 모니터에 기울기 센서값 출력
```

17	delay(500);	// 0.5초 동안 지연
18	}	

시뮬레이션을 시작하고 기울기 센서를 클릭하면 기울기를 변경할 수 있는 슬라이드 바가 표시된다. 슬라이드 바를 왼쪽에 두면 기울기 센서는 '0(기울어지지 않은 상태)'을 출력하고, 슬라이드 바를 오른쪽으로 움직이면 '1(기울어진 상태)'을 출력한다.

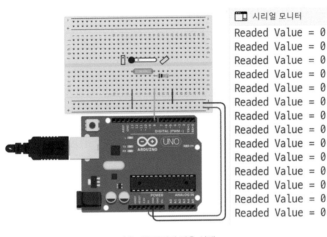

(a) 기울어지지 않은 상태

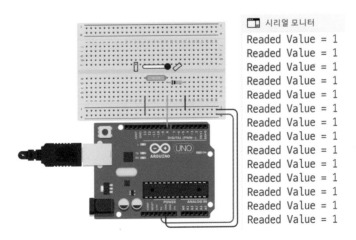

(b) 기울어진 상태

그림 13-5. 기울어진 상태별 기울기 센서의 출력값

2 〉 기울기 감지 시스템

팅커캐드의 작업판에서 아두이노 보드, 작은 브레드보드, 기울기 센서, 저항, 초록색 LED와 빨간색 LED를 사용하여 그림 13-6의 기울기 감지 시스템 회로를 구성해 보자. 기울기 센서와 10[㏀] 저항을 사용하여 그림 13-3(b)과 같이 구성하고 신호(S) 단자를 아두이노 보드의 디지털 8번 핀에 연결한다. 초록색 LED는 기울어지지 않은 상태, 빨간색 LED는 기울어진 상태를 표시하며 각 LED의 양극 단자는 아두이노의 디지털 6번 핀(초록색)과 5번 핀(빨간색)에 연결하고, 각 LED의 음극 단자는 서로 연결하여 330[Ω] 저항을 통해 GND에 연결한다. 표 13-2를 참고하여 회로의 연결을 완성해 보자.

표 13-2. 아두이노 보드와 사용한 부품의 연결

구분		단자 이름	아두이노 핀	기타
기울기 센서		터미널 1	5[V]	전원 공급(Vcc 단자)
		터미널 2	10[㏀] 저항을 통해 GND	
			8번 핀	기울기 센서의 신호(S) 단자
LED	초록색	양극	6번 핀	기울어지지 않은 상태 표시
		음극	330[Ω] 저항을 통해 GND	빨간색 LED의 음극 단자와 연결
	빨간색	양극	5번 핀	기울어진 상태 표시
		음극	330[Ω] 저항을 통해 GND	초록색 LED의 음극 단자와 연결

앞서 작성했던 소스코드 13-1을 참고하여 기울기 센서가 기울어지지 않았을 때 초록색 LED가 켜지고, 기울어졌을 때 빨간색 LED가 켜지는 기울기 감지 시스템의 소스코드를 작성해 보자.

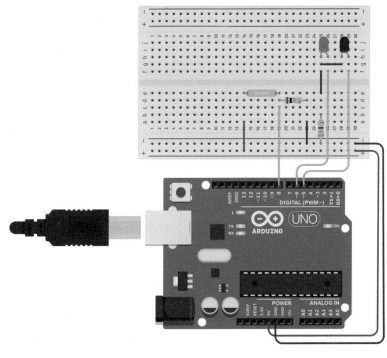

그림 13-6. 기울기 센서를 이용한 기울기 감지 시스템 회로

기울기 감지 시스템

```
1    // 기울기 감지 시스템
2
3    int TILT = 8;                    // 기울기 센서의 신호 단자를 8번 핀에 연결
4    int GLED = 6;                    // GLED의 양극 단자를 6번 핀에 연결
5    int RLED = 5;                    // RLED의 양극 단자를 5번 핀에 연결
6
7    void setup(){
8      pinMode(TILT, INPUT);          // TILT(8번 핀)를 입력 모드로 설정
9      pinMode(GLED, OUTPUT);         // GLED(6번 핀)를 출력 모드로 설정
10     pinMode(RLED, OUTPUT);         // RLED(5번 핀)를 출력 모드로 설정
11   }
12
13   void loop(){
14     int tiltVal = digitalRead(TILT); // 기울기 센서값을 8번 핀으로 읽어 들임
15
16     if (tiltVal == LOW){           // 센서가 기울어지지 않으면
17       digitalWrite(GLED, HIGH);    // GLED로 HIGH를 출력
18       digitalWrite(RLED, LOW);     // RLED로 LOW를 출력
```

```
19        delay(500);                 // 0.5초 지연
20      }
21    else {                          // 센서가 기울어지면
22      digitalWrite(GLED, LOW);      // GLED로 LOW를 출력
23      digitalWrite(RLED, HIGH);     // RLED로 HIGH를 출력
24      delay(500);                   // 0.5초 지연
25    }
26  }
```

3~5줄 : int형 변수 TILT, GLED, RLED에 기울기 센서 및 LED의 양극 단자와 연결하는 아두이노의 해당 입출력 핀 번호(8, 6, 5)를 각각 저장한다.

8~10줄 : 기울기 센서와 LED의 단자와 연결된 아두이노 데이터 핀의 입출력 모드를 설정한다.

14줄 : 디지털 입력 핀으로 읽어 들인 기울기 센서값을 int형 변수 tiltVal에 저장한다.

16~20줄 : 기울기 센서값이 'LOW(0)'면 기울어지지 않은 상태로 초록색 LED는 켜지고 빨간색 LED는 꺼진다.

21~25줄 : 기울기 센서값이 'HIGH(1)'면 기울어진 상태로 초록색 LED가 꺼지고 빨간색 LED는 켜진다.

시뮬레이션을 시작하고 기울기 센서를 클릭하여 슬라이드 바를 왼쪽에 두면 초록색 LED가 켜진다. 반면 슬라이드 바를 오른쪽으로 움직이면 빨간색 LED가 켜진다.

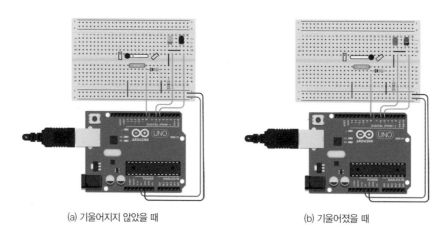

(a) 기울어지지 않았을 때   (b) 기울어졌을 때

그림 13-7. 기울기 감지 시스템의 동작

1 〉토양 수분 센서

TINKER CAD

아두이노 보드, 토양 수분 센서, LED를 사용하여 스마트 화분을 만들어 보자. 스마트 화분은 토양 수분 센서를 사용하여 화분의 토양 내 수분을 측정하여 자동으로 물을 공급할 수 있다. 여기에서는 수분 측정 결과를 LED로 출력한다. 먼저 토양 수분 센서에 대해 알아보자.

토양 수분 센서(soil moisture sensor)는 식물이 자라는 화분이나 농작물이 자라는 토양의 수분 함량을 측정하는 장치로 센서의 감지부를 토양에 묻히도록 설치하여 사용한다. 토양 수분 센서는 토양 내 수분이 많이 포함되어 있을 때 전기가 잘 통하게 되므로 센서 저항값이 낮아지고, 수분이 없을 때 저항값이 증가하는 원리를 사용하여 토양의 수분량에 따라 변하는 저항값을 전기 신호로 출력한다. 이때 센서의 출력값은 일반적으로 수분량에 비례(센서 저항값에 반비례)하지만, 센서 종류에 따라 수분량에 반비례하는 센서도 있다. 저항 방식의 토양 수분 센서는 센서의 감지부가 부식되는 단점이 있어 수분 함량에 따라 변하는 정전 용량(커패시턴스)을 전기 신호로 출력하는 정전 방식의 토양 수분 센서도 있다.

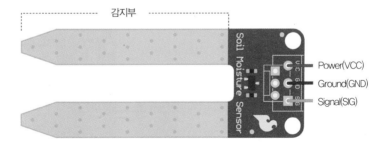

그림 13–8. 토양 수분 센서

그림 13-8은 팅커캐드에서 제공하는 토양 수분 센서이다. Power(VCC), Ground(GND), Signal(SIG)로 구성되는 3개의 단자를 가지고 있으며 Power와 Ground 단자는 센서 동작에 필요한 전원을 공급하기 위해서 Power 단자는 3.3[V] 또는 5[V], Ground 단자는 GND에 연결한다. Signal 단자는 센서값으로 아날로그 전압을 출력한다. 팅커캐드의 토양 수분 센서는 저항 방식의 센서로 수분량이 적을 때 작은 센서값을 출력하고 수분량이 많을 때 큰 센서값을 출력한다. 센서의 Signal 단자로 출력되는 아날로그 전압은 아두이노의 아날로그 입력 핀으로 읽어 들여져 0~1024 범위의 디지털 데이터로 변환되는데 팅커캐드의 수분 센서가 출력하는 센서값의 최대값은 872이다. 팅커캐드에서 제공하는 토양 수분 센서와 비슷한 사양을 갖는 실제 GROVE 센서는 마른 토양에서 0~300, 젖은 땅에서 300~700, 물속에서 700 이상의 센서값을 출력한다. 실제 토양 수분 센서는 종류에 따라 디지털 데이터를 출력할 수도 있으며, 센서의 출력값 범위는 센서 종류에 따라 다르므로 사용하는 센서의 사양을 확인해야 한다.

토양 수분 센서를 사용할 때 센서의 각 단자를 회로에 연결하는 방법은 간단하다. 일반적으로 아날로그 데이터를 출력하는 센서를 사용할 때 센서 출력 단자에 저항을 직렬로 연결하고 전압 분배 원리에 의해 저항에 걸린 전압(센서 출력값)을 아두이노의 아날로그 입력 핀으로 읽어 들이는 방식을 사용한다. 이에 반해 토양 수분 센서는 그림 13-9와 같이 별도의 저항을 사용하지 않고 Signal(SIG) 단자를 아두이노의 아날로그 입력 핀에 직접 연결하면 된다.

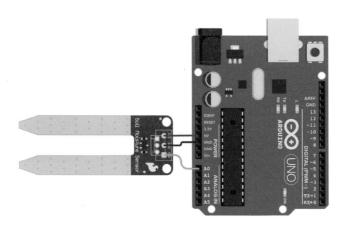

그림 13-9. 토양 수분 센서와 아두이노 보드의 연결

그림 13-9의 회로에서 토양 수분 센서의 동작을 확인하기 위한 소스코드를 작성하자. 토양 수분 센서의 Signal(SIG) 단자를 아두이노 보드의 아날로그 입력 A0 핀에 연결하여 센서의 출력값을 읽어 들여 시리얼 모니터에 출력한다.

코드 13-3

토양 수분 센서의 동작 확인

```
1    // 토양 수분 센서 동작
2
3    int SIG = A0;                    // Signal(SIG) 단자를 아날로그 A0 핀에 연결
4
5    void setup( ) {
6      Serial.begin(9600);           // 시리얼 모니터 초기화
7    }
8
9    void loop( ) {
10     // 센서 출력값을 아날로그 A0 핀으로 읽어 들여 int형 변수 moisture에 저장
11     int moisture = analogRead(SIG);
12
13     Serial.print("Soil Moisture : "); // 시리얼 모니터에 'Soil Moisture : ' 문자열 출력
14     Serial.println(moisture);      // 시리얼 모니터에 변수 moisture에 저장된 값을 출력
15     delay(500);                    // 0.5초 동안 지연
16   }
```

시뮬레이션을 시작하고 토양 수분 센서를 클릭하면 수분 함유량을 변경할 수 있는 슬라이드 바가 표시된다. 슬라이드 바를 움직이면 토양 수분 센서의 센서값인 아날로그 전압을 아두이노의 아날로그 A0 핀으로 읽어 들여 0(마른 상태)~872(최대로 젖은 상태) 사이의 값으로 변환하여 시리얼 모니터에 출력한다.

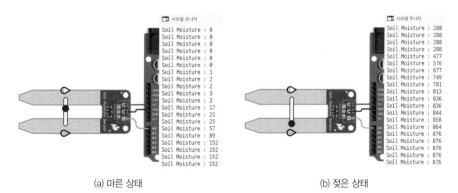

(a) 마른 상태   (b) 젖은 상태

그림 13-10. 수분량에 따른 토양 수분 센서의 출력값

2 〉 스마트 화분

팅커캐드의 작업판에서 아두이노 보드, 작은 브레드보드, 토양 수분 센서, LED(초록색, 노란색, 빨간색), 저항을 사용하여 그림 13-11의 스마트 화분 회로를 구성해 보자. 스마트 화분은 토양 수분 센서가 측정한 수분량의 정도를 다른 색상의 LED로 나타내는데, 마른 상태는 빨간색, 조금 젖은 상태는 노란색, 가장 젖은 상태는 초록색 LED가 켜진다. 이러한 동작을 위해 토양 수분 센서의 Power(VCC) 단자는 5[V], Ground(GND) 단자는 GND, Signal(SIG) 단자는 아두이노 보드의 아날로그 A0 핀에 연결한다. 각 LED의 양극 단자는 아두이노의 디지털 8번 핀(초록색), 9번 핀(노란색), 10번 핀(빨간색)에 각각 연결하고, LED의 모든 음극 단자는 서로 연결되어 330[Ω] 저항을 통해 GND에 연결한다. 표 13-3을 참고하여 회로의 연결을 완성해 보자.

표 13-3. 아두이노 보드와 사용한 부품의 연결

구분		단자 이름	아두이노 핀	기타
토양 수분센서		Power(VCC)	5[V]	전원 공급
		Ground(GND)	GND	
		Signal(SIG)	A0	토양 수분 센서의 출력값
LED	초록색	양극	8번 핀	수분 함유 상태 표시, 빨간색(마른 상태) 노란색(조금 젖은 상태) 초록색(젖은 상태)
	노란색	양극	9번 핀	
	빨간색	양극	10번 핀	
	모든 색상의 음극		330[Ω] 저항을 통해 GND	

토양 수분 센서를 사용하여 화분의 토양에 함유된 수분량을 측정하면 토양이 마른 상태일 때 빨간색 LED가 켜지고, 토양이 조금 젖은 상태일 때 노란색, 그리고 가장 젖은 상태일 때 초록색 LED가 켜지며 해당 수분량 상태를 시리얼 모니터에 출력하는 소스코드를 작성해 보자.

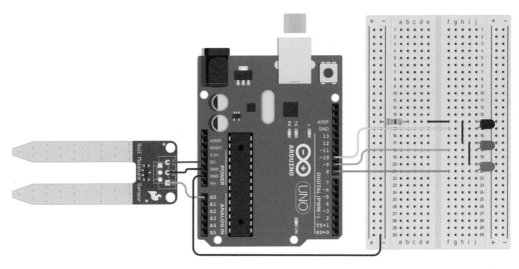

그림 13-11. 토양 수분 센서를 이용한 스마트 화분 회로

스마트 화분

```
1    // 스마트 화분
2
3    int SIG = A0;              // 토양 수분 센서의 SIG 단자를 아날로그 A0 핀에 연결
4    int G = 8;                 // 파란색 LED의 양극 단자를 디지털 8번 핀에 연결
5    int Y = 9;                 // 노란색 LED의 양극 단자를 디지털 9번 핀에 연결
6    int R = 10;                // 빨간색 LED의 양극 단자를 디지털 10번 핀에 연결
7
8    void setup( ) {
9      // 아두이노의 디지털 8~10번 핀을 출력 모드로 설정
10     pinMode(G, OUTPUT);
11     pinMode(Y, OUTPUT);
12     pinMode(R, OUTPUT);
13     Serial.begin(9600);       // 시리얼 모니터 초기화
14   }
15
16   void loop( ) {
17     // 아날로그 A0(SIG) 핀으로 읽어 들인 센서값을 int형 변수 moisture에 저장
18     int moisture = analogRead(SIG);
19
20     Serial.print("Soil Moisture : ");// 시리얼 모니터에 ' Soil Moisture :  ' 문자열 출력
21     Serial.print(moisture);          // 시리얼 모니터에 변수 moisture에 저장된 값을 출력
22
23     // 출력 모드로 설정된 아두이노의 디지털 8~12번 핀으로 LOW(0V) 출력
24     digitalWrite(G, LOW);
25     digitalWrite(Y, LOW);
26     digitalWrite(R, LOW);
```

```
27 │
28 │      if (moisture < 100) {        // 센서 출력값이 100보다 작으면
29 │        digitalWrite(R, HIGH);      // R(10번) 핀으로 HIGH(5V) 출력
30 │        Serial.println(" >> Dry");  // 시리얼 모니터에 ' >> Dry '를 출력
31 │      }
32 │      else if (moisture < 400) {    // 센서 출력값이 100 이상 400보다 작으면
33 │        digitalWrite(Y, HIGH);      // Y(9번) 핀으로 HIGH(5V) 출력
34 │        Serial.println(" >> Little Wet");  // 시리얼 모니터에 ' >> Little Wet '을 출력
35 │      }
36 │      else {                        // 센서 출력값이 400 이상이면
37 │        digitalWrite(G, HIGH);      // G(8번) 핀으로 HIGH(5V) 출력
38 │        Serial.println(" >> Wet");  // 시리얼 모니터에 ' >> Wet '을 출력
39 │      }
40 │      delay(500);                   // 0.5초 동안 지연
41 │    }
```

3~6줄 : int형 변수 SIG, G, Y, R에 토양 수분 센서의 Signal(SIG) 단자 및 초록색, 노란색, 빨간색 LED의 양극 단자와 연결하는 아두이노의 해당 입출력 핀 번호를 각각 저장한다.

10~12줄 : 색상별 LED의 양극 단자가 연결된 아두이노의 디지털 핀을 출력 모드로 설정한다.

13줄 : 시리얼 모니터를 초기화한다.

18줄 : 아날로그 입력 A0 핀(SIG)으로 읽어 들인 토양 수분 센서값을 int형 변수 moisture에 저장한다.

20~21줄 : 시리얼 모니터에 'Soil Moisture : (센서값)'를 출력한다.

24~26줄 : 모든 색상의 LED 양극 단자가 연결된 디지털 핀으로 LOW(0V)를 출력하여 모든 색상의 LED가 꺼지게 한다.

28~39줄 : 토양 수분 센서값이 100보다 작으면 빨간색 LED(마른 상태), 100 이상 400보다 작으면 노란색 LED(조금 젖은 상태), 400 이상이면 초록색 LED(젖은 상태)가 켜지며, 시리얼 모니터에 수분 상태에 해당하는 문자열(Dry, Little Wet, Wet 중 하나)을 출력한다.

40줄 : 0.5초 동안 지연한다.

시뮬레이션을 시작하고 토양 수분 센서를 클릭하여 슬라이드 바를 움직이면 수분 상태에 따라 초록색, 노란색, 빨간색 LED가 켜지며, 수분 상태에 해당하는 문자열(Dry, Little Wet, Wet)이 출력된다.

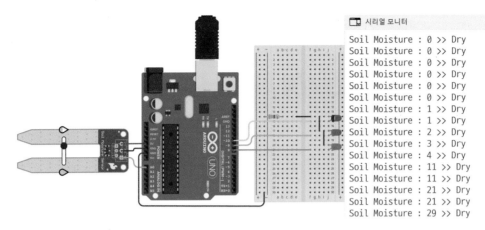

시리얼 모니터

```
Soil Moisture : 0 >> Dry
Soil Moisture : 0 >> Dry
Soil Moisture : 0 >> Dry
Soil Moisture : 0 >> Dry
Soil Moisture : 0 >> Dry
Soil Moisture : 0 >> Dry
Soil Moisture : 1 >> Dry
Soil Moisture : 1 >> Dry
Soil Moisture : 2 >> Dry
Soil Moisture : 3 >> Dry
Soil Moisture : 4 >> Dry
Soil Moisture : 11 >> Dry
Soil Moisture : 11 >> Dry
Soil Moisture : 21 >> Dry
Soil Moisture : 21 >> Dry
Soil Moisture : 29 >> Dry
```

(a) 토양이 마른 상태

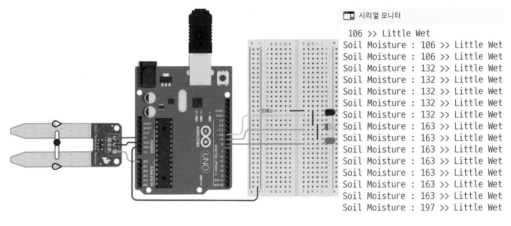

시리얼 모니터

```
 106 >> Little Wet
Soil Moisture : 106 >> Little Wet
Soil Moisture : 106 >> Little Wet
Soil Moisture : 132 >> Little Wet
Soil Moisture : 132 >> Little Wet
Soil Moisture : 132 >> Little Wet
Soil Moisture : 132 >> Little Wet
Soil Moisture : 163 >> Little Wet
Soil Moisture : 163 >> Little Wet
Soil Moisture : 163 >> Little Wet
Soil Moisture : 163 >> Little Wet
Soil Moisture : 163 >> Little Wet
Soil Moisture : 163 >> Little Wet
Soil Moisture : 197 >> Little Wet
```

(b) 토양이 조금 젖은 상태

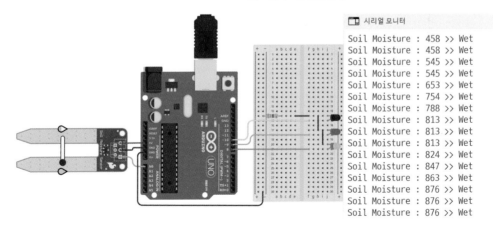

시리얼 모니터

```
Soil Moisture : 458 >> Wet
Soil Moisture : 458 >> Wet
Soil Moisture : 545 >> Wet
Soil Moisture : 545 >> Wet
Soil Moisture : 653 >> Wet
Soil Moisture : 754 >> Wet
Soil Moisture : 788 >> Wet
Soil Moisture : 813 >> Wet
Soil Moisture : 813 >> Wet
Soil Moisture : 813 >> Wet
Soil Moisture : 824 >> Wet
Soil Moisture : 847 >> Wet
Soil Moisture : 863 >> Wet
Soil Moisture : 876 >> Wet
Soil Moisture : 876 >> Wet
Soil Moisture : 876 >> Wet
```

(c) 토양이 젖은 상태

그림 13-12. 토양 수분 센서를 이용한 스마트 화분의 동작

1 〉 포토 레지스터

아두이노 보드, 포토 레지스터, RGB LED를 사용하여 스마트 가로등을 만들어 보자. 주위가 어두울 때 켜지고 밝을 때 꺼지는 스마트 가로등의 동작을 위해 포토 레지스터의 출력을 사용하여 RGB LED를 제어한다. 먼저 스마트 가로등 회로에 사용되는 포토 레지스터에 대해 알아본다.

포토 레지스터는 황화카드뮴(CdS)이라는 빛에 반응하는 화학 물질을 사용하여 주위의 밝기를 알아내는 센서로 조도 센서라고도 한다. 포토 레지스터는 빛의 밝기(조도)에 따라 변하는 저항값으로 빛의 밝기 정도를 측정할 수 있다. 빛이 강하면 포토 레지스터의 저항값이 줄어들고, 빛이 약하면 저항값이 커지게 된다.

포토 레지스터는 빛의 밝기 정도에 대한 정확한 수치를 알려 주기보다는 밝고 어두운 상대적인 정도를 알려 준다. 포토 레지스터도 기울기 센서와 마찬가지로 2개의 단자를 가지고 있는데 기본적으로 저항이므로 극성이나 연결 방향을 구별하지는 않는다. 센서를 사용할 때 그림 13-13(a)과 같은 방법으로 연결하여 사용한다. 센서값을 출력하는 신호(S) 단자는 아날로그 데이터를 출력하므로 아두이노의 아날로그 입력 핀과 연결하고, 아두이노가 센서값을 읽어 들이기 쉬운 조건(전압 분배 원리 사용)을 만들기 위해 10[㏀]의 저항을 사용한다. 그림 13-13(b)과 같은 시중에서 구입할 수 있는 포토 레지스터(조도 센서) 모듈은 이러한 저항을 포함하고 있으며 외부 인터페이스로 전원(Vcc), 신호(S), GND 단자를 가지고 있다.

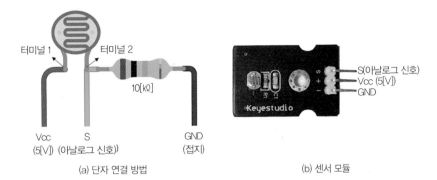

터미널 1	터미널 2

10[kΩ]

Vcc
(5[V])

S
(아날로그 신호)

GND
(접지)

(a) 단자 연결 방법

S(아날로그 신호)
Vcc (5[V])
GND

(b) 센서 모듈

그림 13-13. 포토 레지스터(조도 센서)

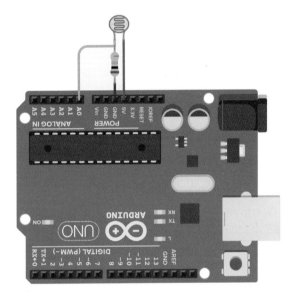

그림 13-14. 포토 레지스터(조도 센서)와 아두이노 보드의 일반적인 연결 방법

그림 13-14의 회로에서 포토 레지스터의 동작을 확인해 보자. 코드 13-5는 포토 레지스터를 사용하여 측정한 빛의 밝기(조도) 값을 시리얼 모니터에 출력하는 소스코드이다. 포토 레지스터의 센서값을 출력하는 신호(S) 단자에 연결된 아두이노의 아날로그 입력 핀 번호(A0)를 int형 변수 cds에 저장(3줄)한다. 다음으로 loop( ) 함수 부분에서 analogRead( ) 함수를 사용하여 포토 레지스터의 센서값을 읽어 int형 변수 cdsValue에 저장(10줄)한다.

코드 13-5

포토 레지스터의 동작 확인

```
1    // 포토 레지스터의 동작
2
3    int cds = A0;                    // int형 cds라는 변수에 아날로그 입력 A0 핀 번호 저장
4
5    void setup( ){
6      Serial.begin(9600);           // 시리얼 모니터 초기화
7    }
8
9    void loop( ){
10     int cdsValue = analogRead(cds); // 센서값(아날로그 전압)을 읽어 cdsValue에 저장
11
12     Serial.print("CDS Value = ");  // 시리얼 모니터에 ' CDS Value = ' 출력
13     Serial.println(cdsValue);      // cdsValue에 저장된 값을 시리얼 모니터에 출력
14     delay(1000);                   // 1초 동안 지연
15   }
```

시뮬레이션을 시작하고 포토 레지스터를 클릭하면 빛의 밝기를 조정할 수 있는 슬라이드 바가 표시된다. 슬라이드 바를 움직이면 빛의 밝기에 따른 포토 레지스터의 출력값을 시리얼 모니터에서 확인할 수 있다.

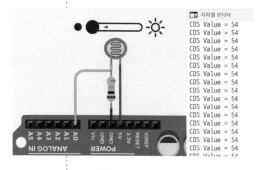

(a) 가장 어두울 때

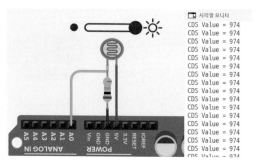

(b) 가장 밝을 때

그림 13-15. 아날로그 입력 핀(A0)으로 읽어 들인 포토 레지스터의 센서값

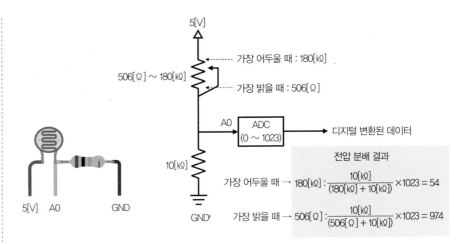

5[V]

506[Ω] ~ 180[kΩ]

가장 어두울 때 : 180[kΩ]

가장 밝을 때 : 506[Ω]

A0   ADC
      (0 ~ 1023)   → 디지털 변환된 데이터

10[kΩ]

전압 분배 결과

가장 어두울 때 → $180[\text{k}\Omega] : \dfrac{10[\text{k}\Omega]}{(180[\text{k}\Omega] + 10[\text{k}\Omega])} \times 1023 = 54$

가장 밝을 때 → $506[\Omega] : \dfrac{10[\text{k}\Omega]}{(506[\Omega] + 10[\text{k}\Omega])} \times 1023 = 974$

GND'

5[V]   A0   GND

그림 13-16. 전압 분배에 의한 포토 레지스터의 출력 전압

스마트 가로등에서는 포토 레지스터의 출력값이 정확히 어떤 값인지 중요하지는 않지만 포토 레지스터의 저항값 변화에 따라 아두이노 보드가 입력 받는 데이터를 확인하는 것이 필요할 수도 있으므로 포토 레지스터의 동작 원리에 대해 조금 더 알아보자.

그림 13-16에서 빛의 밝기가 가장 어두울 때 포토 레지스터는 180[㏀] 저항과 같으므로 180[㏀] 저항과 10[㏀] 저항이 직렬로 연결된 것으로 생각할 수 있다. 따라서 5[V] 전원 전압은 두 저항에 의해 전압 분배되어 10[㏀] 저항에 걸리는 전압이 아두이노 보드의 아날로그 입력 A0 핀에 입력된다. 즉, 5[V]의 $\dfrac{1}{19}(=\dfrac{10[\text{k}\Omega]}{10[\text{k}\Omega] + 180[\text{k}\Omega]})$에 해당하는 전압이 A0 핀에 입력된다. 아두이노의 A0 핀에 입력된 0~5[V] 범위의 아날로그 전압은 디지털 데이터로 변환되어 0~1023 중 하나의 값을 나타내므로 5[V]에 해당하는 1023의 $\dfrac{1}{19}$인 54가 된다. 반면, 빛의 밝기가 가장 밝을 때 포토 레지스터의 저항값은 506[Ω]이 되므로 직렬로 연결된 506[Ω] 저항과 10[㏀] 저항에 의해 전압 분배되어 5[V]의 $\dfrac{10000}{10506}$에 해당하는 전압이 아두이노의 아날로그 입력 A0 핀에 입력된다. 아두이노의 A0 핀에 입력된 아날로그 전압은 디지털 데이터로 변환되어 0~1023 중 하나의 값이 된다. 즉, 5[V]에 해당하는 1023의 $\dfrac{10000}{10506}$인 974가 된다. 이렇게 디지털 데이터로 변환된 포토 레지스터의 센서값 54와 974가 시리얼 모니터에 출력된다.

체험활동 3 : 포토 레지스터로 스마트 가로등 만들기

2 〉 스마트 가로등

팅커캐드의 작업판에서 아두이노 보드, 작은 브레드보드, 포토 레지스터, RGB LED, 330[Ω] 저항, 10[㏀] 저항을 사용하여 스마트 가로등 회로를 구성해 보자. RGB LED 단자에 마우스 커서를 가져가면 단자의 이름을 확인할 수 있다. RGB LED의 4개 단자 중 빨간색, 초록색, 파란색 단자는 양극 단자로 과전류 방지를 위해 330[Ω] 저항을 통해 아두이노 보드의 PWM 출력이 가능한 11번, 9번, 10번 핀에 각각 연결하고, 음극 단자는 GND에 연결한다. 포토 레지스터는 그림 13-13(a)과 같이 한쪽 단자는 Vcc(5[V])에 연결하고, 나머지 한 단자는 아두이노 보드의 아날로그 입력 핀인 A0에 연결하는 동시에 10[㏀] 저항을 통해 GND에 연결한다.

표 13-4. 아두이노 보드와 사용한 부품의 연결

구분	단자 이름		아두이노 핀	기타
RGB LED	빨간색		330[Ω] 저항을 통해 11번	LED 제어
	초록색		330[Ω] 저항을 통해 9번	
	파란색		330[Ω] 저항을 통해 10번	
	음극		GND	접지
포토 레지스터	터미널 1(Vcc)		5[V]	터미널1과 터미널2는 극성이 없으므로 바꾸어 연결해도 된다. 이때 저항 위치도 달라진다.
	터미널 2	S	A0	
		GND	10[㏀] 저항을 통해 GND	

포토 레지스터를 이용한 RGB LED의 제어를 통해 밝기 정도에 따라 켜지고 꺼지는 스마트 가로등의 소스코드를 작성해 보자.

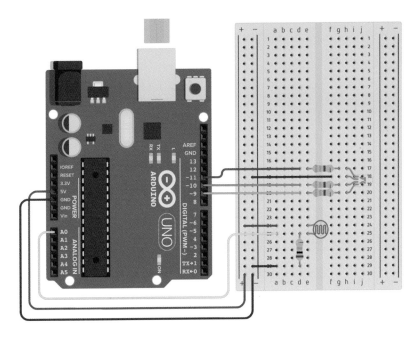

그림 13-17. 스마트 가로등 회로

스마트 가로등

```
1    // 스마트 가로등
2
3    int cds = A0;          // int형 cds라는 변수에 아날로그 입력 핀 번호 A0를 저장
4    int LED_R = 11;        // int형 LED_R이라는 변수에 아두이노 핀 번호 11을 저장
5    int LED_G = 9;         // int형 LED_G라는 변수에 아두이노 핀 번호 9를 저장
6    int LED_B = 10;        // int형 LED_B라는 변수에 아두이노 핀 번호 10을 저장
7
8    void setup( ){
9      Serial.begin(9600); // 시리얼 모니터 초기화
10   }
11
12   void loop( ){
13     int cdsValue = analogRead(cds); // 센서값(아날로그 전압)을 읽어 cdsValue에 저장
14
15     Serial.print("CDS Value = ");   // 시리얼 모니터에 출력
16     Serial.println(cdsValue);       // 시리얼 모니터에 읽어 들인 센서값 출력
17
18     if (cdsValue > 900){            // 센서값이 900보다 크면
19       setColor(255,255,255);        // 사용자 함수 setColor 호출(LED 흰색 켜짐)
20     }
21     else{                           // 센서값이 900 이하면
22       setColor(0,0,0);              // 사용자 함수 setColor 호출(LED 꺼짐)
```

```
23              }
24          delay(500);                    // 0.5초 동안 지연
25       }
26
27       // 사용자 정의 함수
28       void setColor(int redValue, int greenValue, int blueValue){
29          analogWrite(LED_R, redValue);    // redValue에 해당하는 PWM 신호를 11번으로 출력
30          analogWrite(LED_G, greenValue);  // greenValue에 해당하는 PWM 신호를 9번으로 출력
31          analogWrite(LED_B, blueValue);   // blueValue에 해당하는 PWM 신호를 10번으로 출력
32       }
```

3~6줄 : 포토 레지스터 및 RGB LED와 연결하는 아두이노의 입출력 핀 번호
(A0, 11, 9, 10)를 int형 변수 cds, LED_R, LED_G, LED_B에 각각 저장한다.

9줄 : 시리얼 모니터를 초기화한다.

13줄 : 포토 레지스터의 신호(S) 단자와 연결된 cds(A0) 핀으로 센서값인 아날로
그 전압을 읽어 들여 0~1023 중 하나의 값(디지털 데이터)으로 변환하여 int형
변수 cdsValue에 저장한다.

15~16줄 : 읽어 들인 아날로그 전압(센서값)을 아두이노 내부의 ADC에 의해
디지털 데이터로 변환한 결과(0~1023 사이의 값)를 시리얼 모니터에 출력한다.

18~20줄 : 센서값이 900보다 크면 9장에서 알아본 빛의 가산 혼합 원리에 의해
RGB LED가 흰색으로 켜지도록 하는 매개변수(redValue = 255, greenValue =
255, blueValue = 255)를 사용하여 사용자 함수(setColor)를 호출한다.

21~23줄 : 센서값이 900 이하면 RGB LED가 꺼지도록 하는 매개변수(redValue
= 0, greenValue = 0, blueValue = 0)를 사용하여 사용자 함수(setColor)를 호
출한다.

24줄 : 0.5초 동안 지연한다.

27~32줄 : 사용자 정의 함수가 호출될 때 입력 받은 매개변수(redValue, greenValue,
blueValue)에 해당하는 PWM 신호를 RGB LED의 색상별 단자와 연결된 아두이
노의 디지털 핀으로 출력한다. 이때 PWM 신호의 출력값은 0 또는 255(=$2^8 - 1$)
중 하나이다.

시뮬레이션을 시작하고 포토 레지스터를 클릭하면 빛의 밝기를 조절할 수 있는 슬라이드 바가 표시된다. 슬라이드 바를 움직이면 시리얼 모니터에 포토 레지스터의 센서값이 출력된다. 이때 센서값이 900을 초과하면 RGB LED가 흰색으로 켜지고 900 이하하면 RGB LED가 꺼지는 것을 확인할 수 있다.

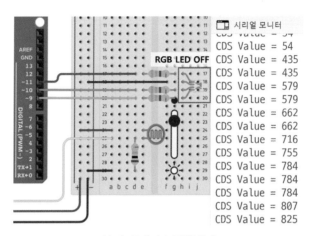

(a) 가로등이 켜지지 않은 상태

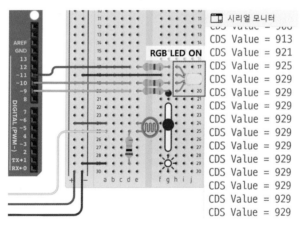

(b) 가로등이 켜진 상태

그림 13-18. 스마트 가로등 시뮬레이션 결과

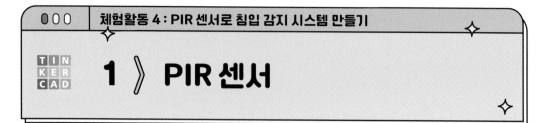

1 〉 PIR 센서

아두이노 보드, PIR 센서, LED, 텍스트 LCD로 구성된 침입 감지 시스템을 만들어 보자. 움직임을 감지하는 PIR 센서를 사용하여 침입자를 감시하고, 감시 결과를 LED와 LCD에 출력한다. 먼저 PIR 센서에 대해 알아본다.

PIR 센서(passive infrared sensor)는 사람의 몸에서 나오는 적외선을 감지하여 처리하기 때문에 인체 감지 센서라고도 하며 주로 건물의 복도나 현관문의 천장 등에 부착되어 사람이나 동물이 방출하는 적외선의 변화를 통해 움직임을 감지하여 조명을 켜고 끄거나 침입자를 감시하는 시스템 등에 활용된다. 소형으로 매우 적은 전류를 소비하므로 배터리를 사용하여 오랜 기간 동작을 시킬 수 있는 장점이 있다.

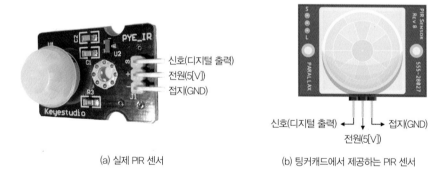

(a) 실제 PIR 센서　　　　　　　(b) 팅커캐드에서 제공하는 PIR 센서

그림 13-19. PIR 센서

PIR 센서는 디지털 데이터를 출력하는 신호, 전원(5[V]), 접지(GND)로 구성된 3개의 단자를 가지고 있다. 신호 단자는 감지 각도 범위 안에 적외선의 변화가 있을 때 1(HIGH), 없을 때 0(LOW) 값을 출력한다.

PIR 센서를 사용하기 위해 그림 13-20과 같은 회로를 구성해 보자. 먼저 아두이노 보드의 5[V]와 GND를 브레드보드의 전원 연결 블록에 연결한다. PIR 센서의 전원 단자는 브레드보드의 5[V], 접지 단자는 GND에 연결한다. 마지막으로 신호 단자는 아두이노의 디지털 8번 핀에 연결하면 된다. 회로의 구성을 완료했다면 코드 13-7의 소스코드를 작성하고 시뮬레이션을 시작해 보자.

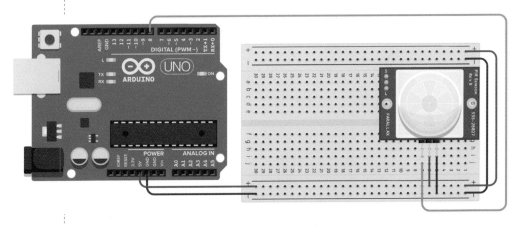

그림 13-20. PIR 센서 회로

코드 13-7

PIR 센서의 동작 확인

```
1    // PIR 센서의 동작
2
3    int PIR = 8;                        // PIR 센서를 아두이노의 8번 핀에 연결
4
5    void setup( ) {
6      pinMode(PIR, INPUT);              // PIR(8번) 핀을 입력 모드로 설정
7      Serial.begin(9600);               // 시리얼 모니터 초기화
8    }
9
10   void loop( ) {
11     int valPir = digitalRead(PIR);    // PIR 센서값을 읽어 들이고 valPir 변수에 저장
12     Serial.print("Value of PIR = ");
13     Serial.println(valPir);           // 시리얼 모니터에 PIR 센서값을 출력
14   }
```

시뮬레이션을 시작하고 PIR 센서를 클릭하면, 그림 13-21과 같이 센서의 감지 범위와 감지 대상 물체가 나타나며 시리얼 모니터에서 PIR 센서의 출력값을 확

인할 수 있다. 감지 대상 물체가 감지 범위 밖에 있거나 감지 범위 내에 있더라
도 움직임이 없을 때 PIR 센서의 출력값은 0이다. 반면, 감지 범위 내에서 감지
대상 물체의 움직임이 있을 때 PIR 센서의 출력값은 1이다.

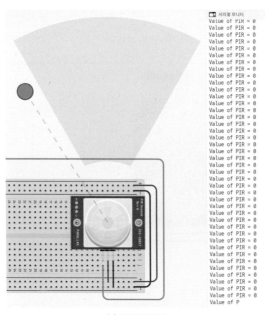

(a) 감지 범위 밖

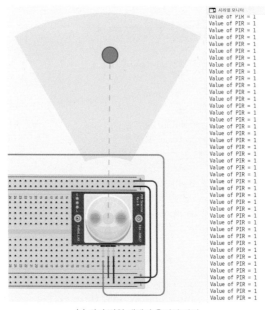

(b) 감지 범위 내에서 움직임 감지

그림 13-21. PIR 센서의 출력값

2 〉 침입 감지 시스템

팅커캐드의 작업판에서 아두이노 보드, 작은 브레드보드, PIR 센서, 저항, LED, 일반 LCD 16×2를 사용하여 그림 13-22의 침입 감지 시스템 회로를 구성해 보자. PIR 센서 단자에 마우스 커서를 가져가면 단자의 이름을 확인할 수 있다. PIR 센서의 3개 단자 중 신호 단자는 아두이노 보드의 디지털 8번 핀, 전원 단자는 5[V], 접지 단자는 GND에 연결한다. 텍스트 LCD의 R/W 단자는 GND에 연결하여 항상 쓰기 동작을 하도록 하고, 2개 제어 신호(RS, E)와 4비트 모드를 위한 4개의 명령어 및 데이터 핀(DB4~DB7) 등 나머지 핀 연결은 12장의 내용과 표 13-5를 참고한다.

표 13-5. 아두이노 보드와 사용한 부품의 연결

구분	소자 단자 이름	아두이노 핀	기타
PIR 센서	신호	8번 핀	움직임을 감지한 센서값
	전원	5[V]	전원
	접지	GND	접지
LCD	GND	GND	접지
	VCC	5[V]	전원
	V0	GND	글자의 진하기 조절
	RS	13번 핀	레지스터 선택
	RW	GND	항상 쓰기 모드로 동작
	E	12번 핀	LCD 활성화 선택
	DB0	NC	4비트 모드를 사용하므로 연결하지 않음 ※ NC(Non-Connection)
	DB1	NC	
	DB2	NC	
	DB3	NC	
	DB4	7번 핀	4비트 모드에서 명령어/데이터의 전송을 위한 입출력 핀
	DB5	6번 핀	
	DB6	5번 핀	
	DB7	4번 핀	

LCD	LED(양극)	330[Ω] 저항을 통해 5[V]	백라이트 제어
	LED(음극)	GND	
LED(Red)	양극	9번	침입을 감지하면 ON
	음극	330Ω 저항을 통해 GND	
LED(Green)	양극	10번	침입을 감지하지 않으면 ON
	음극	330Ω 저항을 통해 GND	

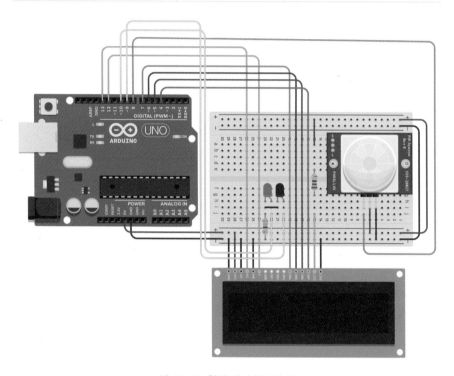

그림 13-22. 침입 감지 시스템 회로

코드 13-8은 PIR 센서를 사용하여 감지한 침입 여부를 LCD에 출력하는 소스코드이다. 일반 텍스트 LCD 16×2를 사용하므로 소스코드 첫 줄에 LiquidCrystal 라이브러리를 포함시킨다.

코드 13-8

PIR 센서를 사용한 침입 감지 시스템

```
1    // 침입 감지 시스템
2
3    #include <LiquidCrystal.h>        // 일반적인 LCD 16×2를 위한 라이브러리 포함
4
```

```
5        int PIR = 8;                      // PIR 센서의 신호 단자를 디지털 8번 핀에 연결
6        int RLED = 9;                     // Red LED 양극 단자를 디지털 9번 핀에 연결
7        int GLED = 10;                    // Green LED 양극 단자를 디지털 10번 핀에 연결
8        String message;                   // String 객체 message를 생성
9
10       LiquidCrystal lcd(13, 12, 7, 6, 5, 4); // LCD 라이브러리로 제어할 객체(lcd) 생성
11
12       void setup( ) {
13         pinMode(PIR, INPUT);            // PIR(8번) 핀을 입력 모드로 선언
14         pinMode(RLED, OUTPUT);          // RLED(9번) 핀을 출력 모드로 선언
15         pinMode(GLED, OUTPUT);          // GLED(10번) 핀을 출력 모드로 선언
16         lcd.begin(16, 2);               // LCD 초기화
17         lcd.clear( );                   // LCD 화면 내용 지우고 커서를 (0, 0)으로 이동
18         lcd.print("Detection System");  // LCD 첫 줄에 'Detection System' 출력
19       }
20
21       void loop( ) {
22         int valPir = digitalRead(PIR);  // PIR 센서값을 읽어 들여 valPir 변수에 저장
23
24         if (valPir == HIGH){            // PIR 센서값이 HIGH이면
25           digitalWrite(RLED, HIGH);     // 빨간색 LED를 켬
26           digitalWrite(GLED, LOW);      // 초록색 LED를 끔
27           message = ">> Detection!!!!"; // String 객체 message에 ">> Detection!!!!" 저장
28         }
29         else{
30           digitalWrite(RLED, LOW);      // 빨간색 LED를 끔
31           digitalWrite(GLED, HIGH);     // 초록색 LED를 켬
32           message = ">> Monitoring..."; // String 객체 message에 ">> Monitoring..." 저장
33         }
34
35         // LCD에 침입 결과 출력하기
36         lcd.setCursor(0,1);             // LCD의 커서를 2행 첫 칸으로 이동
37         lcd.print(message);             // String 객체에 저장된 내용을 LCD 2행에 출력
38       }
```

체험활동 ④

3줄 : 일반적인 LCD 16×2를 제어하기 위한 LiquidCrystal 라이브러리를 소스 코드에 포함시킨다.

5~7줄 : PIR 센서의 신호 단자, 빨간색 및 초록색 LED의 양극 단자와 연결한 아두이노 보드의 입출력 핀 번호를 해당 변수에 저장한다.

8줄 : 문자열을 저장할 String 객체로 message를 생성한다.

10줄 : LiquidCrystal 라이브러리를 사용하여 제어할 객체로 lcd를 생성하고, LCD의 인터페이스 단자와 연결한 아두이노의 핀 번호를 설정한다.

13~15줄 : PIR(8번) 핀, RLED(9번) 핀, GLED(10번) 핀의 입출력 모드를 설정한다.

16~18줄 : 생성한 객체 lcd를 초기화한다.

22줄 : digitalRead() 함수를 사용하여 읽어 들인 PIR 센서값(HIGH 또는 LOW)을 int형 변수 valPir에 저장한다.

24~28줄 : 움직임이 감지되면 RLED 핀으로 5[V], GLED 핀으로 0[V]가 출력되어 빨간색 LED가 켜지고 초록색 LED는 꺼진다. 이때 String 객체 message에는 ">> Detection!!!!"이라는 문자열이 저장된다.

29~33줄 : 움직임이 감지되지 않으면 RLED 핀으로 0[V], GLED 핀으로 5[V]가 출력되어 빨간색 LED가 꺼지고 초록색 LED는 켜진다. String 객체 message에는 ">> Monitoring…"이라는 문자열이 저장된다.

36줄 : LCD의 커서를 2행 첫 칸으로 이동한다.

37줄 : String 객체 message에 저장된 내용을 LCD의 2행에 출력한다.

시뮬레이션을 시작하고 PIR 센서를 클릭하면 센서의 감지 범위와 감지 대상 물체가 표시된다. 대상 물체를 움직이면 빨간색 LED가 켜지고 LCD에 '>> Detection!!!!' 이라는 문자열이 표시된다. 반면 감지 범위 밖이나 감지 범위 안에서 대상 물체의 움직임이 없으면 초록색 LED가 켜지고 LCD에 '>> Monitoring…'이라는 문자열이 표시된다.

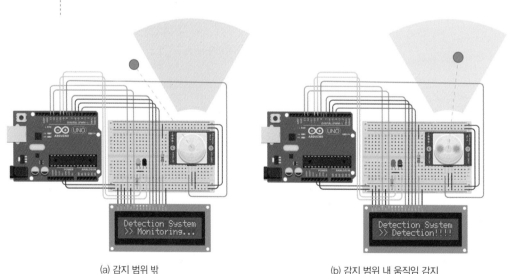

(a) 감지 범위 밖   (b) 감지 범위 내 움직임 감지

그림 13-23. 침입 감지 시스템의 동작

1 〉 힘 센서

아두이노 보드, 힘 센서(force sensor), 텍스트 LCD를 사용하여 압력을 측정하는 시스템을 만들어 보자. 누르는 힘을 측정하는 힘 센서를 사용하여 압력의 정도를 측정하고 그 결과를 텍스트 LCD에 출력한다. 먼저 힘 센서에 대해 알아본다.

힘 센서는 누르는 힘에 따라 저항값이 달라지는 특성을 이용하여 압력을 측정하는 센서로 FSR(force sensing resistor) 또는 압력 센서라고도 한다. 힘 센서는 4개의 층으로 구성되어 있으며, 전극이 반도체에 닿는 면적이 증가할수록 저항값이 줄어드는 원리로 동작한다. 실제 힘 센서는 아무런 힘을 가하지 않을 때 약 10[MΩ]의 저항값을 갖지만, 약간의 힘을 가하면 수십~수백[kΩ]으로 저항값이 줄어들며 최대로 힘을 가할 때 약 2[kΩ]까지 줄어든다. 그러나 팅커캐드에서 제공하는 힘 센서는 힘을 가하지 않았을 때 개방(open) 상태에 해당하는 매우 큰 저항값을 가지며 최대로 힘을 가하면 약 1.2[kΩ]의 저항값을 갖는다. 힘 센서는 얇은 필름 방식으로 제작되어 간단한 접촉을 감지할 수 있으며 센서 영역에서 얼마나 많은 압력이 가해졌느냐에 따라 센서의 저항값이 달라진다. 이러한 저항 방식의 힘 센서는 가해진 힘의 크기를 정확하게 측정하는 용도로는 적합하지 않지만, 힘의 세기나 접촉의 여부를 감지할 때 주로 사용한다.

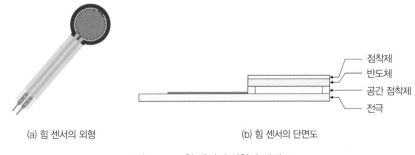

(a) 힘 센서의 외형   (b) 힘 센서의 단면도

그림 13-24. 힘 센서의 외형과 단면도

힘 센서는 2개의 단자를 가지며 포토 레지스터처럼 기본적으로 저항이므로 극성이나 연결 방향을 구별하지는 않는다. 또한 대부분의 아날로그 데이터를 출력하는 센서와 마찬가지로 힘 센서를 사용할 때 전압 분배를 위한 10[㏀] 정도의 저항을 직렬로 연결하고, 이 저항에 걸리는 전압값을 아두이노의 아날로그 입력 핀으로 읽어 들인다.

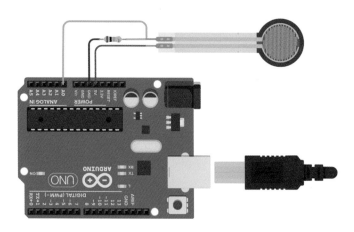

그림 13-25. 압력 센서와 아두이노 보드의 연결 방법

그림 13-25의 회로에서 힘 센서의 동작을 확인하기 위해 코드 13-9의 소스코드를 작성하자. 힘 센서의 출력값을 아두이노 보드의 아날로그 입력 A0 핀으로 읽어 들여 시리얼 모니터에 출력한다.

코드 13-9

힘 센서의 동작 확인

```
1     // 힘 센서의 동작
2
3     int FSRPIN = A0;              // int형 변수 FSRPIN에 아날로그 입력 핀 번호 A0를 저장
4
5     void setup( ) {
6       Serial.begin(9600);        // 시리얼 모니터 초기화
7     }
8
9     void loop( ) {
10      // A0 핀으로 읽어 들인 압력 센서값을 int형 변수 readVal에 저장
11      int readVal = analogRead(FSRPIN);
12
```

```
13        Serial.println(String("Output of force sensor = ") + readVal);
14        delay(500);                  // 0.5초 동안 지연
15    }
```

시뮬레이션을 시작하고 힘 센서를 클릭하면 힘 센서에 압력을 가할 수 있는 슬라이드 바가 표시된다. 슬라이드 바를 움직이면 센서에 가해진 힘의 정도에 따라 변하는 센서의 출력값을 시리얼 모니터에서 확인할 수 있다.

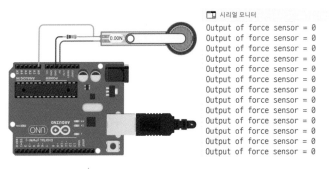

(a) 힘을 가하지 않았을 때

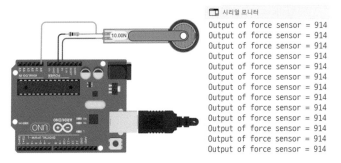

(b) 힘을 최대로 가했을 때

그림 13-26. 아날로그 입력 핀(A0)으로 읽어 들인 힘 센서의 출력값

힘 센서도 앞서 설명했던 포토 레지스터의 경우와 마찬가지로 센서의 출력값이 정확히 어떤 값인지 중요하지는 않지만, 출력값의 변화를 확인하는 것이 필요할 수 있으므로 힘 센서의 동작 원리에 대해 조금 더 알아보자.

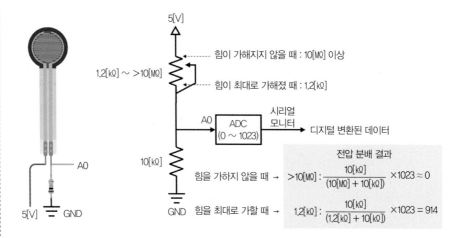

힘이 가해지지 않을 때 : 10[MΩ] 이상

힘이 최대로 가해졌 때 : 1.2[kΩ]

1.2[kΩ] ~ >10[MΩ]

5[V]

A0

ADC
(0 ~ 1023)

시리얼
모니터

디지털 변환된 데이터

10[kΩ]

GND

전압 분배 결과

힘을 가하지 않을 때 → >10[MΩ] : $\dfrac{10[kΩ]}{(10[MΩ] + 10[kΩ])} \times 1023 \approx 0$

힘을 최대로 가할 때 → 1.2[kΩ] : $\dfrac{10[kΩ]}{(1.2[kΩ] + 10[kΩ])} \times 1023 = 914$

A0

5[V] GND

그림 13-27. 전압 분배에 의한 힘 센서의 출력

그림 13-27에서 힘 센서는 힘을 가하지 않았을 때 거의 무한대에 해당하는 매우 큰 저항값을 갖는 저항과 같다. 이 센서 저항은 10[kΩ] 저항과 직렬로 연결되어 있으므로 5[V] 전원 전압은 힘 센서 저항과 10[kΩ] 저항에 분배되며 10[kΩ] 저항에 걸리는 전압은 아두이노 보드의 아날로그 입력 A0 핀에 입력된다. 이때 센서의 저항값은 10[kΩ] 저항과 비교해 매우 크므로 전원 전압(5[V])의 대부분은 센서 저항에 걸리게 되어 10[kΩ] 저항에는 0[V] 전압이 걸리게 된다. 즉, 아두이노 보드의 아날로그 입력 핀 A0에 0[V]가 입력된다. 아두이노에 입력되는 0~5[V] 범위의 아날로그 전압은 디지털 데이터로 변환되어 0~1023 중 하나의 값으로 결정되기 때문에 0[V]에 해당하는 0이 시리얼 모니터에 출력된다.

반면, 힘 센서에 압력을 최대로 가했을 때 센서의 저항값은 약 1.2[kΩ]이므로 1.2[kΩ]의 센서 저항과 직렬로 연결된 10[kΩ] 저항에 의해 전원 전압이 분배되어 5[V]의 $\dfrac{10}{11.2}(=\dfrac{10[kΩ]}{10[kΩ]+1.2[kΩ]})$에 해당하는 아날로그 전압이 아두이노의 아날로그 입력 A0 핀에 입력된다. 따라서 시리얼 모니터에는 5[V]에 해당하는 1023의 $\dfrac{10}{11.2}$ 에 해당하는 914(센서 저항의 오차에 의해 실제 계산하면 913)가 출력된다.

2 〉 압력 측정 시스템

팅커캐드의 작업판에서 아두이노 보드, 작은 브레드보드, 힘 센서(force sensor), 저항, I2C 방식의 LCD 16×2(MCP23008 유형)를 사용하여 센서에 가해진 힘을 표시하는 그림 13-28의 압력 측정 시스템 회로를 구성해 보자. 힘 센서는 단자의 극성을 구별하지 않으며 회로에 연결할 때 그림 13-27과 같이 10[㏀] 저항을 사용하여 아날로그 데이터를 출력하는 센서의 일반적인 연결 방법을 사용한다. 힘 센서 및 LCD와 아두이노 보드의 연결은 12장의 내용과 표 13-6을 참고한다. 회로 구성을 완료했다면 LCD 16×2(I2C)를 클릭하여 LCD 설정 창에서 '유형'을 'MCP23008', '주소'를 '32'로 설정한다.

표 13-6. 아두이노 보드와 사용한 부품의 연결

구분	단자 이름	아두이노 핀	기능
압력 센서	1	5[V]	전원 공급
	2	A0	아날로그 입력 A0에 연결
		10[㏀] 저항을 통해 GND	저항을 거쳐 GND에 연결
I2C 방식의 LCD (MCP23008 유형)	Ground(GND)	GND	접지
	Power(VCC)	5[V]	전원
	SDA	A4	Serial Data
	SCL	A5	Serial Clock

힘 센서의 동작을 확인하기 위해 작성했던 코드 13-9를 참고하여 힘 센서에 가해지는 압력의 세기를 6단계(Level 0~Level 5)로 구분하고 그 결과를 텍스트 LCD에 표시하는 소스코드를 작성해 보자. 그림 13-28에서 사용하는 텍스트 LCD는 I2C 방식의 LCD(MCP23008 유형)이므로 소스코드 첫 줄에 Adafruit_LiquidCrystal 라이브러리를 포함시킨다.

체험활동 ⑤

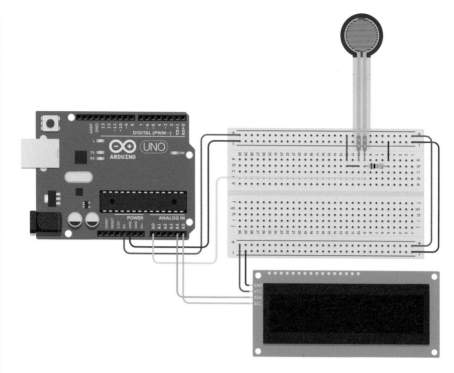

그림 13-28. 힘 센서를 이용한 압력 측정 시스템의 회로

코드 13-10

누르는 힘의 세기를 6단계로 표현하는 압력 측정 시스템

```
1    // 압력 측정 시스템
2
3    #include <Adafruit_LiquidCrystal.h> // LCD 라이브러리 포함
4
5    int FSRPIN = A0; // int형 변수 FSRPIN(힘 센서)에 아날로그 입력 핀 번호 A0를 저장
6
7    // Adafruit_LiquidCrystal userObject(i2cAddr);
8    Adafruit_LiquidCrystal lcd(0x20);    // LCD 라이브러리를 사용하여 제어할 객체 생성
9
10   void setup() {
11     lcd.begin(16, 2);                  // LCD 초기화(16문자 2행 표시)
12     lcd.clear();                       // LCD 화면 내용을 지우고 커서를 (0, 0)으로 이동
13     lcd.print("Level of Pressure");    // 시리얼 모니터에 "Level of Pressure" 출력
14   }
15
16   String message;       // LCD에 표시할 문자열을 저장할 String 객체 message를 생성
17
```

```
18    void loop( ) {
19      int readVal = analogRead(FSRPIN);   // 힘 센서값을 읽어 들임
20      int level = map(readVal, 0, 1023, 0, 10); // 힘 센서 출력 범위 변환
21
22      switch(level){                      // 정수형 level에 대한 switch~case 제어문
23        case 0:
24        case 1:
25        case 2:                           // level 값이 0~2이면
26          message = "Level 0";            // message에 ‘Level 0’을 저장
27          break;                          // switch~case 제어문 탈출
28        case 3:
29        case 4:                           // Level 값이 3~4이면
30          message = "Level 1";            // message에 ‘Level 1’을 저장
31          break;                          // switch~case 제어문 탈출
32        case 5:                           // level 값이 5이면
33          message = "Level 2";            // message에 ‘Level 2’를 저장
34          break;                          // switch~case 제어문 탈출
35        case 6:                           // level 값이 6이면
36          message = "Level 3";            // message에 ‘Level 3’을 저장
37          break;                          // switch~case 제어문 탈출
38        case 7:                           // level 값이 7이면
39          message = "Level 4";            // message에 ‘Level 4’를 저장
40          break;                          // switch~case 제어문 탈출
41        default:                          // level 값이 1~7 범위 밖이면
42          message = "Level 5";            // message에 ‘Level 5’를 저장
43          break;                          // switch~case 제어문 탈출
44      }
45
46      // 압력의 정도를 출력하기
47      lcd.setCursor(0, 1);                // LCD의 커서를 (0, 1)로 이동
48      lcd.print(message);                 // LCD에 message에 저장된 내용을 출력
49      delay(300);                         // 0.3초 지연
50    }
```

3줄 : I2C 방식의 LCD(MCP23008 유형)를 제어하기 위해 Adafruit_LiquidCrystal 라이브러리를 포함시킨다.

5줄 : int형 변수 FSRPIN에 압력 센서의 신호 단자(그림 13−27의 A0 단자)와 연결한 아두이노의 아날로그 입력 핀 번호인 A0를 저장한다.

8줄 : LCD 라이브러리를 사용하여 제어할 객체로 'lcd'를 생성하고, I2C 통신을 위한 주소로 0x20을 설정한다.

11줄 : LCD가 16문자 2행을 표시하도록 초기화한다.

12줄 : LCD 내용을 지우고 커서 위치를 (0, 0)으로 이동한다.

13줄 : LCD의 1행에 'Level of Pressure'라는 문자열을 출력한다.

16줄 : LCD에 출력할 문자열을 저장할 String 객체로 message를 생성한다.

19줄 : 아날로그 입력 A0(FSRPIN) 핀으로 압력 센서값을 읽어 들여 int형 변수 readVal에 저장한다.

20줄 : map( ) 함수를 사용하여 0~1023의 범위로 읽어 들인 압력 센서값을 0~10의 범위로 변환하여 int형 변수 level에 저장한다.

22~44줄 : switch~case 문을 사용하여 level에 저장된 값(case의 값)에 해당하는 명령문을 실행한다. 예를 들어 level에 저장된 값이 3일 경우 case 3: 다음의 명령어(String 객체 message에 문자열 'Level 1'을 저장)를 실행한다.

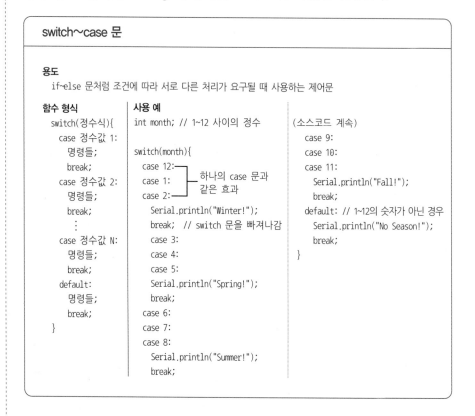

```
switch~case 문

용도
if~else 문처럼 조건에 따라 서로 다른 처리가 요구될 때 사용하는 제어문

함수 형식                  사용 예
switch(정수식){            int month; // 1~12 사이의 정수        (소스코드 계속)
    case 정수값 1:                                                case 9:
        명령들;            switch(month){                        case 10:
        break;                case 12:─┐                         case 11:
    case 정수값 2:            case 1:  ├ 하나의 case 문과              Serial.println("Fall!");
        명령들;               case 2:─┘  같은 효과                     break;
        break;                    Serial.println("Winter!");    default: // 1~12의 숫자가 아닌 경우
          ⋮                       break; // switch 문을 빠져나감        Serial.println("No Season!");
    case 정수값 N:                case 3:                               break;
        명령들;               case 4:                           }
        break;                case 5:
    default:                      Serial.println("Spring!");
        명령들;                   break;
        break;                case 6:
}                             case 7:
                              case 8:
                                  Serial.println("Summer!");
                                  break;
```

47줄 : 커서를 (0, 1) 위치로 이동한다.

48줄 : 텍스트 LCD의 2행에 String 객체 message에 저장된 문자열을 출력한다.

49줄 : 0.3초 동안 지연한다.

시뮬레이션을 시작하고 압력 센서를 클릭하여 슬라이드 바를 움직이면 센서에 가해지는 압력이 변하게 되며 센서 아래쪽에 압력의 크기가 표시된다. 슬라이드 바를 움직이면 센서에 가해지는 압력의 정도를 6단계(Level 0~Level 5)로 구분하여 누르는 힘에 해당하는 단계를 출력한다.

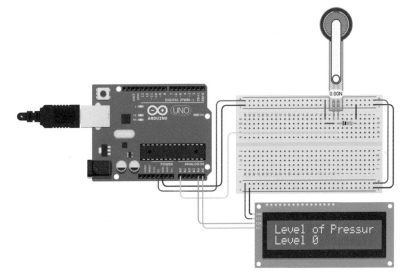

(a) 0단계 압력 표시

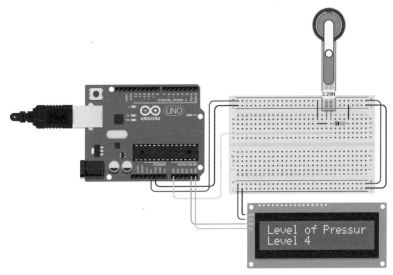

(b) 4단계 압력 표시

그림 13-29. 누르는 힘의 세기를 6단계로 표시하는 압력 측정 시스템의 동작

1 〉 가스 센서

아두이노 보드, 가스 센서, LED를 사용하여 가스 누출 경보기를 만들어 보자. 가스 센서를 사용하여 가스 누출 정도를 감지하여 LED에 출력한다. 먼저 가스 센서에 대해 알아보자.

가스 센서는 공기 중에 함유된 특정 화학 물질을 감지하여 그 농도를 전기 신호(전압)로 변환하여 출력하는 장치이다. 가스의 종류와 검출 범위에 따라 감지 방식이 다르므로 가스 센서는 매우 많은 종류가 있다. MQ-x 시리즈 가스 센서는 이산화탄소, LPG, 부탄가스, 프로판가스, 메탄가스, 알코올, 수소 가스, 연기 등 다양한 가스를 감지할 수 있다. 가스 센서는 일반적으로 한 종류 이상의 가스를 검출할 수 있지만, 가스 종류에 따라 검출 농도의 범위가 다르므로 용도에 맞게 선택해야 한다.

표 13-7. MQ-x 시리즈 가스 센서

센서 이름	주요 측정할 수 있는 가스	검출 농도	용도
MQ-2	일산화탄소(CO), 연기	200~10,000 ppm	실내 공기 질 모니터링
	알코올	100~2,000 ppm	
	메탄(CH4)	5,000~20,000 ppm	
	프로판, LPG	200~5,000 ppm	
	부탄	3,000~5,000 ppm	
	수소(H2)	300~5,000 ppm	
MQ-3	알코올	10~1,000 ppm	알코올 측정기
MQ-4	메탄(CH4), 천연가스	200~10,000 ppm	메탄가스 검출용
MQ-5	LPG, 천연가스, 메탄(CH4), 부탄, 프로판, 수소(H2)	200~10,000 ppm	가연성 가스 검출용
MQ-6	부탄, 프로판, LPG, 천연가스	300~10,000 ppm	가연성 가스 검출용
MQ-7	일산화탄소, 수소(H2)	10~1,000 ppm	일산화탄소 모니터링용
MQ-8	수소(H2)	100~1,000 ppm	수소 가스 검출용

MQ-9	일산화탄소(CO)	10~1,000 ppm	가정용, 공장용
	메탄(CH4), LPG	100~10,000 ppm	
MQ-135	암모니아(NH3), 질소산화물(NOx), 알코올	10~300 ppm	공기 질 모니터링용
	벤젠, 일산화탄소(CO), 이산화탄소(CO2), 연기	10~1,000 ppm	

팅커캐드에서 제공하는 가스 센서는 윈센(Winsen) 사의 MQ-x 시리즈로 공기 중에 존재하는 연기나 가스 농도에 비례하는 전압을 출력한다. 그림 13-30(a)의 팅커캐드 가스 센서는 위와 아래에 각각 3개씩 총 6개의 단자를 가지고 있다. 방향과 상관없이 위 또는 아래의 3개 단자를 모두 전원(5[V])에 연결한다. 반대쪽의 가운데 단자는 GND(접지), 왼쪽 또는 오른쪽 단자는 저항을 거쳐 GND, 나머지 한 단자는 출력으로 사용한다. 반면 일반적으로 많이 사용하는 그림 13-30(b)의 실제 MQ-2 가스 센서 모듈은 Vcc, GND, DO, AO와 같이 총 4개의 단자로 구성되어 있다. 일정 농도 이상일 때 디지털 데이터를 출력하는 DO 단자와 아날로그 데이터를 출력하는 AO 단자가 모두 존재하는데 둘 중 하나만 선택하여 사용한다.

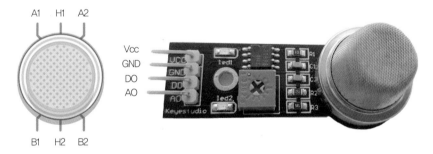

(a) 팅커캐드에서 제공하는 가스 센서   (b) 실제 MQ-2 가스 센서 모듈

그림 13-30. MQ-2 가스 센서

그림 13-31은 가스 센서를 사용할 때 연결하는 방법이다. 가스 센서의 아래쪽 3개 단자(B1, H2, B2)를 모두 Vcc(5V)에 연결했다면, 위쪽의 A1 단자는 1[㏀] 저항(반드시 1[㏀]일 필요는 없다)을 거쳐 GND에 연결한다. H1 단자는 직접 GND에 연결하고 나머지 A2 단자는 가스 센서의 출력 단자로 아두이노의 아날로그 입력 핀(A0)에 연결하면 된다.

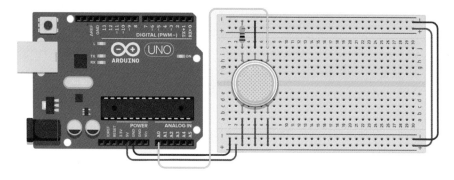

그림 13-31. 팅커캐드에서 제공하는 가스 센서와 아두이노 보드의 연결

그림 13-31의 회로에서 가스 센서의 동작을 확인하기 위한 소스코드를 작성하자. 가스 센서의 출력값을 아두이노의 아날로그 입력 A0 핀으로 읽어 들여 시리얼 모니터에 출력한다.

코드 13-11

가스 센서의 동작 확인

```
1    // 가스 센서의 동작
2
3    int gasPin = A0;                       // int형 변수 gasPin에 아날로그 핀 번호 A0를 저장
4
5    void setup( )
6    {
7      Serial.begin(9600);                 // 시리얼 모니터 초기화
8    }
9
10   void loop( )
11   {
12     // 가스 센서의 출력값 읽기
13     int gasVal = analogRead(gasPin);    // A0 핀으로 가스 센서 출력값을 읽어 들임
14     Serial.print("Reaed Value = ");     // 시리얼 모니터에 'Reaed Value = '를 출력
15     Serial.println(gasVal);             // 시리얼 모니터에 가스 센서값 출력
16     delay(500);                         // 0.5초 동안 지연
17   }
```

시뮬레이션을 시작하고 가스 센서를 클릭하면 누출된 가스가 구름 모양으로 나타난다. 누출된 가스를 끌어다 센서 주위에 놓으면 센서 출력값의 변화를 시리얼 모니터에서 확인할 수 있다. 누출된 가스가 센서에 근접할수록 센서 출력값은 증가한다.

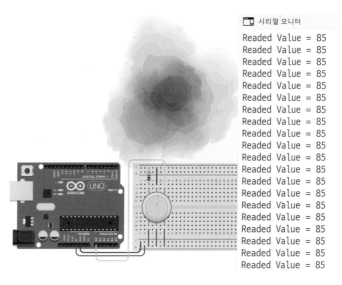

📺 시리얼 모니터
Readed Value = 85
Readed Value = 85
Readed Value = 85
Readed Value = 85
Readed Value = 85
Readed Value = 85
Readed Value = 85
Readed Value = 85
Readed Value = 85
Readed Value = 85
Readed Value = 85
Readed Value = 85
Readed Value = 85
Readed Value = 85
Readed Value = 85
Readed Value = 85
Readed Value = 85
Readed Value = 85

(a) 누출된 가스가 센서와 떨어져 있을 때

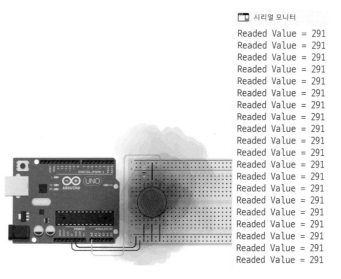

📺 시리얼 모니터
Readed Value = 291
Readed Value = 291
Readed Value = 291
Readed Value = 291
Readed Value = 291
Readed Value = 291
Readed Value = 291
Readed Value = 291
Readed Value = 291
Readed Value = 291
Readed Value = 291
Readed Value = 291
Readed Value = 291
Readed Value = 291
Readed Value = 291
Readed Value = 291
Readed Value = 291
Readed Value = 291
Readed Value = 291

(b) 누출된 가스가 센서에 근접했을 때

그림 13-32. 아날로그 입력 핀(A0)으로 읽어 들인 가스 센서의 출력값

2 〉 가스 누출 경보기

팅커캐드의 작업판에서 아두이노 보드, 작은 브레드보드, 가스 센서, LED, 저항을 사용하여 그림 13-33의 가스 누출 경보기 회로를 구성해 보자. 앞서 설명한 가스 센서의 연결 방법을 사용하여 센서의 출력 단자인 A2를 아두이노 보드의 아날로그 입력 A0 핀에 연결한다. 가스의 누출 정도를 표시하기 위해 초록색 LED, 노란색 LED, 빨간색 LED를 사용하는데 각 LED의 양극 단자는 아두이노의 디지털 출력이 가능한 5번, 6번, 7번 핀에 연결하고, LED의 음극 단자는 서로 연결하여 330[Ω] 저항을 통해 GND에 연결한다. 표 13-8을 참고하여 회로의 구성을 완성하자.

표 13-8. 아두이노 보드와 사용한 부품의 연결

구분		단자 이름	아두이노 핀	기타
가스 센서 (5개)		A1	1[kΩ] 저항을 통해 GND	센서 내부에 흐르는 전류를 전압으로 변환
		H1	GND	접지
		A2	A0	가스 센서 출력
		B1	5[V]	전원 공급
		H2		
		B2		
LED	초록색	양극	5번	안전한 상태 표시
		음극	330[Ω] 저항을 통해 GND	
	노란색	양극	6번	약간 위험한 상태 표시
		음극	330[Ω] 저항을 통해 GND	
	빨간색	양극	7번	위험한 상태 표시
		음극	330[Ω] 저항을 통해 GND	

가스 센서를 사용하여 누출된 가스의 정도를 측정하고, 그 결과를 LED로 나타내

는 가스 누출 경보기의 소스코드를 작성해 보자.

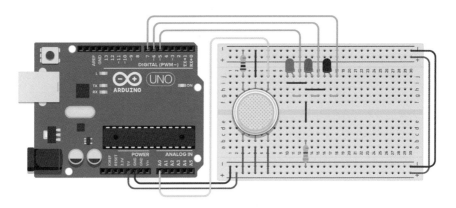

그림 13-33. 가스 센서를 이용한 가스 누출 경보기 회로

코드 13-12

가스 누출 경보기

```
1    // 가스 누출 경보기
2
3    int gasPin = A0;                    // 가스 센서 출력 단자를 아날로그 입력 A0 핀에 연결
4    int gLedPin = 5;                    // 초록색 LED의 양극 단자를 디지털 5핀에 연결
5    int yLedPin = 6;                    // 노란색 LED의 양극 단자를 디지털 6핀에 연결
6    int rLedPin = 7;                    // 빨간색 LED의 양극 단자를 디지털 7핀에 연결
7
8    void setup( )
9    {
10     pinMode(gLedPin, OUTPUT);         // gLedPin(5번 핀)을 출력 모드로 설정
11     pinMode(yLedPin, OUTPUT);         // yLedPin(6번 핀)을 출력 모드로 설정
12     pinMode(rLedPin, OUTPUT);         // rLedPin(7번 핀)을 출력 모드로 설정
13     Serial.begin(9600);              // 시리얼 모니터를 연결
14   }
15
16   int state = 0;    // 가스 누출 상태를 저장할 int형 변수 state를 선언하고 초기화함
17
18   void loop( )
19   {
20     int gasVal = analogRead(gasPin); // 가스 센서 출력을 읽어 들여 gasVal에 저장
21
22     if (gasVal > 120){                // gasVal > 120이면
23       digitalWrite(gLedPin, LOW);     // gLedPin(5번 핀)에 LOW 값을 출력
24       digitalWrite(yLedPin, LOW);     // yLedPin(6번 핀)에 LOW 값을 출력
25       digitalWrite(rLedPin, HIGH);    // rLedPin(7번 핀)에 HIGH 값을 출력
26       state = 1;
27     }
28     else if (gasVal > 90 && gasVal <= 120){ // 90 < gasVal ≤ 120이면
```

```
29          digitalWrite(gLedPin, LOW);      // gLedPin(5번 핀)에 LOW 값을 출력
30          digitalWrite(yLedPin, HIGH);     // yLedPin(6번 핀)에 HIGH 값을 출력
31          digitalWrite(rLedPin, LOW);      // rLedPin(7번 핀)에 LOW 값을 출력
32          state = 2;
33        }
34      else{                                // gasVal ≤ 90이면
35          digitalWrite(gLedPin, HIGH);     // gLedPin(5번 핀)에 HIGH 값을 출력
36          digitalWrite(yLedPin, LOW);      // yLedPin(6번 핀)에 LOW 값을 출력
37          digitalWrite(rLedPin, LOW);      // rLedPin(7번 핀)에 LOW 값을 출력
38          state = 3;
39        }
40
41      serialDisplay(state, gasVal);        // 사용자 정의 함수 serialDisplay( ) 호출
42      }
43
44      // 사용자 정의 함수
45      void serialDisplay(int state, int gasVal){ // 매개변수 : int형 state와 gasVal
46        Serial.print("GAS Value = ");      // 시리얼 모니터에 ' Gas Value = '를 출력
47        Serial.println(gasVal);            // 시리얼 모니터에 gasVal의 저장 내용을 출력
48
49        switch(state){                     // state에 대한 switch~case 제어문
50          case 1:                          // state가 1이면
51            Serial.println(">> Dangerous"); // 시리얼 모니터에 ' >> Dangerous '를 출력
52            break;                         // switch~case 제어문 탈출
53          case 2:                          // state가 2이면
54            Serial.println(">> Little Risk"); // 시리얼 모니터에 ' >> Little Risk '를 출력
55            break;                         // switch~case 제어문 탈출
56          case 3:                          // state가 3이면
57            Serial.println(">> Safe");     // 시리얼 모니터에 ' >> Safe '를 출력
58            break;                         // switch~case 제어문 탈출
59          default:                         // state가 1~3 범위 밖이면
60            break;                         // switch~case 제어문 탈출
61        }
62        Serial.println( );                 // 시리얼 모니터에 빈줄 출력
63        delay(500);                        // 0.5초 동안 지연
64      }
```

3~6줄 : 가스 센서의 출력 단자, 각 색상 LED의 양극 단자와 연결한 아두이노의 입출력 핀 번호를 해당 int형 변수에 저장한다.

10~12줄 : LED와 연결한 아두이노의 핀을 출력 모드로 설정한다.

13줄 : 시리얼 모니터를 초기화한다.

16줄 : switch 문에서 사용할 가스 누출 상태를 저장할 int형 변수 state를 선언하고 초깃값으로 0을 저장한다.

20줄 : 아날로그 입력 A0 핀으로 가스 센서 출력값을 읽어 들여 디지털 변환 후 int형 변수 gasVal에 저장한다.

22~27줄 : 변수 gasVal에 저장된 센서값이 120보다 크면 빨간색 LED가 켜지고 나머지 LED는 꺼진다.

28~33줄 : 변수 gasVal에 저장된 센서값이 90보다 크고 120 이하면 노란색 LED가 켜지고 나머지 LED는 꺼진다.

34~39줄 : 변수 gasVal에 저장된 센서값이 90 이하면 초록색 LED가 켜지고 나머지 LED는 꺼진다.

41줄 : int형 변수 state와 gasVal을 매개변수로 하여 사용자 정의 함수 serialDisplay()를 호출한다.

45~64줄 : 사용자 정의 함수가 실행되면 읽어 들인 가스 센서값을 시리얼 모니터에 출력하고, int형 변수 state에 저장된 값(가스 누출 상태)에 따라 해당 case 문을 실행하여 '》 Dangerous', '》 Little Risk', '》 Safe' 중 하나의 문자열을 시리얼 모니터에 출력한다.

시뮬레이션을 시작하고 가스 센서를 클릭하면 구름 모양의 누출 가스가 나타난다. 누출 가스를 끌어다 센서 주위에 놓으면, 가스 센서가 검출한 누출 가스의 농도에 따라 해당 LED가 켜지고 가스 누출 상태에 해당하는 문자열이 시리얼 모니터에 출력된다. 누출 가스가 센서에서 멀리 떨어져 있을 때 가스 센서의 출력은 90 이하로 안전한 상태를 나타내는 초록색 LED가 켜진다. 반면 누출된 가스가 센서에 가까워질수록 센서값은 점점 증가하는데 출력값이 90보다 크고 120 이하면 조금 위험한 상태를 나타내는 노란색 LED가 켜지고, 센서 출력값이 120보다 크면 위험 상태를 나타내는 빨간색 LED가 켜지게 된다.

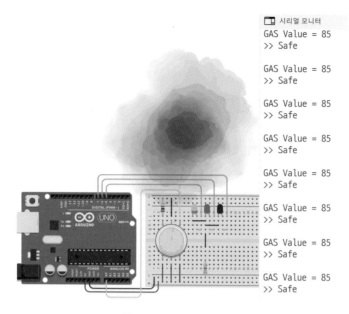

(a) 안전한 상태(초록색 LED ON)

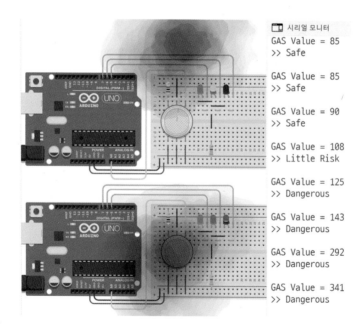

(b) 위험한 상태(노란색 또는 빨간색 LED ON)

그림 13-34. 가스 누출 경보기의 동작 결과

1 〉 온도 센서

온도 센서와 아두이노 보드를 사용하여 디지털 온도계를 만들어 보자. 먼저 온도 센서(TMP36)의 출력으로부터 측정 온도를 계산하는 방법에 대해 알아보고, 측정한 온도 값을 LCD에 나타내는 디지털 온도계를 만들어 본다.

온도 센서는 주위의 온도를 감지해 전기 신호로 바꿔 주는 장치로 실내 온도계, 화재 감지기, 스마트 팜(농업 자동화), 에어컨, 전기밥솥 등 다양한 분야에서 활용된다. 팅커캐드에서 제공하는 온도 센서는 TMP36으로, 온도에 대한 센서 출력 전압의 변화를 이용하여 −40℃∼+125℃까지 측정할 수 있다. TMP36의 외형은 트랜지스터와 매우 비슷하며 전원, Vout, 접지로 구성되는 3개의 단자를 가지고 있다. 전원과 접지 단자는 전원을 공급받는 데 사용되며, Vout 단자는 감지된 온도에 해당하는 아날로그 전압을 출력한다.

전원　Vout　접지

그림 13-35. 온도 센서(TMP36)의 외형과 단자 구성

온도 센서(TMP36)의 동작을 확인하기 위한 간단한 회로를 구성하고 온도 센서의 출력으로부터 온도 값을 표현하는 방법에 대해 알아보자. 팅커캐드의 작

체험활동 ⑦

업판에 아두이노 보드, 작은 브레드보드, 온도 센서(TMP36)를 배치하고 그림 13-36의 회로를 구성한다. 온도 센서(TMP36)의 각 단자에 마우스 커서를 가져가면 해당 단자의 이름을 확인할 수 있다. 온도 센서의 3개 단자 중 전원은 5[V], Vout은 아두이노 보드의 아날로그 데이터 입력이 가능한 A0 핀, 접지는 GND에 연결하면 된다.

표 13-9. 아두이노 보드와 사용한 부품의 연결

구분	소자 단자 이름	아두이노 핀	기타
온도 센서(TMP36)	전원	5[V]	Vcc
	Vout	A0	아날로그 데이터 입력 핀
	접지	GND	접지

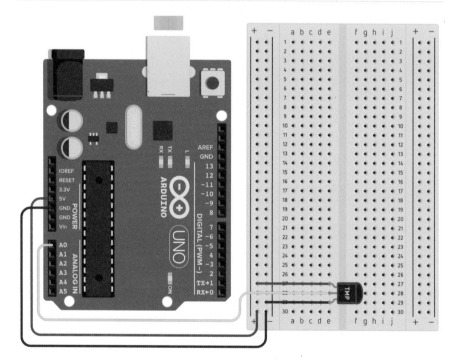

그림 13-36. 온도 센서의 동작 확인을 위한 회로

코드 13-13a는 아두이노의 analogRead( ) 함수를 사용하여 온도 센서에서 출력되는 아날로그 전압을 읽어 들이고 시리얼 모니터에 출력하는 소스코드이다.

코드 13-13a

온도 센서의 출력값 확인

```
1      // 온도 센서의 출력값 확인
2
3      int TMP = A0;                    // int형 TMP라는 변수에 아날로그 입력 핀 번호인 A0 저장
4
5      void setup( ) {
6        Serial.begin(9600);           // 시리얼 모니터 초기화
7      }
8
9      void loop( ) {
10       int value = analogRead(TMP); // A0 핀으로 TMP36의 출력(아날로그)을 읽어 들임
11
12       Serial.println(value);        // 센서값을 시리얼 모니터에 출력
13       delay(100);
14     }
```

시뮬레이션을 시작하고 온도 센서를 클릭하면 온도를 조절할 수 있는 슬라이드 바가 표시된다. 슬라이드 바는 −40℃ ~ +125℃ 범위에서 움직일 수 있으며 온도 센서로부터 읽어 들인 센서값을 시리얼 모니터에 출력한다. 그림 13−37과 같이 슬라이드 바를 조절하며 시리얼 모니터에서 읽어 들인 값을 확인해 보면 −25℃일 때 value = 53, 0℃일 때 value = 104, +50℃일 때 value = 205임을 알 수 있다.

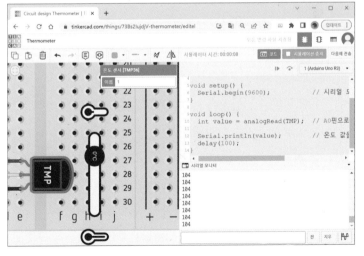

그림 13−37. 온도 센서의 슬라이드 바를 0℃로 조절했을 때 시리얼 모니터에 출력된 결과

온도 센서로부터 출력되는 아날로그 전압(0~5[V])은 아두이노의 아날로그 입력 A0 핀으로 읽어 들여져 0~1023 중 하나의 디지털 데이터로 변환된다. 그림 13-38은 온도에 따른 센서의 출력 전압이 디지털 데이터로 변환된 예시이다.

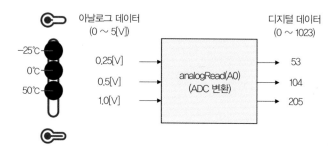

그림 13-38. 온도 센서로부터 읽어 들인 아날로그 값을 디지털 데이터로 변환한 결과

온도 센서의 출력값으로부터 온도를 얻기 위해서는 온도 센서가 출력하는 실제 전압값이 필요하다. 그러나 그림 13-38과 같이 아두이노가 읽어 들인 0~1023 범위의 디지털 데이터는 온도 센서로부터 출력되는 전압값이 아니므로 디지털 데이터를 0~5[V] 범위의 전압값으로 변환하는 것이 필요하다. 센서의 출력 전압이 5[V]일 때 변환된 디지털 값은 1023이며 센서 출력 전압이 voltage일 때 변환된 디지털 값은 value이므로 'voltage : 5 = value : 1023'과 같은 비례식이 성립하게 된다. 이 비례식으로부터 voltage를 다음과 같이 계산할 수 있다.

$$voltage = \frac{value \times 5}{1023}$$

이때 변환된 전압값은 실수이므로 변환 결과를 저장하는 변수 voltage의 데이터형을 float형으로 선언해야 한다. 또한 계산식 $(value \times 5)/1023$에 대해서도 실수 연산이 이루어지도록 $(float)(value \times 5.0)/1023.0$과 같이 변환식의 형식을 '(float)'로 선언해야 하며, 이때 팅커캐드의 컴파일 오류를 줄이기 위해 5와 1023을 '5.0'과 '1023.0'으로 작성하는 것이 필요하다. 코드 13-13b는 디지털 데이터로 변환된 센서값(value)을 전압값으로 변환하도록 수정된 소스코드이다.

코드 13-13b

온도 센서값을 전압값으로 변환

```
1     // 온도 센서값을 전압값으로 변환
2
3     int TMP = A0;                    // int형 TMP라는 변수에 아날로그 입력 핀인 A0 저장
4
5     void setup( ) {
6       Serial.begin(9600);           // 시리얼 모니터 초기화
7     }
8
9     void loop( ) {
10      int value = analogRead(TMP);  // A0 핀으로 TMP36의 출력(아날로그)을 읽어 들임
11
12      float voltage = (float) value * 5.0 /1023.0; // 읽어 들인 센서값을 전압값으로 변환
13      Serial.println(voltage);      // 전압으로 변환된 센서값을 시리얼 모니터에 출력
14      delay(100);
15    }
```

시뮬레이션을 시작하고 온도 센서를 클릭했을 때 표시되는 슬라이드 바를 50℃로 맞추면 시리얼 모니터에 전압으로 변환된 1.01[V]가 표시된다. 시뮬레이션 결과로부터 아날로그 입력 핀(A0)으로 읽어 들인 센서값이 전압값으로 변환된 것을 확인할 수 있다.

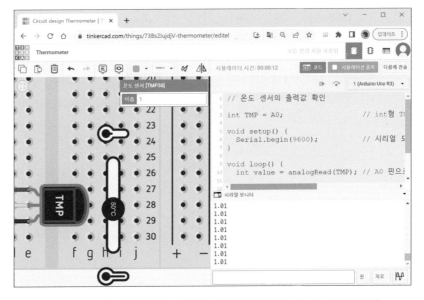

그림 13-39. 디지털 데이터로 변환된 센서값을 전압값으로 다시 변환한 결과

다음으로 아두이노가 읽어 들인 센서값(value)으로부터 변환된 센서 출력 전압 (voltage)에 해당하는 실제 온도를 구하는 과정이 필요하다. 온도 센서(TMP36)의 출력 전압과 온도 사이의 관계에 대한 정보는 부품 제조사에서 제공하는 데이터시트(datasheet)에서 확인할 수 있다.

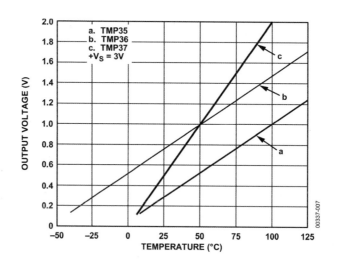

그림 13-40. 온도 센서(TMP36)의 출력 전압과 온도 사이의 관계(데이터시트 발췌)

그림 13-40에서 직선 b는 TMP36의 출력 전압과 온도 사이의 관계를 나타낸다. TMP36은 -25℃에서 0.25[V], 0℃에서 0.5[V], 50℃에서 1.0[V] 전압을 출력하므로 온도가 1℃ 변화할 때 출력 전압이 10[mV]씩 변한다. 이처럼 온도와 출력 전압 사이의 관계를 나타내는 직선의 방정식은 (온도, 출력 전압)으로 표현되는 두 점 $(x_1,\ y_1)$과 $(x_2,\ y_2)$로부터 구할 수 있다.

$$y = Ax + B$$

여기서 x는 온도, y는 출력 전압, A는 직선의 기울기로 $A = (y_2 - y_1)/(x_2 - x_1)$, B는 y축 절편(x=0일 때 y의 값)이다. 그림 13-40의 직선 b에서 두 점이 $(x1,\ y1) = (0,\ 0.5)$이고 $(x2,\ y2) = (50,\ 1)$이므로, 직선의 방정식을 다음과 같이 쓸 수 있다.

$$y = (1 - 0.5)/(50 - 0)x + 0.5$$

$$= 0.01x + 0.5$$

위와 같은 직선의 방정식은 '출력 전압 = 0.01×온도 + 0.5'로 온도에 대한 전압을 구하는 식이다. 따라서 전압에 대한 온도 값을 구하는 식은 다음과 같이 다시 쓸 수 있다.

$$x = 100 \times y - 50$$

이 식은 '온도 = 100×전압 − 50'으로 온도 센서(TMP36)의 출력 전압으로부터 해당 온도를 구하는 식이다. 코드 13-13c는 데이터시트의 출력 전압과 온도 사이의 관계식을 반영한 최종 소스코드이다.

코드 13-13c

데이터시트의 전압-온도 특성을 반영한 온도 값 계산

```
1     // 데이터시트의 전압-온도 관계를 반영한 온도 값 계산
2
3     int TMP = A0;                    // 온도 센서를 아날로그 입력 A0 핀에 연결
4
5     void setup( ) {
6       Serial.begin(9600);           // 시리얼 모니터 초기화
7     }
8
9     void loop( ) {
10      int value = analogRead(TMP); // A0 핀으로 읽어 들인 센서값을 변수 value에 저장
11
12      float voltage = (float) value * 5.0 /1023.0;  // 센서값을 전압으로 변환
13      float temperature = (float) 100.0 * voltage  - 50.0; // 전압-온도 관계식
14
15      Serial.print("Temperature = ");  // 시리얼 모니터에 문자열 출력
16      Serial.println(temperature);     // 시리얼 모니터에 변환된 온도 값 출력
17      delay(100);                      // 0.1초 동안 지연
18    }
```

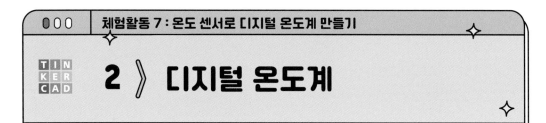

2 〉 디지털 온도계

온도 센서(TMP36)로 측정한 온도를 텍스트 LCD에 출력하는 디지털 온도계를 만들어 보자. 팅커캐드 제어판에 아두이노 보드, 작은 브레드보드, 온도 센서 (TMP36), LCD 16×2(I2C)를 배치하고 그림 13-41의 디지털 온도계 회로를 구성한다. 표 13-10과 12장(텍스트 LCD)의 내용을 참고하여 아두이노 보드와 사용한 부품을 연결하면 된다. 회로 구성을 완료했다면 LCD 16×2(I2C)를 클릭하여 LCD 설정 창에서 '유형'을 'PCF8574', '주소'를 '32'로 설정한다.

표 13-10. 아두이노 보드와 사용한 부품의 연결

구분	단자 이름	아두이노 핀	기타
온도 센서 (TMP36)	전원	5[V]	Vcc
	Vout	A0	아날로그 데이터 입력 핀
	접지	GND	접지
I2C 방식의 LCD	Ground(GND)	GND	접지
	Power(VCC)	5[V]	전원
	SDA	전용 SDA 핀	Serial Data
	SCL	전용 SCL 핀	Serial Clock

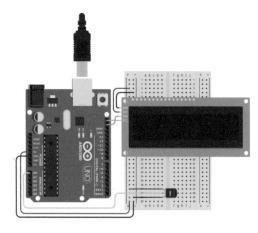

그림 13-41. 디지털 온도계 회로

코드 13-14는 디지털 온도계를 위한 소스코드이다. 코드 13-13c에서 analogRead()
함수로 읽어 들인 센서값을 전압으로 변환하는 계산식과 TMP36 데이터시트의
전압-온도 특성을 반영하여 전압을 온도로 변환하는 계산식은 사용자 정의 함
수로 작성하였다. I2C 방식의 LCD(PCF8574 유형)를 사용하므로 소스코드 첫
줄에 LiquidCrystal_I2C 라이브러리를 포함시킨다.

코드 13-14

측정 온도를 LCD에 표시하는 디지털 온도계

```
1     // 디지털 온도계
2
3     #include <LiquidCrystal_I2C.h>    // LCD 라이브러리 포함
4
5     int TMP = A0;                      // int형 변수 TMP에 아날로그 입력 핀 번호 A0를 저장
6
7     // LiquidCrystal_I2C userObject(i2cAddr, cols, rows);
8     LiquidCrystal_I2C lcd(0x20, 16, 2); // LCD 라이브러리를 사용하여 제어할 객체 생성
9
10    void setup() {
11      lcd.init();                      // LCD 초기화
12      lcd.backlight();                 // 백라이트 켜기
13      lcd.clear();                     // LCD 화면을 지우고 커서를 (0, 0)으로 이동
14      lcd.print("Temp. : ");           // LCD에 'Temp. : '라는 문자열을 출력
15    }
16
17    void loop() {
18      int value = analogRead(TMP);     // A0 핀으로 온도 센서 출력값을 읽어 들임
19
20      float temperature = voltToTemp(value); // 사용자 함수 voltToTemp를 호출
21
22      // LCD에 사용자 정의 함수로부터 반환받은 온도 출력하기
23      lcd.setCursor(8, 0);             // 커서를 (8, 0)으로 이동한다.
24      lcd.print(temperature);          // 사용자 함수로부터 반환된 값을 LCD에 출력
25    }
26
27    // 사용자 정의 함수
28    float voltToTemp(int value){
29      float voltage = (float) value * 5.0 /1023.0; // 읽어 들인 센서값을 전압으로 변환
30      float temperature = (float) 100.0 * voltage - 50.0;// 전압 온도 관계식
31
32      return temperature;              // 사용자 정의 함수의 반환 값
33    }
```

3줄 : I2C 방식의 LCD(PCF8574 유형)를 위한 라이브러리를 소스코드에 포함시
킨다.

5줄 : int형 변수 TMP에 온도 센서와 연결된 아두이노의 아날로그 입력 핀 번호인 A0를 저장한다.

8줄 : LCD 라이브러리 함수를 사용하여 제어할 객체로 lcd를 생성하고, 생성한 객체인 lcd를 16문자 2행 표시로 초기화한다.

11줄 : init( ) 함수를 사용하여 LCD를 초기화한다.

12줄 : LCD의 백라이트를 켠다.

13줄 : LCD 화면 내용을 지우고, 커서의 위치를 (0, 0)으로 이동한다.

14줄 : LCD 1행에 'Temp. : '라는 문자열을 출력한다.

18줄 : TMP(A0) 핀으로 아날로그 데이터(온도 센서값)를 읽어 들여 int형 변수 value에 저장한다.

20줄 : 읽어 들인 센서값(value)을 매개변수로 사용자 정의 함수 voltToTemp를 호출하여 센서값으로부터 계산된 해당 온도를 반환 값으로 받아 float형 변수 temperature에 저장한다.

23~24줄 : 커서를 (8, 0) 위치로 이동하고 변수 temperature에 저장된 온도 값을 출력한다.

28~33줄 : 사용자 정의 함수에서 온도 센서로부터 읽어 들인 센서값을 전압값으로 변환(29줄)하고, 데이터시트의 전압-온도 특성을 반영하여 전압값으로부터 온도 값을 계산(30줄)한다. 사용자 정의 함수의 반환 값은 온도 값이다.

시뮬레이션을 시작하고 온도 센서를 클릭했을 때 나타나는 슬라이드 바를 움직이면, 슬라이드 바로 설정한 온도 값이 LCD에 출력된다.

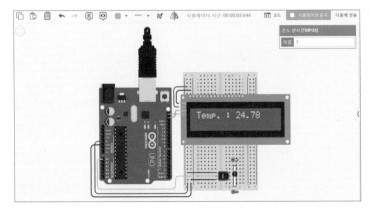

그림 13-42. 온도 센서의 슬라이드 바가 25℃로 설정되어 있을 때 디지털 온도계의 동작 결과

1 〉 휨 센서

아두이노 보드, 휨 센서, 텍스트 LCD를 사용하여 가위-바위-보 동작을 인식하는 시스템을 만들어 보자. 휘어진 정도를 감지하는 휨 센서를 사용하여 손가락의 구부러진 모양을 판단한 다음 텍스트 LCD에 판단 결과를 출력한다. 먼저 휨 센서에 대해 알아보자.

휨 센서는 표면이 휘어진 정도에 따라 저항값이 변하는 센서로 플렉스(flex) 센서라고도 한다. 저항값의 변화는 센서의 길이나 제조사에 따라 다를 수 있지만, 팅커캐드에서 제공하는 휨 센서의 경우 센서가 최대(180°)로 휘어졌을 때의 저항값은 휘어지지 않았을 때보다 약 5배 이상의 저항값을 갖는다.

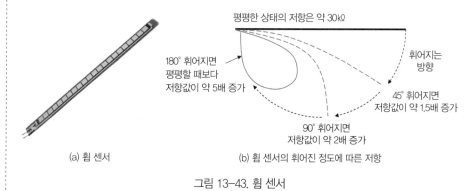

(a) 휨 센서　　　　　(b) 휨 센서의 휘어진 정도에 따른 저항

그림 13-43. 휨 센서

팅커캐드의 휨 센서는 휘어지는 각도에 정확히 비례하여 저항값이 증가하지만, 실제 휨 센서는 이와 다르게 오차가 크게 발생할 수 있으므로 일반적으로 정확한 각도보다는 손가락 관절의 움직임을 구별하는 용도 등으로 활용된다. 휨 센서는 2개의 단자를 가지고 있으며 포토 레지스터나 힘 센서처럼 기본적으로 저항이므로 극성이나 연결 방향을 구별하지는 않는다. 포토 레지스터나 힘 센서를

사용할 때와 마찬가지로 휨 센서의 출력값을 아두이노가 읽어 들이기 쉬운 조건 (전압 분배)으로 만들기 위해 그림 13-44와 같이 10[㏀] 정도의 저항을 직렬로 연결하고 이 저항에 걸리는 전압값을 아두이노의 아날로그 입력 핀으로 읽어 들인다.

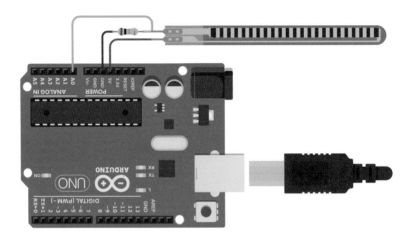

그림 13-44. 휨 센서와 아두이노 보드의 일반적인 연결 방법

그림 13-44의 회로에서 휨 센서의 동작을 확인하기 위한 소스코드를 작성해 보자. 휨 센서의 출력값은 아날로그 데이터이므로 아두이노의 아날로그 입력 A0 핀으로 읽어 들여 시리얼 모니터에 출력한다.

코드 13-15

휨 센서의 동작 확인

```
1    // 휨 센서의 동작
2
3    void setup( ) {
4      Serial.begin(9600);              // 시리얼 모니터 초기화
5    }
6
7    void loop( ) {
8      int flexVal = analogRead(A0);    // A0 핀으로 휨 센서값을 읽어 들임
9
10     Serial.print("Output of Flex Sensor = ");  // 시리얼 모니터에 문자열 출력
11     Serial.println(flexVal);         // 시리얼 모니터에 flexVal에 저장된 값 출력
12   }
```

시뮬레이션을 실행하면 마우스 커서를 사용하여 휨 센서를 구부릴 수 있다. 휨 센서의 휘어진 정도에 따른 휨 센서의 출력값은 시리얼 모니터에서 확인할 수 있다.

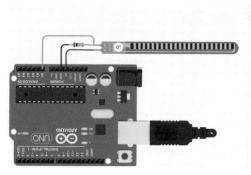

🖳 시리얼 모니터
Output of Flex Sensor = 256
Output of Flex Sensor = 256
Output of Flex Sensor = 256
Output of Flex Sensor = 256
Output of Flex Sensor = 256
Output of Flex Sensor = 256
Output of Flex Sensor = 256
Output of Flex Sensor = 256
Output of Flex Sensor = 256
Output of Flex Sensor = 256
Output of Flex Sensor = 256
Output of Flex Sensor = 256

(a) 휨 센서가 휘어지지 않았을 때

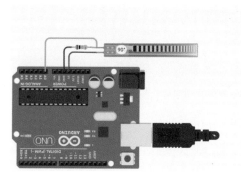
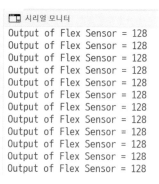

🖳 시리얼 모니터
Output of Flex Sensor = 128
Output of Flex Sensor = 128
Output of Flex Sensor = 128
Output of Flex Sensor = 128
Output of Flex Sensor = 128
Output of Flex Sensor = 128
Output of Flex Sensor = 128
Output of Flex Sensor = 128
Output of Flex Sensor = 128
Output of Flex Sensor = 128
Output of Flex Sensor = 128
Output of Flex Sensor = 128

(b) 휨 센서가 90° 휘어졌을 때

그림 13-45. 아날로그 입력 핀(A0)으로 읽어 들인 휨 센서의 출력값

손가락이 구부러진 모양을 판단하는 가위-바위-보 시스템에서 휨 센서의 출력값이 정확히 얼마인지 중요하지는 않다. 그러나 휨 센서로 모터를 제어하는 응용 등에서는 휨 센서의 출력값의 크기 변화를 확인하는 것이 필요할 수도 있으므로 휨 센서의 동작 원리에 대해 조금 더 알아본다.

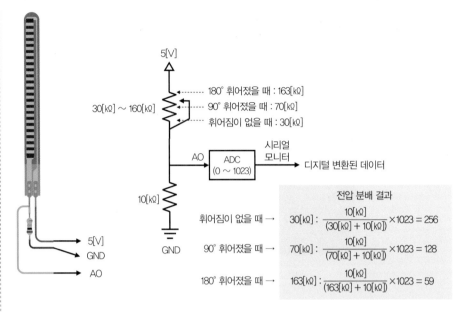

180° 휘어졌을 때 : 163[kΩ]
90° 휘어졌을 때 : 70[kΩ]
휘어짐이 없을 때 : 30[kΩ]

30[kΩ] ~ 160[kΩ]

5[V]

AO   ADC   시리얼
     (0 ~ 1023)   모니터   디지털 변환된 데이터

10[kΩ]

GND   GND

5[V]
GND
AO

전압 분배 결과

휘어짐이 없을 때 → $30[kΩ] : \dfrac{10[kΩ]}{(30[kΩ] + 10[kΩ])} \times 1023 = 256$

90° 휘어졌을 때 → $70[kΩ] : \dfrac{10[kΩ]}{(70[kΩ] + 10[kΩ])} \times 1023 = 128$

180° 휘어졌을 때 → $163[kΩ] : \dfrac{10[kΩ]}{(163[kΩ] + 10[kΩ])} \times 1023 = 59$

그림 13-46. 휨 센서의 출력을 아날로그 핀으로 읽어 들여 디지털 변환된 결과

그림 13-46에서 휨 센서가 휘어지지 않았을 때 휨 센서를 30[kΩ] 저항으로 생각할 수 있으며 이 센서 저항은 10[kΩ] 저항과 직렬로 연결되어 있다. 따라서 5[V] 전원 전압은 두 저항에 전압 분배되며, 10[kΩ] 저항에 걸리는 전압, 즉 5[V]의 $\dfrac{1}{4}(=\dfrac{10[kΩ]}{10[kΩ]+30[kΩ]})$에 해당하는 전압이 아두이노 보드의 아날로그 입력 AO 핀에 입력된다. 아날로그 입력 핀으로 읽어 들여진 0~5[V] 범위의 입력 전압은 0~1023 중 하나의 디지털 데이터로 변환되어 1023의 $\dfrac{1}{4}$인 256이 시리얼 모니터에 출력된다. 반면, 휨 센서가 최대(180°)로 휘어졌을 때의 센서의 저항 값은 약 163[kΩ]으로 163[kΩ] 저항과 10[kΩ] 저항에 의해 전압 분배되어 5[V]의 $\dfrac{10}{173}(=\dfrac{10[kΩ]}{10[kΩ]+163[kΩ]})$에 해당하는 전압이 AO 핀에 입력된다. 따라서 입력된 아날로그 전압은 디지털 데이터로 변환되어 시리얼 모니터에는 1023의 $\dfrac{10}{173}$에 해당하는 59가 출력된다.

2 〉 가위-바위-보 인식 시스템

팅커캐드의 작업판에서 아두이노 보드, 작은 브레드보드, 휨 센서, 저항, 일반 LCD 16×2를 사용하여 그림 13-47과 같은 가위-바위-보 동작 인식 시스템을 만들어 보자. 휨 센서의 단자는 극성을 구별할 필요가 없으며, 앞서 설명한 것처럼 전압 분배를 위한 10[㏀] 저항을 사용하여 아날로그 입력에 연결한다. 5개의 휨 센서 및 텍스트 LCD와 아두이노 보드의 연결은 12장의 내용과 표 13-11을 참고한다.

표 13-11. 아두이노 보드와 사용한 부품의 연결

구분	단자 이름	아두이노 핀	기능
휨 센서 (5개)	1	5[V]	전원
	2	A0~A4	5개 센서를 각각 A0~A4에 연결
		10[㏀] 저항을 통해 GND	각 센서는 저항을 거쳐 접지에 연결
일반 LCD 16×2	GND	GND	접지
	VCC	5[V]	전원
	V0	GND	접지, 글자의 진하기를 최대로 설정
	RS	13번 핀	명령 또는 데이터 레지스터 선택
	RW	GND	LCD를 항상 쓰기 동작으로 설정
	E	12번 핀	LCD 활성화 선택
	DB0	NC	4비트 모드 사용 시 연결하지 않음 ※ NC(Non-Connection)
	DB1	NC	
	DB2	NC	
	DB3	NC	
	DB4	7번 핀	4비트 모드에서 명령어/데이터의 전송을 위한 입출력 핀
	DB5	6번 핀	
	DB6	5번 핀	
	DB7	4번 핀	
	LED(양극, A)	330[Ω] 저항을 통해 5[V]	백라이트 제어
	LED(음극, K)	GND	접지

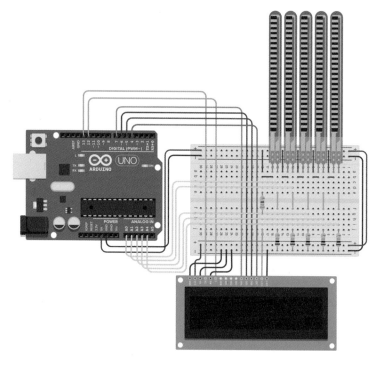

그림 13-47. 휨 센서를 이용한 가위-바위-보 동작 인식 시스템의 회로

앞서 작성했던 코드 13-15는 1개의 휨 센서를 사용하여 엄지손가락의 움직임을
확인하는 소스코드로 생각할 수 있다. 코드 13-15를 참고하여 5개의 휨 센서로
가위, 바위, 보에 해당하는 손가락의 모양을 판단하고 그 결과를 텍스트 LCD에
나타내는 소스코드를 작성해 보자. 일반 LCD 16×2를 사용하므로 소스코드 첫
줄에 LiquidCrystal 라이브러리를 포함시킨다.

코드 13-16

가위-바위-보 동작 인식 시스템

```
1    // 가위-바위-보 동작 인식 시스템
2
3    #include <LiquidCrystal.h>              // 라이브러리 포함
4
5    // 휨 센서의 신호 단자와 연결한 아두이노의 아날로그 핀 번호를 배열에 저장
6    int flexPin[5] = {A0, A1, A2, A3, A4};   // int형 배열 flexPin에 핀 번호 A0~A4를 저장
7
8    // 손가락 모양에 해당하는 값을 배열에 저장
9    int scissor[5] = {1, 1, 0, 0, 0};       // 가위
10   int rock[5] = {0, 0, 0, 0, 0};          // 바위
```

```
11   int paper[5] = {1, 1, 1, 1, 1};      // 보
12
13   // LiquidCrystal userObject(RS 핀 번호, E 핀 번호, DB4 핀 번호, ..., DB7 핀 번호);
14   LiquidCrystal lcd(13, 12, 7, 6, 5, 4); // LCD 라이브러리를 사용하여 제어할 객체 생성
15
16   void setup( ) {
17     lcd.begin(16, 2);                   // LCD 초기화(16문자 2행 표시)
18     lcd.clear( );                       // 화면을 지우고 커서를 (0, 0)으로 이동
19   }
20
21   String message;                       // String 객체 message를 생성
22   int state[5] = {};                    // int형 배열 변수 state의 선언 및 초기화
23
24   void loop( ) {
25     for (int i = 0; i < 5; i++){
26       if (analogRead(flexPin[i]) < 100) // 읽어 들인 휨 센서값이 100보다 작으면
27         state[i] = 0;                   // 배열 변수 state의 i번째 요소에 0을 할당
28       else                              // 읽어 들인 휨 센서값이 100 이상이면
29         state[i] = 1;                   // 배열 변수 state의 i번째 요소에 1을 할당
30     }
31
32     // 사용자 함수를 호출하여 가위, 바위, 보 상태 확인
33     if (checkState(state, scissor) == 1){ // state와 scissor의 요소값이 같으면
34       message = "Scissor!";             // String 객체 message에 'Scissor!'라는 문자열 저장
35     }
36     else if (checkState(state, rock) == 1){ // state와 rock의 요소값이 같으면
37       message = "Rock!";                // message에 'Rock!'이라는 문자열 저장
38     }
39     else if (checkState(state, paper) == 1){// state와 paper의 요소값이 같으면
40       message = "Paper!";               // message에 'Paper!'라는 문자열 저장
41     }
42     else
43       message = "Unknown!";             // message에 'Unknown!'이라는 문자열 저장
44
45     // 가위, 바위, 보 결과 출력하기
46     lcd.clear( );                       // LCD의 내용을 지우고 커서를 (0, 0)으로 이동
47     lcd.print(message);                 // String 객체 message에 저장된 내용을 출력
48     delay(500);                         // 0.5초 동안 지연
49   }
50
51   // 두 배열에 저장된 요소값의 비교하는 사용자 함수
52   int checkState(int arrayA[], int arrayB[]){
53     for (int i = 0; i < 5; i++){        // for 문, i를 0부터 4까지 1씩 증가시킴
54       if (arrayA[i] != arrayB[i]){      // 두 배열의 i번째 요소값이 다르면
55         return 0;                       // 사용자 함수의 반환 값으로 0을 반환
56         break;                          // 제어문(if 문)을 빠져나감
57       }
58       else                              // 두 배열의 i번째 요소값이 같으면
59         continue;                       // continue 아래 명령어를 건너뛰고 for 문 실행
60     }
61     return 1;                           // 사용자 함수의 반환 값으로 1을 반환
62   }
```

3줄 : 일반 LCD 16×2를 사용하므로 LiquidCrystal 라이브러리를 포함시킨다.

6줄 : 휨 센서의 신호 단자와 연결한 아두이노의 아날로그 입력 핀 번호인 A0~A4를 배열 flexPin[5]에 저장한다.

9줄 : '가위'에 해당하는 손가락 모양의 휨 센서값(완전히 편 손가락은 1, 구부린 손가락은 0)으로 '11000'을 int형 배열 변수 scissor[5]에 저장한다.

10줄 : '바위'에 해당하는 휨 센서값으로 '00000'을 int형 배열 변수 rock[5]에 저장한다.

11줄 : '보'에 해당하는 휨 센서값으로 '11111'을 int형 배열 변수 paper[5]에 저장한다.

14줄 : LCD 라이브러리를 사용하여 제어할 객체로 lcd를 생성하고 LCD 제어를 위해 사용하는 아두이노 핀 번호를 지정한다.

17줄 : begin( ) 함수를 사용하여 LCD를 16문자 2행 표시로 초기화한다.

18줄 : LCD 내용을 지우고 커서 위치를 (0, 0)으로 이동한다.

21줄 : LCD에 출력할 문자열을 저장할 String 객체 message를 생성한다.

22줄 : 손가락의 모양에 해당하는 휨 센서값을 저장할 int형 배열 변수로 state[5]를 선언하고 NULL 값('{ }')으로 초기화한다.

25~30줄 : for 문을 사용하여 5개의 휨 센서들의 출력값을 아두이노의 아날로그 핀을 사용하여 차례로 읽어 들인다. 이때 읽어 들인 i번째 휨 센서값이 100보다 작다면 0(손가락 구부림), 100 이상이면 1(손가락 폄)을 state 배열의 i번째 요소값으로 저장한다.

33~43줄 : 두 배열에 저장된 요소값이 서로 같은지 비교하는 사용자 정의 함수 checkState( )를 호출하고 반환된 값이 1(두 배열의 요소값이 같음)이면 String 객체 message에 해당 문자열(Scissor!, Rock!, Paper! 중 하나)을 저장한다. 사용자 정의 함수를 호출할 때 사용하는 매개변수로 사용된 두 배열은 휨 센서값이 저장된 배열(state)과 손가락 모양에 해당하는 값을 정의한 배열(scissor, rock, paper)이다.

46줄 : LCD의 초기화로 LCD에 출력한 내용을 지우고 커서 위치를 (0, 0)으로 이동한다.

47줄 : String 객체 message에 저장된 문자열을 텍스트 LCD에 출력한다.

48줄 : 0.5초 동안 지연한다.

52~62줄 : 두 배열에 저장된 요소값을 비교하는 사용자 정의 함수로 for 문을 사용하여 i를 0부터 i < 5 조건을 만족할 때까지 1씩 증가시키며 두 배열의 i번째 요소값을 비교한다. 이때 두 배열에 저장된 요소값이 하나라도 다르면 0을 반환하고, 모두 같으면 1을 반환한다.

시뮬레이션을 시작하고 각 손가락에 해당하는 휨 센서를 클릭하여 구부리면, 손가락 모양에 해당하는 문자열(Scissor!, Rock!, Paper!, Unknown!)이 LCD에 출력된다.

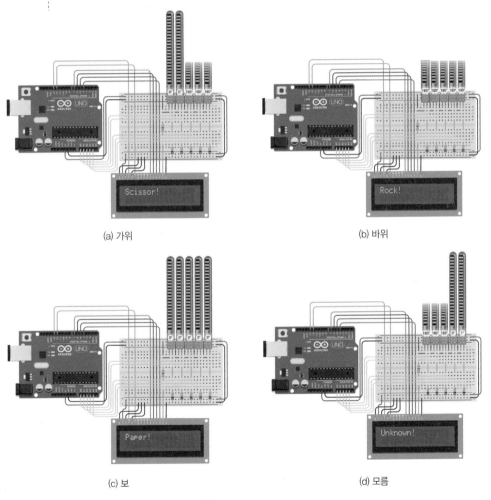

(a) 가위   (b) 바위

(c) 보   (d) 모름

그림 13-48. 가위-바위-보 인식 시스템의 동작 결과

1 〉 초음파 센서

아두이노 보드, 초음파 센서, 텍스트 LCD를 사용하여 거리 측정 시스템을 만들어 보자. 초음파 센서를 사용하여 거리를 측정한 다음 그 결과를 LCD에 출력한다. 먼저 초음파 센서에 대해 알아보자.

초음파 센서(ultrasonic sensor)는 약 20㎑ 이상의 높은 주파수를 갖는 소리 신호 (초음파)를 외부로 보낸 다음 물체에 부딪혀 반사되어 돌아오는 신호를 감지하기까지 걸리는 시간을 측정하여 거리를 알아내는 장치이다. 초음파 센서는 초음파를 외부로 보내는 송신부, 물체에 반사되어 되돌아오는 초음파를 받는 수신부로 구성되어 있으며, 4개 단자(전원, 트리거, 에코, 접지) 또는 3개 단자(접지, 전원, 신호)를 가지고 있다. 팅커캐드의 구성요소에서 그림 13-49와 같이 2가지 종류의 초음파 센서를 찾을 수 있는데 HC-SR04는 4개의 단자, 28015는 3개의 단자를 가지고 있다. HC-SR04는 초음파 신호를 송신 및 수신하기 위해 개별 단자(트리거, 에코)를 사용하지만, 28015는 하나의 단자(SIG)만을 사용한다.

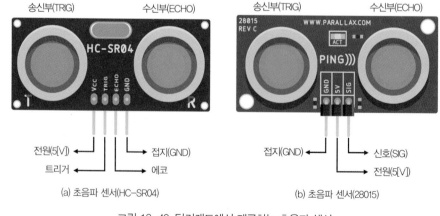

(a) 초음파 센서(HC-SR04)　　　　(b) 초음파 센서(28015)

그림 13-49. 팅커캐드에서 제공하는 초음파 센서

초음파 센서의 동작은 그림 13-50과 같이 일정 시간(HC-SR04는 $10\mu s$ 이상, 28015는 $5\mu s$) 동안 HIGH를 유지하는 트리거 펄스가 입력되면 송신부에서 초음파를 내보내고, 초음파 펄스가 물체에 반사되어 반사파가 되돌아올 때까지 에코 펄스가 출력된다. 이때 에코 펄스가 HIGH를 유지하는 시간이 반사파가 되돌아오는 데 걸리는 시간이다.

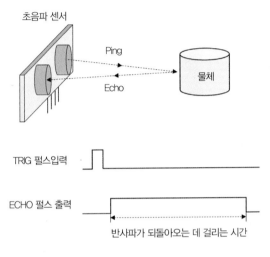

그림 13-50. 초음파 센서의 동작 원리

일반적으로 초음파 센서로 측정되는 거리는 센티미터(cm) 단위를 사용한다. 송신부에서 출력하는 초음파가 공중에서 이동하는 속도는 온도에 따라 다르지만, 실온에서 약 340[m/s]이다. 송신부에서 보낸 초음파 펄스가 물체에 반사되어 되돌아오는 데 걸리는 시간(에코 펄스가 HIGH를 유지하는 시간)을 Duration(단위는 마이크로초)이라고 하면, 초음파가 이동한 왕복 거리는 다음과 같이 구할 수 있다. 만약 편도 거리를 구하고자 한다면 왕복 거리를 2로 나누면 된다.

$$왕복\ 거리[cm] = \frac{340[m/s] \times Duration[\mu s]}{10000}$$

먼저 4개 단자를 갖는 초음파 센서(HC-SR04)의 동작을 알아보기 위해 그림 13-51과 같은 회로를 구성해 보자. 트리거(TRIG) 단자는 아두이노 디지털

9번 핀, 에코(ECHO) 단자는 8번 핀에 연결하고 전원(VCC) 단자는 5[V], 접지(GND) 단자는 GND에 연결한다.

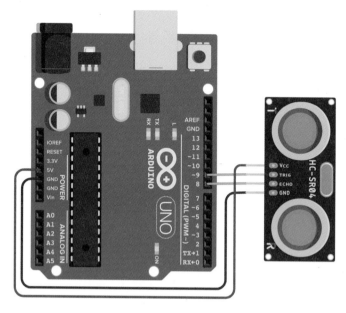

그림 13-51. 4개 단자를 갖는 초음파 센서(HC-SR04) 회로

그림 13-51의 회로에서 초음파 센서(HC-SR04)의 동작을 확인하기 위한 소스 코드를 작성하자. 초음파 센서의 입력 및 출력을 시리얼 모니터에 출력한다.

코드 13-17

초음파 센서(HC-SR04)의 동작 확인

```
1    // 초음파 거리 측정 시스템
2
3    int TRIG = 9;                   // 초음파 센서의 TRIG 단자를 9번 핀에 연결
4    int ECHO = 8;                   // 초음파 센서의 ECHO 단자를 8번 핀에 연결
5
6    void setup( ) {
7      pinMode(TRIG, OUTPUT);        // TRIG(9번) 핀을 출력 모드로 설정
8      pinMode(ECHO, INPUT);         // ECHO(8번) 핀을 입력 모드로 설정
9      Serial.begin(9600);          // 시리얼 모니터 초기화
10   }
11
12   void loop( ) {
13     digitalWrite(TRIG, LOW);     // TRIG 단자로 LOW 값 출력(송신부 출력 없음)
14     delayMicroseconds(5);        // 5마이크로초 동안 지연
```

```
15    digitalWrite(TRIG, HIGH);    // TRIG 단자로 HIGH 값 출력
16    delayMicroseconds(10);        // 10마이크로초 동안 HIGH를 유지(송신부에서 초음파 출력)
17    digitalWrite(TRIG, LOW);     // TRIG 단자로 LOW 값 출력(송신부에서 초음파 출력 중지)
18
19    long duration = pulseIn(ECHO, HIGH); // ECHO가 HIGH를 유지한 시간(㎲)을 저장
20    float distance = (float) (340.0 * duration / 10000.0) / 2.0;  // 편도 거리(㎝)
21
22    // 시리얼 모니터에 출력하기
23    Serial.print("Duration = ");  // 반사파가 되돌아오는 데 걸리는 시간 출력
24    Serial.print(duration);
25    Serial.println("us");
26    Serial.print("Distance = ");  // 물체까지의 거리(편도) 출력
27    Serial.print(distance);
28    Serial.println("cm");
29    Serial.println("----------------");
30    delay(500);
31  }
```

3~4줄 : 초음파 센서의 TRIG 단자와 ECHO 단자를 각각 9번 핀과 8번 핀에 연결한다.

7~8줄 : 초음파 센서의 TRIG 단자와 연결된 9번 핀을 출력 모드, ECHO 단자와 연결된 8번 핀을 입력 모드로 설정한다.

9줄 : 시리얼 모니터를 초기화한다.

13줄 : TRIG(9번) 핀으로 LOW를 출력(송신부에서 초음파를 보내지 않음)한다.

14줄 : 5마이크로초 동안 지연시킨다. delay( ) 함수가 밀리초 단위의 지연을 발생시키는 데 반해 delayMicroseconds( ) 함수는 마이크로초 단위의 지연을 발생시킨다.

15줄 : TRIG(9번) 핀으로 HIGH를 출력한다.

16줄 : 10마이크로초 동안 지연(HC-SR04는 송신부에서 초음파를 보낼 때 안정한 동작을 위해 10마이크로초 이상의 지연 시간 필요)시킨다. 초음파 센서의 TRIG 단자에 입력되는 신호로 HIGH가 10마이크로초 이상 동안 유지되므로 송신부에서 초음파를 보내기 시작한다.

17줄 : TRIG(9번) 핀으로 LOW를 출력하여 송신부에서 초음파를 보내는 것을 중지한다.

19줄 : ECHO(8번) 핀에 입력되는 신호의 HIGH 유지 시간을 반환 받아 long형 변수 duration에 저장한다.

pulseIn(매개변수) 함수

용도

매개변수로 지정한 pin과 value에 대해 해당 핀에서 value가 HIGH 또는 LOW를 유지하는 시간(펄스의 길이)을 마이크로초 단위로 반환하는 함수

함수 형식

pulseIn(pin, value, timeout);

매개변수

pin : int형으로 펄스를 읽을 핀 번호(디지털 핀)

value : int형으로 읽어 들일 펄스의 유형으로 HIGH 또는 LOW

timeout(옵션) : unsigned long형으로 펄스 시작을 기다릴 시간(마이크로초 단위), 기본값은 1초

함수의 반환 값

unsigned long형으로 펄스의 길이(마이크로초 단위) 또는 0(timeout이 지날 때까지 펄스가 시작되지 않을 때 반환 값)

사용 예

```
int pin = 7;
unsigned long duration;

void setup() {
  pinMode(pin, INPUT);
}

void loop() {
  duration = pulseIn(pin, HIGH);
}
```

20줄 : 송신부에서 초음파를 보내고 물체에 부딪혀 되돌아온 초음파를 수신부에서 받는 데까지 걸린 시간을 이용하여 대상 물체까지의 거리를 계산한다. 대상 물체까지의 거리(cm 단위)는 '(float)(초음파 속도[㎧] × duration[μs] ÷ 10000) ÷ 2'와 같이 계산된다.

23~25줄 : 시리얼 모니터에 Duration 시간을 마이크로초 단위로 출력한다.

26~28줄 : 시리얼 모니터에 대상 물체와의 거리를 센티미터 단위로 표시한다.

30줄 : 0.5초 동안 지연한다.

시뮬레이션을 시작하고 초음파 센서(HC-SR04)를 클릭하면 초음파 센서가 검출할 수 있는 범위와 대상 물체가 나타난다. 대상 물체를 측정 범위 안에서 움직이면 반사파가 되돌아오는 데 걸리는 시간(Duration)이 마이크로초 단위로, 센서와 물체까지의 거리가 센티미터 단위로 시리얼 모니터에 출력된다.

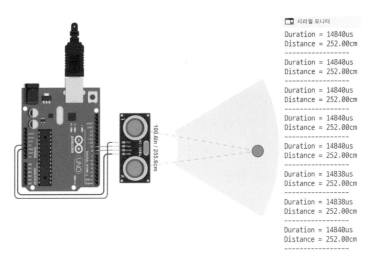

시리얼 모니터

Duration = 14840us
Distance = 252.00cm

Duration = 14840us
Distance = 252.00cm

Duration = 14840us
Distance = 252.00cm

Duration = 14840us
Distance = 252.00cm

Duration = 14840us
Distance = 252.00cm

Duration = 14838us
Distance = 252.00cm

Duration = 14838us
Distance = 252.00cm

Duration = 14840us
Distance = 252.00cm

그림 13-52. 초음파 센서(HC-SR04)의 동작 결과

다음은 3개 단자를 갖는 초음파 센서(28015)의 동작을 알아보기 위해 그림 13-53의 회로를 구성해 보자. 신호(SIG) 단자는 아두이노 디지털 8번 핀에 연결하고 전원(5V) 단자는 5[V], 접지(GND) 단자는 GND에 연결한다.

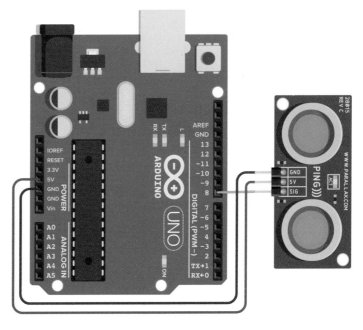

그림 13-53. 3개 단자를 갖는 초음파 센서(28015) 회로

그림 13-53의 회로에서 초음파 센서(28015)의 동작을 확인하기 위한 소스 코드를 작성하자. 코드 13-17에서는 초음파 신호를 송신하기 위해 트리거(TRIG) 단자와 반사파를 수신하기 위해 에코(ECHO) 단자를 사용했지만, 코드 13-18에서는 신호(SIG) 단자 하나만으로 송수신을 제어하므로 loop() 함수 내에서 초음파 센서의 신호(SIG) 단자와 연결된 8번 핀이 초음파 신호를 송신할 때는 출력 모드로, 반사파 신호를 수신할 때는 입력 모드로 동작목적에 따라 설정되는 것을 주의하자.

코드 13-18

초음파 센서(28015)의 동작 확인

```
1    // 초음파 센서(28015)의 동작
2
3    int SIG = 8;                // 초음파 센서의 SIG 단자를 8번 핀에 연결
4
5    void setup() {
6      Serial.begin(9600);       // 시리얼 모니터 초기화
7    }
8
9    void loop() {
10     // Trigger 펄스(초음파 신호 송신)
11     pinMode(SIG, OUTPUT);    // 초음파 신호 송신을 위해 SIG 단자를 출력 모드로 설정
12     digitalWrite(SIG, LOW);  // SIG 핀으로 LOW 값 출력(송신부 출력 없음)
13     delayMicroseconds(5);    // 안정한 동작을 위해 5마이크로초 동안 지연
14     digitalWrite(SIG, HIGH); // SIG 핀으로 HIGH 값 출력
15     delayMicroseconds(5);    // HIGH 값이 5마이크로초 동안 유지(송신부에서 초음파 출력)
16     digitalWrite(SIG, LOW);  // SIG 핀으로 LOW 값 출력(송신부에서 초음파 출력 중지)
17
18     // Echo 펄스(초음파 신호 수신)
19     pinMode(SIG, INPUT);     // SIG 핀을 입력 모드로 설정
20
21     // SIG 핀으로 읽어 들인 반사파(ECHO)가 HIGH를 유지한 시간(㎲)을 저장
22     long duration = pulseIn(SIG, HIGH);
23     float distance = (float) (340.0 * duration / 10000.0) / 2.0;  // 편도 거리(cm)
24
25     // 시리얼 모니터에 출력하기
26     Serial.print("Duration = ");  // 반사파가 되돌아오는 데 걸리는 시간 출력
27     Serial.print(duration);
28     Serial.println("us");
29     Serial.print("Distance = ");  // 물체까지의 거리(편도) 출력
30     Serial.print(distance);
31     Serial.println("cm");
32     Serial.println("----------------");
33     delay(500);
34   }
```

3줄 : int형 변수 SIG에 초음파 센서의 신호(SIG) 단자와 연결하는 아두이노의 핀 번호(8번)를 저장한다.

6줄 : 시리얼 모니터를 초기화한다.

11줄 : 초음파 신호의 송신을 위해 SIG(8번) 핀을 출력 모드로 설정한다.

12줄 : SIG(8번) 핀으로 LOW를 출력(송신부에서 초음파를 보내지 않음)한다.

13줄 : 안정한 동작을 위해 5마이크로초(5마이크로초 이상 필요) 동안 지연시킨다.

14줄 : TRIG 신호로 SIG 핀을 사용하여 HIGH를 출력한다.

15줄 : 5마이크로초 동안 지연(28015 초음파 센서의 송신부에서 초음파를 보낼 때 안정한 동작을 위해 5마이크로초의 지연 필요)시킨다. 즉, TRIG 펄스가 5마이크로초 동안 HIGH를 유지하면 송신부에서 초음파를 보내기 시작한다.

16줄 : SIG 핀으로 LOW를 출력하여 송신부에서 초음파를 보내는 것을 중지한다.

19줄 : 반사파(ECHO) 신호의 수신을 위해 SIG 핀을 입력 모드로 설정한다.

22줄 : SIG 핀으로 읽어 들이는 반사파(ECHO) 신호의 HIGH 유지 시간을 반환 받아 long형 변수 duration에 저장한다.

23줄 : 반사파가 되돌아오는 데 걸린 시간으로부터 대상 물체까지의 거리를 계산한다.

26~28줄 : 시리얼 모니터에 duration에 저장된 값을 마이크로초 단위로 출력한다.

29~31줄 : 시리얼 모니터에 대상 물체와의 거리를 센티미터 단위로 표시한다.

33줄 : 0.5초 동안 지연한다.

시뮬레이션을 시작하고 초음파 센서(28015)를 클릭하면 초음파 센서가 검출할 수 있는 범위와 대상 물체가 나타난다. HC-SR04에서와 마찬가지로 대상 물체를 측정 범위 안에서 움직이면 반사파가 되돌아오는 데 걸리는 시간(Duration)이 마이크로초 단위로, 센서와 물체까지의 거리가 센티미터 단위로 시리얼 모니터에 출력된다.

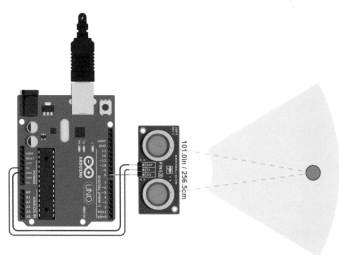

시리얼 모니터

Duration = 3327us
Distance = 56.50cm

Duration = 5588us
Distance = 94.50cm

Duration = 8443us
Distance = 143.50cm

Duration = 9910us
Distance = 168.00cm

Duration = 12900us
Distance = 219.00cm

Duration = 14701us
Distance = 249.50cm

Duration = 14892us
Distance = 253.00cm

그림 13-54. 초음파 센서(28015)의 동작 결과

2 〉 초음파 거리 측정 시스템

팅커캐드의 작업판에서 아두이노 보드, 작은 브레드보드, 4개 단자를 갖는 초음파 센서(HC-SR04), 저항, 일반 LCD 16×2를 사용하여 그림 13-55의 거리 측정 시스템 회로를 구성해 보자. 초음파 센서 및 텍스트 LCD와 아두이노 보드의 연결은 12장의 내용과 표 13-12를 참고한다.

표 13-12. 아두이노 보드와 사용한 부품의 연결

구분	단자 이름	아두이노 핀	기능
초음파 센서 (HC-SR04)	전원	5V	초음파에 전원 공급
	접지	GND	
	트리거	9번 핀	초음파를 송신부 제어를 위한 입력 펄스
	에코	8번 핀	반사파가 수신될 때까지 에코 펄스 출력
일반 LCD 16×2	GND	GND	접지
	VCC	5V	전원
	V0	GND	접지, 글자의 진하기를 최대로 설정
	RS	13번 핀	명령 또는 데이터 레지스터 선택
	RW	GND	LCD의 항상 쓰기 동작으로 설정
	E	12번 핀	LCD 활성화 선택
	DB0	NC	4비트 모드 사용 시 연결하지 않음 ※ NC(Non-Connection)
	DB1	NC	
	DB2	NC	
	DB3	NC	
	DB4	7번 핀	4비트 모드에서 명령어/데이터의 전송을 위한 입출력 핀
	DB5	6번 핀	
	DB6	5번 핀	
	DB7	4번 핀	
	LED(양극, A)	330[Ω] 저항을 통해 5[V]	백라이트 제어
	LED(음극, K)	GND	접지

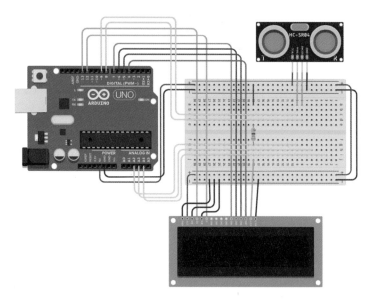

그림 13-55. 초음파 센서(HC-SR04)를 이용한 거리 측정 시스템

초음파 센서(HC-SR04)를 사용하여 물체까지의 거리를 측정하고, 측정 결과를 텍스트 LCD에 출력하는 거리 측정 시스템의 소스코드를 작성해 보자. 일반 LCD 16×2를 사용하므로 LiquidCrystal 라이브러리를 소스코드의 첫 줄에 포함시킨다.

코드 13-19

초음파 거리 측정 시스템

```
1    // 초음파 거리 측정 시스템
2
3    #include <LiquidCrystal.h>    // LCD 라이브러리 포함
4
5    int TRIG = 9;                 // 초음파 센서의 TRIG 단자를 9번 핀에 연결
6    int ECHO = 8;                 // 초음파 센서의 ECHO 단자를 8번 핀에 연결
7
8    LiquidCrystal lcd(13, 12, 7, 6, 5, 4); // LCD 라이브러리로 제어할 객체 생성
9
10   void setup() {
11     lcd.begin(16, 2);           // LCD 초기화(16문자 2행 표시)
12     lcd.clear();                // LCD의 화면 내용을 지우고 커서를 (0, 0)으로 이동
13     pinMode(TRIG, OUTPUT);      // TRIG 핀을 출력 모드로 설정
14     pinMode(ECHO, INPUT);       // ECHO 핀을 입력 모드로 설정
15   }
16
17   void loop() {
```

```
18        digitalWrite(TRIG, LOW);    // TRIG 핀으로 LOW 값 출력(송신부 출력 없음)
19        delayMicroseconds(5);       // 안정한 동작을 위해 5마이크로초 동안 지연
20        digitalWrite(TRIG, HIGH);   // TRIG 핀으로 HIGH 값 출력
21        delayMicroseconds(10);      // 10마이크로초 동안 지연(송신부에서 초음파 출력)
22        digitalWrite(TRIG, LOW);    // TRIG 핀으로 LOW 값 출력(송신부에서 초음파 출력 중지)
23
24        long duration = pulseIn(ECHO, HIGH); // ECHO가 HIGH를 유지한 시간을 저장
25        float distance = (float) (340.0 * duration / 10000.0) / 2.0;  // 편도 거리(cm)
26
27        // 측정 결과를 LCD에 출력하기
28        lcd.clear();                // LCD 화면 내용을 지우고 커서를 (0, 0)으로 이동
29        lcd.print("Durat. = ");     // LCD에 'Durat. = '라는 문자열 출력
30        lcd.print(duration);        // LCD에 반사파가 되돌아오는 데 걸리는 시간 출력
31        lcd.print("us");            // LCD에 'us'라는 문자열 출력
32        lcd.setCursor(0,1);         // 커서를 (0, 1)로 이동
33        lcd.print("Dist. = ");      // LCD에 'Dist. = '라는 문자열 출력
34        lcd.print(distance);        // 물체까지의 거리(편도) 출력
35        lcd.print("cm");            // LCD에 'cm'라는 문자열 출력
36        delay(500);                 // 0.5초 동안 지연
37    }
```

3줄 : LCD 라이브러리를 소스코드에 포함시킨다.

5~6줄 : 초음파 센서의 TRIG 단자와 ECHO 단자를 각각 아두이노의 9번 핀과 8번 핀에 연결한다.

8줄 : 텍스트 LCD 라이브러리를 사용하여 제어할 객체로 lcd를 생성한다.

11줄 : 생성한 LCD 객체를 초기화한다.

12줄 : LCD 화면 내용을 지우고 커서 위치를 (0, 0)으로 이동한다.

13~14줄 : TRIG(9번) 핀을 출력 모드, ECHO(8번) 핀을 입력 모드로 설정한다.

18줄 : TRIG 핀으로 LOW를 출력(송신부에서 초음파를 보내지 않음)한다.

19줄 : 안정한 동작을 위해 5마이크로초 동안 지연시킨다.

20줄 : TRIG 핀으로 HIGH를 출력한다.

21줄 : 10마이크로초 동안 지연(HC-SR04의 송신부에서 초음파를 보낼 때 안정한 동작을 위해 10마이크로초 이상의 지연 필요)시킨다. TRIG 핀으로 출력되는 신호가 10마이크로초 동안 HIGH를 유지하면 송신부에서 초음파를 보내기 시작한다.

22줄 : TRIG 핀으로 LOW를 출력하여 송신부에서 초음파를 보내는 것을 중지한다.

24줄 : ECHO 핀으로 입력되는 신호가 HIGH를 유지하는 시간을 반환 받아 long형 변수 duration에 저장한다.

25줄 : 반사파가 되돌아오는 데 걸린 시간을 이용하여 대상 물체까지의 거리를 계산한다.

28줄 : LCD의 화면 내용을 지우고 커서의 위치를 (0, 0)으로 이동한다.

29~31줄 : LCD의 1행에 Duration 시간을 마이크로초 단위로 표시한다.

32~35줄 : LCD의 2행에 대상 물체와의 거리를 센티미터 단위로 표시한다.

시뮬레이션을 시작하고 초음파 센서를 클릭하여 나타난 대상 물체를 측정 범위 안에서 움직이면 센서와 물체까지의 거리가 센티미터 단위로 LCD에 표시된다.

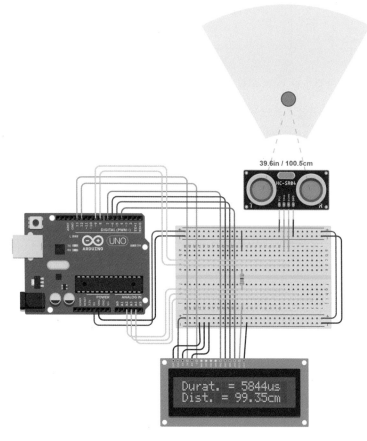

그림 13-56. 초음파 거리 측정 시스템의 동작

<14장>

다양한 출력 장치 사용하기

─── 학습 목표 ───

● 아두이노와 함께 사용하는 다양한 외부 출력 장치의 종류와
  동작 원리를 이해한다.

● 다양한 외부 출력 장치의 기본적인 동작을 위한
  소스코드(스케치)를 작성할 수 있다.

● 외부 출력 장치를 활용하는 간단한 응용 시스템을 만들 수 있다.

외부 출력 장치는 LED, 7-세그먼트 디스플레이, LCD, 서보 모터, DC 모터, 버저(buzzer) 등 아두이노의 처리 결과를 출력하기 위해 외부에 연결하는 장치를 말한다. 팅커캐드에서는 여러 가지 출력 장치를 제공하고 있으며, 이전 장에서 이미 LED, 7-세그먼트 디스플레이, 텍스트 LCD, 서보 모터 등을 사용해 보았다. 이 장에서는 앞서 사용하지 않은 여러 출력 장치의 기본적인 동작 방법을 알아보고, 이를 활용하는 간단한 시스템을 만들어 본다.

표 14-1. 팅커캐드의 주요 외부 출력 장치

출력 장치	출력 장치 입력	기능	기타	
NeoPixel	아날로그	마이크로컨트롤러(아두이노)를 사용하여 제어할 수 있는 단일 RGB LED	체험활동 1	초급
진동 모터	디지털/아날로그	전원이 공급되면 진동하는 모터	체험활동 2	중급
DC 모터	디지털/아날로그	전기 에너지를 기계 에너지로 변환하는 모터	체험활동 3	고급
하비 기어 모터	디지털/아날로그	로봇 휠을 구동하는 데 자주 사용되는 기어 모터		
피에조	아날로그	지정한 주파수에 해당하는 소리(음)를 발생하는 버저(Buzzer)	체험활동 4	고급

1 〉 네오픽셀

아두이노 보드와 네오픽셀 스트립을 사용하여 다양한 색상의 빛을 내는 조명을 만들어 보자. 빛의 가산 혼합 원리를 이용한 네오픽셀 스트립의 제어를 통해 다양한 색상의 빛을 표현할 수 있다. 먼저 네오픽셀에 대해 알아본다.

네오픽셀(neopixel)은 LED의 한 종류로 단일 타입, 스트립(strip) 타입, 링(ring) 타입, 스틱(stick) 타입, 실드(shield) 타입 등 다양한 형태가 있다. 네오픽셀 1개에는 빨간색(R), 초록색(G), 파란색(B) 색상의 LED가 포함되어 있으며 이를 제어하여 색상, 밝기 등을 조절할 수 있다. 네오픽셀은 기본적으로 제공되는 공식 라이브러리를 사용하여 제어할 수 있으므로 사용법이 간단하다. 일반적인 LED 1개를 아두이노로 제어할 때 접지를 제외하고 1개의 아두이노 출력 핀이 필요하므로 10개의 LED를 제어하기 위해서는 10개의 아두이노 출력 핀이 필요하다. 반면 네오픽셀에 포함된 LED는 개수와 상관없이 1개의 접지, 1개의 전원, 그리고 네오픽셀의 데이터 단자를 제어하는 1개의 아두이노 출력 핀만 있으면 된다. 네오픽셀은 개별적으로 사용할 수 있지만, 네오픽셀끼리 서로 연결하여 사용할 수도 있다.

(a) NeoPixel   (b) NeoPixel Jewel   (c) NeoPixel 링 12

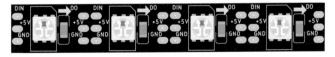

(d) NeoPixel 스트립 4

그림 14-1. 네오픽셀의 여러 형태

팅커캐드에서 제공하는 네오픽셀은 그림 14-2와 같이 2개의 전원(+), 2개의 접지(G), 입력(IN), 출력(O)으로 총 6개의 단자를 가지고 있다.

그림 14-2. 네오픽셀의 단자 구성

네오픽셀을 단독으로 사용하기 위해서는 그림 14-2에서 왼쪽에 있는 3개의 단자(전원, 접지, 입력)를 사용하면 된다. 전원은 5[V], 접지는 GND, 입력은 아두이노의 디지털 출력 핀에 각각 연결한다. 오른쪽은 있는 3개의 단자(전원, 접지, 출력)는 여러 개의 네오픽셀을 연결하여 사용할 때 다른 네오픽셀의 왼쪽 3개의 단자와 연결한다. 그림 14-3은 네오픽셀을 단독으로 사용할 때와 2개를 연결하여 사용할 때 단자 연결 방법을 나타내고 있다.

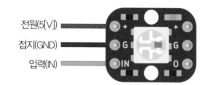

(a) 네오픽셀을 단독으로 사용할 때

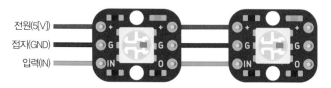

(b) 2개의 네오픽셀을 연결하여 사용할 때

그림 14-3. 네오픽셀을 사용할 때 단자 연결 방법

네오픽셀은 기본적으로 LED이므로 과전류 방지를 위한 저항을 함께 사용해야 한다. 제조사별로 다르지만, 저항이 내장되어 있지 않은 네오픽셀을 사용할 때는 첫 번째 네오픽셀을 보호하기 위해 입력 단자에 약 300~500[Ω](보통 330[Ω]

사용)의 저항을 직렬로 연결하여 사용한다. 네오픽셀을 사용할 때는 네오픽셀의 LED 보호를 위한 저항 외에도 고려할 사항이 있다. 1개의 LED를 동작시키기 위해 약 20[mA]의 전류가 필요하므로 3개의 LED로 구성된 1개의 네오픽셀의 동작을 위해서는 총 60[mA]의 전류가 필요하다. 만약 10개짜리 네오픽셀을 사용한다면 60[mA]×10=600[mA]의 전류가 필요하다. 그러나 보통 아두이노 보드(Uno)에서 최대로 공급할 수 있는 전류량은 500[mA]이므로 많은 수의 네오픽셀을 사용하기 위해서는 아두이노를 통해 공급하는 자체 전원으로는 부족하다. 따라서 여러 개의 네오픽셀을 사용할 때는 일반적으로 외부 전원(5[V])을 따로 공급한다.

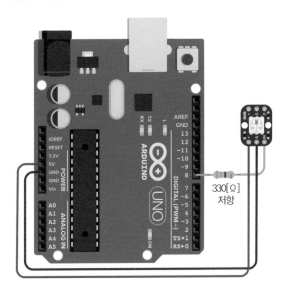

330[Ω] 저항

그림 14-4. 네오픽셀의 동작 확인을 위한 회로

그림 14-4의 회로에서 네오픽셀의 동작을 확인해 보자. 네오픽셀을 사용하기 위해서는 소스코드에 네오픽셀 라이브러리(Adafruit_NeoPixel.h)를 포함시켜야 하며, 라이브러리의 멤버 함수를 사용하여 간단히 제어할 수 있다. 코드 14-1은 네오픽셀이 0.5초 간격으로 빨간색, 초록색, 파란색 빛을 차례로 발광한 다음 1초 동안 발광하지 않는 동작을 반복하는 소스코드이다.

네오픽셀의 동작 확인

```
1       // 네오픽셀 제어
2
3       #include <Adafruit_NeoPixel.h> // 네오픽셀 라이브러리 포함
4
5       int NUMPIXELS = 1;              // 네오픽셀의 LED 수 설정
6       int PIXELPIN = 8;              // 네오픽셀 입력 단자를 아두이노의 8번 핀에 연결
7
8       // 네오픽셀 라이브러리를 사용하여 제어할 객체로 pixel을 생성
9       // Adafruit_NeoPixel object(네오픽셀 수, 연결 데이터 핀, 네오픽셀 컬러 타입 + 주파수)
10      Adafruit_NeoPixel pixel(NUMPIXELS, PIXELPIN, NEO_GRB + NEO_KHZ800);
11
12      void setup() {
13        pixel.begin();               // 생성한 네오픽셀 객체(pixel)를 초기화, 동작 시작
14        pixel.clear();               // 네오픽셀의 색상을 초기화
15      }
16
17      void loop() {
18        // setPixelColor(네오픽셀 LED 번호(0부터 시작), R, G, B)
19        pixel.setPixelColor(0, 255, 0, 0); // 빨간색 컬러 코드를 네오픽셀에 전달
20        pixel.show();                // 네오픽셀에 색상 값 전달
21        delay(500);                  // 0.5초 동안 지연
22        pixel.setPixelColor(0, 0, 255, 0); // 초록색 컬러 코드를 네오픽셀에 전달
23        pixel.show();                // 네오픽셀에 색상 값 전달
24        delay(500);                  // 0.5초 동안 지연
25        pixel.setPixelColor(0, 0, 0, 255); // 파란색 컬러 코드를 네오픽셀에 전달
26        pixel.show();                // 네오픽셀에 색상 값 전달
27        delay(500);                  // 0.5초 동안 지연
28        // 네오픽셀을 끔
29        pixel.clear();               // 네오픽셀에 색상 값을 초기화
30        pixel.show();                // 네오픽셀에 색상 값 전달(네오픽셀이 꺼짐)
31        delay(1000);                 // 1초 동안 지연
32      }
```

3줄 : 네오픽셀 라이브러리를 소스코드에 포함시킨다.

5줄 : 사용할 네오픽셀의 수인 1을 int형 변수 NUMPIXELS에 저장한다.

6줄 : 네오픽셀 입력(IN) 단자를 아두이노의 디지털 8번 핀에 연결한다.

10줄 : 네오픽셀 라이브러리를 사용하여 제어할 객체로 pixel을 생성하고, 네오픽셀의 수, 입력 핀 번호, 컬러 타입, 네오픽셀 클록을 설정한다.

Adafruit_NeoPixel 생성자

용도

네오픽셀 라이브러리를 사용할 대상(userObject)을 생성하고 네오픽셀의 수, 입력 핀, 네오픽셀의 컬러 타입, 네오픽셀 클록을 설정하는 생성자

함수 형식

Adafruit_NeoPixel userObject(NUMPIXELS, PIXELPIN, NEO_GRB + NEO_KHZ800);

매개변수

NUMPIXELS : 네오픽셀의 LED 개수
PIXELPIN : 네오픽셀의 입력 핀(아두이노의 디지털 출력 핀과 연결)
NEO_GRB : 네오픽셀의 컬러 타입, NEO_GRB, NEO_RGB, NEO_GRBW, NEO_RGBW 중 선택
　　　　※ 일반적으로 RGB(빨간색, 초록색, 파란색)를 사용하며 RGB만으로도 모든 색상을 표현할
　　　　　 수 있으나 전력 효율을 위해 RGBW를 사용하기도 함
NEO_KHZ800 : 네오픽셀을 위한 클록(기본값), NEO_KHZ400을 사용할 수도 있음

사용 예

Adafruit_NeoPixel strip = Adafruit_NeoPixel(60, PIN, NEO_GRB + NEO_KHZ800);
Adafruit_NeoPixel strip(NUMPIXELS, PIXELPIN, NEO_GRB + NEO_KHZ800);

13줄 : 생성한 네오픽셀 객체인 pixel을 초기화하여 동작을 시작한다.

14줄 : 네오픽셀의 색상 값을 모두 0(색상 초기화)으로 설정한다.

19줄 : 네오픽셀 라이브러리의 멤버 함수인 userObject.setPixelColor()를 사용하여 0번째 네오픽셀에 나타낼 RGB 색상 값으로 빨간색(255, 0, 0)을 전달한다. userObject.setPixelColor() 함수는 userObject.setPixelColor()(네오픽셀 LED 번호, R, G, B, [w])의 형식을 사용하는데 매개변수 중 '네오픽셀 LED 번호'는 네오픽셀의 순서를 의미하며 0번부터 시작한다. 그림 14-4의 회로에서 1개의 네오픽셀을 사용하므로 네오픽셀 LED 번호로 0을 전달한다. 마지막 매개변수인 [w]는 흰색의 밝기를 지정하는 선택 매개변수로 RGB 색상을 사용할 때는 사용하지 않는다.

20줄 : 전달 받은 RGB 색상 값으로 네오픽셀을 동작한다.

21줄 : 0.5초 동안 지연한다.

22~24줄 : 0번째 네오픽셀에 나타낼 RGB 색상 값으로 초록색(0, 255, 0)을 전달하고, 전달 받은 RGB 색상 값으로 네오픽셀을 0.5초 동안 동작한다.

25~27줄 : 0번째 네오픽셀에 나타낼 RGB 색상 값으로 파란색(0, 0, 255)을 전달하고, 전달 받은 RGB 색상 값으로 네오픽셀을 0.5초 동안 동작한다.

29줄 : 네오픽셀의 색상 값을 모두 0(색상 초기화)으로 설정한다.

30줄 : 네오픽셀의 색상 값이 초기화되었으므로 네오픽셀이 1초 동안 꺼진다.

표 14-2. Adafruit_NeoPixel 라이브러리의 주요 멤버 함수 요약

멤버 함수의 사용 형식	내용
userObject.setPixelColor()(n, r, g, b, [w]);	• n : 네오픽셀 번호(0부터...) • r, g, b, w : 0~255 사이의 각 컬러 채널(rgbw)의 값 ([w]는 옵션)을 해당 네오픽셀에 전달
userObject.begin();	네오픽셀을 초기화. 스케치의 setup() 함수에서 사용

userObject.clear();	• 네오픽셀의 색상을 초기화. 네오픽셀에 데이터를 바로
	보내기 전에 사용하는 메모리를 0으로 초기화
	• 네오픽셀을 끄기 위해서는 다음과 같이 사용
	userObject.clear();
	userObject.show();

userObject.show()	• 색 설정 후 항상 'userObject.show( );'를 사용하여 네오픽셀 동작시킴
int userObject.Color(r,g,b);	• 32bit 색상 값을 만들 수 있음. 예를 들어, 자홍색의 색상 값 설정 후 네오픽셀에 전달하려면 다음과 같은 코드를 사용 int magenta = strip.Color(255, 0, 255); userObject.setPixelColor(n, magenta)
int color = userObject.getPixelColor(N);	• N번째 네오픽셀의 컬러를 가져와 color에 저장
int n = userObject.numPixels();	• 몇 개의 네오픽셀로 구성된 스트립인지 확인
userObject.setBrightness(brightVal);	• 전체적인 밝기를 조절(brightVal = 0~255) • 보통 setup()에서 사용

시뮬레이션을 시작하면 네오픽셀이 0.5초 간격으로 빨간색, 초록색, 파란색 빛
을 차례로 출력한 다음 1초 동안 꺼진다. 이러한 동작을 계속 반복한다.

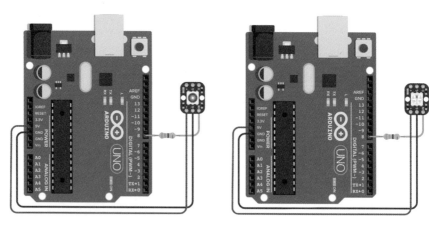

(a) 네오픽셀에 빨간색 출력   (b) 네오픽셀이 꺼짐

그림 14-5. 네오픽셀의 동작 결과

2 〉 네오픽셀 조명 만들기

팅커캐드의 작업판에서 아두이노 보드, 작은 브레드보드, 네오픽셀 스트립 4, 네오픽셀 스트립 8, 330[Ω] 저항, 전해 커패시터(유극 콘덴서), 전원 공급 장치를 사용하여 네오픽셀 조명을 만들어 보자.

네오픽셀 단자에 마우스 커서를 가져가면 해당 단자의 이름을 확인할 수 있다. 첫 번째 네오픽셀 스트립의 입력 측(왼쪽) 3개 단자 중 전원 단자는 전원 공급 장치의 양극 단자(5[V]), 접지(GND) 단자는 GND, 입력(IN) 단자는 330[Ω] 저항을 통해 아두이노 보드의 디지털 8번 핀에 각각 연결한다. 나머지 네오픽셀 스트립의 연결은 그림 14-3(b)의 여러 개의 네오픽셀을 연결하는 방법을 참고한다. 마지막으로 네오픽셀에 안정적인 전원 공급을 위해 외부 전원의 양극 단자와 음극 단자 사이에 커패시터를 연결하기도 하는데 이를 위해 그림 14-6과 같이 브레드보드의 전원 연결 블록에 연결된 5[V]와 GND 사이에 1000[μF] 전해 커패시터를 연결한다. 이때 아두이노 보드의 GND와 전원 공급 장치의 음극 단자는 서로 연결(공통 접지)되어야 한다. 표 14-3을 참고하여 네오픽셀 스트립을 이용한 그림 14-6의 조명 회로를 완성하자.

표 14-3. 아두이노 보드와 사용한 부품의 연결

구분	단자 이름	아두이노 핀/외부 장치	기타
네오픽셀 스트립	전원	외부 전원의 양극(5[V])	두 번째 이후의 네오픽셀 스트립의 전원과 접지는 앞쪽 스트립의 해당 단자에 서로 연결한다.
	접지	GND	
	입력	330[Ω] 저항을 통해 8번	
	출력	다음 스트립의 입력	
커패시터 (1000μF)	양	외부 전원의 양극(5[V])	네오픽셀이 파손되는 것을 막기 위한 커패시터
	음	GND	

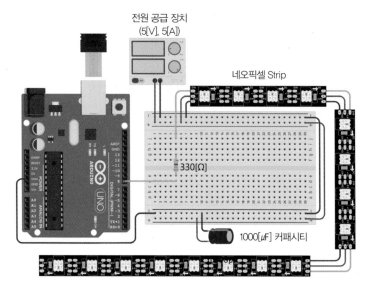

전원 공급 장치
(5[V], 5[A])

네오픽셀 Strip

330[Ω]

1000[μF] 커패시티

그림 14-6. 네오픽셀 스트립 조명 회로

네오픽셀 스트립을 제어하는 방법은 단일 타입의 네오픽셀 제어 방법과 거의 비
슷하다. 코드 14-1을 참고하여 네오픽셀 스트립 조명의 제어를 위한 소스코드
를 작성해 보자. 단일 타입의 네오픽셀을 사용할 때와 마찬가지로 네오픽셀 스
트립을 사용할 때도 네오픽셀 라이브러리(Adafruit_NeoPixel.h)의 추가가 필요
하다.

코드 14-2

네오픽셀 스트립 조명

```
1    // 네오픽셀 스트립 제어
2
3    #include <Adafruit_NeoPixel.h> // 네오픽셀 라이브러리 포함
4
5    int NUMPIXELS = 16;          // 네오픽셀의 수 설정
6    int PIXELPIN = 8;            // 네오픽셀 입력 단자를 아두이노의 8번 핀에 연결
7
8    // 네오픽셀 라이브러리를 사용하여 제어할 객체로 strip을 생성
9    // Adafruit_NeoPixel object(네오픽셀 수, 연결 데이터 핀, 네오픽셀 종류 + 주파수)
10   Adafruit_NeoPixel strip(NUMPIXELS, PIXELPIN, NEO_GRB + NEO_KHZ800);
11
12   int delayVal = 100;    // int형 변수 delayVal에 지연 시간(밀리초) 값으로 100을 저장
13
14   int redColor = 0;      // R 색상 값을 위한 변수 선언 및 초깃값으로 0 저장
```

```
15        int greenColor = 0;      // G 색상 값을 위한 변수 선언 및 초깃값으로 0 저장
16        int blueColor = 0;       // B 색상 값을 위한 변수 선언 및 초깃값으로 0 저장
17
18        void setup() {
19          strip.begin();         // 생성한 네오픽셀 객체(pixel)를 초기화, 동작 시작
20          strip.clear();         // 네오픽셀의 색상을 초기화
21        }
22
23        void loop() {
24          setColor();            // 사용자 정의 함수를 호출하여 RGB 색상 값 설정
25
26          for(int i = 0; i < NUMPIXELS; i++){ // for 문을 사용하여 각 네오픽셀을 선택
27            // 네오픽셀에 전달하는 RGB 색상 값은 (0, 0, 0)부터 (255, 255, 255) 사이의 값을 사용
28            strip.setPixelColor(i, strip.Color(redColor, greenColor, blueColor));
29            strip.show();        // 전달된 색상 값으로 네오픽셀을 동작
30            delay(delayVal);     // delayVal 값(밀리초 단위) 동안 지연
31          }
32        }
33
34        // 사용자 정의 함수 : setColor()
35        // RGB 값을 랜덤 함수를 사용하여 설정
36        void setColor(){
37          redColor = random(0, 256);    // R 값을 0~255 사잇값으로 랜덤하게 설정
38          greenColor = random(0, 256);  // G 값을 0~255 사잇값으로 랜덤하게 설정
39          blueColor = random(0, 256);   // B 값을 0~255 사잇값으로 랜덤하게 설정
40        }
```

3줄 : 네오픽셀 라이브러리를 소스코드에 포함시킨다.

5줄 : 네오픽셀 조명에서 사용할 네오픽셀의 수인 16을 int형 변수 NUMPIXELS에 저장한다.

6줄 : 네오픽셀 입력 단자를 아두이노 디지털 8번 핀에 연결한다.

10줄 : 네오픽셀 라이브러리를 사용하여 제어할 객체로 strip을 생성하고 네오픽셀의 수, 입력 핀 번호, 컬러 타입, 네오픽셀 클록을 설정한다.

12줄 : 각 네오픽셀의 동작 사이에 들어갈 지연 시간을 저장할 변수로 delayVal을 선언하고 초깃값을 100밀리초로 설정한다.

14~16줄 : RGB 색상 값을 저장할 int형 변수로 redColor, greenColor, blueColor를 선언하고 초깃값을 모두 0으로 설정한다.

19줄 : 생성한 네오픽셀 객체인 pixel을 초기화하여 동작을 시작한다.

20줄 : 네오픽셀의 색상 값을 모두 0으로 설정(색상 초기화)한다.

24줄 : 사용자 정의 함수 setColor()를 호출하여 네오픽셀에 나타낼 RGB 색상

값을 설정한다.

26~31줄 : for 문을 사용하여 각 네오픽셀에 대해 색상 값을 전달하고 user
Object.show( ) 함수로 각 네오픽셀을 100밀리초(delayVal) 동안 동작시킨다.

36~40줄 : 랜덤 함수를 사용하여 RGB 색상 값을 설정하는 사용자 정의 함수이다.

---

random(매개변수) 함수

용도
난수를 발생시키는 함수

함수 형식
random(min, max);

매개변수
min : 발생시키는 난숫값의 하한(옵션)
max : 발생시키는 난숫값의 상한

함수의 반환 값
min과 max-1 사이의 임의의 숫자를 반환(long형)

사용 예
randomSeed(seed);   // 매개변수 seed로 0이 아닌 양의 숫자를 사용하면 난수 발생
                             패턴을 일정하게 할 수 있음
randNum = random(300);   // 0~299 사이의 난수 발생
randNum = random(10, 20);   // 10과 19 사이의 난수 발생

시뮬레이션을 시작하면 네오픽셀 스트립에 표시될 색상이 결정되고, 16개의 각
네오픽셀에 같은 색상의 불이 차례로 켜진다. 모든 네오픽셀에 불이 켜지고 나
면 색상이 랜덤하게 다시 결정되고 각 네오픽셀에 표시되는 동작이 반복된다.

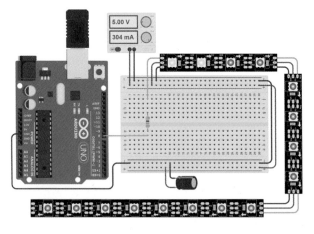

그림 14-7. 네오픽셀 스트립 제어 회로의 동작

아두이노와 진동 모터를 사용하여 카페 진동벨을 만들어 보자. 키패드로 입력 받은 값에 해당하는 번호의 진동 모터가 동작하고, 시리얼 모니터에 진동하는 모터의 번호를 표시한다. 먼저 진동 모터에 대해 알아보자.

진동 모터(vibration motor)는 DC 모터의 일종으로 일반적인 모터가 회전 운동을 하는 데 반해 진동 모터는 회전이 아닌 진동을 발생시키는 장치이다. 이러한 진동은 사람이 촉감을 통해 인식할 수 있으므로 휴대폰이나 카페 진동벨과 같은 응용에서 사용자에게 메시지 도착이나 알람 등 특정한 상황을 알리는 데 주로 사용된다.

양(+)
음(−)

그림 14-8. 진동 모터

아두이노와 함께 사용하는 진동 모터는 종류에 따라 1.2[V], 3[V], 5[V] 등과 같이 동작에 필요한 공급전압이 다르므로 선택한 진동 모터에 필요한 전원을 공급해 주어야 한다. 이때 진동 모터도 모터의 한 종류이기 때문에 약 50~100[mA] 정도의 충분한 전류 공급이 필요하다. 그러나 아두이노(Uno) 보드의 경우 3.3[V]와 5[V] 전압을 공급할 수는 있지만, 보드 전체에서 사용할 수 있는 전류는 약 500[mA]밖에 되지 않으며 하나의 출력 핀으로 공급할 수 있는 전류는 최대 40[mA]이다. 따라서 아두이노를 사용하여 진동 모터를 제어할 때 아두이노의 자체 전원을 이용하지 않고 외부 전원을 이용해야 안정적으로 동작할 수 있다. 모터

체험활동 ②

제어를 위한 회로를 구성할 때 보통 모터 드라이버 모듈을 사용하거나 트랜지스터를 이용하여 직접 모터 구동 회로를 만들어 사용한다. 그림 14-9는 NPN형 트랜지스터를 이용한 기본적인 모터 구동 회로의 예시이다.

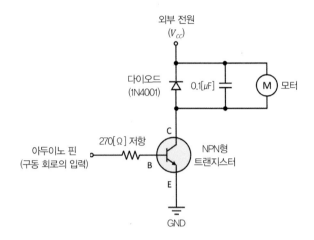

그림 14-9. 트랜지스터(NPN형)를 이용한 기본적인 모터 구동 회로

그림 14-9의 모터 구동 회로에서 트랜지스터의 컬렉터 단자에 모터와 병렬로 연결한 다이오드와 커패시터는 모터의 회전 시 발생할 수 있는 전압 스파이크(급격한 전압 변동)에 대한 보호기 역할을 위해 사용된다. 모터가 회전할 때 음(−)의 크기를 갖는 전압 스파이크에 의한 역전류가 발생하여 아두이노 보드의 마이크로컨트롤러나 모터 제어에 사용되는 트랜지스터 등에 손상을 줄 수 있다. 따라서 4장과 5장에서 알아본 것처럼 한쪽으로만 전류를 흐르게 하는 다이오드의 특성과 급격한 전압의 변화를 방해하는 커패시터의 특성을 이용하여 역전류를 방지하고 전압 스파이크를 제거한다.

또한 트랜지스터의 베이스(B) 단자에 직렬로 연결한 270[Ω] 저항은 트랜지스터에 너무 많은 전류가 흐르는 것을 방지하는 역할을 한다. 트랜지스터의 베이스(B) 단자로 흘러 들어가는 전류는 모터를 동작시키기 위해 컬렉터(C)에서 이미터(E)로 흐르는 전류(컬렉터-이미터 전류)에 비해 매우 작다. 만약 베이스 쪽에 저항을 사용하지 않는다면 베이스 단자에 많은 전류가 흐르게 되어 모터를 동작시키는 컬렉터-이미터 전류가 너무 많이 흐르게 된다. 이처럼 큰 컬렉터-이미터 전류는 모터를 손상시킬 수 있으므로 이를 방지하는 목적으로 베이스 단자에 저항을 직렬로 연결하여 사용한다.

팅커캐드에서 제공하는 진동 모터는 5[V]로 동작하며 정격 전류(최대 허용 전류)는 100[mA]이다. 진동 모터의 기본 동작을 알아보기 위해 그림 14-10의 진동 모터 회로를 구성하자. 먼저 아두이노 보드의 5[V]와 GND는 브레드보드의 왼쪽 전원 연결 블록에 각각 연결하고, 외부 전원을 공급하는 전원 공급 장치의 양(+)극 단자와 음(-)극 단자도 브레드보드의 오른쪽 전원 연결 블록에 연결한다. 이때 아두이노 보드의 GND와 전원 공급 장치의 음(-)극 단자는 서로 연결하여 접지(공통 기준점)시켜야 한다. 다음으로 그림 14-9의 모터 구동 회로에서 진동 모터의 양(+) 단자는 전원 공급 장치의 양(+)극 단자에 연결하고 모터의 음(-) 단자는 트랜지스터의 컬렉터(C) 단자에 연결하면 된다. 전원 공급 장치의 양(+)극 단자와 컬렉터 사이에는 전압 스파이크를 제거하기 위해 다이오드와 0.1[μF]의 극성이 없는 커패시터(콘덴서)를 병렬로 연결한다. 이때 다이오드의 캐소드(-)는 외부 전원의 양(+)극 단자, 애노드(+)는 트랜지스터의 컬렉터 단자에 연결해야 하는 것을 주의한다. 모터 구동 회로의 입력에 해당하는 트랜지스터의 베이스(B) 단자는 270[Ω] 저항을 통해 아두이노의 디지털 11번 핀에 연결한다.

진동벨은 진동 모터의 진동 세기를 조절하지 않고 ON/OFF(스위칭 회로) 동작만 하면 되기 때문에 LOW(0[V])와 HIGH(5[V]) 출력이 가능한 디지털 출력 핀을 사용한다. 모든 회로 연결을 마쳤다면 커패시터, 저항, 전원 공급 장치를 클릭하여 각각의 설정 창에서 커패시터의 정전 용량을 0.1[μF], 저항을 270[Ω], 전원 공급 장치의 전압과 전류를 5[V], 5[A]로 설정한다.

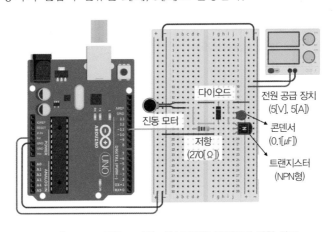

그림 14-10. 진동 모터의 기본 동작을 확인하기 위한 회로

그림 14-10의 회로에서 진동 모터를 동작시키는 소스코드를 작성하자. 진동 모터는 아두이노의 11번 핀으로 출력되는 신호에 의해 진동 후 진동을 멈추는 동작을 2초 간격으로 반복한다.

진동 모터의 동작 확인

```
1    // 진동 모터의 동작
2
3    int basePin = 11;              // 구동 회로 입력(베이스 단자)을 11번 핀에 연결
4
5    void setup() {
6      pinMode(basePin, OUTPUT);    // 11번 핀을 출력으로 설정
7    }
8
9    void loop() {
10     digitalWrite(basePin, HIGH); // 11번 핀으로 HIGH(5[V]) 출력
11     delay(1000);                 // 1초 동안 지연
12     digitalWrite(basePin, LOW);  // 11번 핀으로 LOW(0[V]) 출력
13     delay(1000);                 //  1초 동안 지연
14   }
```

시뮬레이션을 시작하면 아두이노에 의해 모터 구동 회로가 스위칭 동작을 하게 되어 진동 모터가 1초 동안 진동한 다음 1초 동안 진동하지 않는 동작을 반복한다.

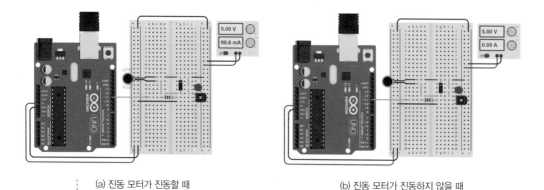

(a) 진동 모터가 진동할 때   (b) 진동 모터가 진동하지 않을 때

그림 14-11. 아두이노를 사용하여 진동 모터를 제어한 결과

2 〉 카페 진동벨 만들기

팅커캐드의 작업판에서 아두이노 보드, 작은 브레드보드, 키패드, 진동 모터, 트랜지스터(NPN형), 다이오드, 0.1[μF]의 극성이 없는 커패시터(콘덴서), 270[Ω] 저항, 전원 공급 장치(5[V], 5[A])를 사용하여 카페 진동벨을 만들어 보자. 그림 14-9의 모터 구동 회로 및 10장의 키패드 사용 방법, 그리고 표 14-4를 참고하여 그림 14-12의 회로를 구성한다. 회로 구성이 완료되었다면 커패시터, 저항, 전원 공급 장치를 클릭하여 그림 14-10에서 사용한 정전 용량, 저항, 전압 및 전류의 설정값과 같게 설정한다.

표 14-4. 아두이노 보드와 사용한 부품의 연결

구분		단자 이름	아두이노 핀	기능
트랜지스터	1	베이스	270[Ω] 저항을 통해 10	진동벨 1의 입력
	2	베이스	270[Ω] 저항을 통해 11	진동벨 2의 입력
	3	베이스	270[Ω] 저항을 통해 12	진동벨 3의 입력
키패드		행1	9	−
		행2	8	−
		행3	7	−
		행4	6	−
		열1	5	−
		열2	4	−
		열3	3	−
		열4	2	−

체험활동 ②

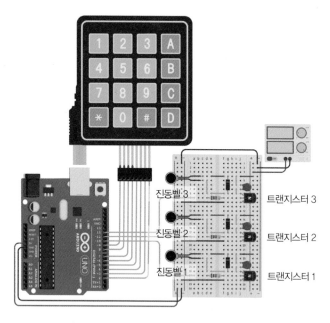

그림 14-12. 진동 모터를 이용한 카페 진동벨 회로

키패드로 키 입력을 하였을 때 키 입력에 해당하는 진동 모터가 진동하는 카페 진동벨의 소스코드를 작성해 보자.

코드 14-4

카페 진동벨

```
1    // 카페 진동벨
2
3    #include<Keypad.h>              // 키패드 라이브러리 포함
4
5    int pinVib1 = 10;              // 진동벨 1의 모터 구동 회로 입력에 10번 핀 연결
6    int pinVib2 = 11;              // 진동벨 2의 모터 구동 회로 입력에 11번 핀 연결
7    int pinVib3 = 12;              // 진동벨 3의 모터 구동 회로 입력에 12번 핀 연결
8
9    // 키패드 사용 설정
10   const byte rows = 4;          // 키패드의 행 수
11   const byte cols = 4;          // 키패드의 열 수
12
13   char keyValues[rows][cols] = { // 키패드의 키값 배열
14     {'1', '2', '3', 'A'},
15     {'4', '5', '6', 'B'},
16     {'7', '8', '9', 'C'},
17     {'*', '0', '#', 'D'}};
```

```
18
19    byte rowPins[rows] = {9, 8, 7, 6};  // 행 단자와 연결된 아두이노 데이터 핀
20    byte colPins[cols] = {5, 4, 3, 2};  // 열 단자와 연결된 아두이노 데이터 핀
21
22    // 키패드 라이브러리를 사용하여 제어할 객체로 userKeypad를 생성
23    Keypad userKeypad = Keypad(makeKeymap(keyValues), rowPins, colPins, rows, cols);
24
25    char pressedKey;          // 눌린 키값을 저장할 char형 변수 선언
26
27    void setup(){
28      Serial.begin(9600);       // 시리얼 모니터 초기화
29      pinMode(pinVib1, OUTPUT); // 10번 핀(진동벨 1의 구동 회로 입력)을 출력으로 설정
30      pinMode(pinVib2, OUTPUT); // 11번 핀(진동벨 2의 구동 회로 입력)을 출력으로 설정
31      pinMode(pinVib3, OUTPUT); // 12번 핀(진동벨 3의 구동 회로 입력)을 출력으로 설정
32      Serial.print(">> Press a key(1 ~ 3) : "); // 시리얼 모니터에 문자열 출력
33    }
34
35    void loop(){
36      pressedKey = userKeypad.getKey(); // 눌린 키값을 가져와 pressedKey 변수에 저장
37
38      if (pressedKey != NO_KEY) { // 키가 눌리면
39        switch (pressedKey){
40          case '1' :          // 누른 키가 1이면
41            processing(pinVib1); // pinVib1을 매개변수로 사용자 정의 함수를 호출
42            break;            // switch~case 제어문 탈출
43          case '2' :          // 누른 키가 2이면
44            processing(pinVib2); // pinVib2를 매개변수로 사용자 정의 함수를 호출
45            break;            // switch~case 제어문 탈출
46          case '3' :          // 누른 키가 3이면
47            processing(pinVib3); // pinVib3를 매개변수로 사용자 정의 함수를 호출
48            break;            // switch~case 제어문 탈출
49          default :           // 누른 키가 1~3 범위 밖이면
50            Serial.println("Unknown Bell"); // 시리얼 모니터에 'Unknown Bell' 출력
51        }
52        Serial.print(">> Press a key(1 ~ 3) : "); // 시리얼 모니터에 문자열 출력
53      }
54    }
55
56    // 사용자 정의 함수
57    void processing(int pinVib){
58      Serial.println(pressedKey); // 시리얼 모니터에 누른 키값을 출력
59      digitalWrite(pinVib, HIGH); // 매개변수 pinVib에 해당 핀으로 HIGH 출력
60      delay(3000);              // 3초 동안 지연
61      digitalWrite(pinVib, LOW); // 매개변수 pinVib에 해당 핀으로 LOW 출력
62    }
```

체험활동 ②

3줄 : 키패드 라이브러리를 소스코드에 포함시킨다.

5~7줄 : 각 진동벨을 위한 모터 구동 회로 입력에 해당하는 아두이노의 디지털 핀 번호(10, 11, 12번)를 int형 변수(pinVib1, pinVib2, pinVib1)에 각각 저장한다.

10~11줄 : byte형 상수 rows와 cols에 사용할 키패드의 행 수 4와 열의 수 4를 각각 저장한다.

13~17줄 : 키패드의 키값 배열을 설정한다.

19~20줄 : 키패드의 행과 열 단자에 연결된 아두이노 데이터 핀 번호를 해당 배열 변수에 저장한다.

23줄 : 키패드 라이브러리를 사용하여 제어할 객체로 userKeypad를 생성한다.

25줄 : 키패드의 누른 키값을 저장할 char형 변수로 pressedKey를 선언한다.

28줄 : 시리얼 모니터를 초기화한다.

29~31줄 : 각 진동벨(진동 모터)을 위한 모터 구동 회로의 입력에 연결된 아두이노 핀을 출력 모드로 선언한다.

32줄 : 시리얼 모니터에 '>> Press a key(1~3) : '이라는 문자열을 출력한다.

36줄 : getKey( ) 함수를 사용하여 키패드의 누른 키값을 읽어 char형 변수 pressedKey에 저장한다. getKey( ) 함수는 누른 키값을 반환하며, 누른 키가 없으면 'NO_KEY(\0)'를 반환한다.

38줄 : if 문을 사용하여 키패드의 키가 눌렸는지 확인한다. '!='는 C 언어의 비교 연산자로 예를 들어 A != B는 A와 B가 다르다는 의미로 'if (pressedKey != NO_KEY)'는 'char형 변수 pressedKey에 저장된 값이 NO_KEY(키가 눌리지 않음)가 아니라면'이라는 의미이다.

39~51줄 : 키패드의 키가 눌렀을 때 switch~case 제어문을 사용하여 눌린 키값에 해당하는 진동 모터와 연결된 아두이노 핀을 매개변수로 하여 사용자 정의 함수 processing( )을 호출한다.

52줄 : 호출된 사용자 정의 함수의 실행을 마치면 시리얼 모니터에 새로운 키패드 입력을 받을 수 있도록 '>> Press a key(1~3) : '이라는 문자열을 출력한다.

57~62줄 : 사용자 정의 함수로 키패드의 누른 키값을 시리얼 모니터에 출력하고, digitalWrite( ) 함수에 의해 눌린 키에 해당하는 진동 모터는 3초 동안 진동한다.

시뮬레이션을 시작하면 '〉〉 Press a key(1~3) : '이라는 문자열이 시리얼 모니터에 출력된다. 키패드의 1~3 중 하나의 키를 클릭하면 시리얼 모니터에 키값이 출력되고 해당하는 진동벨(진동 모터)이 3초 동안 진동한다. 진동 모터의 동작이 끝나면 새로운 키패드 입력을 받을 수 있도록 '〉〉 Press a key(1~3) : '이라는 문자열을 시리얼 모니터에 출력한다.

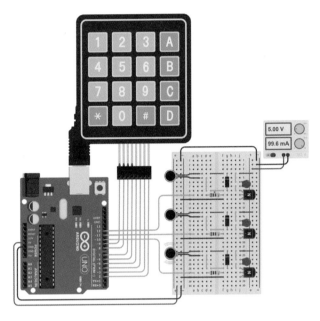

(a) 진동벨 1에 해당하는 진동 모터의 동작 결과

(b) 시리얼 모니터의 출력 결과

그림 14-13. 키패드의 1번 키를 눌었을 때 카페 진동벨의 동작 결과

1 〉 DC 모터와 하비 기어 모터

DC 모터와 하비 기어 모터는 선풍기, 세탁기, 전기 자동차의 바퀴, 드론의 날개 등 우리 주변의 여러 분야에서 널리 활용되는 장치이다. 시리얼 모니터로 무선 조종 자동차(RC카)를 조종해 보자. 먼저 DC 모터 및 하비 기어 모터와 모터 드라이버에 대해 알아본다.

DC 모터(DC motor)는 직류(DC : Direct Current) 전원을 이용하는 전기 모터의 한 종류로 고정된 영구 자석과 회전하는 코일로 이루어져 있으며, 코일에 흐르는 전류의 방향을 전환함에 따라 발생하는 자석의 밀어내는 힘과 끌어당기는 힘으로 모터 축이 회전하는 장치이다. DC 모터는 모터에 가해지는 입력 전류가 증가할수록 회전 속도가 빨라지며 전원의 극성에 따라 회전 방향이 결정되므로 간단히 제어할 수 있다. 또한 처음 회전을 시작할 때 필요한 힘(기동 토크)이 크며 효율이 좋은 데 반면 가격이 저렴하다는 장점이 있다.

(a) 실제 DC 모터의 외형    (b) 팅커캐드에서 제공하는 DC 모터

그림 14-14. DC 모터

하비 기어 모터(hobby gear motor)는 톱니바퀴(기어)의 조합으로 회전 속도를 조절할 수 있는 DC 모터의 한 종류로 모터의 회전 소음을 줄이고 더 큰 힘으로 회전할 수 있는 특징이 있어 주로 장난감 무선 조종 자동차 등에 많이 사용된다. 하비 기어 모터는 기어가 내장되어 있어 회전 속도와 토크만 다를 뿐 기본적인

특성은 DC 모터와 같다.

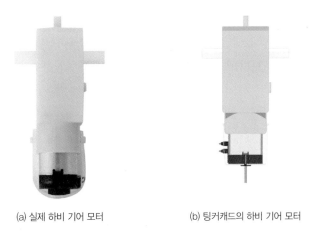

(a) 실제 하비 기어 모터   (b) 팅커캐드의 하비 기어 모터

그림 14-15. 하비 기어 모터

DC 모터의 2개 단자는 일반적으로 극성을 구별하지 않지만, 전원의 극성을 연결하는 방법에 따라 회전 방향이 달라진다. 팅커캐드에서 제공하는 DC 모터의 경우 검은색 단자인 터미널 1에 전원의 음(−)극 단자, 빨간색 단자인 터미널 2에 전원의 양(+)극 단자를 연결하면 정방향(모터의 회전축을 정면에서 바라볼 때 시계 방향)으로 회전한다. 반면, 전원의 극성을 반대로 연결하면 회전 방향이 반대로 바뀌게 된다. 팅커캐드에서 제공하는 모터는 동작할 때 모터의 회전축 아래에 1분당 회전수를 의미하는 분당 회전수(rpm)가 표시되는데, 정방향으로 회전할 때 분당 회전수(rpm)는 양(+)의 값이며 역방향으로 회전할 때는 음(−)의 값을 갖는다.

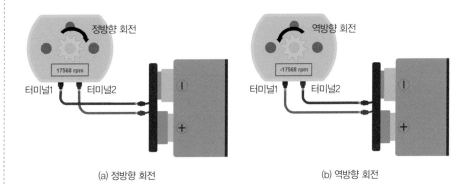

(a) 정방향 회전   (b) 역방향 회전

그림 14-16. 전원 극성의 연결에 따른 DC 모터의 회전 방향

하비 기어 모터도 일반적인 DC 모터와 마찬가지로 단자의 극성을 구별하지 않지만, 팅커캐드에서 제공하는 하비 기어 모터의 단자에 마우스 커서를 가져가면 양(+) 또는 음(−)과 같이 단자의 극성이 표시된다. 하비 기어 모터의 회전 방향도 DC 모터의 경우와 마찬가지로 모터에 연결한 전원의 극성에 의해 결정된다.

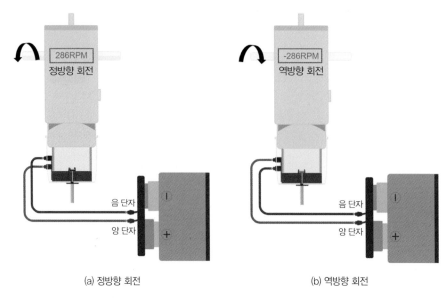

(a) 정방향 회전   (b) 역방향 회전

그림 14-17. 전원 극성의 연결에 따른 하비 기어 모터의 회전 방향

일반적으로 DC 모터를 사용할 때 모터의 속도와 방향을 쉽게 제어하기 위해 외부 전원과 연결된 모터 드라이버를 사용한다. 이때 외부 전원은 모터가 안정적으로 동작하도록 충분한 전력을 공급하기 위해 사용한다. 팅커캐드에서는 그림 14-18의 'L293D'라는 모터 드라이버를 제공하는데 하나의 모터 드라이버로 최대 2개의 모터를 제어할 수 있다. 모터 드라이버의 내부는 스위치 동작을 하는 4개의 모터 구동 회로(그림 14-9)가 'H' 형태로 구성되어 있으므로 'H-브리지 모터 드라이버'라고도 한다. 모터 드라이버(L293D)를 사용하여 DC 모터를 제어하는 방법에 대해 알아본다.

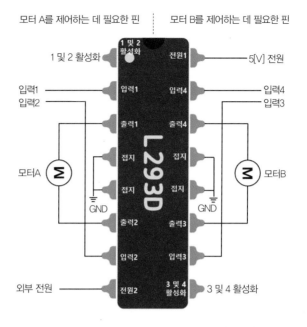

모터 A를 제어하는 데 필요한 핀　　모터 B를 제어하는 데 필요한 핀

1 및 2 활성화	**1 및 2 활성화**	전원1 ── 5[V] 전원
입력1	입력1	입력4 ── 입력4
입력2		입력3 ── 입력3
	출력1	출력4
모터A Ⓜ	접지	접지 Ⓜ 모터B
	접지 GND	접지 GND
	출력2	출력3
	입력2	입력3
외부 전원	**전원2**	**3 및 4 활성화** ── 3 및 4 활성화

그림 14-18. 팅커캐드에서 제공하는 모터 드라이버(L293D)의 단자 구성

그림 14-18에서 L293D의 전원1은 내부 로직의 동작에 필요한 5[V] 전원을 공급하는 단자이며, 전원2는 높은 출력의 모터를 사용하기 위해 별도의 외부 전원을 연결하는 단자이다. 하나의 모터를 제어하기 위해 두 개의 전원(전원1 및 전원2) 단자와 한쪽의 7개 단자를 사용한다. 예를 들어 모터 A를 사용할 때 2개 입력 단자(입력1과 입력2)는 아두이노 보드의 PWM 출력이 가능한 디지털 핀에 연결함으로써 모터의 회전 속도와 방향을 제어하며, 2개의 출력 단자(출력1과 출력2)는 DC 모터의 두 단자에 각각 연결한다. 1 및 2 활성화 단자는 모터 A의 사용 여부를 결정하는 데 사용하며 5[V]에 직접 연결하거나 아두이노의 출력 핀에 연결하여 HIGH(5[V])를 입력하면 모터는 사용할 수 있는 상태가 되지만, GND에 연결하거나 LOW(0[V])를 입력하면 모터를 사용하지 않는 상태가 된다. 나머지 두 개의 접지 단자는 모두 GND에 연결한다.

그림 14-19는 아두이노와 L293D 모터 드라이버를 사용하여 DC 모터를 제어하는 회로이다. 그림 14-18의 모터 드라이버에서 모터 A를 위한 제어 단자들을 사용하였다. 모터 드라이버의 전원1은 아두이노의 5[V], 전원2는 9[V] 배터리

(외부 전원)의 양(+)극 단자에 연결하고, 아두이노 보드의 GND와 배터리의 음(−)극 단자는 서로 연결(공통 접지)한다. 1 및 2 활성화 단자는 아두이노의 7번 핀, 입력1과 입력2는 아두이노의 6번 핀과 5번 핀에 각각 연결하고, 모터 드라이버의 출력1은 DC 모터의 터미널 2(검은색 단자), 출력2는 모터의 터미널 1(빨간색 단자)에 각각 연결한다. 나머지 접지 단자는 모두 GND에 연결한다.

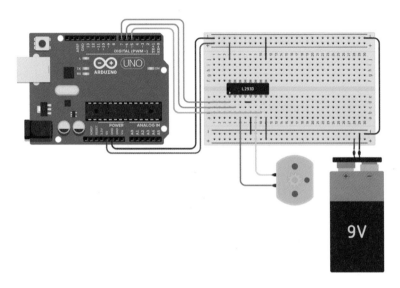

그림 14-19. 아두이노와 L293D 모터 드라이버에 DC 모터를 연결한 회로

그림 14-19의 회로에서 모터 드라이버의 2개 입력(입력1, 입력2) 단자와 활성화 단자에 가해지는 제어 신호에 따른 모터의 동작은 표 14-5와 같다. 아두이노의 PWM 출력을 사용하여 모터 드라이버의 입력1과 입력2에 제어 신호를 입력하면 모터 A는 입력된 제어 신호에 해당하는 동작을 한다. 이때 1 및 2 활성화 핀은 입력1과 입력2의 제어 신호와 상관없이 모터를 정지하고자 할 때 사용할 수 있다. 아두이노의 7번 핀을 사용하여 활성화 핀에 LOW(0[V])를 입력하면 모터가 정지하게 된다.

표 14-5에서 입력1과 입력2에 사용한 HIGH는 모터를 최고 속도로 정방향 또는 역방향으로 회전하도록 하는 100% 듀티 사이클에 해당하는 제어 신호이며, LOW는 0% 듀티 사이클에 해당하는 제어 신호이다. 만약 회전 속도를 조절하고자 한다면 0~100% 사이의 듀티 사이클에 해당하는 제어 신호를 사용하면 된다.

표 14-5. 모터 드라이버의 제어 신호에 대한 모터 A의 동작

구분	제어 단자			모터 동작
	1 및 2 활성화	입력1	입력2	
제어 신호 (전압)	HIGH	HIGH	LOW	반시계 방향 회전(정방향, rpm > 0)
	HIGH	LOW	HIGH	시계 방향 회전(역방향, rpm < 0)
	HIGH	HIGH	HIGH	활성화 상태에서 모터 정지
	HIGH	LOW	LOW	활성화 상태에서 모터 정지
	LOW	–	–	비활성화 상태로 모터 정지

모터 드라이버를 사용할 때 정방향 회전(분당 회전수인 rpm이 양의 값)은 모터 드라이버를 사용하지 않을 때의 회전 방향과 다르다. 그림 14-16과 같이 모터와 전원을 직접 연결했을 때 모터는 시계 방향으로 회전하며 분당 회전수는 양의 값을 갖지만, 모터 드라이버를 사용할 때는 표 14-5와 같이 1 및 2 활성화 단자에 HIGH, 입력1 단자에 HIGH, 입력2 단자에 LOW를 입력했을 때 모터는 반시계 방향으로 회전하지만 분당 회전수는 양의 값을 갖는다. 실제 DC 모터를 사용할 때 분당 회전수의 크기는 회전 속도를 의미하므로 고려할 사항이지만, 분당 회전수의 부호에 따라 시계 방향 또는 반시계 방향으로 회전하는지는 중요하지 않으며 단지 원하는 방향으로 회전하도록 제어 신호를 조절하면 된다.

그림 14-19의 회로에서 DC 모터를 제어하는 소스코드를 작성해 보자. 모터의 회전 방향은 표 14-5를 기준으로 한다.

코드 14-5

DC 모터의 제어

```
1    // DC 모터 제어
2
3    // Motor 제어 핀 연결
4    int en12 = 7;              // int형 변수 en12에 디지털 핀 번호 7을 저장
5    int in1 = 6;               // int형 변수 in1에 디지털 핀 번호 6을 저장
6    int in2 = 5;               // int형 변수 in2에 디지털 핀 번호 5를 저장
7
8    void setup() {
9      // 모터의 제어 핀을 출력 모드로 설정
10     pinMode(en12, OUTPUT);    // int형 변수 en12를 출력 모드로 설정
11     pinMode(in1, OUTPUT);     // int형 변수 in1을 출력 모드로 설정
12     pinMode(in2, OUTPUT);     // int형 변수 in2를 출력 모드로 설정
13
```

```
14        Serial.begin(9600);           // 시리얼 모니터 초기화
15
16        // 모터의 회전 정지(초기 상태 설정)
17        // 모터 속도는 0(정지)~255(최고 속도) 사이의 값으로 제어
18        analogWrite(in1, 0);          // in1 핀으로 0% 듀티 사이클의 PWM 신호 출력
19        analogWrite(in2, 0);          // in2 핀으로 0% 듀티 사이클의 PWM 신호 출력
20
21        // 모터 활성화
22        digitalWrite(en12, HIGH);     // en12 핀으로 HIGH(5[V]) 출력(모터 활성화)
23      }
24
25      void loop() {
26        // 모터를 최고 속도(255)로 정방향 회전
27        analogWrite(in1, 255);        // in1 핀으로 100% 듀티 사이클의 PWM 신호 출력
28        analogWrite(in2, 0);          // in2 핀으로 0% 듀티 사이클의 PWM 신호 출력
29        Serial.println("Forward(anti-clockwise)"); // 시리얼 모니터에 문자열 출력
30        delay(2000);                  // 2초 동안 지연
31
32        // 입력1과 입력2의 제어 신호로 모터 정지
33        analogWrite(in1, 255);        // in1 핀으로 100% 듀티 사이클의 PWM 신호 출력
34        analogWrite(in2, 255);        // in2 핀으로 100% 듀티 사이클의 PWM 신호 출력
35        Serial.println("Stop(Motor enable)"); // 시리얼 모니터에 문자열 출력
36        delay(2000);                  // 2초 동안 지연
37
38        // 모터를 최고 속도(255)로 역방향 회전
39        analogWrite(in1, 0);          // in1 핀으로 0% 듀티 사이클의 PWM 신호 출력
40        analogWrite(in2, 255);        // in2 핀으로 100% 듀티 사이클의 PWM 신호 출력
41        Serial.println("Reverse(clockwise)"); // 시리얼 모니터에 문자열 출력
42        delay(2000);                  // 2초 동안 지연
43
44        // 활성화 단자의 제어 신호로 모터 정지
45        digitalWrite(en12, LOW);      // en12 핀으로 LOW(0[V]) 출력(모터 비활성화)
46        Serial.println("Stop(Motor disable)"); // 시리얼 모니터에 문자열 출력
47        delay(2000);                  // 2초 동안 지연
48        digitalWrite(en12, HIGH);     // en12 핀으로 HIGH(5[V]) 출력(모터 활성화)
49        Serial.println("Stop(Motor enable)"); // 시리얼 모니터에 문자열 출력
50      }
```

시뮬레이션을 시작하면 모터가 동작하기 시작한다. 먼저 최고 속도로 2초 동안 정방향(반시계 방향)으로 회전한 다음 정지한다. 이때 모터는 활성화 상태이다. 다시 최고 속도로 2초 동안 역방향(시계 방향)으로 회전한 다음 모터를 비활성 상태로 만들어 정지시킨다. 2초 동안 지연 후 모터의 상태는 다시 활성화 상태로 변경된다. 이러한 동작은 계속 반복된다.

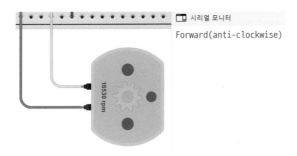

(a) 정방향 회전

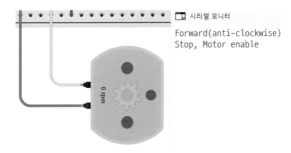

(b) 모터 정지(활성화 상태)

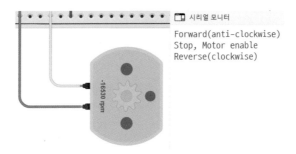

(c) 역방향 회전

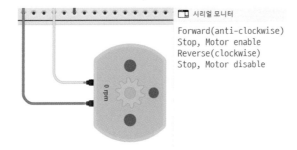

(d) 모터 정지(비활성화 상태)

그림 14-20. 모터 드라이버(L293D)를 사용하여 DC 모터의 동작을 제어한 결과

2 〉 RC카 조종하기

팅커캐드의 작업판에서 아두이노 보드, 작은 브레드보드, DC 모터, L293D(모터 드라이버), 9V 배터리를 사용하여 그림 14-21의 무선 조종 자동차(RC카)의 조종 회로를 구성해 보자. 모터 드라이버는 단자가 많으므로 연결할 때 주의가 필요하다. 모터 드라이버 단자에 마우스 커서를 가져가면 단자의 이름을 확인할 수 있으므로 그림 14-21과 표 14-6을 참고하여 회로를 연결한다. 무선 조종 자동차 바퀴의 회전 방향과 속도는 8장에서 알아보았던 시리얼 모니터를 이용한 데이터 입력 방법을 사용하여 제어한다.

표 14-6. 아두이노 보드와 사용한 부품의 연결

구분	단자 이름	아두이노 핀/다른 장치의 단자	기능
모터 드라이버	1 및 2 활성화	7번 핀	모터 A의 활성화 선택
	입력1	6번 핀	모터 A의 회전 방향 및 속도 제어
	출력1	왼쪽 모터(A)의 빨간색 단자	모터 A의 구동
	접지	GND	접지
	접지	GND	
	출력2	왼쪽 모터(A)의 검은색 단자	모터 A의 구동
	입력2	5번 핀	모터 A의 회전 방향 및 속도 제어
	전원2	9[V] 배터리의 양극	외부 전원 공급, 배터리 음극은 GND에 연결
	3 및 4 활성화	12번 핀	모터 B의 활성화 선택
	입력3	10번 핀	모터 B의 회전 방향 및 속도 제어
	출력3	오른쪽 모터(B)의 빨간색 단자	모터 B의 구동
	접지	GND	접지
	접지	GND	
	출력4	오른쪽 모터(B)의 검은색 단자	모터 B의 구동
	입력4	9번 핀	모터 B의 회전 방향 및 속도 제어
	전원1	5[V]	모터 드라이버 로직 전원

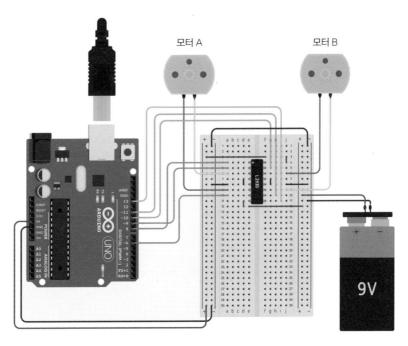

그림 14-21. RC카 조종기 회로

시리얼 모니터로부터 입력 받은 데이터를 사용하여 자동차 바퀴(DC 모터)의 회
전 방향과 속도를 제어하는 소스코드를 작성해 보자.

코드 14-6

무선 조종 자동차 제어하기

```
1    // 무선 조종 자동차 제어
2
3    // 모터 A 제어 신호
4    int enA = 8;                      // int형 변수 enA에 디지털 핀 번호 8을 저장
5    int in1 = 9;                      // int형 변수 in1에 디지털 핀 번호 9를 저장
6    int in2 = 6;                      // int형 변수 in2에 디지털 핀 번호 6을 저장
7
8    // 모터 B 제어 신호
9    int enB = 13;                     // int형 변수 enB에 디지털 핀 번호 13을 저장
10   int in3 = 11;                     // int형 변수 in3에 디지털 핀 번호 11을 저장
11   int in4 = 10;                     // int형 변수 in4에 디지털 핀 번호 10을 저장
12
13   void setup() {
14       // 모터 A와 B의 제어 핀을 출력 모드로 설정
15       pinMode(enA, OUTPUT);         // int형 변수 enA를 출력 모드로 설정
16       pinMode(enB, OUTPUT);         // int형 변수 enB를 출력 모드로 설정
```

```
17      pinMode(in1, OUTPUT);          // int형 변수 in1을 출력 모드로 설정
18      pinMode(in2, OUTPUT);          // int형 변수 in2를 출력 모드로 설정
19      pinMode(in3, OUTPUT);          // int형 변수 in3을 출력 모드로 설정
20      pinMode(in4, OUTPUT);          // int형 변수 in4를 출력 모드로 설정
21
22      // 모터 A와 B의 회전 정지(초기 상태 설정)
23      digitalWrite(enA, HIGH);       // enA 핀으로 HIGH(5[V]) 출력(모터 A 활성화)
24      digitalWrite(enB, HIGH);       // enB 핀으로 HIGH(5[V]) 출력(모터 B 활성화)
25      analogWrite(in1, 0);           // in1 핀으로 0% 듀티 사이클의 PWM 신호 출력
26      analogWrite(in2, 0);           // in2 핀으로 0% 듀티 사이클의 PWM 신호 출력
27      analogWrite(in3, 0);           // in3 핀으로 0% 듀티 사이클의 PWM 신호 출력
28      analogWrite(in4, 0);           // in4 핀으로 0% 듀티 사이클의 PWM 신호 출력
29
30      Serial.begin(9600);            // 시리얼 모니터 초기화
31      Serial.println("RC Car is ready to start!!!"); // 시리얼 모니터에 출력
32      // RC카의 조종 방향 및 속도를 시리얼 모니터로 입력 받기 위한 안내 문자열 출력
33      Serial.println("Forward = 2, Left = 4, Right = 6, backward = 8, Stop = others");
34      Serial.print(">> Input number for direction : ");
35    }
36
37    void loop() {
38      if (Serial.available() > 0){    // 수신 버퍼에 수신된 데이터가 있는지 확인
39        // 수신 버퍼의 데이터를 읽어 들여 char형 변수 direction에 저장
40        char direction = Serial.read();
41
42        if (direction == '2'){        // 전진
43          motorControl('A', 'f', 255); // 모터 A를 최고 속도로 정방향 회전
44          motorControl('B', 'f', 255); // 모터 B를 최고 속도로 정방향 회전
45          Serial.println("Input number = 2, Turn forward");
46        }
47        else if (direction == '4'){   // 좌회전
48          motorControl('A', 'f', 0);  // 모터 A 정지
49          motorControl('B', 'f', 255); // 모터 B를 최고 속도로 정방향 회전
50          Serial.println("Input number = 4, Turn left");
51        }
52        else if (direction == '6'){   // 우회전
53          motorControl('A', 'f', 255); // 모터 A를 최고 속도로 정방향 회전
54          motorControl('B', 'f', 0);  // 모터 B 정지
55          Serial.println("Input number = 6, Turn right");
56        }
57        else if (direction == '8'){   // 후진
58          motorControl('A', 'b', 255); // 모터 A를 최고 속도로 역방향 회전
59          motorControl('B', 'b', 255); // 모터 B를 최고 속도로 역방향 회전
60          Serial.println("Input number = 8, Turn backward");
61        }
62        else {                        // 정지
63          motorControl('A', 'f', 0);  // 모터 A 정지
64          motorControl('B', 'f', 0);  // 모터 B 정지
65          Serial.println("Input number = etc., Stop");
66        }
67      }
```

```
68          }
69
70          // 모터 회전 방향 제어를 위한 사용자 정의 함수
71          // 모터 속도는 0(정지)~255(최고 속도) 사이의 값으로 제어함
72          void motorControl(char motor, char direction, int speed) {
73            // 모터 A의 회전
74            if (motor == 'A'){
75              digitalWrite(enA, HIGH);        // 모터 A 활성화
76
77              if (direction == 'f'){          // 회전 방향이 정방향이면
78                analogWrite(in1, speed);       // speed의 속도로 정방향 회전
79                analogWrite(in2, 0);
80              }
81              if (direction == 'b'){          // 회전 방향이 역방향이면
82                analogWrite(in1, 0);
83                analogWrite(in2, speed);       // speed의 속도로 역방향 회전
84              }
85            }
86
87            // 모터 B의 회전
88            if (motor == 'B'){
89              digitalWrite(enB, HIGH);        // 모터 B 활성화
90
91              if (direction == 'f'){          // 회전 방향이 정방향이면
92                analogWrite(in3, speed);       // speed의 속도로 정방향 회전
93                analogWrite(in4, 0);
94              }
95              if (direction == 'b'){          // 회전 방향이 역방향이면
96                analogWrite(in3, 0);
97                analogWrite(in4, speed);       // speed의 속도로 역방향 회전
98              }
99            }
100         }
```

3~11줄 : int형 변수들을 선언하고, DC 모터 A와 B의 제어를 위한 모터 드라이버의 제어 단자와 연결하는 아두이노 핀 번호를 해당 변수에 할당한다.

14~20줄 : 모터 드라이버의 제어 단자에 연결된 아두이노 핀을 출력 모드로 설정한다.

22~28줄 : 모터 드라이버의 제어 단자와 연결된 아두이노 핀으로 모터 A와 B가 회전 정지 상태(초기 상태)에 해당하는 0% 듀티 사이클의 PWM 신호를 출력한다.

30줄 : 시리얼 모니터를 초기화한다.

31줄 : 시리얼 모니터에 모터의 동작 준비가 되었다는 문자열을 출력한다.

32~34줄 : RC카의 조종 방향 및 속도를 시리얼 모니터로 입력 받기 위한 안내 문자열을 출력한다.

38줄 : Serial.available( ) 함수를 사용하여 시리얼 모니터의 수신 버퍼에 수신된 데이터가 있는지 확인한다.

40줄 : 수신 버퍼에 수신된 데이터가 있으면 1바이트(Byte)의 데이터를 읽어 들여 char형 변수 direction에 저장한다.

42~46줄 : 수신 버퍼로부터 읽어 들인 데이터가 '2'이면 2를 매개변수로 사용자 정의 함수를 호출한다. 이때 모터 A와 B를 최고 속도로 정방향 회전을 하게 되어 RC카는 전진한다.

47~51줄 : 수신 버퍼로부터 읽어 들인 데이터가 '4'이면 4를 매개변수로 사용자 정의 함수를 호출한다. 이때 왼쪽 모터 A는 정지, 오른쪽 모터 B는 최고 속도로 정방향 회전을 하게 되어 RC카는 좌회전한다.

52~56줄 : 수신 버퍼로부터 읽어 들인 데이터가 '6'이면 6을 매개변수로 사용자 정의 함수를 호출한다. 이때 왼쪽 모터 A는 최고 속도로 정방향 회전하고 오른쪽 모터 B는 정지하게 되어 RC카는 우회전한다.

57~61줄 : 수신 버퍼로부터 읽어 들인 데이터가 '8'이면 8을 매개변수로 사용자 정의 함수를 호출한다. 이때 모터 A와 B를 최고 속도로 역방향 회전하게 되어 RC카는 후진한다.

62~66줄 : 수신 버퍼로부터 읽어 들인 데이터가 '2', '4', '6', 8 이외의 값이면 RC카는 정지한다.

70~100줄 : 모터의 회전 방향과 회전 속도의 제어를 위한 사용자 정의 함수로 모터 이름(A 또는 B)과 회전 방향 및 회전 속도를 매개변수로 한다. 사용자 정의 함수가 호출되면 해당 모터를 활성화하고, 모터 드라이버의 제어 신호 단자에 연결된 핀(in1, in2, in3, in4)으로 입력된 매개변수에 해당 값을 출력한다.

시뮬레이션을 시작하고 시리얼 모니터를 사용하여 조종 방향에 해당하는 숫자 (2, 4, 6, 8, 기타 숫자)를 전송하면 RC카가 입력된 방향으로 진행하도록 DC 모터 A와 B가 동작(회전 또는 정지)한다. 예를 들어 시리얼 모니터로 전진에 해당하는 '2'를 전송하면 모터 A와 B는 최고 속도로 정방향 회전한다.

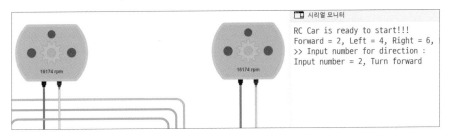

(a) 시리얼 모니터로 '2'를 전송하여 '전진' 동작(모터 A와 B 정방향 회전)

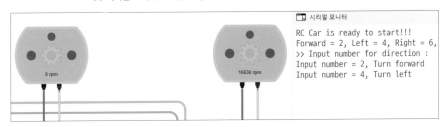

(b) 시리얼 모니터로 '4'를 전송하여 '좌회전' 동작(모터 A 정지, 모터 B 정방향 회전)

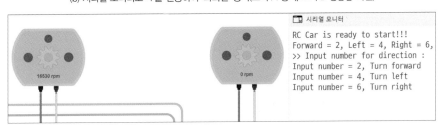

(c) 시리얼 모니터로 '6'을 전송하여 '우회전' 동작(모터 A 정방향 회전, 모터 B 정지)

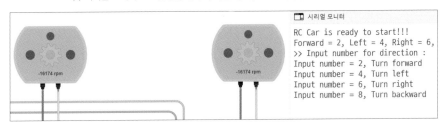

(d) 시리얼 모니터로 '8'을 전송하여 '후진' 동작(모터 A와 B 역방향 회전)

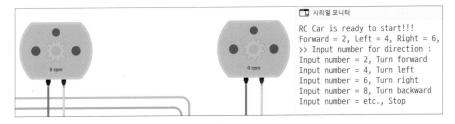

(e) 시리얼 모니터로 '5'를 전송하여 '정지' 동작(모터 A와 B 정지)

그림 14-22. 시리얼 모니터로 전송한 데이터에 의한 RC카 제어 결과

1 〉 피에조 버저

피에조 버저는 금속판을 진동시켜 소리를 낼 수 있는 장치로 장난감, 휴대용 게임기에서 멜로디 연주, 버스의 하차 알림 등 다양한 분야에서 활용된다. 지정한 주파수에 해당하는 피에조 버저의 소리를 이용하여 간단한 멜로디를 연주해 보자.

피에조 버저(piezo buzzer)는 역압전 효과를 이용하여 소리를 내는 작은 스피커이다. 압전 효과는 수정이나 세라믹 같은 결정체에 압력을 가했을 때 전압이 발생하는 현상으로 피에조 효과라고도 한다. 이와 반대로 결정체에 전압을 가하여 물리적인 변형을 발생시킬 수 있는데 이를 역압전 효과라고 한다. 피에조 버저는 이러한 역압전 효과를 이용하여 결정체인 얇은 금속판을 진동시켜 소리를 발생시키는 소자이다. 피에조 버저의 종류로는 특정 주파수 신호를 입력하여 그 주파수에 해당하는 소리를 내는 수동형(passive type)과 내장된 진동 회로에 전원만 인가해 주면 사전에 설정된 주파수의 소리만 낼 수 있는 능동형(active type)이 있다.

팅커캐드에서 제공하는 피에조 버저는 수동형으로 극성이 있는 2개의 단자를 가지고 있으며 아두이노와 연결할 때 피에조 버저의 양(+)극 단자는 PWM 출력이 가능한 디지털 출력 핀에 연결하고 음(−)극 단자는 GND에 연결한다.

압전효과를 활용하는 대표적인 사례

1. 도쿄역의 발전마루 : 일본 도쿄역에는 압전소자가 적용된 발전 계단이 있어 사람들이 밟고 지나갈 때 전기를 얻을 수 있다.
2. 전기 라이터 : 라이터의 스프링 버튼을 누르면 내부의 작은 망치가 압전소자를 때려 발생한 높은 전압으로 스파크를 발생시켜 점화시킨다.
3. 그외 압전섬유, 건전지가 필요없는 리모컨, 필름 스피커, 휴대폰 카메라의 줌렌즈 등

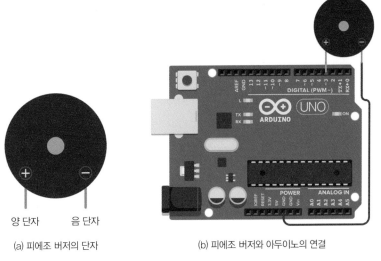

양 단자	음 단자	
(a) 피에조 버저의 단자		(b) 피에조 버저와 아두이노의 연결

그림 14-23. 피에조 버저

그림 14-23(b)의 회로에서 피에조 버저의 동작을 확인하기 위한 소스코드를 작
성해 보자. 코드 14-7은 피에조 버저의 양극 단자와 연결된 아두이노의 3번 핀
으로 554Hz와 784Hz 주파수의 사각형 전압 신호(펄스파)를 번갈아 출력함으로
써 피에조 버저가 사이렌 소리를 내도록 한다.

코드 14-7

피에조 버저의 동작 확인

```
1    // 피에조 버저의 동작
2
3    int piezoPin = 3;                  // 피에조 버저의 양극 단자와 아두이노 핀 연결
4
5    void setup() {
6       pinMode(piezoPin, OUTPUT);       // piezoPin(3번) 핀을 출력 모드로 설정
7    }
8
9    void loop() {
10      // tone(piezoPin, frequency, duration);
11      tone(piezoPin, 784);             // tone() 함수를 호출하여 소리 발생
12      delay(500);                      // 0.5초 동안 지연
13      tone(piezoPin, 554);             // tone() 함수를 호출하여 소리 발생
14      delay(500);                      // 0.5초 동안 지연
15    }
```

3줄 : int형 변수 piezoPin에 피에조 버저의 양극 단자와 연결된 아두이노의 핀 번호인 3을 저장한다.

6줄 : 아두이노의 3번 핀을 출력 모드로 설정한다.

11~14줄 : tone( ) 함수를 사용하여 피에조 버저로 소리를 낸다. tone( ) 함수는 3개의 매개변수(핀 번호, 주파수, 지속 시간)를 가지며 매개변수로 전달된 주파수의 펄스파를 지속 시간 동안 발생시켜 지정된 핀 번호로 출력하는 함수이다. 12줄과 14줄의 delay( ) 함수는 tone( ) 함수가 발생하는 각 주파수의 소리를 설정한 지연 시간 동안 유지한다.

---

tone(매개변수) 함수

용도
매개변수로 지정한 pin으로 설정한 주파수에 대해 50% 듀티 사이클을 갖는 펄스파를 생성하여 출력하는 함수
※ tone( ) 함수는 피에조 버저를 통해 31~65535Hz의 주파수에 해당하는 소리를 낼 수 있음

함수 형식
tone(pin, frequency, duration);

매개변수
pin : int형으로 펄스파를 발생시킬 아두이노 핀
frequency : unsigned int형으로 생성시킬 펄스파의 주파수(Hz)
duration(옵션) : unsigned long형으로 펄스 생성의 지속 시간(밀리초 단위)
※ 매개변수로 지속 시간(duration)을 지정할 수 있으며 지정하지 않을 경우 noTone( ) 함수를 호출할 때까지 펄스파를 생성하여 출력하는 것이 지속됨

함수의 반환 값
없음

사용 예
tone(8, 196, 1000); // 1초 동안 8번 핀으로 196Hz 펄스 파형을 생성하여 출력

시뮬레이션을 시작하면 피에조 버저를 통해 사이렌 소리가 발생하는 것을 확인할 수 있다.

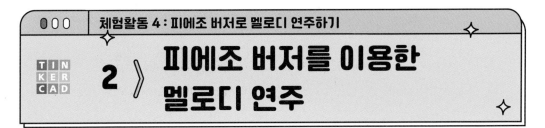

2 〉 피에조 버저를 이용한 멜로디 연주

피에조 버저에 가하는 입력 전압의 주파수를 조정하여 간단한 멜로디를 연주할 수도 있다. 멜로디 연주를 위한 소스코드는 음계[1]를 정의하는 부분, 멜로디 (melody)를 작성하는 부분, 리듬(rhythm)을 설정하는 부분, 연주하는 부분으로 구성된다.

2.1 | 음계 정의 부분

먼저 음계를 정의하는 부분에서는 음높이에 해당하는 주파수를 참고하여 연주에 필요한 옥타브(octave)의 음을 C언어의 전처리 지시자인 #define을 사용하여 소스코드 앞부분에 정의한다. 일반적으로 5옥타브의 음이 익숙한 높이이다.

표 14-7. 음높이(Pitch)에 따른 주파수

옥타브 음	옥타브별 주파수(Hz)								
	0	1	2	3	4	5	6	7	8
C(도)	16	33	65	131	262	523	1047	2093	4186
C#	17	35	69	139	277	554	1109	2217	4335
D(레)	18	37	73	147	294	587	1175	2349	4699
D#	19	39	78	156	311	622	1245	2489	4978
E(미)	21	41	82	165	330	659	1319	2637	5274
F(파)	22	44	87	175	349	698	1397	2794	5588
F#	23	46	93	185	370	740	1480	2960	5920

 체크 포인트

1 음계(Scale)는 음악에서 음높이(Pitch)를 차례대로 배열한 음의 집합

G(솔)	25	49	98	196	392	784	1568	3136	6272
G#	26	52	104	208	415	831	1661	3322	6645
A(라)	28	55	110	220	440	880	1760	3520	7040
A#	29	58	117	233	466	932	1865	3729	7459
B(시)	31	62	123	247	494	988	1976	3951	7902

※ 0옥타브의 주파수는 피에조 버저로 소리를 낼 수 없음

#define

용도
사용자가 정의하는 상수를 선언하는 전처리 지시자

표현 형식
```
#define  CNAME  value   // 마지막에 세미콜론( ' ; ' )을 사용하지 않는 것을 유의
CNAME : 사용자가 정의하는 상수의 이름, 관습적으로 대문자를 사용
value : 상수의 값
```

사용 예
```
#define MAX 100        // MAX = 100
#define MIN 0          // MIN = 0
#define PI 3.14        // PI( π ) = 3.14
```

※ '#define MAX 100'과 'int max = 100'의 차이
　' #define MAX 100 ' 에서 MAX는 저장 공간이 아닌 단순히 소스코드에서 100 대신 MAX를 바꾸어 사용한 것
　(치환)이지만, ' int max = 100 ' 에서 max는 정수 100이라는 데이터를 저장할 수 있는 변수(저장 공간)임

다음은 소스코드 앞부분에 5옥타브 영역의 음계를 '#define'을 사용하여 음의 이름을 정의한 예시이다. 각 줄의 마지막에 세미콜론(;)을 사용하지 않는 것에 유의해야 한다.

코드 14-8a

5옥타브 음계를 정의한 예시

```
1    #define NOTE_C5   523    // 도
2    #define NOTE_Cs5  554    // 도#
3    #define NOTE_D5   587    // 레
4    #define NOTE_Ds5  622    // 레#
5    #define NOTE_E5   659    // 미
6    #define NOTE_F5   698    // 파
7    #define NOTE_Fs5  740    // 파#
8    #define NOTE_G5   784    // 솔
9    #define NOTE_Gs5  831    // 솔#
```

10	#define NOTE_A5 880 // 라
11	#define NOTE_As5 932 // 라#
12	#define NOTE_B5 988 // 시

2.2 | 멜로디 작성 부분

멜로디를 작성하는 부분에서는 연주하고자 하는 악보를 참고하여 음의 순서(멜로디)를 배열로 작성한다.

그림 14-24. 연주하고자 하는 악보

멜로디를 소스코드로 작성하는 방법은 int형 배열인 melody[]에 앞서 정의한 음의 이름을 악보에 따라 순서대로 저장하면 된다. 배열에 대한 자세한 내용은 10장을 참고하면 된다. 배열 melody[]의 자료형을 int형으로 사용하는 이유는 배열에 저장되는 데이터가 int형 데이터(각 음에 해당하는 정수형 주파수)이기 때문이다. 이때 두 음표가 붙임줄(tie, ⌣)로 연결되었을 때는 하나의 음으로 처리하며, 8분쉼표(𝄾)나 4분쉼표(𝄽)와 같은 쉼표 자리에는 '0(0Hz)'을 넣어 준다. 그림 14-24의 악보를 참고하여 배열 melody[]에 멜로디를 작성하면 다음과 같다.

int형 배열 melody[]에 악보의 멜로디 작성

```
1    int melody[] = {
2      NOTE_E5, NOTE_Fs5, NOTE_G5,        0, NOTE_D5, NOTE_D5,  NOTE_A5,
3      NOTE_G5, NOTE_E5,  NOTE_E5, NOTE_E5, NOTE_E5, NOTE_Fs5, NOTE_G5, 0,
4      NOTE_E5, NOTE_Fs5, NOTE_G5,        0, NOTE_D5, NOTE_B5,  NOTE_A5, 0,
5      NOTE_G5, NOTE_A5,  NOTE_B5, NOTE_B5, NOTE_C6, NOTE_B5,  NOTE_G5, 0
6    };
```

위의 int형 배열 melody[]의 0번째 요소에 악보의 첫 음인 '미'에 해당하는
'NOTE_E5'를 넣었으므로 melody[0]에는 전처리 지시자인 #define에 의해 정의
된 정수형 주파수인 659가 저장되고, 1번째 요소에는 두 번째 음인 '파#'에 해당
하는 'NOTE_Fs5'를 넣었으므로 melody[1]에는 740이 저장된다. 즉, melody[]
에 저장된 데이터는 다음과 같다.

melody[0] = 659;   // NOTE_E5(미)

melody[1] = 740;   // NOTE_Fs5(파#)

melody[2] = 784;   // NOTE_G5(솔)

⋮

그림 14-24의 악보에서 3번째 음표와 4번째 음표인 솔(NOTE_G5)은 붙임줄
(‿)로 연결되어 있으며 이어서 8분쉼표(𝄾)가 나타난다. 배열 melody[]에
멜로디를 작성할 때 붙임줄로 연결된 음은 하나의 음으로 처리하여 배열의 2번
째 요소(melody[2])에는 NOTE_G5를 넣어 준다. 그리고 3번째 요소
(melody[3])에는 쉼표(소리가 나지 않음)에 해당하는 주파수로 0을 넣어 준다.
이처럼 악보의 모든 음(쉼표 포함)이름을 순서대로 배열에 나열하면 #define을
사용하여 정의한 음계의 해당 주파수 값이 배열 요소로 저장된다.

음악은 소리와 침묵의 결합으로 만들지며 소리는 음표, 침묵은 쉼표로 표시한다. 앞서 작성한 멜로디 설정에서 음표 및 쉼표에 해당하는 음의 높낮이(주파수)를 설정했다면, 여기에서는 음표와 쉼표의 길이를 설정한다. 음표와 쉼표의 길이를 소스코드로 작성하는 방법은 멜로디 작성 방법과 유사하게 각 음표와 쉼표의 길이에 해당하는 값을 float형 배열인 noteDurations[]에 저장하면 된다. 멜로디 작성에서 음의 높낮이에 해당하는 주파수(정수값)를 저장하기 위해 int형 배열을 사용하였으나, 음표와 쉼표의 길이에 해당하는 값은 실수이므로 float형 배열을 사용한다. float형 배열 noteDurations[]에 음표 및 쉼표 길이를 저장하기 위해서는 음표(note symbols)와 박자(beat)의 관계에 대한 이해가 필요하다.

음표는 악보에서 각 음의 높이와 한 마디에 대해 음이 갖는 길이의 비율을 나타내는 기호이다. 온음표(○)는 한 마디 전체에 해당하는 음의 길이를 말하며 4분음표(♩)는 한 마디에 대해 4분의 1에 해당하는 음의 길이를 말한다. 각각의 음표는 박자와 관련이 있다. 박자란 리듬[2]을 구성하는 기본 단위로 악보의 세로줄로 구분되는 한 마디 안에 포함되는 단위 음표(1박으로 세는 음표)의 수에 따라 다양한 종류의 박자가 만들어지는데 보통 분수로 표현된다. 이때 분모는 단위 음표의 종류, 분자는 한 마디 안에 들어갈 단위 음표의 수를 나타낸다. 예를 들어 4/4 박자의 경우 4분음표를 단위 박자로 하여 한 마디 안에 4분음표 4개가 있다는 것을 의미한다. 만약 6/8박자라면 단위 박자는 8분음표로 한 마디 안에 8분음표가 6개가 들어가게 된다.

2 리듬(Rhythm) : 음의 장단(길거나 짧음)이나 강약이 규칙적으로 반복되는 흐름

표 14-8. 여러 가지 음표

기호	이름	음의 길이 비율	박자(4/4박자 기준)
𝅝	온음표	1	4박자
𝅗𝅥.	점2분음표	1/2 + 1/4	3박자
𝅗𝅥	2분음표	1/2	2박자
♩.	점4분음표	1/4 + 1/8	1박자 반
♩	4분음표	1/4	1박자
♪.	점8분음표	1/8 + 1/16	반 박자 반
♪	8분음표	1/8	반 박자
𝅘𝅥𝅯	16분음표	1/16	반의 반 박자

음의 길이를 설정하기 위해서는 각 음표에 대한 길이 비율의 역수를 float형 배열에 순서대로 넣어 주는데 음표의 길이 비율을 직접 사용하지 않고 역수를 사용하는 이유는 점4분음표 및 점8분음표 또는 붙임줄로 연결되는 음표 등의 길이를 쉽게 사용하기 위해서이다.

표 14-9. 여러 가지 음표와 소스코드에서 음표 길이의 역수값

기호	이름	음표의 길이 비율	음표 길이의 역수값
𝅝	온음표	1	1
𝅗𝅥. = 𝅗𝅥 + ♩	점2분음표	1/2 + 1/4	1.3
𝅗𝅥	2분음표	1/2	2
♩. = ♩ + ♪	점4분음표	1/4 + 1/8	2.7
♩	4분음표	1/4	4
♪. = ♪ + 𝅘𝅥𝅯	점8분음표	1/8 + 1/16	5.3
♪	8분음표	1/8	8
𝅘𝅥𝅯	16분음표	1/16	16

두 음표가 붙임줄(tie)로 연결되었을 때 이들 음표의 합한 길이만큼 한 음으로 연주한다. 이처럼 붙임줄로 연결된 음표에 대해 소스코드에서 사용할 음표 길이의 역수값은 다음과 같이 구할 수 있다.

$$\frac{1}{\frac{1}{2}+\frac{1}{4}} = 1.3$$

그림 14-25. 붙임줄로 연결된 음표 길이의 역수

음표뿐만 아니라 쉼표에 대해서도 같은 방법으로 쉼표 길이의 역수를 사용한다.

표 14-10. 여러 가지 쉼표와 소스코드에서 쉼표 길이의 역수값

기호	이름	쉼표의 길이 비율	쉼표 길이의 역수값
▬	온쉼표	1	1
▬	2분쉼표	1/2	2
𝄽	4분쉼표	1/4	4
𝄾	8분쉼표	1/8	8
𝄿	16분쉼표	1/16	16

따라서 그림 14-24의 악보에 대한 음표 및 쉼표의 길이를 설정하는 소스코드는 음표 및 쉼표 길이의 역수값을 사용하여 다음과 같이 작성된다.

코드 14-8c

float형 noteDuration[] 배열에 음표 및 쉼표 길이의 역수값 저장

```
1   float noteDuration[] = {
2     8, 8, 1.6, 8, 8, 8, 1.1,
3     4, 8, 8, 4, 8, 4, 1.6, 8,
4     8, 8, 1.6, 8, 8, 8, 1.6, 8,
5     8, 8, 4, 4, 2.7, 4, 1.3, 4
6   };
```

2.4 | 연주하는 부분

작성한 멜로디를 리듬에 맞춰 연주하는 소스코드를 작성하는 부분이다. 피에조 버저로 음을 내기 위해서는 tone() 함수를 사용한다. 멜로디를 연주하기 위해서는 tone() 함수를 반복적으로 사용하면 되므로 for 문 내에서 작성한 멜로디 배열(melody[])에 저장된 음의 수만큼 tone() 함수를 반복하여 호출하면 된다. tone() 함수의 사용 형식은 'tone(pin, frequency, duration);'이다.

 tone() 함수의 매개변수 중 pin은 피에조 버저의 양(+)극 단자가 연결된 아두이노 출력 핀(PWM 출력 가능)의 번호이며, frequency는 소리를 낼 음에 해당하는 주파수로 멜로디 배열(melody[])에 저장된 각 요소값이다. 마지막으로 duration은 선택적으로 사용하는 매개변수로 각 음표에 해당하는 실제 연주 시간이다. 음표 및 쉼표의 길이 설정 부분에서 noteDurations[] 배열에 저장된 요소값은 음의 실제 연주 시간이 아닌 각 음표 및 쉼표 길이의 역수값이므로 음이 연주되는 실제 시간으로의 변환이 필요하다. 이때 악보에 표시된 음표 및 쉼표의 길이는 곡의 빠르기(속도)와 상관이 없는 개념으로 곡 전체의 속도인 템포(tempo)의 개념을 알아야 한다. 템포는 일반적으로 악보의 첫 마디 위에 메트로놈 표시로 나타낸다. 그림 14-24에서 악보의 첫 마디 위에 있는 ♩=126이 곡의 속도를 나타내는 메트로놈 표시로 1분 동안 단위 박자인 4분음표를 126번 연주하라는 의미이다. 이러한 템포와 관련지어 음표의 길이를 실제 시간 단위로 환산할 수 있다. 그림 14-24 악보의 경우 템포는 ♩(4분음표)를 1분 동안 126번 연주하는 속도이므로 4분음표의 시간 단위 길이는 (60 ÷ 126)초 = (60000÷126)밀리초가 된다. 아두이노의 소스코드에서는 기본적으로 밀리초 단위를 사용하므로 각 음표가 연주되는 실제 시간으로의 변환이 필요하다.

실제 음의 연주 시간 = 60000[ms] ÷ 악보의 템포 × 음표 및 쉼표의 길이
= 60000 ÷ (126 ÷ 단위음표) × 음표 및 쉼표의 길이
= 60000 ÷ 126 × 4 ÷ 음표 및 쉼표 길이의 역수값

tone() 함수에서 음의 실제 연주 시간에 해당하는 매개변수 duration은 정수를 사용해야 하므로 변환한 연주 시간은 int형 변수인 duration에 저장해야 한다. 이때 변환식('=')의 오른쪽 변환식은 오차를 줄이기 위해 실수 연산이 필요하므로 변환식 앞에 '(float)'와 같이 연산 형식을 지정해야 한다. 앞서 변환식에서 사용하는 음표 및 쉼표 길이의 역수값은 float형 배열인 noteDurations[]에 저장되어 있으므로 그림 14-24의 악보에서 i번째 음에 해당하는 실제 연주 시간을 구하기 위한 소스코드는 다음과 같이 작성할 수 있다. 이때 실수 연산을 통해 변환된 연주시간의 소수점 이하는 버려져 정수값으로 int형 변수인 duration에 저장된다.

```
int duration = (float) 60000.0 ÷ 126.0 × 4.0 ÷ noteDurations[i];
```

피에조 버저의 양극 단자가 아두이노의 3번 핀에 연결(int piezoPin = 3;)되어 있고, 연주하고자 하는 31개 음의 주파수는 멜로디 배열, 그리고 음표 및 쉼표 길이의 역수값이 noteDurations[] 배열에 저장되어 있다면 for 문 내에서 다음과 같이 tone() 함수를 반복적으로 호출함으로써 연주를 할 수 있다.

```
for (int i = 0; i < 31; i++) {
  // 실제 연주 시간
  int duration = (float) 60000.0 ÷ 126.0 × 4.0 ÷ noteDurations[i];
  tone(piezoPin, melody[i], duration);  // tone() 함수 호출
}
```

위와 같은 방법으로 음을 발생시켜 연주할 수 있으나 연속적으로 음을 연주할 때 각 음을 연주하는 최소 지속 시간과 음과 음 사이의 구분을 위한 간격이 필요하다. 경험적으로 각 음의 최소 지속 시간은 음의 연주 시간 + 30%가 적당하며, 음 사이의 간격을 위해 noTone() 함수를 사용한다.

```
for (int i = 0; i < 31; i++) {
  int duration = (float) 60000.0 ÷ 126.0 × 4.0 ÷ noteDurations[i];
  tone(piezoPin, melody[i], duration);      // tone( ) 함수 호출
  int pauseBetweenNotes = duration * 1.3 ;  // 음의 최소 지속 시간 계산
  delay(pauseBetweenNotes);         // 계산된 시간(밀리초) 동안 지연
  noTone(piezoPin);                 // 음의 구분을 위한 음 발생 멈춤
}
```

앞서 설명한 방법을 사용하여 그림 14-24의 악보를 연주하는 전체 소스코드는
다음과 같다.

코드 14-8d

피에조 버저를 이용한 악보 연주

```
1    // 피에조 버저를 이용한 악보 연주
2
3    // 음계 정의 부분
4    #define NOTE_C5   523    // 도
5    #define NOTE_Cs5  554    // 도#
6    #define NOTE_D5   587    // 레
7    #define NOTE_Ds5  622    // 레#
8    #define NOTE_E5   659    // 미
9    #define NOTE_F5   698    // 파
10   #define NOTE_Fs5  740    // 파#
11   #define NOTE_G5   784    // 솔
12   #define NOTE_Gs5  831    // 솔#
13   #define NOTE_A5   880    // 라
14   #define NOTE_As5  932    // 라#
15   #define NOTE_B5   988    // 시
16
17   int piezoPin = 3;        // 피에조 버저 양극 단자와 아두이노 핀 연결
18   int BPM = 126;           // bit per minute, 1분에 4분음표를 126번 연주하는 속도
19
20   // 멜로디 작성 부분
21   int melody[] = {
22     NOTE_E5, NOTE_Fs5, NOTE_G5,      0, NOTE_D5, NOTE_D5,  NOTE_A5,
23     NOTE_G5, NOTE_E5,  NOTE_E5, NOTE_E5, NOTE_E5, NOTE_Fs5, NOTE_G5, 0,
24     NOTE_E5, NOTE_Fs5, NOTE_G5,      0, NOTE_D5, NOTE_B5,  NOTE_A5, 0,
25     NOTE_G5, NOTE_A5,  NOTE_B5, NOTE_B5, NOTE_C5, NOTE_B5,  NOTE_G5, 0
26   };
27
```

```
28          // 음표 및 쉼표 길이의 역수값 설정 부분
29          float noteDurations[]={
30           8, 8, 1.6, 8,   8, 8, 1.1,
31           4, 8,   8, 4,   8, 4, 1.6, 8,
32           8, 8, 1.6, 8,   8, 8, 1.6, 8,
33           8, 8,   4, 4, 2.7, 4, 1.3, 4
34          };
35
36          void setup() {
37              pinMode(piezoPin, OUTPUT);  // piezoPin(3번) 핀을 출력으로 설정
38          }
39
40          // 연주 부분
41          void loop() {
42              for (int i = 0; i < 31; i++) {
43                  int duration = (float)(60000.0 / BPM * 4.0 / noteDurations[i]); // 실제 음길이 계산
44                  tone(piezoPin, melody[i], duration);      // tone() 함수를 호출하여 음표 연주
45                  int pauseBetweenNotes = duration * 1.3;  // 음의 최소 지속 시간 계산
46                  delay(pauseBetweenNotes);                // 계산된 지속 시간 동안 지연(밀리초)
47                  noTone(piezoPin);                        // 음의 구분을 위한 음 발생 멈춤
48              }
49          }
```

3~15줄 : 전처리 지시자(#define)를 사용하여 음계를 정의한다.

17줄 : int형 변수 piezopin에 피에조 버저의 양극 단자와 연결된 아두이노 핀 번호인 3을 저장한다.

18줄 : int형 변수 BPM에 연주 속도(템포)의 기준값인 126을 저장한다.

20~26줄 : 멜로디를 작성한 부분으로 악보의 연주할 음계를 int형 배열 melody[]에 저장한다.

28~34줄 : 음의 길이를 설정한 부분으로 각 음표 및 쉼표 길이의 역수값을 float형 배열 noteDurations[]에 저장한다.

37줄 : piezopin(3번) 핀을 출력 모드로 설정한다.

42~48줄 : 멜로디와 음의 길이를 사용하여 악보를 연주하는 부분으로 피에조 센서가 연결된 핀 번호, melody[] 배열에 저장된 멜로디와 noteDuration[] 배열에 저장된 데이터로부터 변환한 실제 음길이를 매개변수로 하여 tones() 함수를 반복 호출함으로써 악보를 연주한다. 이때 각 음의 연주 시간은 최소 지속 시간(음의 연주 시간 + 30%) 동안 delay() 함수를 사용하여 음 발생을 지속시키고,

음 사이의 구분을 위해 noTone( ) 함수를 사용하여 각 음계 사이에서 음 발생을 멈춘다.

시뮬레이션을 시작하면 겨울왕국의 OST인 Let it go 악보의 일부가 반복적으로 연주된다.

악보의 조표(Key Signature)

조표는 악보의 조성을 나타내는 표로 악보 첫머리의 음자리표(높은음자리표, 낮은음자리표, 가온음자리표)와 박자표(4/4박자, 3/4박자 등) 사이에 표기하며 샵(#, 반음 올림)과 플랫(b, 반음 내림)으로 나타낸다. 샵과 플랫의 수에 따라 조성이 달라지는데 간단히 # 또는 b의 위치에 해당하는 음을 반음 올림 또는 반음 내림으로 연주하라는 의미이다.

(a) 올림표의 조표 예

(b) 내림표의 조표 예

그림 14-26. 조표의 종류

<15장>

기타 장치 사용하기

─── 학습 목표 ───

- 기타 장치인 릴레이, 적외선 리모컨, EEPROM의 동작 원리를 이해한다.

- 릴레이, 적외선 리모컨, EEPROM의 동작을 위한 소스코드를 작성할 수 있다.

- 릴레이, 적외선 리모컨, EEPROM을 활용하는 간단한 응용 시스템을 만들 수 있다.

1 〉 기타 장치들

아두이노는 푸시 버튼이나 다양한 센서 등의 입력 장치와 LED, LCD, 모터 등의 출력 장치를 활용하여 다양한 응용 시스템을 만들 수 있다. 이 장에서는 앞서 알아보았던 입출력 장치 이외의 기타 장치로 릴레이, 적외선 리모컨, EEPROM에 대한 기본적인 동작 원리와 활용 방법을 다룬다. 릴레이는 낮은 전압(5[V])으로 높은 전압(교류 220[V])을 제어할 수 있는 스위치와 유사한 동작을 하는 장치이며, 적외선 리모컨은 IR 센서(적외선 센서)와 함께 사용하여 원격으로 아두이노(시스템)를 제어할 수 있는 장치이다. 마지막으로 EEPROM은 전원 공급이 중단되어도 정보를 저장할 수 있는 비휘발성 저장 장치(메모리)이다. 이러한 기타 장치는 다양한 기능을 갖는 고급 시스템을 만들 때 아주 유용하게 활용할 수 있다.

표 15-1. 팅커캐드의 기타 장치들

기타 장치	기능	기타	
릴레이 SPDT	두 회로 간의 전환을 위한 5[V] SPDT(Sigle Pole Double Throw) 스위치 SPDT 스위치	체험활동 1	초급
IR 센서 및 리모컨	IR(적외선) 신호를 감지하는 센서를 사용하여 디코딩할 수 있는 적외선 신호를 방출하는 원격 제어 장치	체험활동 2	중급
EEPROM	EEPROM(Electrically Erasable Programmable Read-Only Memory)은 아두이노 보드 내부의 512byte 크기의 비휘발성 메모리로 EEPROM 라이브러리를 사용하여 데이터의 읽고 쓰기가 가능	체험활동 3	고급

1 》 릴레이

전기 신호를 사용하여 전원이 분리된 다른 회로의 동작을 제어할 수 있는 릴레이라는 장치에 대해 알아보자. 아두이노는 기본적으로 DC 5[V] 전원으로 동작하므로 5[V] 이상의 높은 DC 전원이나 교류 220[V] 전원을 사용하는 회로를 제어할 수 없지만, 릴레이를 사용하면 이러한 회로의 제어가 가능하다. 먼저 릴레이의 동작 원리와 사용 방법에 대해 알아보자.

릴레이(relay)란 낮은 전압의 제어 신호를 사용하여 분리된 전원으로부터 공급되는 높은 전압으로 동작하는 회로를 제어할 수 있는 스위치와 비슷한 장치를 말한다. 일반적인 스위치는 손으로 회로의 ON(닫힌 회로) 또는 OFF(열린 회로) 동작을 제어하지만, 릴레이는 전기 신호를 사용하여 회로의 ON/OFF 동작을 제어한다는 것이 다른 점이다. 릴레이의 이러한 스위칭 동작은 전자석이 갖는 성질을 이용함으로써 가능하다. 릴레이의 내부 코일(전자석)에 전류가 흐르도록 제어 신호를 가하면 코일 주위에 자기장이 발생하게 되어 자석처럼 스위치 접점(철판)을 끌어당겨 ON 상태의 스위치로 동작한다. 반면 제어 신호를 가하지 않으면 자기장이 발생하지 않으므로 릴레이는 열린 회로 상태(OFF)를 유지하게 된다.

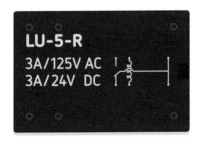

(a) SPDT형 릴레이   (b) DPDT형 릴레이

그림 15-1. 팅커캐드에서 제공하는 릴레이 종류

팅커캐드에서 제공하는 릴레이는 그림 15-1과 같이 하나의 스위치 역할을 하는 SPDT(Single Pole Double Throw)형 릴레이와 두 개의 SPDT형 릴레이를 하나로 합해 놓은 DPDT(Double Pole Double Throw)형 릴레이가 있다. DPDT형 릴레이는 SPDT형 릴레이의 동작을 이해하면 사용할 수 있으므로 여기서는 SPDT형 릴레이의 동작에 대해 알아본다. 그림 15-2의 SPDT형 릴레이는 6개의 단자를 가지고 있으며, 그중 2개 단자(터미널 5와 터미널 8)는 릴레이 내부 코일에 전류가 흐르도록 하는 제어 신호를 공급하기 위해 사용되며, 나머지 4개의 단자는 제어 신호를 공급하는 회로와 분리된 다른 회로(높은 전원 사용)를 연결하는 데 사용된다.

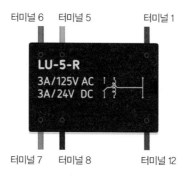

그림 15-2. SPDT형 릴레이의 단자 구성

터미널 6은 평소에 연결되어 있지 않은 개방(Open) 상태의 단자로 NO(Normally Open) 단자라고 한다. 반면 터미널 7은 평소에 연결되어 있다가 코일에 전류가 흐르면 개방되며 NC(Normally Close) 단자라고 한다. 외부 전자 기기가 오랜 시간 동작 상태(ON)를 유지하다가 제어 신호에 의해 잠시 동작하지 않는 상태(OFF)가 필요하면 외부 전자 기기를 NC 단자와 연결하며, 반대로 제어 신호에 의해 잠시만 동작하는 것이 필요하면 NO 단자를 사용한다. 릴레이를 사용하는 회로를 구성할 때 소비 전력을 줄이기 위해 NO 단자를 사용하는 것이 일반적이다.

2 〉 릴레이를 이용한 전구 제어

그림 15-3은 아두이노와 SPDT형 릴레이를 사용하여 높은 전압으로 동작하는 전구를 제어하는 회로의 연결 방법이다. 이 회로에서 릴레이에 제어 신호를 공급하는 회로(아두이노)와 전구의 회로는 별개의 전원을 사용하는 분리된 회로이므로 GND가 서로 연결되어 있지 않다는 것을 주의하자.

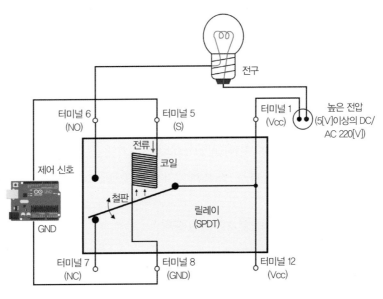

그림 15-3. SPDT형 릴레이의 단자 연결 방법

팅커캐드의 작업판에서 그림 15-3의 SPDT 릴레이 회로를 구성해 보자. 릴레이의 단자에 마우스 커서를 가져가면 해당 단자의 이름을 확인할 수 있으므로 회로를 연결할 때 참고한다. 릴레이의 터미널 5(S)는 아두이노 13번 핀, 터미널 8(GND)은 아두이노의 GND에 연결한다. 높은 전압을 공급하는 외부 전원을 대신하여 전원 공급 장치(12[V], 3[A])를 사용하며, 전원 공급 장치의 양(+)극 단자는 릴레이의 터미널 1(Vcc), 음(−)극 단자는 전구의 터미널 1, 전구의 터미널 2는 릴레이의 터미널 6(NO)에 각각 연결한다. 릴레이의 터미널 7(NC)과 터미널 12(Vcc)는 회로 연결에 사용하지 않는다. 그 외에 제어 회로의 전원과 외부 전원은 서로 분리되어 있으므로 아두이노의 GND와 전원 공급 장치의 음(−)극 단자(GND)가 서로 연결되지 않는다는 것을 주의해야 한다.

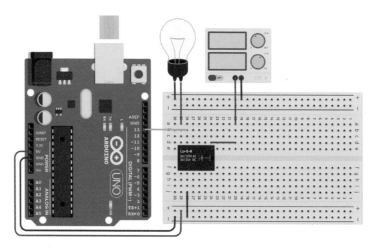

그림 15-4. 팅커캐드에서 구성한 그림 15-3의 회로

8장에서 알아보았던 LED Blink 예제의 소스코드를 사용하여 릴레이의 동작을 확인해 보자. LED Blink 예제의 소스코드에 대한 자세한 내용은 8장을 참고한다.

코드 15-1

8장에서 사용한 LED Blink 예제

```
1     // LED Blink
2
3     void setup( )
4     {
5       pinMode(LED_BUILTIN, OUTPUT);     // 내장 LED와 연결된 핀(13번)을 출력 모드로 설정
6     }
7
8     void loop( )
9     {
10      digitalWrite(LED_BUILTIN, HIGH); // 13번 핀으로 HIGH(5V)를 출력
11      delay(1000);                     // 1초 동안 지연
12      digitalWrite(LED_BUILTIN, LOW);  // 13번 핀으로 LOW(0V)를 출력
13      delay(1000);                     // 1초 동안 지연
14    }
```

시뮬레이션을 시작하면 아두이노의 13번(LED_BUILTIN) 핀으로 출력되는 제어 신호에 의해 릴레이는 스위치로 동작한다. 제어 신호가 HIGH(1)일 때 스위치는 터미널 6(NO)에 연결되어 전구가 켜진다. 반면 제어 신호가 LOW(0)일 때 스위치는 터미널 7(NC)에 연결되므로 전구는 꺼진다.

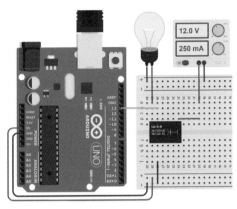

(a) 제어 신호가 HIGH일 때

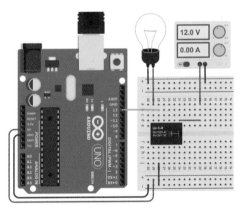

(b) 제어 신호가 LOW일 때

그림 15-5. Blink 예제 소스코드에 의한 SPDT형 릴레이의 스위칭 동작 결과

릴레이는 제어 회로(아두이노)에 의해 가해지는 제어 신호(낮은 전압)를 사용하여 제어 회로와 분리된 전원(높은 전압)을 사용하는 회로의 ON/OFF 상태를 제어할 수 있는 장치이다. 즉, 사람의 손으로 회로의 ON/OFF 상태를 결정하는 일반적인 스위치와 달리 전기 신호를 사용하여 회로의 ON/OFF 상태를 결정하는 스위치이다.

1 〉 적외선

적외선 신호를 주고 받는 적외선 리모컨과 IR 센서를 사용하여 아두이노 보드를 원격으로 제어할 수 있다. 이러한 적외선 통신은 간단한 장치를 사용하여 가까운 거리에서 무선 통신이 가능하므로 간단한 제어나 적은 양의 데이터를 주고 받는 응용에서 자주 사용된다. 먼저 적외선에 대해 살펴보자.

적외선(IR : Infrared Ray)은 가시광선의 빨간색 빛보다 파장(wave length)이 긴 전자기파를 말한다. 전자기파는 전기장과 자기장의 변화로 만들어지는 에너지의 진동(파동)으로 우리 생활에서 볼 수 있는 빛이 전자기파의 한 종류이다. 전자기파의 종류로는 감마선, x−선, 자외선, 가시광선, 적외선, 전파 등이 있으며, 이 중 가시광선 영역의 전자기파는 파장[1]에 따라 고유한 색상을 가지므로 사람의 눈에 보이지만, 나머지 전자기파는 우리 눈에 보이지 않는다. 태양이나 백열전구에서 방출되는 빛은 여러 색상의 빛이 혼합된 백색의 전자기파로 프리즘을 통과하게 되면 서로 다른 파장의 빛으로 분리되어 무지개 색상 띠로 나타나는데 이러한 색의 띠를 스펙트럼(spectrum)이라고 한다. 적외선은 가시광선 영역의 빨간색 빛보다 바깥쪽에 있는 전자기파로 강한 열작용을 가지고 있고 산란 효과가 작

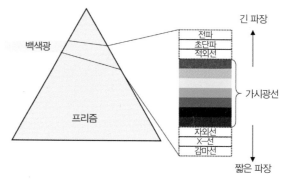

그림 15−6. 전자기파의 스펙트럼

1 파장(Wave Length)은 진동하며 진행하는 파에서 한 번의 주기 동안 이동하는 길이를 말한다.

아서 공기를 잘 투과하는 특성을 갖는다.

적외선을 활용한 통신 방식은 작동 범위가 5~7m 정도밖에 되지 않지만 비교적 다른 기기에 영향을 미치지 않고 안정적으로 동작한다. 그러나 비슷한 파장대의 강한 빛(햇빛)이 있는 실외에서는 외부의 간섭을 받기 때문에 적외선 통신이 제대로 이루어지지 않을 수 있다. 따라서 적외선 리모컨은 주로 실내에서 사용하며 실외에서 먼 거리에 신호를 보내야 하는 경우 적외선 대신 라디오 주파수(초단파 대역)의 신호를 사용한다.

적외선 리모컨을 사용하여 아두이노를 제어하려면 하드웨어적으로 적외선 신호를 보내는 송신기인 리모컨과 전송된 신호를 받는 수신기인 IR 센서(적외선 센서)가 필요하다. 적외선 리모컨의 앞부분에는 적외선 발광 다이오드가 있어 리모컨의 버튼을 누르면 일반적으로 38㎑의 주파수를 갖는 적외선 신호가 방출된다. 이 적외선 신호에는 리모컨의 각 버튼에 대한 특정 데이터가 실려 있으며 수신기 역할을 하는 IR 센서는 리모컨의 적외선 신호(광 신호)를 받아 전송된 데이터가 포함된 전기 신호로 변환한다. 적외선 통신을 사용하기 위해서는 적외선 리모컨과 IR 센서로 구성되는 하드웨어적 환경뿐만 아니라 회로를 구성하는 적외선 송수신 장치의 제어와 전달 받은 적외선 신호의 해석을 위한 소스코드가 필요하다. 이 소스코드에는 적외선 리모컨(송신기) 및 IR 센서(수신기)를 사용하는데 필요한 IRremote 라이브러리(IRremote.h)가 포함되어 있어야 한다. 최근 IRremote 라이브러리는 2.x에서 3.x로 새로운 버전이 공개되었으며 Version 3.x 라이브러리부터는 이전 버전에 비해 사용 방법이 단순화되었다.

출력　접지　전원

(a) IR 센서(적외선 수신기)

(b) 적외선 리모컨

그림 15-7. 아두이노 시뮬레이터의 IR 센서와 적외선 리모컨

IR 센서는 3개의 단자(출력, 접지, 전원)를 가지고 있으며, 각 단자에 마우스 커서를 가져가면 해당 단자의 이름을 확인할 수 있다. 그림 15-8은 적외선 리모컨과 IR 센서로 구성된 적외선 수신기 회로로 IR 센서의 출력 단자는 아두이노 보드의 디지털 11번 핀, 접지 단자는 GND, 전원 단자는 5[V]에 연결되어 있다.

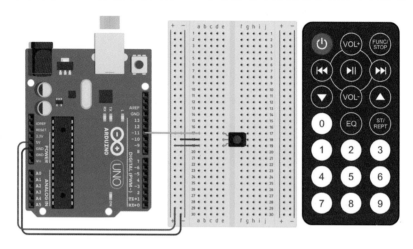

그림 15-8. 적외선 리모컨과 적외선 수신기 회로

적외선 송수신 회로의 동작을 확인하기 위한 소스코드를 작성해 보자. 적외선 리모컨의 버튼을 누르면 리모컨 앞부분의 적외선 발광 다이오드로부터 눌린 버튼에 해당하는 특정 데이터(코드)가 실린 적외선 신호가 방출된다. 이 적외선 신호는 IR 센서에 의해 수신되어 아두이노의 11번 핀에 입력되고, 아두이노는 IR 센서로부터 입력 받은 신호에 실려 있는 데이터를 해석(Decoding)하여 처리하게 된다.

다음의 코드 15-2는 적외선 리모컨으로 송신된 적외선 신호를 IR 센서로 수신받아 해석한 결과를 시리얼 모니터에 출력하는 소스코드이다. 적외선 리모컨을 제어하기 위한 IRremote 라이브러리를 소스코드 첫 줄에 포함시킨다. 사용한 IRremote 라이브러리의 버전은 최신 버전인 ver. 3.6.2이다.

코드 15-2

적외선 송수신 회로의 동작 확인(라이브러리 version 3.6.2)
1   // 적외선 송수신 회로의 동작

```
2
3        #include <IRremote.h>              // 적외선 리모컨 라이브러리 포함
4
5        int IR_RECEIVE_PIN = 11;          // IR 센서의 출력과 아두이노 데이터 핀 연결
6
7        void setup( ){
8          IrReceiver.begin(IR_RECEIVE_PIN, ENABLE_LED_FEEDBACK); // 적외선 수신기 활성화
9          Serial.begin(9600);             // 시리얼 모니터 초기화
10       }
11
12       void loop( ){
13         if (IrReceiver.decode( )) {     // 수신 받은 데이터가 있으면 1, 없으면 0
14           // 수신된 신호부터 해석된 프로토콜, 주소, 명령, 코드값을 시리얼 모니터에 출력
15           IrReceiver.printIRResultShort(&Serial);
16           Serial.println( );            // 시리얼 모니터에 빈 줄(blank line) 출력
17
18           IrReceiver.resume( );         // 다음 값을 수신 받을 수 있도록 대기
19         }
20       }
```

3줄 : 적외선 리모컨 라이브러리를 소스코드에 포함시킨다. 팅커캐드에서는 별도의 작업 없이 자동으로 최신 버전의 라이브러리가 포함된다.

5줄 : IR 센서의 출력 단자와 연결된 아두이노의 데이터 핀 번호인 11을 int형 변수 IR_RECEIVE_PIN에 저장한다.

8줄 : IRremote 라이브러리에 포함된 기능을 활용하여 적외선 리모컨으로부터 전송된 데이터를 IR 센서가 받을 수 있도록 IR 수신기를 활성화한다. 이전 버전에서는 IRremote 라이브러리의 생성자를 사용하여 IR 수신기 객체를 생성하는 별도의 과정이 필요했으나, 최신 버전에서는 IrReceiver.begin( ) 함수에 의해 IrReceiver라는 객체가 자동으로 생성되고 초기화된다.

IrReceiver.begin( ) 함수를 사용할 때 매개변수로 적외선 신호를 수신 받는 아두이노의 데이터 핀으로 IR_RECEIVE_PIN(11번 핀), 적외선 신호의 수신 상태를 확인하는 데이터 핀으로 ENABLE_LED_FEEDBACK(사전에 예약된 13번 핀)을 설정한다. 매개변수 ENABLE_LED_FEEDBACK을 설정하면 IR 수신기가 적외선 신호를 수신할 때마다 아두이노 보드의 내장 LED가 깜박인다. 만약 수신 확인이 필요하지 않으면 매개변수 ENABLE_LED_FEEDBACK을 생략할 수도 있다. IrReceiver.begin( ) 함수는 한 번만 사용하면 되므로 setup( ) 함수 부분에서 작성한다.

IrReceiver.begin(매개변수) 함수

용도

IRremote 라이브러리를 사용하여 제어할 IR 수신기 객체로 IrReceiver를 생성하고 초기화하는 함수

함수 형식

IrReceiver.begin(IR_RECEIVE_PIN, ENABLE_LED_FEEDBACK);

매개변수

IR_RECEIVE_PIN : int형으로 IR 센서의 출력 핀 번호(디지털 핀)
ENABLE_LED_FEEDBACK(선택) : 데이터 수신 상태를 나타내는 LED와 연결하는 핀 번호

함수의 반환 값

없음

사용 예

```
int IR_RECEIVE_PIN = 11;

void setup( ){
    // IR 센서의 출력과 연결된 아두이노의 핀 번호는 11번
    // 데이터 수신 상태를 나타내는 LED의 핀 번호는 내장 LED인 13번
    IrReceiver.begin(IR_RECEIVE_PIN, ENABLE_LED_FEEDBACK);
}

※ ENABLE_LED_FEEDBACK은 아두이노 우노의 내부 LED인 13번 핀으로 예약되어 있음
```

9줄 : 시리얼 모니터를 초기화한다.

13줄 : IrReceiver.decode() 함수는 적외선 신호의 수신 여부를 확인하는 함수로 IR 수신기가 적외선 신호를 수신하면 true(1)를 반환하고 수신 받지 못하면 false(0)를 반환한다.

IrReceiver.decode( ) 함수

용도

적외선 신호를 수신하여 디코딩된 결과를 IrReceiver.decodedIRData에 저장하는 함수

함수 형식

IrReceiver.decode();

매개변수

없음

함수의 반환 값

true(1) : 적외선 신호를 정상적으로 수신했을 때의 반환 값
false(0) : 적외선 신호를 수신하지 못했을 때의 반환 값

사용 예

IrReceiver.decode( ); // 적외선 신호를 수신 받아 IrReceiver.decodedIRData에 저장

> ※ IrReceiver.decodedIRData의 구조
> 수신된 데이터를 해석하여 프로토콜(protocol) 종류, 어드레스(address), 디코딩된 원시 데이터
> (decodedRawData), 명령(command), 데이터 길이(numberOfBits) 등의 정보로 구성

15줄 : 'IrReceiver.printIRResultShort(&Serial);' 명령문에 의해 수신 받은 적외선 신호의 해석(decoding) 결과를 정해진 형식(format)에 맞춰 프로토콜(protocol), 주소(address), 명령(command), 원시 데이터(raw-Data)를 시리얼 모니터에 출력한다.

16줄 : 빈 줄(blank line)을 시리얼 모니터에 출력한다.

18줄 : IrReceiver.resume() 함수를 사용하여 적외선 센서가 다음 신호를 수신 받을 수 있도록 대기한다.

---

resume( ) 함수

용도
유효 데이터 수신에 성공한 이후 적외선 수신기가 다음 신호를 받을 수 있도록 하는 함수

함수 형식
IrRreceiver.resume();

매개변수
없음

함수의 반환 값
없음

사용 예
IrRreceiver.resume( );

시뮬레이션을 시작하고 적외선 리모컨의 버튼을 누르면 적외선 리모컨은 해당 버튼의 특정 코드가 포함된 적외선 신호를 방출한다. IR 센서는 적외선 신호를 수신하여 11번 핀을 통해 아두이노로 전달한다. IR 센서가 적외선 신호를 수신할 때마다 아두이노 우노 보드의 내장 LED(BUILTIN_LED)가 깜박인다. 아두이노는 전달 받은 적외선 신호를 해석(decoding)하여 정해진 형식에 맞춰 해결 결과를 시리얼 모니터에 출력한다. 그림 15-9는 적외선 리모컨의 0, 1, 2, 3 버튼을 차례로 누를 때 수신된 신호의 해석 결과를 출력한 시리얼 모니터 화면이다.

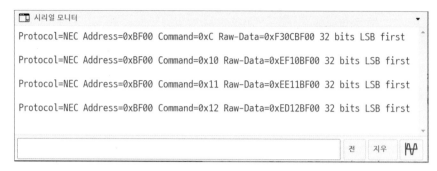

그림 15-9. 수신한 IR 신호의 해석 결과를 출력한 시리얼 모니터

그림 15-9의 출력 결과로부터 적외선 리모컨 버튼의 '0'을 누르면 16진수로 표현되는 '0xC'라는 명령(Command)과 '0xF30CBF00'이라는 원시 코드(Raw-Data) 등의 데이터가 전송되며, '1'을 누르면 '0x10'이라는 명령과 '0xEF10BF00'이라는 원시 코드 등이 전송되었음을 알 수 있다. 이처럼 적외선 리모컨은 버튼별 고유한 명령과 원시 코드 등을 적외선 신호로 전송하므로 TV를 켜고 끄거나 채널 변경 등과 같이 원격으로 대상 시스템의 동작을 제어할 수 있다.

표 15-2. 적외선 리모컨의 버튼별 전송된 명령(Command) 및 원시 코드(Raw-Data)

버튼	명령	원시 코드	버튼	명령	원시 코드	버튼	명령	원시 코드
⏻	0x0	0xFF00BF00	VOL+	0x1	0xFE01BF00	FUNC/STOP	0x2	0xFD02BF00
⏮	0x4	0xFB04BF00	⏸	0x5	0xFA05BF00	⏭	0x6	0xF906BF00
▼	0x8	0xF708BF00	VOL-	0x9	0xF609BF00	▲	0xA	0xF50ABF00
0	0xC	0xF30CBF00	EQ	0xD	0xF20DBF00	ST/REPT	0xE	0xF10EBF00
1	0x10	0xEF10BF00	2	0x11	0xEE11BF00	3	0x12	0xED12BF00
4	0x14	0xEB14BF00	5	0x15	0xEA15BF00	6	0x16	0xE916BF00
7	0x18	0xE718BF00	8	0x19	0xE619BF00	9	0x1A	0xE51ABF00

체험활동 2 : 적외선 리모컨 사용하기

2 〉 적외선 리모컨으로 LED 제어하기

그림 15-8의 적외선 리모컨 및 적외선 수신기 회로에 빨간색, 초록색, 파란색 LED를 추가하고 적외선 리모컨을 사용하여 색상별 LED의 ON/OFF 동작을 제어해 보자. 과전류로부터 LED를 보호하기 위해 330[Ω] 저항을 사용하며, 표 15-3을 참고하여 그림 15-10의 회로를 구성한다.

표 15-3. 아두이노 보드와 각 장치의 연결

구분		단자 이름	아두이노 핀	기타
IR 센서		출력	11	센서 출력
		접지	GND	접지
		전원	5[V]	전원
LED	빨간색	양극	7	빨간색 LED 제어
		음극	330[Ω] 저항을 통해 GND	접지
	초록색	양극	6	초록색 LED 제어
		음극	330[Ω] 저항을 통해 GND	접지
	파란색	양극	5	파란색 LED 제어
		음극	330[Ω] 저항을 통해 GND	접지

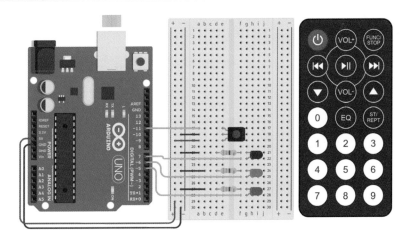

그림 15-10. 적외선 리모컨을 이용한 LED 제어 회로

그림 15-10의 회로에서 적외선 리모컨으로 LED의 ON/OFF 동작을 제어하는 소스코드를 작성해 보자. 적외선 리모컨의 버튼을 누르면 눌린 버튼에 해당하는 색상의 LED가 켜지거나 꺼지며 LED의 상태를 시리얼 모니터에 출력한다.

코드 15-3

적외선 리모컨을 이용한 LED 제어

```
1    // 적외선 리모컨의 동작 확인
2
3    #include <IRremote.h>            // 적외선 리모컨 라이브러리 포함
4
5    int IR_RECEIVE_PIN = 11;         // 적외선 센서의 출력과 아두이노 데이터 핀 연결
6    int LED_R = 7;                   // 빨간색 LED와 아두이노 7번 핀 연결
7    int LED_G = 6;                   // 초록색 LED와 아두이노 6번 핀 연결
8    int LED_B = 5;                   // 파란색 LED와 아두이노 5번 핀 연결
9
10   void setup(){
11     IrReceiver.begin(IR_RECEIVE_PIN, ENABLE_LED_FEEDBACK); // IR 수신기 활성화
12     pinMode(LED_R, OUTPUT);        // LED_R(7번) 핀을 출력 모드로 설정
13     pinMode(LED_G, OUTPUT);        // LED_G(6번) 핀을 출력 모드로 설정
14     pinMode(LED_B, OUTPUT);        // LED_B(5번) 핀을 출력 모드로 설정
15     Serial.begin(9600);           // 시리얼 모니터 초기화
16     Serial.println(">> Press Botton Key"); // 시리얼 모니터에 문자열을 출력
17   }
18
19   void loop(){
20     if (IrReceiver.decode()){      // 수신 받은 데이터가 있으면 true, 없으면 false
21       switch(IrReceiver.decodedIRData.command){ // 디코딩된 명령 값에 대한 switch 문
22         case 0x10 :                // 버튼 1이 눌리면
23           Serial.println("Red LED : ON");
24           ledControl(LED_R, HIGH); // 7번 핀으로 HIGH를 출력하도록 사용자 정의 함수 호출
25           break;
26         case 0x12 :                // 버튼 3이 눌리면
27           Serial.println("Red LED : OFF");
28           ledControl(LED_R, LOW); // 7번 핀으로 LOW를 출력하도록 사용자 정의 함수 호출
29           break;
30         case 0x14 :                // 버튼 4가 눌리면
31           Serial.println("Green LED : ON");
32           ledControl(LED_G, HIGH);// 6번 핀으로 HIGH를 출력하도록 사용자 정의 함수 호출
33           break;
34         case 0x16 :                // 버튼 6이 눌리면
35           Serial.println("Green LED : OFF");
36           ledControl(LED_G, LOW); // 6번 핀으로 LOW를 출력하도록 사용자 정의 함수 호출
37           break;
38         case 0x18 :                // 버튼 7이 눌리면
39           Serial.println("Blue LED : ON");
40           ledControl(LED_B, HIGH);// 5번 핀으로 HIGH를 출력하도록 사용자 정의 함수 호출
```

```
41              break;
42          case 0x1A :                 // 버튼 9가 눌리면
43            Serial.println("Blue LED : OFF");
44            ledControl(LED_B, LOW);   // 5번 핀으로 LOW를 출력하도록 사용자 정의 함수 호출
45            break;
46          default :                   // 그 밖의 버튼이 눌리면
47              Serial.println("Incorrect Key!");
48        }
49
50        IrReceiver.resume();          // 다음 버튼 값을 수신 받을 수 있도록 대기
51      }
52    }
53
54    // 사용자 정의 함수(LED ON/OFF 제어)
55    void ledControl(int LED_Pin, char outValue){
56      digitalWrite(LED_Pin, outValue); // LED_Pin 핀으로 HIGH/LOW를 출력
57      delay(1000);                     // 1초 동안 지연
58    }
```

3줄 : 적외선 리모컨 라이브러리를 소스코드에 포함시킨다.

5~8줄 : IR 센서 및 3가지 색상의 LED와 연결된 아두이노의 각 핀 번호를 해당 int형 변수에 저장한다.

11줄 : IR 수신기의 활성화를 위해 IRremote 라이브러리로 제어할 수신기 객체로 IrReceiver를 생성하고 IR 센서와 연결된 아두이노의 핀 번호와 수신 상태를 확인할 내장 LED 핀 번호를 설정한다.

12~14줄 : 3가지 색상의 LED와 연결된 아두이노의 데이터 핀을 출력 모드로 설정한다.

15줄 : 시리얼 모니터를 초기화한다.

20줄 : IrReceiver.decode( ) 함수는 적외선 신호의 수신 여부를 확인하는 함수로 IR 수신기가 적외선 신호를 수신하면 true(1)를 반환하고 수신 받지 못하면 false(0)를 반환한다. IrReceiver.decode( ) 함수에 의해 디코딩한 데이터는 정해진 형식에 맞춰 IrReceiver.decodedIRData에 저장된다. 저장된 decodedIRData의 구조는 protocol, address, command 등의 값으로 구성된다.

21~48줄 : switch~case 문을 사용하여 IrReceiver.decodedIRData에 저장된 데이터의 명령(command) 값에 해당하는 LED 핀 번호(LED_R, LED_G, LED_B)와 출력값(HIGH, LOW)을 매개변수로 하여 사용자 정의 함수 ledControl( )을

호출함으로써 LED를 제어한다.

50줄 : 적외선 센서가 다음 신호를 수신 받을 수 있도록 대기한다.

54~58줄 : 3가지 색상의 LED를 제어(ON/OFF)하는 사용자 정의 함수이다.

시뮬레이션을 실행하고, 적외선 리모컨의 숫자 버튼을 누르면 해당 LED가 켜지거나 꺼지며 LED 상태(ON 또는 OFF)가 시리얼 모니터에 출력된다.

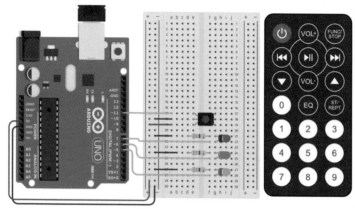

그림 15-11. 적외선 리모컨을 이용하여 LED를 제어한 결과

1 〉 EEPROM

팅커캐드에서 EEPROM, 키패드, 서보 모터를 사용하여 디지털 도어락을 만들어 보자. 초기 비밀번호는 전원 공급이 중단되어도 정보를 잃지 않도록 사전에 비휘발성 메모리인 EEPROM에 등록(저장)한다.

데이터를 저장할 수 있는 공간인 메모리는 여러 분류 기준이 있는데 그중 전원 공급에 따른 데이터 저장 여부를 기준으로 RAM과 ROM으로 나눌 수 있다. RAM(Random Access Memory)은 전원 공급이 중단되면 기록된 정보가 사라지는 기억 장치로 휘발성 메모리라고 한다. RAM은 읽고 쓰는 속도가 빠르므로 처리할 데이터를 임시로 저장할 때 주로 사용되며, 컴퓨터의 DRAM과 SRAM이 대표적이다. 반면 ROM(Read Only Memory)은 전원 공급이 중단되어도 저장된 정보가 사라지지 않는 기억 장치로 비휘발성 메모리라고 한다. 컴퓨터 메인보드에 있는 BIOS ROM이 대표적이다. ROM에 정보를 저장하거나 지우기 위해서는 전용 기록 장치가 필요하지만, EEPROM은 전용 기록 장치 없이 전기 신호를 이용하여 간단하게 정보를 기록하거나 삭제할 수 있도록 만들어진 ROM이다. 읽는 속도는 RAM과 거의 비슷하지만 정보를 기록하기 위해서는 밀리초 단위의 시간이 필요하므로 반복적으로 빠르게 읽고 쓰는 동작을 할 때는 적합하지 않다.

메모리를 구분하는 또 다른 기준으로 역할 측면에서 주 기억 장치와 보조 기억 장치로 구분할 수도 있다. 주기억 장치는 컴퓨터(마이크로프로세서)가 실행될 때 필요한 운영체제(OS)나 처리할 프로그램 또는 데이터 등을 저장하는 데 사용하는 기억 장치로 ROM과 RAM이 이에 해당한다. 보조 기억 장치는 주 기억 장치보다 속도는 느리지만 주 기억 장치를 보완하여 많은 양의 데이터 저장할 수 있는 기억 장치로 HDD(하드디스크), SSD, 플래시 메모리(USB 메모리) 등이 있다. 아두이노 우노 보드의 마이크로컨트롤러(ATmega328)에는 32킬로바이트의 플래시 메모리, 2킬로바이트의 SRAM, 1킬로바이트(kB) 크기의 EEPROM을 내장하고 있다. 플래시 메모리에는 작성한 스케치(소스코드)를, SRAM에는 사용자 변수를 저장할 수 있으며 EEPROM은 기본적으로 바이트(byte) 크기의 데이터를 저장할 수 있다. EEPROM은 여러 번 데이터를 읽고 쓸 수 있지만 쓰고 지울 수 있는 횟수가 100,000번 정도만 가능하므로 사용 빈도에 주의해야 한다.

1.1 | EEPROM에 데이터를 저장하고 읽기

EEPROM은 기본적으로 바이트 단위로 데이터를 읽고 쓸 수 있으므로 저장할 데이터가 1바이트의 범위를 벗어나지 않도록 주의해야 한다. 데이터가 1바이트(= 8비트)로 표현할 수 있는 0~255($0 \sim 2^8 - 1$) 사이의 숫자, 문자라면 아스키코드(ASCII code)로 표현할 수 있는 한 글자의 문자를 저장할 수 있다. 만약 256 이상의 숫자나 두 글자 이상의 문자를 저장하려면 2바이트 이상의 저장 공간에 나누어 저장해야 한다. 이처럼 EEPROM에 데이터를 읽고 쓰기 위해서는 저장 공간의 위치에 해당하는 주소(인덱스)가 필요하다. 1개의 주소는 1바이트 크기의 공간을 가리키며 0부터 EEPROM의 크기에 해당하는 주소를 사용할 수 있다. 따라서 EEPROM의 크기가 1킬로바이트(=1024byte)[1]인 아두이노 우노는 0부터 1023까지의 주소를 사용할 수 있다.

앞서 살펴봤던 키패드, 서보 모터 등과 같이 라이브러리를 사용하는 여러 입출력 장치와 마찬가지로 EEPROM도 라이브러리를 사용하여 쉽게 제어할 수 있다. 소스코드 첫 줄에 '#include⟨EEPROM.h⟩'와 같이 라이브러리를 포함시키고, 라이브러리의 여러 멤버 함수(write(), read(), update(), put(), get() 등)를 사용하여 쉽게 데이터를 읽고 쓸 수 있다.

체크 포인트

1 컴퓨터는 2진수를 다루고 2의 승수(2^{10} = 1024)를 단위로 사용하는 것이 편리하다. 따라서 1kB = 1000byte라는 국제 표준 규격 대신 관습적으로 1kB = 1024byte를 사용한다.

팅커캐드의 작업판에서 아두이노 보드를 배치하고 EEPROM에 데이터를 저장한 다음 다시 읽어 들여 시리얼 모니터에 출력하는 소스코드를 작성해 보자. 아두이노 우노 보드의 EEPROM에 저장할 수 있는 1024개 주소에 0~255 사이의 데이터값을 저장한다. 저장되는 데이터는 아두이노에서 기본적으로 제공하는 random( ) 함수를 사용하여 발생시킨 난수(random number)이다.

코드 15-4

EEPROM에 데이터를 저장하고 읽기

```
1    // EEPROM에 데이터를 저장하고 읽기
2
3    #include<EEPROM.h>                          // EEPROM 라이브러리 포함
4
5    void setup(){
6      Serial.begin(9600);                       // 시리얼 모니터 초기화
7      randomSeed(2);                            // 난수 발생의 시작 값을 고정
8
9      // EEPROM에 데이터 쓰기
10     for (int i = 0; i < 1024; i++){
11       // 0에서 255 사이 임의 값을 생성하여 byte형 변수 randomNum에 저장
12       byte randomNum = random(0, 256);        // random(0, 256) = random(256)
13       EEPROM.write(i, randomNum);             // 주소 i에 randomNum 값 저장
14     }
15
16     Serial.println(">> Data saving complete!");// 시리얼 모니터에 문자열 출력
17     delay(1000);                              // 1초 동안 지연
18
19     // EEPROM에 저장된 데이터 읽어 들이기
20     for (int i = 0; i < 1024; i++){
21       byte value = EEPROM.read(i);            // 주소 i에 저장된 데이터를 읽어 value에 저장
22       // 'Address : (주소) Data : (저장된 데이터값)'을 출력
23       Serial.println("Address : " + String(i) + "\t Data : " + value);
24       delay(100);                             // 0.1초 동안 지연
25     }
26   }
27
28   void loop() {
29   }
```

3줄 : EEPROM 라이브러리를 소스코드에 포함시킨다.

6줄 : 시리얼 모니터를 초기화한다.

7줄 : randomSeed( ) 함수의 매개변수를 고정값으로 사용하여 random( ) 함수가

매번 같은 패턴의 난수를 발생하게 한다. random() 함수와 randomSeed() 함수는 아두이노에서 기본적으로 제공되는 표준 함수이다.

---

randomSeed(매개변수) 함수

용도
이미 결정된 긴 길이의 난수 패턴(의사 난수)의 시작 위치를 지정함으로써 random() 함수의 난수 발생 패턴을 일정하게 하거나 일정하지 않게 할 때 사용하는 함수

함수 형식
randomSeed(seed);

매개변수
seed : 발생시키는 난수 패턴을 초기화하기 위한 0이 아닌 숫자(unsigned long형)
　　　 ※ 난수 패턴을 매번 일정하게 발생시킬 필요가 있을 때 고정된 숫자를 사용

함수의 반환 값
없음

사용 예
```
// seed로 고정값(2) 사용
randomSeed(2);                    // 난수 발생 패턴을 일정하게 하여 매번 동일한 난수 발생

// seed를 연결되지 않은 아날로그 입력 단자로 읽어 들인 0~1023 사이의 값 사용
randomSeed(analogRead(0));        // 난수 발생 패턴을 일정하지 않게 하여 매번 다른 난수 발생
```
※ seed로 0을 사용하면 randomSeed() 함수의 효과는 없음

10~14줄 : for 문을 사용하여 i를 0부터 1023까지 1씩 증가시키며 EEPROM 라이브러리의 write() 함수를 사용하여 EEPROM의 주소(인덱스) i에 0~255 사이의 난숫값을 저장한다.

EEPROM.write(매개변수) 함수

용도
매개변수로 지정한 주소와 데이터값에 대해 EEPROM의 지정 주소에 지정한 데이터값을 저장하는 함수

함수 형식
EEPROM.write(address, value);

매개변수
address : 데이터를 쓸 EEPROM의 주소, 0부터 시작하여 EEPROM의 크기까지 사용(아두이노 우노의 경우 0~1023)
value : EEPROM에 저장할 byte 단위의 데이터값(0~255)

16~17줄 : EEPROM의 1024개 주소에 난숫값을 모두 저장한 다음 'Data saving complete!'라는 문자열을 시리얼 모니터에 출력하고 2초 동안 지연한다.

20~24줄 : for 문을 사용하여 i를 0부터 1023까지 1씩 증가시키며 EEPROM 의 주소 i에 저장된 데이터(난숫값)를 읽어 들여 byte형 변수 value에 저장하고, EEPROM의 주소와 저장된 데이터로 구성되는 문자열을 시리얼 모니터에 출력 하고 줄 바꿈 한다. 시리얼 모니터에 출력되는 문자열의 형식은 "〉〉 Address : (주소)(\t)Data : (EEPROM에 저장된 데이터값)"이다. 이때 \t는 키보드의 tab 키를 누른 효과를 갖는다.

EEPROM.read(매개변수) 함수

용도

EEPROM에 저장된 데이터 중 매개변수로 지정한 주소에 저장된 데이터값을 읽어 들이는 함수

함수 형식

EEPROM.read(address);

매개변수

address : 데이터를 읽어 올 EEPROM의 주소(아두이노 우노의 경우 0~1023)

함수의 반환 값

EEPROM에 저장된 byte 크기의 데이터값

사용 예

byte value = EEPROM.read(15); // EEPROM의 주소 15에 저장된 데이터값을 읽어 들여 value에 저장

시뮬레이션을 실행해 보자. 먼저 '시리얼 모니터'를 클릭하고 '시뮬레이션 시작' 버튼을 클릭하면 EEPROM의 1024개 주소에 0~255 사이의 난수를 저장하고, 저장이 완료되면 'Data saving complete!'라는 문자열을 출력한 다음 2초 동안 지연한다. 이후 EEPROM의 0부터 1023 범위의 주소에 저장된 데이터를 차례로 읽어 들여 문자열 형식에 맞춰 시리얼 모니터에 출력한다.

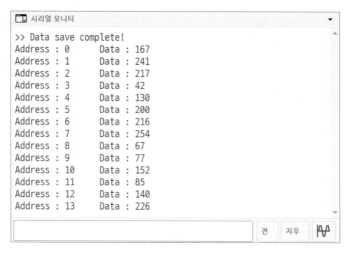

그림 15-12. EEPROM에 데이터를 쓰고 다시 읽어 들여 시리얼 모니터에 출력한 결과

EEPROM 라이브러리에는 write( ) 함수와 read( ) 함수 외에도 다음의 멤버 함수가 있다. 다음의 멤버 함수들은 입문자가 사용하기에 다소 어려울 수 있으므로 기능만 알아보고 넘어간다.

표 15-4. EEPROM 라이브러리의 주요 멤버 함수

멤버 함수명	기능
EEPROM.update(address, value)	매개변수로 지정한 주소(address)와 데이터값(value)에 대해 해당 주소의 EEPROM에 저장된 데이터값과 매개변수로 전달한 데이터값이 다를 경우에만 데이터를 저장
EEPROM.put(location, data)	매개변수로 전달한 위치(location)에 1바이트 이상의 크기를 갖는 데이터(data)를 저장
EEPROM.get(location, data)	매개변수로 전달된 위치(location)에 저장된 1바이트 이상의 크기를 갖는 데이터(data)를 가져옴

1.2 | 키패드로 입력 받은 6자리 비밀번호를 EEPROM에 저장하기

10장에서 키패드로 입력 받은 값을 시리얼 모니터로 확인하는 소스코드(코드 10-5)를 작성했다. 코드 10-5와 코드 15-4를 참고하여 키패드로 입력 받은 6자리 숫자(#을 제외한 문자도 사용 가능)와 사전에 설정한 비밀번호가 같은지 비

교하는 기능과 새롭게 변경할 6자리 비밀번호를 입력 받아 EEPROM에 저장하는 기능을 추가해 보자. 키패드의 '#' 키를 누르면 새로 변경할 비밀번호를 입력 받을 수 있도록 한다.

팅커캐드의 작업판에서 아두이노 보드와 4×4 키패드를 배치하고 그림 15-13의 회로를 구성하자. EEPROM은 아두이노 보드 내부에 내장되어 있으므로 구성요소에서 가져오지 않아도 된다. 키패드의 각 단자에 마우스 커서를 가져가면 해당 단자의 이름을 확인할 수 있으므로 표 15-5를 참고하여 회로를 연결하면 된다.

표 15-5. 아두이노 보드와 각 장치의 연결

구분	단자 이름	아두이노 핀	기타
키패드	열 4	2	–
	열 3	3	–
	열 2	4	–
	열 1	5	–
	행 4	6	–
	행 3	7	–
	행 2	8	–
	행 1	9	–

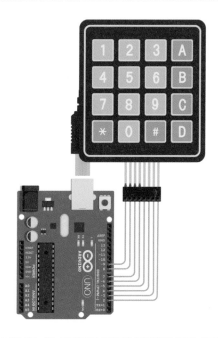

그림 15-13. 키패드를 이용한 비밀번호 입력 회로

키패드로 입력 받은 비밀번호 확인과 새 비밀번호를 EEPROM에 저장하기

```
1    // 키패드로 입력 받은 비밀번호 확인과 새 비밀번호를 EEPROM에 저장하기
2
3    #include<Keypad.h>              // 키패드 라이브러리 포함
4    #include<EEPROM.h>              // EEPROM 라이브러리 포함
5
6    // 사용할 키패드의 행 수와 열 수 설정
7    const byte rows = 4;           // 키패드의 행 수
8    const byte cols = 4;           // 키패드의 열 수
9
10   char keyValues[rows][cols] = {     // 키패드의 키값 배열
11     {'1', '2', '3', 'A'},
12     {'4', '5', '6', 'B'},
13     {'7', '8', '9', 'C'},
14     {'*', '0', '#', 'D'}};
15
16   byte rowPins[rows] = {9, 8, 7, 6}; // 행 단자와 연결된 아두이노 데이터 핀
17   byte colPins[cols] = {5, 4, 3, 2}; // 열 단자와 연결된 아두이노 데이터 핀
18
19   // 키패드 라이브러리를 사용하여 제어할 객체로 userKeypad를 생성
20   Keypad userKeypad = Keypad(makeKeymap(keyValues), rowPins, colPins, rows, cols);
21
22   // 사용할 변수 선언 및 String 객체 생성과 초깃값 설정
23   char pressedKey;               // 눌린 키값을 저장할 char형 변수 선언
24   boolean changePw = false;      // 비밀번호 변경 모드를 해제로 초기화
25   String secretCode = "";        // 사전 설정 비밀번호용 String 객체
26   String userInput = "";         // 사용자 입력 비밀번호용 String 객체
27   int count = 0;                 // 입력한 비밀번호의 자릿수 확인용 카운터
28
29   void setup(){
30     Serial.begin(9600);          // 시리얼 모니터 초기화
31
32     // EEPROM에 저장된 사전 설정 비밀번호를 읽어 들여 변수 secretCode에 저장
33     for (int i = 0; i < 6; i++)
34       secretCode += String(EEPROM.read(i)); // EEPROM에서 비밀번호를 읽어 secretCode에 저장
35
36     Serial.println(String("Saved Password : ") + secretCode); // 확인용 코드
37     pwInput();                   // 비밀번호 입력을 대기하는 사용자 함수 호출
38   }
39
40   void loop() {
41     pressedKey = userKeypad.getKey();// 눌린 키값을 가져와 pressedKey 변수에 저장
42
43     if (pressedKey != NO_KEY) {        // 눌린 키가 있으면
44       if ((pressedKey == '#') && (changePw == false)) { // 비밀번호 변경 모드 확인
45         changePw = true;               // 비밀번호 변경 모드로 설정
```

```
46          Serial.println("");                      // 시리얼 모니터에 빈 줄 출력
47          Serial.println("Input New Password!"); // ' Input New Password! ' 출력
48          Serial.print(">> ");                     // 시리얼 모니터에 ' >> ' 출력
49        }
50      else {                                       // 비밀번호 입력 모드
51          userInput += pressedKey;                 // 입력된 비밀번호를 변수 userInput에 저장
52          count += 1;                              // 비밀번호가 입력될 때마다 카운터값 증가
53          Serial.print("*");                       // 비밀번호가 입력될 때마다 ' * ' 출력
54      }
55
56      if (count == 6){                             // 입력한 비밀번호가 6자리인지 확인
57          count = 0;                               // 입력한 비밀번호가 6자리이면 카운터 초기화
58          Serial.println();                        // 시리얼 모니터에 빈 줄 출력
59
60          if (changePw == true)                    // 비밀번호 변경 모드
61            savePw(userInput);                     // 비밀번호 저장을 위한 사용자 정의 함수 호출
62          else {                                   // 비밀번호 입력 모드
63            if (userInput == secretCode)           // 입력한 비밀번호가 맞으면,
64              pwSuccess();                         // 사용자 함수 pwSuccess( ) 호출
65            else                                   // 입력한 비밀번호가 다르면,
66              pwFail();                            // 사용자 함수 pwFail( ) 호출
67          }
68        }
69      }
70    }
71
72    // 사용자 정의 함수
73    void pwSuccess() {                             // 비밀번호가 맞았을 때 호출하는 사용자 함수
74      Serial.println();                            // 시리얼 모니터에 빈 줄 출력
75      Serial.println(String("userInput = ") + userInput); // 입력 내용 출력,
76      Serial.println("Password is OK!");           // Password is OK! 출력
77      pwInput();                                   // 비밀번호 입력을 대기하는 사용자 함수 호출
78    }
79
80    void pwFail() {                                // 비밀번호가 틀렸을 때 호출하는 사용자 함수
81      Serial.println();                            // 시리얼 모니터에 빈 줄 출력
82      Serial.println(String("userInput = ") + userInput); // 입력 내용 출력
83      Serial.println("Incorrect Password!");       // ' Incorrect Password! ' 출력
84      pwInput();                                   // 비밀번호 입력을 대기하는 사용자 함수 호출
85    }
86
87    void pwInput() {                               // 비밀번호 입력하라는 내용을 출력하는 사용자 함수
88      userInput = "";                              // 입력한 비밀번호를 저장하는 변수를 초기화
89      Serial.println("Input Password");            // ' Input Password ' 출력
90      Serial.print(">> ");                         // 시리얼 모니터에 ' >> ' 출력
91    }
92
93    void savePw(String userInput) {                // 새 비밀번호를 EEPROM에 저장하는 사용자 함수
94      for (int i = 0; i < 6; i++)
95        EEPROM.write(i, userInput[i]);             // 입력된 비밀번호를 EEPROM에 저장
96
```

```
97          secretCode = userInput;          // 새 비밀번호로 변경
98          changePw = false;                // 비밀번호 변경 모드 해제
99          Serial.println("Change password complete!"); // 비밀번호 저장 완료
100         Serial.println();                // 시리얼 모니터에 빈 줄 출력
101         pwInput();                       // 비밀번호 입력을 대기하는 사용자 함수 호출
102       }
```

3줄 : 키패드를 사용하기 위해 라이브러리를 소스코드에 포함시킨다.

4줄 : EEPROM을 사용하기 위해 라이브러리를 소스코드에 포함시킨다.

7~20줄 : 사용할 4×4 키패드의 초기 설정과 객체를 생성한다.

23줄 : 키패드의 눌린 키의 값을 저장할 char형 변수 pressedKey를 선언한다.

24줄 : 비밀번호를 변경하는 모드 또는 사용자가 비밀번호를 입력하는 모드인지 확인하기 위해 boolean형 변수 changePw를 선언하고, changePw의 초깃값을 사용자가 비밀번호를 입력하는 모드가 되도록 false(0)로 설정한다.

25줄 : 사전에 설정(EEPROM에 저장)된 비밀번호를 저장할 String 객체 secretCode를 생성하고 초깃값을 빈 문자열([] 또는 "")로 저장한다.

26줄 : 사용자가 입력하는 비밀번호를 저장할 String 객체 userInput을 생성하고 초깃값을 빈 문자열로 설정한다.

27줄 : int형 변수 count를 선언하고 초깃값을 0으로 저장한다. 변수 count는 사용자가 입력한 비밀번호가 사전에 설정한 비밀번호와 같은 길이(6자리)인지 확인하기 위해 사용한다.

30줄 : 시리얼 모니터를 초기화한다.

33~34줄 : for 문을 사용하여 EEPROM의 주소 0부터 주소 5에 저장된 비밀번호를 읽어 String 객체 secretCode에 저장한다. '+='는 복합 산술 연산자 중 하나로 'x += y'는 'x = x + y'를 간단히 표현한 것이다. 이때 연산자의 대상인 피연산자 x와 y가 문자열이 저장된 String 객체라면 두 객체에 저장된 문자열을 결합한 다음 그 결과를 x에 대입(저장)한다.

예시로 String x = "123"과 String y = "45"일 때 'x += y'는 'x + y'의 연산 결과를 x에 대입하므로 x에는 "12345"라는 문자열이 저장된다. 따라서 secretCode += String(EEPROM.read(i));는 String 객체 secretCode에 저장된 문자열 뒤에 EEPROM으로부터 읽어 들인 데이터를 추가하여 그 결과를 다시

secretCode에 저장한다. 25줄에서 String 객체 secretCode에 저장된 초깃값은 빈 문자열이므로 secretCode에는 EEPROM에 저장된 데이터(사전에 EEPROM에 저장한 데이터가 없으므로 0 값)가 저장되어 초기 비밀번호는 '000000'이 된다.

36~37줄 : 시리얼 모니터에 'Saved password : (secretCode에 저장된 값)'라는 문자열을 출력하고 줄 바꿈 한 다음 비밀번호를 입력하라는 문자열을 시리얼 모니터에 출력하는 사용자 정의 함수인 pwInput( )를 호출한다.

41줄 : getKey( ) 함수를 사용하여 키패드의 눌린 키값을 가져와 char형 변수 pressedKey에 저장한다.

43줄 : 키패드의 키가 눌렸는지 확인한다. 눌린 키가 없다면 char형 변수 pressedKey에는 NO_KEY(\0, 널 문자)가 저장된다. '!='는 비교 연산자 중 하나로 'A != B'는 A와 B가 다르다는 의미이다. 참고로 'A == B'는 A와 B가 같다는 의미이다.

44~49줄 : 새로운 비밀번호를 저장하는 비밀번호 변경 모드인지 확인한다. if문을 사용하여 char형 변수 pressedKey에 저장된 값이 '#'과 같고 boolean형 변수 charPw에 저장된 값이 false(0)와 같은지 확인한다. 두 조건이 모두 만족하면 boolean형 변수 changePw 변수에 true(1)가 저장되고 시리얼 모니터에 새로운 비밀번호를 입력 받기 위한 문자열이 출력된다.

50~54줄 : 44줄의 두 조건 중 하나라도 만족하지 못한 것을 의미한다. 즉, char형 변수 pressedKey에 저장된 값이 '#'이 아니거나 boolean형 변수 charPw에 저장된 값이 false(0)가 아닌 것, 즉 비밀번호 입력 모드이다. 따라서 51줄의 명령문 char형 변수 pressedKey에 저장된 키패드의 눌린 키값은 복합 산술 연산자(+=)에 의해 String 객체 userInput에 저장된 문자열 뒤에 추가되고 그 결과가 userInput에 다시 저장된다. 52줄의 복합 산술 연산자 '+='는 피연산자의 데이터형이 int(정수)이므로 'count += 1'은 'count = count + 1'과 같은 산술 연산을 한다. 따라서 52줄과 53줄에서는 키패드로부터 비밀번호가 입력될 때마다 count 값이 1씩 증가하고 입력된 비밀번호 대신 '*'이 시리얼 모니터에 출력된다.

56~68줄 : int형 변수 count에 저장된 값이 6이면 57줄~58줄에서 count는 0으로 초기화되고 시리얼 모니터에 빈 줄을 출력한 다음 줄 바꿈 한다. 60줄

~61줄에서 count 값이 6이고 비밀번호 변경 모드(changePw == true)라면 입력 받은 비밀번호를 매개변수로 하여 사용자 정의 함수 savePw()를 호출한다. savePw()는 매개변수로 넘겨받은 비밀번호를 EEPROM에 저장하는 사용자 정의 함수이다. 62줄~67줄에서 count 값이 6이고 비밀번호 입력 모드(changePw == false)일 때 키패드로부터 입력 받은 비밀번호(userInput)가 사전에 설정해 놓은 비밀번호(secretCode)와 같다면 사용자 정의 함수 pwSuccess()를 호출하고 다르면 pwFail()을 호출한다.

73~78줄 : 사용자가 입력한 비밀번호가 맞았을 때 호출되는 사용자 정의 함수이다. 시리얼 모니터에 입력한 6자리의 비밀번호와 함께 비밀번호가 맞았다는 문자열(Password is OK!)을 출력하고 다시 비밀번호를 입력 받을 수 있도록 하는 사용자 함수 pwInput()을 호출한다.

80~85줄 : 사용자가 입력한 비밀번호가 틀렸을 때 호출되는 사용자 정의 함수이다. 시리얼 모니터에 입력한 6자리의 비밀번호와 함께 비밀번호가 틀렸다는 문자열('Incorrect Passpword!')을 출력하고 다시 비밀번호를 입력 받을 수 있도록 하는 사용자 함수 pwInput()을 호출한다.

87~91줄 : 비밀번호를 입력하라는 문자열을 출력하는 사용자 함수이다. 사용자가 입력한 비밀번호를 저장하는 String 객체 userInput에 저장된 내용을 빈 문자열로 초기화하고, 시리얼 모니터에 비밀번호를 입력하라는 문자열('Input Password'와 줄 바꿈 하여 '〉〉')을 출력한다.

93~102줄 : 새로운 비밀번호로 변경하고 변경된 비밀번호를 EEPROM에 저장하는 사용자 정의 함수이다. 변경할 새로운 비밀번호를 매개변수(String 객체 userInput)로 넘겨받아 94~95줄에서 EEPROM의 주소 0부터 주소 5에 저장하고, 97~100줄에서 넘겨받은 비밀번호를 String 객체 secretCode에 저장함으로써 새로운 비밀번호가 설정된다. 이후 boolean형 변수 changePw에 false(0)를 저장함으로써 비밀번호 변경 모드를 해제한다.

시리얼 모니터에 비밀번호 변경이 완료됐다는 문자열('Change password complete!')과 함께 빈 줄을 출력하고 다시 비밀번호를 입력하는 문자열을 출력하는 사용자 함수 pwInput()을 호출한다.

(a) 변경할 새 비밀번호의 입력 대기

(b) 새로운 비밀번호로 변경 완료

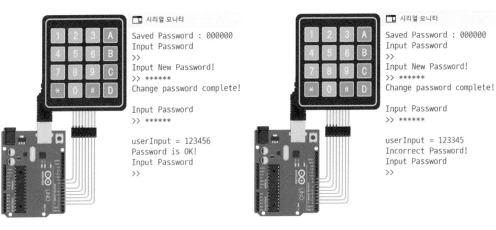

(c) 입력한 비밀번호가 맞았을 때

(d) 입력한 비밀번호가 틀렸을 때

그림 15-14. 코드 15-5의 동작 결과(시리얼 모니터 창)

2 〉 디지털 도어락 만들기

키패드를 사용하여 비밀번호를 입력 받아 등록된 비밀번호와 일치하는지를 확인한 다음 비밀번호가 맞으면 문(door)이 열리는 디지털 도어락을 만들어 보자. 디지털 도어락의 기본 동작은 다음과 같다.

> • EEPROM에 저장된 초기 비밀번호는 '000000'이며, '#'을 눌러 변경이 가능하다.
>
> • 도어는 초기에 닫힘 상태(서보 모터가 90°에 위치)이며, 4×4 키패드를 통해 6자리 비밀번호('#' 제외)를 입력 받고 사전에 등록된 비밀번호와 일치하면 초록색 LED가 켜지며 서보 모터가 180° 위치로 회전하여 도어가 열린다.
>
> • 비밀번호가 잘못 입력되면 도어는 닫힘 상태(서보 모터가 90°에 위치)를 유지하며, 빨간색 LED가 1초 간격으로 3번 깜박이고 비밀번호를 다시 입력할 수 있다.
>
> • 비밀번호의 변경이 완료되면 도어는 닫힘 상태(서보 모터가 90°에 위치)를 유지하며, 초록색 LED와 빨간색 LED가 동시에 1초 간격으로 3번 깜박인 다음 비밀번호를 입력할 수 있다.

그림 15-13의 회로에 작은 브레드보드, 서보 모터, LED, 330[Ω] 저항을 추가하여 그림 15-15의 디지털 도어락 회로를 구성하자. 각 부품의 연결은 표 15-6을 참고하면 된다.

표 15-6. 아두이노 보드와 각 장치의 연결

구분	단자 이름	아두이노 핀	기타
키패드	열 4	2	–
	열 3	3	–
	열 2	4	–
	열 1	5	–
	행 4	6	–
	행 3	7	–
	행 2	8	–
	행 1	9	–

		신호(제어선)	10	서보 모터의 제어 신호
서보 모터		전원	5[V]	5[V] 전원
		접지	GND	접지
LED	빨간색	양극	12	–
		음극	330[Ω] 저항을 통해 GND	접지
	초록색	양극	11	–
		음극	330[Ω] 저항을 통해 GND	접지

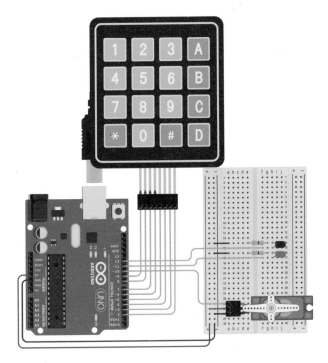

그림 15-15. 디지털 도어락 회로

앞서 작성한 코드 15-5에 비밀번호를 변경하거나 일치 여부를 확인한 결과에 따라 LED 출력 및 서보 모터의 동작을 제어하는 기능을 추가해 보자.

코드 15-6

비밀번호 변경 및 일치 여부에 따라 LED와 서보모터 제어

```
1    // 디지털 도어락 : 비밀번호 변경 및 일치 여부에 따라 LED와 서보모터 제이
2
3    #include<Keypad.h>              // 키패드 라이브러리 포함
4    #include<EEPROM.h>              // EEPROM 라이브러리 포함
5    #include<Servo.h>               // 서보 모터 라이브러리 포함
```

```
6
7      // 사용할 키패드의 행 수와 열 수 설정
8      const byte rows = 4;                 // 키패드의 행 수
9      const byte cols = 4;                 // 키패드의 열 수
10
11     char keyValues[rows][cols] = {       // 키패드의 키값 배열
12       {'1', '2', '3', 'A'},
13       {'4', '5', '6', 'B'},
14       {'7', '8', '9', 'C'},
15       {'*', '0', '#', 'D'}};
16
17     byte rowPins[rows] = {9, 8, 7, 6};  // 행 단자와 연결된 아두이노 데이터 핀
18     byte colPins[cols] = {5, 4, 3, 2};  // 열 단자와 연결된 아두이노 데이터 핀
19
20     // 키패드 라이브러리를 사용하여 제어할 객체로 userKeypad를 생성
21     Keypad userKeypad = Keypad(makeKeymap(keyValues), rowPins, colPins, rows, cols);
22
23     // 서보 모터 라이브러리를 사용하여 제어할 객체로 myServo를 생성
24     Servo myServo;
25
26     // LED 연결 핀 설정
27     int GLED = 11;                       // 초록색 LED를 11번 핀에 연결
28     int RLED = 12;                       // 빨간색 LED를 12번 핀에 연결
29
30     // 사용할 변수 선언 및 String 객체 생성과 초깃값 설정
31     char pressedKey;                     // 눌린 키값을 저장할 char형 변수 선언
32     boolean changePw = false;            // 비밀번호 변경 모드를 해제로 초기화
33     String secretCode = "";              // 사전 설정 비밀번호용 String 객체
34     String userInput = "";               // 사용자 입력 비밀번호용 String 객체
35     int count = 0;                       // 입력한 비밀번호의 자릿수 확인용 카운터
36
37     void setup(){
38       Serial.begin(9600);               // 시리얼 모니터 초기화
39       pinMode(GLED, OUTPUT);            // 11번 핀(초록색 LED)을 출력으로 선언
40       pinMode(RLED, OUTPUT);            // 12번 핀(빨간색 LED)을 출력으로 선언
41       myServo.attach(10, 500, 2500);   // myServo를 제어할 핀으로 10번 핀 설정
42       myServo.write(90);                // 서보 모터를 90 위치로 회전(닫힘 상태)
43       delay(2000);                      // 2초 동안 지연(서보 모터의 안정한 동작을 위해)
44
45       // EEPROM에 저장된 패스워드 읽어 들여 변수 secretCode에 저장
46       for (int i = 0; i < 6; i++)
47         secretCode += EEPROM.read(i);  // EEPROM에 저장된 비밀번호를 읽어 secretCode에 저장
48
49       Serial.println(String("Saved Password : ") + secretCode); // 확인용 코드
50       pwInput();                        // 비밀번호 입력을 대기하는 사용자 함수 호출
51     }
52
53     void loop() {
54       pressedKey = userKeypad.getKey(); // 눌린 키값을 가져와 pressedKey 변수에 저장
55
56       if (pressedKey != NO_KEY) {       // 눌린 키가 있으면
```

```
57    if ((pressedKey == '#') && (changePw == false)) { // 비밀번호 변경 모드 확인
58      changePw = true;                    // 비밀번호 변경 모드로 설정
59      Serial.println("");                 // 시리얼 모니터에 빈 줄 출력
60      Serial.println("Input New Password!"); // 'Input New Password' 출력
61      Serial.print("≫ ");                 // 시리얼 모니터에 '≫' 출력
62    }
63    else {                                // 비밀번호 입력 모드
64      userInput += pressedKey;            // 입력된 비밀번호를 변수 userInput에 저장
65      count += 1;                         // 비밀번호가 입력될 때마다 카운터값 증가
66      Serial.print("*");                  // 비밀번호가 입력될 때마다 '*' 출력
67    }
68
69    if (count == 6){                      // 입력한 비밀번호가 6자리인지 확인
70      count = 0;                          // 입력한 비밀번호가 6자리이면 카운터 초기화
71      Serial.println();                   // 시리얼 모니터에 빈 줄 출력
72
73      if (changePw == true)               // 비밀번호 변경 모드
74        savePw(userInput);                // 비밀번호 저장을 위한 사용자 정의 함수 호출
75      else {                              // 비밀번호 입력 모드
76        if (userInput == secretCode)      // 입력한 비밀번호가 맞으면,
77          pwSuccess();                    // 사용자 함수 pwSuccess() 호출
78        else                              // 입력한 비밀번호가 다르면,
79          pwFail();                       // 사용자 함수 pwFail() 호출
80      }
81    }
82   }
83  }
84
85  // 사용자 정의 함수
86  void pwSuccess() {                      // 비밀번호가 맞았을 때 실행하는 사용자 함수
87    Serial.println();                     // 시리얼 모니터에 빈 줄 출력
88    Serial.println(String("userInput = ") + userInput); // 입력 내용 출력,
89    Serial.println("Password is OK!");    // Password is OK! 출력
90
91    myServo.write(180);                   // 서보 모터를 180 위치로 회전(열림 동작)
92    delay(2000);                          // 2초 동안 지연(서보 모터의 안정한 동작을 위해)
93
94    for (int i = 0; i < 3; i++) {         // 3초 동안 초록색 LED가 깜박임
95      digitalWrite(GLED, HIGH);           // GLED(11번) 핀으로 HIGH(5V) 출력
96      delay(500);                         // 0.5초 동안 지연
97      digitalWrite(GLED, LOW);            // GLED(11번) 핀으로 LOW(0V) 출력
98      delay(500);                         // 0.5초 동안 지연
99    }
100
101   pwInput();                            // 비밀번호 입력을 대기하는 사용자 함수 호출
102  }
103
104  void pwFail() {                         // 비밀번호가 틀렸을 때 실행하는 사용자 함수
105    Serial.println();                     // 시리얼 모니터에 빈 줄 출력
106    Serial.println(String("userInput = ") + userInput); // 입력 내용 출력
107    Serial.println("Incorrect Password!"); // 'Incorrect Password!' 출력
```

```
108
109        for (int i = 0; i < 3; i++) {      // 3초 동안 빨간색 LED가 깜박임
110          digitalWrite(RLED, HIGH);        // RLED(12번) 핀으로 HIGH(5V) 출력
111          delay(500);                      // 0.5초 동안 지연
112          digitalWrite(RLED, LOW);         // RLED(12번) 핀으로 LOW(0V) 출력
113          delay(500);                      // 0.5초 동안 지연
114        }
115
116        pwInput();                         // 비밀번호 입력을 대기하는 사용자 함수 호출
117      }
118
119      void pwInput() {                     // 비밀번호 입력하라는 내용을 출력하는 사용자 함수
120        userInput = "";                    // 입력한 비밀번호를 저장하는 변수를 초기화
121        Serial.println("Input Password");  // 시리얼 모니터에 'Input Password' 출력
122        Serial.print(">> ");               // 시리얼 모니터에 '>>' 출력
123
124        myServo.write(90);                 // 서보 모터를 90 위치로 회전(닫힘 상태)
125        delay(2000);                       // 2초 동안 지연(서보 모터의 안정한 동작을 위해)
126
127      }
128
129      void savePw(String userInput) {      // 새 비밀번호를 EEPROM에 저장하는 사용자 함수
130        for (int i = 0; i < 6; i++)
131          EEPROM.write(i, userInput[i]);   // 입력된 비밀번호를 EEPROM에 저장
132
133        secretCode = userInput;            // 새 비밀번호로 변경
134        changePw = false;                  // 비밀번호 변경 모드 해제
135        Serial.println("Change password complete!"); // 비밀번호 저장 완료
136
137        for (int i = 0; i < 3; i++) {      // 3초 동안 모든 LED가 깜박임
138          digitalWrite(GLED, HIGH);        // GLED(11번) 핀으로 HIGH(5V) 출력
139          digitalWrite(RLED, HIGH);        // RLED(12번) 핀으로 HIGH(5V) 출력
140          delay(500);                      // 0.5초 동안 지연
141          digitalWrite(GLED, LOW);         // GLED(11번) 핀으로 LOW(0V) 출력
142          digitalWrite(RLED, LOW);         // RLED(12번) 핀으로 LOW(0V) 출력
143          delay(500);                      // 0.5초 동안 지연
144        }
145
146        Serial.println();                  // 시리얼 모니터에 빈 줄 출력
147        pwInput();                         // 비밀번호 입력을 대기하는 사용자 함수 호출
148      }
```

다음은 코드 15-6에 새롭게 추가한 소스코드에 대한 설명이다. 나머지 소스코드에 대한 설명은 코드 15-5의 설명을 참고한다.

5줄 : 서보 모터를 사용하기 위한 라이브러리를 소스코드에 포함시킨다.

24줄 : 서보 모터 라이브러리를 사용하여 제어할 객체로 myServo를 생성한다.

27~28줄 : 초록색 LED가 연결된 아두이노의 핀 번호(11번)와 빨간색 LED가 연결된 아두이노의 핀 번호(12번)를 int형 변수 GLED와 RLED에 각각 저장한다.

39~40줄 : LED가 연결된 11번 핀(초록색 LED)과 12번 핀(빨간색 LED)을 출력 모드로 설정한다.

41~42줄 : 서보 모터 라이브러리의 attach( ) 함수를 사용하여 생성한 서보 모터 객체(myServo)의 제어선을 10번 핀으로 설정하고, 선택 매개변수를 min = 500, max = 2500으로 설정한다. 서보 모터 라이브러리의 write( ) 함수를 사용하여 서보 모터를 90°에 위치(닫힘 상태)하도록 한다. 이때 서보 모터가 안정한 동작을 위해 충분한 시간이 필요하므로 2초 동안 지연한다.

91~99줄 : 사용자가 입력한 비밀번호가 맞았을 때 서보 모터 라이브러리의 write( ) 함수를 사용하여 서보 모터를 180° 위치로 회전(열림 상태)한다. for 문을 사용하여 3초 동안 초록색 LED를 1초 간격으로 깜박인다.

109~114줄 : 사용자가 입력한 비밀번호가 틀렸을 때 for 문을 사용하여 3초 동안 빨간색 LED를 1초 간격으로 깜박인다. 이때 서보 모터는 현재 상태(90° 위치)를 유지한다.

124~125줄 : 도어가 닫힘 상태가 되도록 서보 모터를 90° 위치로 회전한다.

137~144줄 : 새로운 비밀번호가 등록되면 for 문을 사용하여 3초 동안 모든 색상의 LED를 1초 간격으로 깜박인다. 이때 서보 모터는 현재 상태(90° 위치)를 유지한다.

시뮬레이션을 시작하면, 서보 모터는 닫힘 상태인 90° 위치로 회전한다. EEPROM에 저장된 초기 비밀번호인 '000000'이 시리얼 모니터에 출력되고 비밀번호를 입력받을 수 있는 상태를 의미하는 'Input Password'라는 문자열을 출력한다. 키패드의 '#'을 누르고 새로운 비밀번호로 '123456'을 차례로 입력하면 비밀번호의 변경이 완료되었음을 의미하는 'Change password complete!'라는 문자열이 시리얼 모니터에 출력되고 모든 색상의 LED가 3초 동안 깜빡인 다음 비밀번호를 입력받을 수 있는 상태가 된다. 키패드로 '123456'을 차례로 입력하면, 시리얼 모니터에 비밀번호가 맞았음을 의미하는 'Password is OK!'라는 문자열이 출력되고 서보 모터는 열림 위치인 180° 위치로 회전한 다음 초록색 LED가 3초 동안 깜박인다. 모든 동작이 끝난 다음 다시 사용자 입력을 받을 수 있는 상태가 되며 서보 모터는 닫힘 상태인 90°로 원위치한다. 입력한 비밀번호가 틀리면 'Incorrect Password!'라는 문자열이 시리얼 모니터에 출력되고 서보 모터는 90° 위치를 유지하며 빨간색 LED가 3초 동안 깜빡이는 것을 확인할 수 있다.

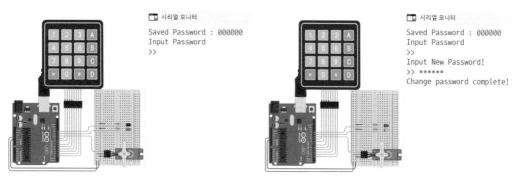

(a) 초기 비밀번호와 도어가 닫힌 상태

(b) 새로운 비밀번호로 변경 완료

(c) 입력한 비밀번호가 맞았을 때

(d) 입력한 비밀번호가 틀렸을 때

그림 15-16. 디지털 도어락의 동작 결과

아두이노를 사용하기 위해서는 스케치라고 하는 소스코드를 작성해야 한다. 소스코드란 아두이노가 할 일을 순서에 맞게 약속된 언어(C, C++ 언어) 형식으로 작성한 것을 말하며, 소스코드를 작성하는 것을 프로그래밍이라고 한다. 아두이노를 위한 소스코드 작성을 위해 전문적인 프로그래밍 지식을 자세히 알 필요는 없지만, C언어의 기본적인 문법에 대해 알아야 한다.

1. 아두이노 프로그래밍을 위한 Tip

- 아두이노는 비전공자를 위해 개발된 보드이므로 자체적으로 제공하는 많은 함수가 있어 기초적인 C, C++ 언어 문법으로 작성할 수 있다.
- 아두이노 소스코드의 기본 구성은 setup() 함수 부분과 loop() 함수 부분으로 구성되며, 필요에 따라 주석문 작성 부분, 전처리 부분, 변수 선언 및 초깃값 설정 부분, 라이브러리로 제어할 객체 생성 및 초기화 부분, 사용자 정의 함수 부분을 추가한다.

주석문 부분 : 소스코드를 설명하는 내용을 작성하는 부분으로 //로 시작하는 한 줄 주석문 또는 /*로 시작해서 */로 끝나는 2줄 이상의 주석문은 컴파일에 영향을 주지 않는다.

전처리 부분 : #include, #define 등의 전처리기를 사용하여 컴파일하기 전에 미리 처리되는 문장으로, 일반적으로 소스코드의 작성이나 수정을 쉽게 하려고 사용한다.

변수 선언 및 초깃값 설정 부분 : 주변 장치와 연결하는 아두이노의 핀 번호, 프로그램 내부에서 사용하는 데이터 등을 저장할 때 사용하는 변수를 데이터형(자료형)에 맞게 선언하고 초깃값을 설정한다.

객체 생성 및 초기화 부분 : 전처리 부분에 포함시킨 라이브러리의 생성자를 사용하여 제어할 객체를 생성하고, 객체를 초기화한다.

setup( ) 함수 부분 : 처음 프로그램이 시작할 때 한 번만 실행하는 함수로 시리얼 모니터를 초기화하거나 사용하는 아두이노 핀의 입출력 모드 설정 등 아두이노의 하드웨어 설정에 필요한 내용을 작성한다.

loop( ) 함수 부분 : 전원이 공급되는 동안 계속 반복하여 실행하는 함수로 아두이노의 실질적인 동작 내용을 작성한다.

사용자 정의 함수 부분 : 사용자가 직접 작성한 함수로 프로그램 내부에서 반복적으로 이루어지는 연산이나 제어를 위한 명령문들로 구성된다.

아두이노 소스코드(스케치)의 구성

소스코드를 설명하는 주석문 부분

〈예시〉 // Blink 예제

전처리 부분

〈예시〉 #include<Keypad.h>, #define NOTE_C5 523

변수 선언 및 초깃값 설정 부분

〈예시〉 int LED = 11;, char name = "Hong Gil-dong";

라이브러리를 사용하여 제어할 객체 생성 및 초기화 부분

〈예시〉 Keypad userKeypad = Keypad(makeKeymap(keyValues), rowPins, colPins, rows, cols);

setup( ) 함수 부분

〈예시〉 void setup() {
　　　　　내용1
　　　　　내용2
　　　　　　⋮
　　　　}

loop 함수 부분

〈예시〉 void loop() {
　　　　　내용1
　　　　　내용2
　　　　　　⋮
　　　　}

사용자 정의 함수 부분

〈예시〉 void mySquare(int x) {
　　　　　int y = x * x;
　　　　　Serial.println(y);
　　　　}

- 팅커캐드의 소스코드 편집기는 코드의 가독성을 높이기 위해 들여쓰기 기능이 자동으로 적용되며, void, for, int 등과 같은 예약어는 보라색, 주석문은 붉은 갈색으로 표시한다.
- 소스코드를 작성할 때 여러 종류의 괄호를 사용하는데 그 종류와 쓰임이 다르다.

( ) : 소괄호는 함수에서 매개변수를 지정할 때, 제어문에서 상수나 조건을 지정할 때, 변수나 연산의 데이터형을 선언하는 예약어(int, char, float 등)를 지정할 때 사용한다.

《예시》
```
digitalWrite(12);                          // 함수의 매개변수 지정
    for (int i = 0; i < 10; i++) {          // 제어문에서 상수나 조건 지정
      Serial.println(i);
    }
    float num = (float) (inputValue * 2.0 / 5.3);   // 연산의 데이터형 선언
```

{ } : 중괄호는 함수나 제어문(if 문, for 문, switch 문 등)에 포함되는 명령문들의 묶음을 표시할 때 사용한다. 포함할 명령문이 하나라면 생략하기도 한다.

《예시》
```
void setup() {
      명령문1;  // setup() 함수에 포함되는
      명령문2;  // 명령문들을 묶기 위해
      …         // 중괄호를 사용
    }
    if (a >0)
      Serial.print("a is positive value."); // if 문에 포함되는 명령문이 한 개라 { } 생략
```

[ ] : 대괄호는 배열에서 사용한다.

《예시》 int array[3] = {0, 1, 2};

< > : 홑화살괄호는 #include 전처리기가 라이브러리(헤더파일)를 소스코드에 포함시킬 때 사용한다.

《예시》 #include<EEPROM.h>

- 소스코드의 모든 명령문(statement)은 마지막에 반드시 ;(세미콜론)을 사용해야 한다. 일반적인 문서에서 문장의 끝에 마침표를 찍는 것처럼 소스코드의 모든 명령문은 마지막에 세미콜론이 없으면 문장이 끝나지 않은 것으로 간주하므로 컴파일을 할 때 오류가 발생한다.

2. 아두이노 프로그래밍을 위한 기초 C, C++ 문법

2.1. 데이터형

- 자료형이라고도 하며 프로그램에서 사용하는 데이터(자료)의 사용 목적과 표현할 수 있는 범위 등의 속성을 말하며, 데이터형에 따라 그 데이터가 어떤 값을 가질 수 있는지 또는 그 데이터를 가지고 할 수 있는 연산이 제한된다.
- 기본적으로 모든 데이터형은 숫자를 저장한다. 참(true) 또는 거짓(false)을 저장하는 boolean형은 참일 때 1, 거짓일 때 0을 저장하며, 문자를 저장하기 위해 사용되는 char형은 내부적으로 ASCII 코드값(0과 1로 구성되는 8비트 코드)값에 해당하는 8자리 숫자가 저장된다.

데이터형	메모리 크기(byte)	설명	표현 범위(저장 값)
boolean	1	논리형	true(1) 또는 false(0)
char	1	문자형	정수 또는 문자 한 개
byte	1	부호 없는 정수형	0~255
int	2	정수형	−32,768~32,767
word	2	부호 없는 정수형	0~65,535
long	4	정수형	−2,147,483,648~2,147,483,647
short	2	정수형	−32,768~32,767
float	4	단정도 실수형	−3.4028235E+38~3.4028235E+38
double	4	배정도 실수형	−3.4028235E+38~3.4028235E+38

2.2. 변수

- 변수란 데이터(자료)를 저장할 수 있는 공간(메모리)을 말한다. 변수를 사용하기 위해서는 변수에 저장할 값의 데이터형을 정하고 적절한 이름을 지어야 한다. 이처럼 변수를 사용하기 위한 과정을 변수 선언이라고 하며, 변수 선언을 통해 지정한 데이터형에 해당하는 메모리를 확보할 수 있다. 사용할 변수를 선언한 다음 변수에 값(데이터)을 저장하기 위해서는 대입문이라 부르는 = 기호를 사용한다.

> 변수 종류(데이터형) 변수 이름;
>
> 변수 종류(데이터형) 변수 이름 = 저장 값;

예시) int num = 0;   // num이라는 이름의 int형 변수를 선언하고 정수 0을 저장

　　　 char text = 'a';   // text라는 이름의 char형 변수를 선언하고 문자 a를 저장

- 변수명 정할 때 다음의 규칙에 유의해야 한다.
  - 영문자, 숫자, _(underbar)를 사용할 수 있음
  - 중간에 공백을 포함할 수 없음
  - for, if, void, int 등의 예약어는 사용할 수 없음
  - 첫 글자로 숫자가 올 수 없음
  - 알파벳 대소문자를 구분함
- 아두이노 프로그래밍에서는 문자열을 쉽게 다루기 위해 String 클래스(class)가 있으며 String형 변수를 'String 객체'라고 한다.

2.3. 연산자

- C, C++ 언어에는 다양한 형태의 수식 표현을 위한 연산자를 제공하고 있으며, 아두이노 프로그래밍에서는 이 연산자들을 모두 사용할 수 있다.
- 연산자란 +, -과 같이 연산을 나타내는 기호를 말하며, 연산자 왼쪽 또는 오른쪽에 있는 변수나 숫자 등을 피연산자라고 한다.
- 연산자는 연산 우선순위가 있으나 외울 필요가 없으며, 표현한 수식에서 소괄호인 ()를 사용하여 연산의 우선순위를 정하면 된다.

연산자 종류	연산자	의미	사용 예
대입 연산자	=	연산자 오른쪽의 값을 왼쪽 변수에 대입	LED = 10;
산술 연산자	+	덧셈	x + 2
	−	뺄셈	x − 2
	*	곱셈	x * 2
	/	나눗셈	x / 2
	%	왼쪽 피연산자를 오른쪽 피연산자로 나눈 나머지를 구한다	x % 2 예) 5 % 2 → 1
비교 연산자	==	같다	y == x
	!=	같지 않다	y != x
	〉	크다	y 〉 x
	〉=	크거나 같다	y 〉= x
	〈	작다	y 〈 x
	〈=	작거나 같다	y 〈= x
논리 연산자	&&	논리 AND	if (x 〉 0 && x 〈 10)
	||	논리 OR	if (a == 0 || b == 0)
	!	논리 NOT	if !(a 〉 10)
비트 연산자	&	비트 AND	(1011) & (0011) → (0011)
	|	비트 OR	(1011) | (0011) → (1011)
	^	비트 XOR	(1011) ^ (0011) → (1000)
	~	비트 NOT	~(1011) → (0100)
비트 이동 연산자	〉〉	오른쪽으로 이동	(0110_1001 〉〉 2) → 0001_1010
	〈〈	왼쪽으로 이동	(0110_1001 〈〈 1) → 1101_0010
복합 산술 연산자	+=	덧셈 결과를 대입	y += x; → y = y + x;
	−=	뺄셈 결과를 대입	y −= x; → y = y − x;
	*=	곱셈 결과를 대입	y *= x; → y = y * x;
	/=	나눗셈 결과를 대입	y /= x; → y = y / x;
	%=	나머지 연산 결과를 대입	y %= x; → y = y % x;
복합 비트 연산자	&=	비트 AND 결과를 대입	y &= x; → y = y & x;
	|=	비트 OR 결과를 대입	y |= x; → y = y | x;
	^=	비트 XOR 결과를 대입	y ^= x; → y = y ^ x;
	〈〈=	오른쪽 이동 결과를 대입	y 〈〈= x; → y = y 〈〈 x;
	〉〉=	왼쪽 이동 결과를 대입	y 〉〉= x; → y = y 〉〉 x;
증감 연산자	++	피연산자 값을 1만큼 증가	x++; → x값을 평가한 후 1만큼 증가 ++x; → x값을 1만큼 증가한 후 평가
	−−	피연산자 값을 1만큼 감소	x−−; → x값을 평가한 후 1만큼 감소 −−x; → x값을 1만큼 감소한 후 평가

2.4. 제어문

- 아두이노 소스코드는 위에서 아래로 순차적으로 실행된다. 이때 프로그램의 흐름을 조건에 따라 수행하거나 수행하지 않도록 할 수 있고, 원하는 블록(여러 문장의 묶음)을 반복시킬 수도 있다. 이렇게 프로그램의 흐름을 조건에 따라 변경하거나 반복하는 명령문을 제어문이라 한다.

- 제어문의 종류
  - 조건문 : if 문, switch 문
  - 반복문 : for 문, while 문, do~while 문
  - 기타 제어문 : break 문, continue 문, return 문

- if 문은 조건이 참이면 if (조건식) 다음의 중괄호 { } 사이의 문장 1을 실행하고 다음 문장으로 넘어간다. 조건이 거짓이면 else 다음의 중괄호 사이의 문장 2를 실행하고 다음 문장으로 넘어간다. 중괄호 사이의 문장(문장1 또는 문장 2)이 한 개일 때는 중괄호의 생략이 가능하다.

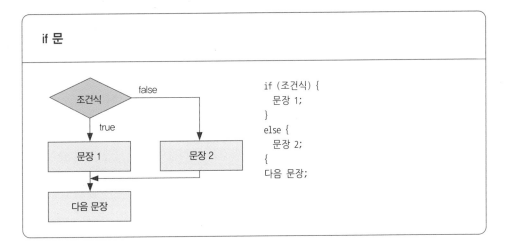

- switch 문은 switch(변수 또는 조건식)에서 지정한 변수나 조건식(정수식)에 해당하는 'case 정수값 :' 아래의 문장을 실행하고 break 문을 만나 다음 문장으로 넘어간다. 조건에 해당하는 case 정수값이 없을 경우 'default :' 아래에 있는 문장을 실행한다. case에 해당하는 문장을 실행하고 switch 문을 빠져나오기 위해서는 break;를 적어야 한다. break;를 적지 않았을 때는 조건에 해당하는 case 정수값의 문장부터

마지막 default 문장까지 모든 문장을 실행하게 된다. 만약 case 정수값 이외의 조건이 없다면 default는 생략할 수 있다.

※ ' case 정수값: ' 에서 정수값 뒤에 ;(세미콜론)이 아닌 :(콜론)을 써야 한다는 것을 주의해야 한다.

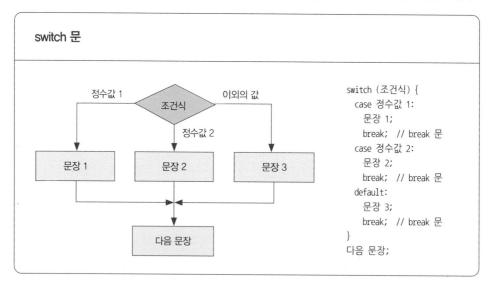

switch 문

```
switch (조건식) {
   case 정수값 1:
      문장 1;
      break;   // break 문
   case 정수값 2:
      문장 2;
      break;   // break 문
   default:
      문장 3;
      break;   // break 문
}
다음 문장;
```

• for 문은 초기식, 조건식, 증감식을 사용하여 지정한 횟수(조건을 만족하는 횟수)만큼 반복하는 제어문이다. 초기식, 조건식, 증감식은 각각 ;(세미콜론)으로 구분한다. 초기식으로 주어진 초깃값이 조건식을 만족하는지 확인하고 참이면 문장을 실행한다. 증감식을 이용하여 초깃값을 증가하거나 감소한 다음 다시 조건식을 만족하는지 확인하고 참이면 문장을 다시 실행하다. 이러한 과정은 초깃값이 증감식에 의해 증가하거나 감소하여 조건을 만족할 때까지 반복된다. 만약 조건식을 만족하지 않을 때는 for 문을 빠져나와 다음 문장을 실행한다.

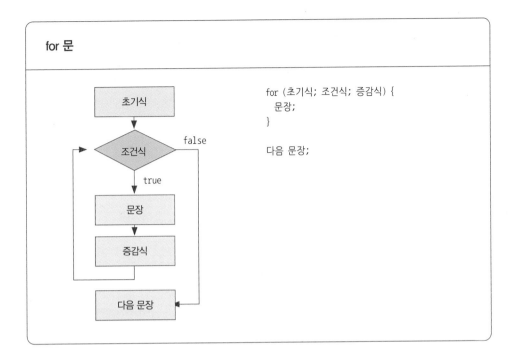

for 문

```
for (초기식; 조건식; 증감식) {
  문장;
}

다음 문장;
```

• while 문은 조건식을 만족하는 동안 반복하는 제어문이다. 조건식을 만족하지 않게 되면 whlie 문을 빠져나간다. 조건식을 만족하는 조건이 없으면 무한히 반복되므로 조건을 빠져 나올 수 있도록 조건식의 종료 조건을 꼭 넣어야 한다.

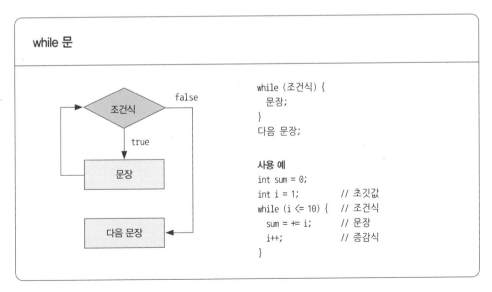

while 문

```
while (조건식) {
  문장;
}
다음 문장;
```

사용 예
```
int sum = 0;
int i = 1;            // 초깃값
while (i <= 10) {     // 조건식
  sum = += i;         // 문장
  i++;                // 증감식
}
```

- do~while 문은 while 문과 비슷하지만 우선 문장을 무조건 한 번은 실행한 다음 조건식을 확인한다. 조건식이 거짓이라면 while 문은 문장을 한 번도 실행하지 않지만, do~while 문은 조건식을 만족하지 않더라도 문장을 한 번은 실행한다는 것이 차이이다.

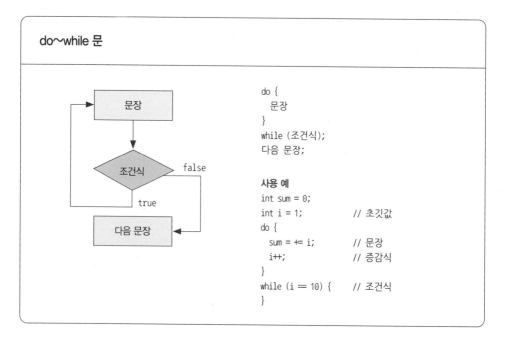

do~while 문

```
do {
  문장
}
while (조건식);
다음 문장;
```

사용 예
```
int sum = 0;
int i = 1;          // 초깃값
do {
  sum = += i;       // 문장
  i++;              // 증감식
}
while (i = 10) {    // 조건식
}
```

- break 문은 switch 문에서 사용한 것처럼 특정 블록을 빠져나올 때 사용하는 제어문이다. 반복문을 사용하는 중에 특정 값에서 반복문을 빠져나오고자 할 때 break 문을 사용한다.
- continue 문은 사용 방법은 break 문처럼 반복문에서 사용하지만, 반복문을 실행하는 중에 continue 문을 만나면 continue 문의 아래 문장은 실행하지 않고 반복한다.
- return 문은 호출된 함수가 실행을 마치고 함수의 결과 값을 되돌려 주는 제어문이다.

2.5. 배열

- 변수가 지정한 데이터형의 한 개의 값을 저장할 수 있는 메모리를 확보한 것이라면, 배열은 동일한 데이터형의 값을 여러 개 연이어 저장할 수 있도록 메모리를 확보한 것이다. 즉, 배열은 동일한 데이터형 변수를 여러 개 모아 놓은 것으로 생각할 수 있다.

- 배열을 사용하기 위해서는 배열 선언이 필요하며 사용 형식은 다음과 같다.
  - 1차원 배열 : 자료형 배열 이름[세로 크기];
  - 2차원 배열 : 자료형 배열 이름[세로 크기][가로 크기];
  - 2차원 배열 : 자료형 배열 이름[깊이 크기][세로 크기][가로 크기];

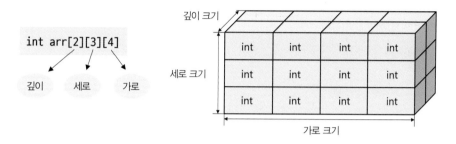

배열의 선언 및 초기화

```
// 1차원 배열
int arr[];                    // 크기를 지정하지 않고 배열을 선언하면 초깃값 저장 시 오류 발생
int arr[] = {};               // 크기를 지정하지 않고 초깃값을 빈 문자열(빈 값) 설정, 사용 가능
int arr[] = {10, 20, 30};     // 크기 지정 없이 1차원 배열을 선언하고 초깃값으로 10, 20, 30 설정
int arr[3];                   // 크기가 3인 1차원 배열을 선언
int arr[3] = {};              // 크기가 3인 1차원 배열을 선언하고 초깃값을 빈 문자열(빈 값) 설정
int arr[3] = {10, 20, 30, 40}; // 크기보다 많은 데이터(10, 20, 30, 40)를 저장하면 오류 발생

// 2차원 배열
int mat[2][3];                // 크기가 2행(세로) 3열(가로)인 2차원 배열을 선언
int mat[2][3] = {};           // 크기가 2행 3열인 2차원 배열을 선언하고 초깃값을 빈 문자열(빈 값) 설정
int mat[2][3] = {{10, 20, 30}, // 크기가 3인 1차원 배열을 선언, 초깃값으로 {10, 20, 30}
             {40, 50, 60}}; //                                    {40, 50, 60} 설정
```

- 배열에 저장되는 데이터를 요소라고 하며, 배열 요소가 저장되는 각각의 공간은 메모리 번지로 구별되는데 이때 메모리 번지는 0부터 시작되는 숫자를 사용한다. 배열의 길이 10인 int arr[10]는 정수 데이터 10개를 저장할 수 있는 메모리를 확보한 것으로 배열에 저장되는 10개의 각 요소는 arr[0], arr[1], ..., arr[9]로 구분되는 메모리 번지에 저장된다.

배열의 메모리 번지와 저장된 데이터(요소)

```
// 1차원 배열
int arr[10] = {10, 20, 30, 40, 50, 60, 70, 80, 90, 100};
```

int arr[10] 배열에서 각 요소의 메모리 번지 값

arr[0]	arr[1]	arr[2]	arr[6]	arr[7]	arr[8]	arr[9]

int arr[10] 배열에 저장된 데이터

10	20	30	40	50	60	70	80	90	100

```
// 2차원 배열
int mat[2][3] = {{10, 20, 30}, {40, 50, 60}};
```

int mat[2][3] 배열에서 각 요소의 메모리 번지 값

arr[0][0]	arr[0][1]	arr[0][2]
arr[1][0]	arr[1][1]	arr[1][2]

int mat[2][3] 배열에 저장된 데이터

10	20	30
40	50	60

- 배열의 특정 메모리 번지에 데이터를 쓰거나 읽어 들일 때 대입문과 메모리 번지를 사용한다.

배열의 메모리 번지와 저장된 데이터(요소)

```
// 1차원 배열
int arr[10] = {10, 20, 30, 40, 50, 60, 70, 80, 90, 100};
arr[0] = 30; // arr[10]의 0번지에 30을 저장
```

30	20	30	40	50	60	70	80	90	100

```
// 2차원 배열
int mat[2][3] = {{10, 20, 30}, {40, 50, 60}};
mat[1][2] = 0; // mat[2][3]의 행 번지 1, 열 번지 2에 0을 저장
```

10	20	30
40	50	0

10진수	16진수	문자	10진수	16진수	사용 예
0	0x00	NUL	30	0x1E	RS
1	0x01	SOH	31	0x1F	US
2	0x02	STX	32	0x20	SP
3	0x03	ETX	33	0x21	!
4	0x04	EOT	34	0x22	"
5	0x05	ENQ	35	0x23	#
6	0x06	ACK	36	0x24	$
7	0x07	BEL	37	0x25	%
8	0x08	BS	38	0x26	&
9	0x09	HT	39	0x27	'
10	0x0A	LF	40	0x28	(
11	0x0B	VT	41	0x29	)
12	0x0C	FF	42	0x2A	*
13	0x0D	CR	43	0x2B	+
14	0x0E	SOH	44	0x2C	,
15	0x0F	SI	45	0x2D	−
16	0x10	DLE	46	0x2E	.
17	0x11	DC1	47	0x2F	/
18	0x12	DC2	48	0x30	0
19	0x13	DC3	49	0x31	1
20	0x14	DC4	50	0x32	2
21	0x15	NAK	51	0x33	3
22	0x16	SYN	52	0x34	4
23	0x17	ETB	53	0x35	5
24	0x18	CAN	54	0x36	6
25	0x19	EM	55	0x37	7
26	0x1A	SUB	56	0x38	8
27	0x1B	ESC	57	0x39	9
28	0x1C	FS	58	0x3A	:
29	0x1D	GS	59	0x3B	;

60	0x3C	〈	94	0x5E	^
61	0x3D	=	95	0x5F	_
62	0x3E	〉	96	0x60	`
63	0x3F	?	97	0x61	a
64	0x40	@	98	0x62	b
65	0x41	A	99	0x63	c
66	0x42	B	100	0x64	d
67	0x43	C	101	0x65	e
68	0x44	D	102	0x66	f
69	0x45	E	103	0x67	g
70	0x46	F	104	0x68	h
71	0x47	G	105	0x69	i
72	0x48	H	106	0x6A	j
73	0x49	I	107	0x6B	k
74	0x4A	J	108	0x6C	l
75	0x4B	K	109	0x6D	m
76	0x4C	L	110	0x6E	n
77	0x4D	M	111	0x6F	o
78	0x4E	N	112	0x70	p
79	0x4F	O	113	0x71	q
80	0x50	P	114	0x72	r
81	0x51	Q	115	0x73	s
82	0x52	R	116	0x74	t
83	0x53	S	117	0x75	u
84	0x54	T	118	0x76	v
85	0x55	U	119	0x77	w
86	0x56	V	120	0x78	x
87	0x57	W	121	0x79	y
88	0x58	X	122	0x7A	z
89	0x59	Y	123	0x7B	
90	0x5A	Z	124	0x7C		
91	0x5B	[	125	0x7D	
92	0x5C	\	126	0x7E	~
93	0x5D	]	127	0x7F	DEL

찾아보기

ㄱ

가변 저항	244
가산 혼합 원리	251
가스 센서	363, 402
가시광선	500
검출 농도	402
게르마늄	112
게오르크 시몬 옴	059
계정 생성	024
계정 유형	024
공급전력	066
공통 양극	287
공통 음극	287
광 신호	501
교류	117
교류 신호	174
교류 전압원	019
구성요소	028
구성요소 제어 아이콘	031
기울기 감지 시스템	368
기울기 센서	362

ㄴ

내부 코일	495
내부 풀업 저항	190
내장 함수	259, 260
네오픽셀	445
네오픽셀 라이브러리	448
능동형	478

ㄷ

다이오드	019, 114
단면적	056
단일 타입	445
닫힌 회로	020
대입 연산자	536
대지 접지	040
데이터시트	121, 316
데이터 입력	201
데이터 입출력	225
데이터 출력	192, 199
데이터형	212, 534
데이터형 변수	540
도선	017
도선 색상	033
도핑	113
디바운스	093, 223
디지털 신호	176
디지털 온도계	411
디지털 카운터	215

ㄹ

라디오 주파수	501
라이브러리	264
릴레이	497
릴레이 쉴드	149
링(ring) 타입	445

ㅁ

마이크로초	431
마이크로컨트롤러 보드	147
매개변수	183
멀티미터	045, 082
멜로디	483
멤버 함수	319
무극성 커패시터	087
문자 패턴	316
물리량	362
밀리 헨리	094

ㅂ

바운스	092
박자	485
반도체	112
반도체 칩	112
반복문	537
반사파	431
반파 정류회로	118
발광 다이오드	118
밝기 변화	172
배열	540
배터리	016
배터리(전지)	019
베이스	121
변수	212, 534
병렬연결	047, 060
병렬 저항 회로	081
병렬 회로	021

볼트	016	시리얼 통신	198	옥타브	481
브레드보드	163	시뮬레이션	034	온도 센서	363, 411
블록	537	시뮬레이션 중지	035	옴	018
비트 패턴 데이터	318	시뮬레이터 시간	035	옴의 법칙	059
		식별 문자	022	원시 코드	506
		신호	172	원자	015
ㅅ		신호 접지	040	원자핵	014
		실드(shield) 타입	445	유극성 커패시터	087
사각파	131	실리콘	112	유전체	087, 090
사용자 지정 문자	320			음계	481
사용자 함수	261			음극	017
사인파	131	**ㅇ**		음전하	089
산술 연산자	536			음표	485
삼각파	131	아날로그 기준	232	이더넷 쉴드	149
새로 만들기	027	아날로그 신호	176	이미터	121
샘플링	227	아두이노	026, 147	이브레아	147
섀시 접지	040	아두이노 나노	147	인덕터	019, 022, 094
서보 모터	266	아두이노 시뮬레이터	157	인덕턴스	094
세그먼트 디스플레이	287	아두이노 우노	147	임계전압	115
세그먼트 디코더	290	아스키코드	311		
세그먼트 제어	299	암페어	017		
세라믹 커패시터	088	암페어 수	052	**ㅈ**	
세미콜론	482	압력 측정 시스템	397		
센서	362	애노드	114	자료형	212
소비전력	066	양극	017	자유정공	113
수동형	478	양성자	014	작업판	028
수신 버퍼	201	양자화	227	작업판 화면의 이동	029
수학적 함수	173	양자화 비트	227	저항	016, 018, 019, 022
순방향 바이어스	115	양전하	089	저항기	056
순방향 전압	123	역방향 바이어스	116	적외선	500
쉴드	149	역수	175	적외선 리모컨	500
스마트 화분	374	역압전 효과	478	적외선 발광 다이오드	502
스위치	019	연산자	535	전구	019
스트립(strip) 타입	445	열	276	전구 제어	497
스틱(stick) 타입	445	열린 회로	020	전기 신호	495
스펙트럼	500	오실로스코프	133	전기의 흐름	042
시리얼 모니터	196	오차 범위	058	전동기	019

전류		016
전류 분배 법칙		064
전류의 부호		043
전류의 크기		043
전압	016,	038
전압 감소		067
전압강하	041,	067
전압 분배		422
전압 분배 법칙		062
전압상승		041
전압 스파이크		456
전압의 부호		039
전압의 크기		039
전압 측정		049
전원 공급 장치		070
전자		014
전자석		495
전자 회로		019
전해 커패시터		088
절연체		087
접지		019
정격 전류		207
정격 전압		206
정공		113
정류 다이오드		117
정전압 다이오드		119
제너 다이오드		119
제어문		537
제어 신호		495
조건문		537
조건식		538
중성자		014
증감식		538
직렬 등가 합성저항		079
직렬연결		060
직렬 회로		021
직류		117
직류 전압원		019

ㅊ

채터링			092
초기식			538
초기화			301
초단파 대역			501
초음파 거리 측정 시스템			439
초음파 센서	363,	430,	440
출력 모드			193
충전 동작			099
측정 모드			046
측정 온도			419

ㅋ

캐소드			114
커패시터	019,	022,	087
커패시턴스			087
컬렉터			121
코드 블록			026
콘덴서			087
키 스캔			276
키패드			276
키패드 라이브러리			277

ㅌ

탄소 피막 저항		057
터미널		031
텍스트 LCD		310
토양 수분 센서	362,	371
통합개발환경		152
트랜지스터		121
트리거		431
팅커캐드		023

ㅍ

파장		500
패럿		087
펄스 폭		233
펄스 폭 변조		233
포토 레지스터	362,	378
푸시 버튼		214
풀다운 저항		188
풀업 저항		186
프로그래밍		149
피에조 버저		478
피코 패럿		087
픽셀		316
픽토리얼 다이어그램		020
필라멘트		018

ㅎ

하강 에지		312
하비 기어 모터		464
하트		316
함수		175
함수 생성기		131
함수 형식		183
항복전압		119
항복현상		119
행		276
화면 확대		029
활성화		312
황화카드뮴		378
회로		026
회로도		019
회로 만들기		027
회로 부품		029
휨 센서	363,	421
힘 센서		363